U0329948

〔日〕小熊英二 著

文婧 译

单一民族神话的起源

日本人自画像的系谱

生活·讀書·新知 三联书店

图书在版编目（CIP）数据

单一民族神话的起源：日本人自画像的系谱／（日）小熊英二著；
文婧译. —北京：生活·读书·新知三联书店，2020.1
ISBN 978 – 7 – 108 – 06520 – 9

Ⅰ. ①单… Ⅱ. ①小… ②文… Ⅲ. ①单一民族国家－研究－日本
Ⅳ. ① K313.03

中国版本图书馆 CIP 数据核字（2019）第 041224 号

The Myth of the Homogeneous Nation by Oguma Eiji
Copyright 1995 © by Oguma Eiji
All Rights Reserved.
First original Japanese edition published by The Shinyousha,Japan 1995.
Chinese (in simplified character only) translation rights in PRC
reserved by SDX Joint Publishing Company under the license
granted by Oguma Eiji arranged with The Shinyousha,Japan through Hui Tong Copyright Agency, Japan

责任编辑　叶　彤
装帧设计　康　健
责任校对　张　睿
责任印制　徐　方
出版发行　生活·讀書·新知 三联书店
　　　　　（北京市东城区美术馆东街 22 号 100010）
网　　址　www.sdxjpc.com
图　　字　01-2015-5958
经　　销　新华书店
印　　刷　河北鹏润印刷有限公司
版　　次　2020 年 1 月北京第 1 版
　　　　　2020 年 1 月北京第 1 次印刷
开　　本　880 毫米 × 1230 毫米　1/32　印张 14.125
字　　数　313 千字　图 34 幅
印　　数　0,001 – 7,000 册
定　　价　68.00 元
（印装查询：01064002715；邮购查询：01084010542）

目 录

序　章

　　大日本帝国既不是单一民族的国家，也不是民族主义的国家。不，应该说日本自建国以来从来就不是单纯的民族主义国家。我们的远祖或许是通古斯人、蒙古人、印度尼西亚人，也可能是尼格利陀人[1]，这一点也是我们的学者们的共识。在日本，移民归化的人何其多，这也众所周知，日本接受诸多的民族，相互混血，相互融合，最终形成了学者们所谓的现代日本民族。

　　日本民族成立之初就不是一个单一民族。在上代，所谓的原住民和从大陆移民来的归化人[2]相互混血，相互融合，相互同化，最后在天皇的德政和教化之下培养并形成了具有强烈同一信念的日本民族。

---

[1] 又称矮黑人，是东南亚古老民族之一。
　　——本书脚注均为译者所做，注释号以方括号标记。原注见书后。
[2] 归化人是日本古代对从中国或朝鲜半岛移民到日本的人及其后代的总称，也称渡来人。

以上两段文字分别节选自 1942 年太平洋战争时期的两篇文章。前者节选自综合杂志卷首的时事评论，后者节选自文部省社会教育局发行的一本书。[1]

从 20 世纪 70 年代后期开始，很多人认为："明治以后的日本人，称自己是拥有纯粹血统的单一民族，并且深深地被这一神话所左右。这就是日本发动战争、实施殖民地统治、蔑视亚洲其他民族、时至今天还依然歧视少数民族、排斥外籍劳工的根源所在。"

问题的设定

在这里，我们要确认两个事实。

首先，战前的大日本帝国就已经是一个多民族帝国。

日本在 1895 年吞并中国台湾，1910 年吞并朝鲜之后，当时日本帝国臣民中非日系居民占到了总人口的 30%。当然，这一史实如今已经鲜有人记起。"二战"期间大日本帝国引吭高歌的"前进，一亿国民"[1] 中的"一亿"指的就是包括朝鲜和中国台湾在内的帝国总人口。当时的日本本土人口不超过七千万。这在本书第 9 章中将会提到，当时的国定教科书也有明确记载：大和民族以外的人口占帝国人口的三成。当然，当时的日本并不是一个各民族平等共存的国家，但是，这也在事实上说明了日本当时并不是一个单一民族的国家。

那么，这里就不得不让人产生疑问了。即便单一民族神话在战

---

[1] 这是"一战"期间日本一个极右的政治团体大政翼赞会提出的口号之一，以及以此为题材的军歌。

2　　单一民族神话的起源

后日本丧失了朝鲜和中国台湾的领土之后，非大和民族的人成为少数的情况下还说得过去，那么，曾经拥有多民族的战前的日本帝国，单一民族这种说法又能成立吗？

其次，还有一个我们应该面对的事实。那就是到目前为止虽然有很多人批判单一民族神话，但是遗憾的是几乎没有人对单一民族神话从何时开始，怎样产生，又是如何扎根日本的进行过实证研究。

人权活动家、法学家以及社会学者们都没有对此进行过历史的实证研究。迄今为止批判单一民族神话的历史学者也不在少数，但是，遗憾的是，他们同样也没有进行过历史的实证研究。他们也大多局限于过去日本列岛以及日本国领域内存在过众多的异民族、异文化等方面的研究。那么，他们的研究就必须具备一个前提条件，这就是：明治以后单一民族神话作为国家的社会思想生根发芽是根本无须证明的。

可是，这个前提是否正确呢？曾为多民族帝国的大日本帝国真的满足于"日本是由单一民族构成的纯粹国家"这一论调吗？如果是那样的话，那他们又是如何看待朝鲜、中国台湾等非大和民族的臣民的呢？

这就决定了本书的主题。从大日本帝国时代开始直至战后，单一民族神话一直是"日本人"主流的自画像。本书旨在从历史学的角度研究单一民族神话的起源以及它的发展轨迹，并且从社会学的角度分析其功能和作用。

"日本人"究竟是从什么时候开始称自己为单一的、纯粹的民族的呢？那是在什么样的状况下，出于一种什么样的动机呢？这方面的研究不仅有利于帮助我们更加深刻地认识日本的历史，而且有利于解决现代国际社会上出现的纯种民族意识、单一的国民国家意识、排斥乃至歧视异民族等这样一些重大问题。

另一方面，本书还将论述以纯粹的"日本人"的存在为前提下的日本人的性质，而不是重复过去所谓的"日本人论"的历史。本书研究的是"日本人论"的前提——单一的"日本人"和单一的日本民族的概念。

更进一步说，本书研究的主题是那些以民族论的形式呈现的、自称"日本人"的人们的归属意识的系谱。在他们认为自己是单一民族的时候，他们描绘的是一幅什么样的自画像，在不同的形式下，这幅自画像又是如何发展变化的。其实这并不单单只是"日本人"的问题。

"单一民族神话"的定义

不关心研究方法的读者，可以忽略序章中以下部分的内容，跳过它往下阅读。

为了方便研究，首先要弄清楚研究对象——单一民族神话的定义。但是，从目前的情况来看，即便是批判单一民族神话的学者们，他们中的大多数人也并没有给出一个明确的定义。

那么，具有代表性的针对单一民族神话提出的批判又是怎样进行的呢？例如国际法学家大沼保昭的著作《超越单一民族社会的神话》就从两个方面对"日本＝单一民族的这种观念"进行了批判。第一点，在江户时代，日本列岛的人并不认为自己是"日本人"，他们认为自己是某某藩、某某村的一员，直至明治以后，他们才有了自己是"日本人"这种意识。第二点,所谓的日本民族,其本身就是欧亚大陆和南方各民族之间移居、混血、杂婚的产物。甚至有观点认为日本史上最早建立的统一政权都非常重视与朝鲜之间的关系。2

社会学家福冈安则认为,将日本人划分为"纯粹的日本人"(血统、文化、国籍都为"日本")、日系移民、归国子女、归化人、遗孤、阿伊努人、在日韩国人、在日朝鲜人这种方法过于公式化。另外,他还举例证明从血统上来看日本根本不存在"纯粹的日本民族",因为从太古时代开始就有各式各样的人从中国大陆和南方来到日本列岛,即便从有历史记载的时候开始计算,日本也有大量的渡来人。9世纪日本的《新选姓氏录》[1]记载的氏族当中就有三分之一的氏族为渡来人。他从这两个方面出发,批判了"日本是单一民族社会"这一神话。3

历史学家网野善彦在他的《对单一民族说的质疑》一书中这样写道:首先,日本民族绝对不是均一的,而是存在语言、文化的地方差异;其次,"日本是复合民族、杂种民族",这一点可以从日本人长相各异,既有长得像南方民族的人,也有长得像北方民族的人,还有长得像朝鲜族的人这一点得到印证。江上波夫的"骑马民族说"[2]也从侧面印证了这一点。现在的历史界则认为,绳文人是现代日本人的直接祖先,但是在弥生时代和古坟时代有大量的移民

---

[1] 《新选姓氏录》是平安时代初期弘仁六年(815),嵯峨天皇下令模仿中国唐朝的《氏族志》所编写的古代氏族名鉴。它将居住在京都及畿内的1182个氏族根据"皇别""神别""诸蕃"等出身来明确分类为属于哪个祖先、哪一分支等。

[2] 江上波夫著有《骑马民族国家》一书,其观点是日本的统治阶层尤其是皇室,是4世纪经由朝鲜半岛登陆九州地区并向东扩张至畿内大和地区的骑马民族。

从朝鲜半岛来到日本列岛。[4]

以上的法学家、社会学家和历史学家从各个方面批判了单一民族神话，从他们的论调来看，他们是这样设想单一民族神话的。

在他们的认知世界里，单一民族神话有两个侧面。第一，从国家的现状出发，日本只有一个拥有相同语言、相同文化的日本民族。第二，从民族的历史出发，日本列岛从太古时代开始就只生活着具有单一纯粹血统的日本民族。当然，这两者是紧密相连、密不可分的。无论是鼓吹单一民族神话的一派还是其反对派都将这二者混同在一起，各自进行自己的论证。

所以，本书也将这二者结合在一起来定义单一民族神话。总而言之，单一民族神话指的是：日本由持有单一纯粹起源、拥有共同文化和相同血统的日本民族构成，自古至今皆如此。

当然，肯定有人不赞成我的这个定义。应该会有人认为，即便日本的民族起源不纯粹，即便日本国内存在异民族，但是只要他们拥有同质化[1]的日本文化，日本就是单一民族国家。但是，本书就是要给单一民族神话设定这样一个狭义的定义。因为同质化不仅仅限于国家文化，在国民教育上大家也都在某种程度上推进同质化；不仅日本如此，所有的近代国家亦如此。如果不加以区分，对于问题的研究毫无益处。

既然我给单一民族神话下了这样的一个定义，那就应该调查它的产生过程以及作用，不过作为一个具体的调查对象，我将其限定为文字史料上有记载的论调。至于那些没有文字保存的民间意识以

---

[1] 同质化：日本文化趋于一致的现象。

及现实社会中存在的歧视状况等，则不在本书的考察范围之列。并不是我认为它不重要，而是认为如果要研究现实社会中实际存在的歧视状况及其与民族意识是如何紧密相连的话，就必须将只要存在歧视，所谓的"单一民族"就是一种神话这样一种性急的批判暂时搁置一边，先探究清楚日本国内的民族意识。所以，本书探讨的是当时社会上占主导地位、大多数人的、成为当时主流论调的日本民族论。当时社会上少数人的思想今后另找机会再对其进行研究。

其次，在本书中，单一民族神话的两个侧面中，本书着重于后者，历史意识的研究，也就是重点研究关于日本民族起源的论调。理由有三。其一，现状认识和历史观密不可分；其二，日本吞并中国台湾和朝鲜之后，大日本帝国由日本民族单一构成这样的论调基本消失，讨论的重心转移到了日本民族的起源是否混血这一焦点上；其三，从某种意义上来说，对现状的认识稍纵即逝，而当时形成的历史观影响更加深远，一直延续到了战后。

社会学与历史学

笔者认为，由于研究对象的特性，要探究单一民族神话的起源，社会学的研究方法和历史学（思想史）的研究方法都是必不可少的，这两种方法必须并用。

以单一民族神话为代表的某些集团的自画像，并不是特定的人创造的思想，而是不特定的多数人共有的思想。在本书中，要研究的是这些不特定多数人的思想意识。我想以马克斯·韦伯的《新教伦理与资本主义精神》为例，来说明社会学研究方法与历史学研究方法的区别。

马克斯·韦伯的《新教伦理与资本主义精神》一书内容非常丰富，但究其核心思想，其主要论述的是轻视经济获利的新教伦理为近代资本主义的诞生做出了贡献。在这一著作中，作者探讨了加尔文派、路德派和本杰明·富兰克林等人的思想，并将其与中国和印度的思想进行比较。这种研究方法跟社会学的研究方法很接近，但并不是历史学的研究方法。

历史学的研究方法很重视对研究对象的限定，而韦伯的这本著作并没有限定时代和地点。此书中加尔文于16世纪在瑞士进行宗教改革，而本杰明·富兰克林则是18世纪美国的思想家；此书提出的问题的出发点是19世纪末德国东部工人阶级的思想意识，而比较的对象则是印度。如果运用历史学的研究方法，通常情况下，这部著作的内容将由不同领域的专家分别进行研究，类似于《本杰明·富兰克林经济伦理方面的思想史研究》《路德的宗教思想里面的经济观念》之类。

从历史学的角度出发，如果主张这些思想对资本主义的产生起到了深远的影响，可以调查本杰明·富兰克林著作的发行数量、社会反响、他的思想对广大民众以及企业家的影响力等，甚至可以选出那些受本杰明·富兰克林思想影响的美国政府的政策制定者们，研究本杰明·富兰克林的思想在美国政策的制定过程中是如何产生影响的。这样一来，就成了《本杰明·富兰克林经济思想对18世纪后期美国的资本主义发展以及现代化政策的影响》之类的研究。但是，这又与19世纪末德国工人阶级的思想意识扯不上关系，更谈不上与中国和印度进行比较。要将这些貌似毫不相关的内容囊括在一起进行研究，单单用历史学的研究方法几乎是不可能的。

宏观的观点与微观的观点在社会科学的任何领域都是既对立又相互补充、相互包容的关系。前者是概略的，而后者是细密的。总的来说，社会学是宏观的，历史学是微观的。在社会学上，经常使用"19世纪近代的思想意识"这样的语句，但是，以历史学家的眼光来看，19世纪太过于笼统，究竟是19世纪的哪个阶段呢？地点是在英国还是在德国或者日本呢？如果在日本，那又是在日本的哪个县哪个村呢？是那个村里的知识分子呢，还是政府官员呢？是上层农民，还是下层农民呢？社会地位不同，其思想意识势必不同。

　　社会究竟是个人的总和，还是超越了个人的总和，这种争论反映在社会科学的各个领域。但是，社会学原本就起源于奥古斯特·孔德、埃米尔·涂尔干等人的"社会超越了个人的总和"这种思想，所以，个别的现象就是从社会这个巨大的集团内部表现出来的像气泡一样的东西，是不能从整体当中切割开来的。现象本身并不重要，需要关注的是其背后共同的规律。所以，重要的是选取的对象是否有说服力，即便题材中的现象的时代、地点相隔甚远，即便能够说明它们之间相互关系的具体证据发生的年代晚了些，都没有太大的关系（当然，社会学中也有很多情况并非如此）。

　　而在历史学中，最为重要的是事实本身。从事实当中能否提取出有代表性的典型则是次要的。另外，历史学抵制的对象就是认为"社会超越了个人的总和"这种思想。日本的历史学的第一大敌就是所谓的"皇国史观"。"皇国史观"将日本与欧美和亚洲其他国家进行无意义的比较，然后称赞日本优秀，将从楠木正成的忠义故事到军国之母[1]的美谈称为跨时代的日本精神的体现。历史学家们通过细微的实证研究来攻击这一宏大的历史观，这大概可以算得上战前以及战后日本历史学上比较有良心的态度了吧。而且直至战后的某个时期为止，马克思主义学者们从大的框架上对其进行了批判，要是历史学家们能够将这个粗略框架的细节进一步细致化就更好了。

当然，毫无疑问，社会学的宏观研究也有缺点。因为研究者容易按照自己的方便选择一些事实来论证自己最初的假设。而历史学的微观研究在考察整体事物的时候又必须不惜人力物力对其中的个体进行研究，然后才能积累而成。社会学的宏观研究和历史学的微观研究各有千秋，这是事实。但是，如果想要不依赖任何粗略的框架而单独运用微观的研究方法去掌握整体世界，那就不得不调查所有时代的全部思想家、全部村子、全部工厂、全部政策的制定过程，然后再去探寻它们之间的关系，而这毫无疑问不可能做到。

这样一来，一旦掌握了社会学和历史学的研究性质，我们就知道该用何种研究方法来研究"单一民族神话"了。

首先，在"单一民族神话"的基本问题意识方面，我们得从社会学，特别是知识社会学的角度出发。"单一民族神话"是不特定的很多人的一种思想意识，不是某个个别的思想家、报社创造出来的。这对于重视限定对象的历史学来说，是一个难以驾驭的课题。

可供参考的有美国社会学的族群问题研究。例如以古典研究而

---

[1] 日本从"9·18事变"发动侵略中国的战争开始，到1945年战败投降，一直向日本女性灌输生儿育女为最高使命，鼓励妇女们应该高高兴兴地将自己的孩子和丈夫送上战场，随时为日本侵略"舍命保国"。在这样的情形之下，日本将那些把儿子送上战场的母亲称为"军国之母"，而丈夫战死在战场的寡妇则被称为"靖国之妻"。

著名的米尔顿·戈登的《美国人生活中的同化》[5]。他在这本书中提出美国多民族国家统合理念的三种类型：归同盎格鲁论、熔炉理论、多元文化论，[1]这三种分类也成了日本民族研究的基本概念。

笔者希望大家关注米尔顿·戈登的研究方法。作为一个提出熔炉理论、多元文化论的社会学家，他探讨了英国作家伊斯瑞尔·冉威尔[2]、美国哲学家约翰·杜威的著作。如果是历史学家的话，应该会探讨他们的书的发行数量在当时达到了什么程度，以及他们是如何具体地影响当时的移民政策的制定过程的。如果是思想家的话，也许会研究杜威的实用主义哲学中多元文化主义的地位的问题。但是，米尔顿·戈登探讨的主题却是：从这些一个一个的思想家中抽出他们的思想理念，加以类型化，并且讨论其在社会中如何发挥作用，因为这样比起去研究某个特定的时代、某个特定的思想家本身，能够找出更多方面可以运用的素材。本书也如此，将会研究很多的学者的论调，目的终归是为了分析整体。但是要达到这个目的，又必须研究各个学者的事例。

不过，社会学家大部分时候必须立足于历史学家的成果来构建框架。但是目前尚没有关于日本民族论的系统的实证研究，所以，在分析之前不得不进行一些历史的调查。因此，在这个方面，笔者尝试采用历史学研究细密而周到的优势，牺牲若干对象，参考思想

---

[1] 也称为美国族群关系发展的"三阶段理论"。第一阶段也叫"盎格鲁 – 撒克逊化"（Anglo-Conformity），以早期移民主体盎格鲁 – 撒克逊民族的传统文化为核心来同化其他族群；第二阶段叫"熔炉主义"（The Melting-Pot），主张族群之间的充分融合；第三阶段叫"文化多元主义"（Cultural Pluralism），承认并尊重"亚文化群体"的存在及权利。
[2] 历史上第一部长篇密室推理小说《弓区大迷案》的作者。

史的研究方法，设定以下的具体研究对象。

将"单一民族神话"定义为"日本人"的自我意识的一种形态，重点研究他们的历史观，研究他们是如何看待日本民族的历史的。所以，笔者将沿着历史的发展脉络对以下的具体对象进行研究：①提供日本民族论论据的古代史学者、人类学者、语言学者。②对战后的日本民族论、日本文化论产生影响的学者。③积极讨论日本民族论的国体论者以及优生学系学者们，等等。随着"日韩合并"[1]以及太平洋战争等时局的发展，日本国家的疆域也发生了变化，本书还将同时探讨④这一时局、国家疆域变动时期的社会舆论。⑤主要杂志中与民族思想相关的报道。采用这种研究方法，应该能大体上把握日本民族论的动向。

关于①，将参考古代史以及人类学的学说史。关于②，将举柳田国男与和辻哲郎为例进行说明。③的先行研究比较少，也正因为如此，这方面的主要学者以及言论机构不是很多，所以可以特别指定，更容易查明。关于④，可以一边考察殖民地史的先行历史研究中提到的言论，一边通览日韩合并时期的报纸、杂志上登载的民族论。关于⑤，通过总目录检索查阅与民族思想相关的报道。

（1）他们是如何阐述日本民族的构成以及起源的？（2）他们又是如何定位日本国内异民族的位置的？通过这两点来验证这些研究对象。本书第一部到第三部将追踪历史的变迁。第一部探讨的是日本从明治中期到日本占领中国台湾、吞并朝鲜之后形成多民族帝国这一过程中的舆论论调。第二部追踪统治日本帝国思想体系的民

---

[1] 日本吞并朝鲜，日本称"日韩合并"。

族论的形成经过。第三部调查战后日本"单一民族神话"的源流。第一部涉及的时代与明治时期有所重合，但是笔者还是决定不按明治、大正、昭和这三个时期来划分。最后在结论部分，笔者将以社会学的手法分析日本民族论所体现出来的自我认识和他者认识。

在正文部分，每一个实证都尽可能采用历史学（思想史）的研究方法。但是，基本的问题意识还是从社会学的角度出发，既运用了社会思想史的研究方法，在分析手法上也会综合运用文化人类学和社会心理学的研究方法。可以说，这类似于绘画中将许许多多的细密画拼接在一起，最终勾勒出一幅宏图巨画的草图。

也许，本书在社会学家眼里看来会太细致，在历史学者、思想史家眼里看来又会太空泛。但是，曾为美国社会学会会长的伊曼纽·沃勒斯坦所提出的"世界体系理论"、爱德华·沃第尔·萨义德[1]的"东方主义"等，虽然都是跨领域的研究，但是都得到了很高的评价，类似情况还有很多。日本的社会学学者当中也不乏其人，例如研究近代日本"立身出世主义"的见田宗介，从社会学的种族研究的角度去分析大日本帝国时代朝鲜同化政策论的山中速人等。[6] 在日本的思想史上，同样也有这种情况发生。例如鹿野政直通过列举 20 世纪 30 年代到 80 年代众多的学者言论来分析"战后"的思想意识、日本文化论等一些很难限定的对象。[7] 从这个意义上

---

[1] 巴勒斯坦著名的文学理论家与批评家，也是巴勒斯坦立国运动的活跃分子。他在《东方主义》一书中指出：19 世纪西方国家眼中的东方是没有真实根据、凭空想象出来的东方，西方世界对阿拉伯－伊斯兰世界的人民和文化有一种强烈的偏见。他还认为：西方文化中对亚洲和中东文化的长期错误和浪漫化的印象为欧美国家的殖民主义提供了借口。这本书已经成为后殖民论述的经典与理论依据。

来说，笔者的研究倒也算不上特别出格。

最后，想给"民族"下一个定义。在本书中，笔者想学习社会学家舍默尔霍恩给种族群体所下的定义，将"民族"定义为"有共同祖先，有共同的历史记忆，以及拥有被认为是构成成员重要象征的共同文化的群体"。准确地说，本书的研究对象是"一个一个的学者关于日本民族的归属意识的言论"。正文部分将要讨论的是"日本人"面对亚洲、欧洲等地的"他者"的时候，[8] 是如何描绘自画像的。

本书的引用部分，原则上一般都会将日文的古文汉字变更为新字体。另外类似于"日鲜同祖论""日韩合并"等历史名词都沿用原文。由于沿用的是史料，所以引用部分可能会有一些在现代日文表达中看来不太恰当的语句，敬请读者谅解。

第一部 『开国』的思想

第1章 日本民族论的产生

——摩斯、西博尔德、小野梓等

关于日本民族的起源，长久以来一直争论不休。很难说清楚这种争论究竟始于何时。远在8世纪的时候，《常陆国风土记》里就有关于贝冢[1]的记载，这就成就了1725年新井白石的"石器论"。而近代的日本民族起源论则大概始自1877年美国的动物学家摩斯（Edward S. Morse）在东京大森车站附近发现贝冢（大森贝冢），并发掘出人骨这一史实。[1]

欧美学者的日本民族论

摩斯本是美国哈佛大学的生物学助教，因围绕进化论的接纳问题与教授之间的关系恶化，最后辞去了哈佛大学助教一职。后来，为了研究腕足纲动物而来到日本。1877年，摩斯登陆日本的横滨，受日本文部省的邀请被聘为东京帝国大学[2]的教授。同年，他开始

---

[1] 贝冢是指古人食后舍弃的贝壳等物堆积而成的遗迹。
[2] 东京大学的前身。

着手大森贝冢的调查并发掘出大量的土器。他在教学之余，一面在日本进行进化论的启蒙演讲，一面开始将他的调查结果公之于众，并发表了他在日本大学的第一篇学术论文。

摩斯根据他从贝冢中找到的破损的人骨推断出古代居住在日本列岛上的人有食人的习俗。当然，这只是一个错误的判断，并不重要。重要的是他发现了那个时候的古代日本人并不是现代日本民族直接的祖先。现在居住在日本列岛上的民族，除了日本民族以外就是阿伊努人了，但是阿伊努人既没有食人的习俗，也没有土器文化，因此，摩斯认为：形成贝冢的原住民族既不是阿伊努族也不是现代日本民族，而是史前阿伊努族。综合日本的传说，摩斯进一步提出：现在日本列岛上的日本民族是从南方移民而来的，他们征服了日本列岛上的原住民，获得了现在的地位。

日本列岛有原住民，日本民族是后来的征服者。这种观点并不是摩斯首创，早在 1823 年来到日本的西博尔德[1]在他回国之后写过一本书——《日本》，在书中，他暗示在日本列岛各地留下石器的是原住民族阿伊努族，后来，属于鞑靼系的民族与其交战，占领了他们的领土。

日本各地出土的石器是"日本人"以外的民族所造。江户时代也有持这种观点的学者。其中，最为有名的是新井白石的肃慎[2]

---

[1] 德国医生、博物学家菲利普·弗朗兹·冯·西博尔德（Philipp Franz von Siebold）。以其名字命名的动植物很多。在日本的 6 年间，他收集了很多植物标本、有关日本的地图以及工艺美术品等，著有《日本》《日本植物志》《日本动物志》，这三本著作以"西博尔德三部曲"享有盛名并成就了其日本学大家的地位。
[2] 肃慎是中国古代东北的民族，是现代满族的祖先。

说。他在1725年称此前被认为是神佛、天狗所制造的石器是那些从亚洲大陆侵入日本列岛的东北、北陆地方的肃慎民族所留下来的。江户时代的石器研究者木内石亭创立了肃慎民族是虾夷人（阿伊努人）的学说。西博尔德参观了木内石亭的石器收藏品并接受了他的观点。

摩斯参考的日本传说出自《古事记》《日本书纪》等所谓的"记纪"神话。这些神话包括日本天皇的祖先从天界"高天原"飞降而来的"天孙降临"神话、描写神武天皇征服不归顺民族的"神武东征"以及大和王权征服熊袭的传说故事等。这些传说将那些不服从天皇统治的异风俗的人称为虾夷、土蜘蛛等。新井白石说："神者，人也。""天孙降临"指的是人从高天原这块土地上迁徙而来。伊邪那岐和伊邪那美生下日本列岛的神话则意味着征服者是乘坐战船来征服日本列岛上的原住民的。欧美学者们在这些神话传说的基础上更进一步称："天孙降临"指的是征服民族移民至日本列岛，被征服的熊袭、虾夷等才是日本列岛的原住民族。

那之后，西博尔德的次子哈英利希比摩斯更早几年来到日本，收集了很多的土器和石器来补充深化他父亲的学说。根据他的观点：留下绳文土器的是阿伊努人，阿伊努人曾经居住在遍及四国、九州的地方，后来被外来的征服民族驱赶到了北方。他还进一步指出英国地质学家约翰·米尔恩也认同日本原住民族是阿伊努族的观点。

欧美学者的日本民族论大都认同日本列岛原住民族的存在和征服民族移民日本列岛这两个观点。他们还认为，现代日本民族是由亚洲各民族混血而来。

例如 1875 年医学教授威廉·多尼茨（德国人）称日本民族是包括阿伊努人在内的两种蒙古人种和马来人种的混合体。1883 年，埃尔温·贝尔兹博士[1]抛出了他著名的"类型论"，他认为日本人除了阿伊努人之外，大体分为两种类型，一种是"长州型"，长脸，身材细高，日本上流阶层的贵族居多；另一种是"萨摩型"，宽脸，身材矮胖，日本的下层阶级平民居多。前者与中国人、朝鲜人相似，他们自大陆经由朝鲜在本州的西南部登陆日本；后者与马来人很相似，他们经海路来到日本九州，然后一路北上。埃尔温·贝尔兹博士的这种学说与前面讲到的移民日本的征服民族与被征服的日本列岛原住民混合形成现在的"日本人"的日本民族混合论相一致。

在当时倡导日本民族混合论的欧美人的眼里，那时的"日本人"的长相外貌似乎极其多样。当时欧美人旅行游记的集大成之作——儒勒·凡尔纳的《八十天环游地球》中也有这样的记载：中国人是清一色的黄皮肤，而日本人肤色各异、容貌多样。再往后的 1934 年，在日本生活多年的德国建筑学家布鲁诺·陶德在他的日记中也写道："日本人"是相貌特征极其多样的集合体。[2]

那么，是不是明治时期的"日本人"的相貌比现代日本人更加多样呢？恐怕也并非如此。大概是这些平时并没有被人注意的"日本人"这种相貌各异的特征被那些拥有多民族地域经验和视角的旅行者们认定是民族的差异了吧。在日本人看来，像贝尔兹博士那样，将社会阶层与种族的差异直接联系在一起的观点，是非常出乎

---

[1] 德国内科医生、人类学家。他在 1876 年受日本政府邀请来到日本，在日本的东京医学院（今东京大学医学部）任职 26 年。在 1905 年被授予了旭日大绶章以表扬他对日本社会的特殊贡献。

贝尔兹博士论文里刊登的日本贵族（长州型，右2人）与平民（萨摩型，左2人）的插图（收录于埃尔温·贝尔兹《日本人的起源及其人种学的要素》，池田次郎译）

意料的，而在当时的德国人和美国人眼里，他们应该觉得那再理所当然不过了。

本书并不研究"日本人"的起源，而是研究那些探究日本人起源的学说与观点。所以，在这里我们不去深入探讨日本民族究竟是不是征服民族，是不是混合民族，而只是说明这样一个事实：在当时的欧美人的学术界中，这种日本民族混合论、渡来＝征服的学说几乎是被大家公认的。而且，在明治初期，这种欧美人的学术观点在日本也占据了统治地位，被日本人认为是科学的。"日本人"开始反驳这种欧美人类学家的言论，展开日本民族论的探讨从19世纪80年代中期才开始。

日本的人类学以及他们对欧美人类学家的反驳

1884年，当时在帝国大学理科大学（后来的东京帝国大学自然科学学部）学生物的学生坪井正五郎召集了一帮人开始进行古代研究，说是一帮人，其实总共不过也就10名20岁左右的自然科学学部的学生和年轻教师，他们借了一间教室作为集会地点并举办研讨会，这就是后来日本人类学会的前身。

坪井正五郎出身名门，祖父是兰学学者，父亲是幕臣[1]医，他从高中时代[2]开始就自制了《这也是报纸》《糊涂虫》《半梦半醒》等手抄报，才华横溢。研讨会的名称最初被定为"人类学之友"，用当时流行的平假名书写。后来改名为"人类学研讨会"，从1886年开始更名为"东京人类学会"。研讨会成立之初，只不过是几个年轻的学生聚集在教室里讨论阿伊努人和土器，但发展到1886年的时候，已经初具规模，创办了机关报《人类学会报告》。第二年更名为《东京人类学会杂志》，后来又改名为《人类学杂志》，成为日本人类学的核心报刊。

日本民族的起源问题一直是他们研究的重点。但是，日本的人类学是在当时欧美人的"混合民族论"占绝对统治地位的情况下发展起来的。人类学会人才济济，聚集了诸如后来进行大日本帝国殖民地调查的中心人物鸟居龙藏、体质人类学的始祖小金井良精（SF作家星新一的祖父）等人物。虽然几乎所有的人都认同"混合民族论"，但是他们之间还是发生了很多争执。包括鸟居龙藏、小金井良精在内的大多数人认同日本列岛的原住民是阿伊努人，但是以坪井正五郎为首的少部分人认为日本列岛的原住民是传说中已经灭绝的矮小民族[3]。其实，从某种意义上来说，他们之间的争论是认为日本的原住民是阿伊努人的西博尔德父子与认为日本的原住民是史前阿伊努人的摩斯之间的对立的翻版。

除了这些年轻的人类学者赞同"混合民族论"之外，当时的很

---

[1] 幕臣是幕府时代直接侍奉征夷大将军的武士，拥有特权。
[2] 坪井正五郎就读于第一高等中学，是第一高等学校的前身，东京大学的预科。
[3] 阿伊努传说中的矮小民族。传说阿伊努民族之前的原住民族。

多名人也对"混合民族论"持赞成态度。例如古典学家横山由清，他认为日本民族是由"原住民的土人、天神的子孙以及后来从中国、三韩[1]移民而来的渡来人种"混合而成的。他认为，原住民的土人与阿伊努人同种。又如以启蒙知识分子著称的小野梓，他赞成摩斯的学说，认为"日本也一度有食人人种居住"，并向他人介绍横山由清的学说。[3]

当然，对于这种"混合民族论"，日本也有反对的声音。以美术工艺学的先驱之作《工艺志料》而蜚声日本国内外的黑川真赖就是其代表之一。黑川真赖早在坪井正五郎等人之前，从摩斯等人刚刚发表学说的 1879 年开始就写了不少关于古代日本人的著作。

黑川真赖在他 1892 年发表的"虾夷人种论"中对日本列岛的原住民是阿伊努人（也就是神话中的虾夷人）这种观点提出了反对意见。[4]黑川真赖提出，所谓的虾夷，是不服从天皇皇族命令的叛徒的总称，并不是某个异民族的称呼，并进一步提出，"居住在北海道的现在的阿伊努人，是远古时代因为移居到日本的偏远地区，没有进化的产物"。总而言之，他认为日本列岛不存在异民族，从太古时代开始，日本列岛就只有"日本人"居住。他还宣称，那些提出阿伊努人是日本列岛土著民族的"口吐狂言之徒"是"蔑视朝廷"，他们正是忤逆天皇家族的"虾夷"。

还有身为水户学者[2]的帝国大学教授内藤耻叟，他于 1888 年

---

[1] 三韩指古代朝鲜半岛南部的三个小部族：马韩、辰韩、弁韩。

[2] 水户学是在日本水户藩（现茨城县北部）编纂《大日本史》过程中形成的学派。它以朱子学为中心，综合国学和神道，倡导尊王和大义名分。代表人物有藤田幽谷、藤田东湖、会泽正志斋、内藤耻叟、粟田宽等。

在他的《国体发挥》一文中称："此国之人种，无一不是神的后裔子孙。"他还提出，将神武东征、天孙降临认为是征服民族渡来日本的学说是"将我国体与其他虎狼之国等同视之"。[5] 按照他的观点，这些邪说犯下了"污辱日本国体、轻蔑皇威的大罪"，应该速速将这些与欧美学者观点雷同的人处以极刑。

民族主义的两种表现形式

这种批判"混合民族论"的观点的确不太合理，看似狭隘的种族中心主义。但是在下这个定义之前，有一点我们是必须考虑的，那就是 19 世纪 80 年代之前的日本既不是军事大国，也算不上经济强国，那时候的日本还只是一个弱小的国家。

虽然象征欧美军事力量的"黑船"[1] 给日本带来的冲击非常巨大，但是明治初期的时候，欧美列强的殖民地之争还比较缓和，日本对欧美国家的情感，比起恐惧而言更多的是憧憬。19 世纪 80 年代，欧美列强在亚洲、非洲地区大力推进殖民地化，随着他们瓜分殖民地的势头越来越猛烈，日本的一部分开明人士也逐渐感到了危机，民族主义得到了迅猛的发展。本是文明开化、自由民权典范的英、美、德等国在亚洲、非洲大肆掠夺，亚洲、非洲的国家一个一个地沦为了他们的殖民地，这才改变了日本开明知识分子的世界观。

而且，在当时的日本，被迫打开国门的同时也被迫签订了不平

---

[1] 1853 年 7 月，美国东印度舰队司令佩里率领美国海军船队，4 艘军舰共 63 门大炮，驶入江户湾相州浦贺海面（今东京湾神奈川县南部），胁迫日本打开国门。这些船只的船体被涂成了黑色，"黑船"一词也就由此而来，日本人把这次事件称为"黑船来航"。

等条约，日本不仅没有关税权，就连欧美人在日本犯罪，日本也没有裁判权。直到1895年日本在中日甲午战争中获胜，并于1911年完成修订了条约之后，日本才有了强国的自信。在这之前的日本还只是亚洲边境上的一个弱小国家，日本的知识分子当时考虑问题的重中之重还是如何让日本维持独立。

以黑川真赖为例，他写的《工艺志料》在现如今被认为是美术工艺史的著作，但是当初他并不是出于学术研究的目的也不是出于自己的兴趣爱好而作，仅仅只是起因于1878年日本要在万国博览会上展出日本的传统工艺品。

当时日本在万国博览会上的位置充其量也不过是东洋的一个袖珍小国，为了保全作为一个独立国家的面子，日本不得不自发地去参加博览会。如果拿一些文明开化的东西去参展，无异于将自己现代化落后的一面呈现给世界。既然如此，那就只好拿一些传统的工艺品去夺人眼球了。可以说这也是一个认识到自身在现代文明上根本无法与欧美列强匹敌的弱小国家在忍辱负重的情况下的最大限度的自我认可。

确实，黑川真赖是崇拜天皇的民族主义者。但是，他在力证"日本人"从太古时代开始就归一于天皇麾下的《君臣说》一书中说过这样一段话：[6]

> 今吾邦，与海外诸国并立，与其执对等之礼。然文学不及彼，兵力不及彼，城郭不及彼，船车不及彼，工艺不及彼，商沽不及彼，彼不及吾者，唯君臣之道也。

文学、军事、建筑、技术、经济等各个方面，就连黑川真赖寄予厚望的工艺也无法与欧美匹敌。在这样的一个时代，唯一留给他一线希望的也只有集结在天皇身上的民族凝聚力了。承认欧美人的人类学说，认为日本民族是征服者与原住民混血而来的混合民族无异于让日本放弃最后的自我，以至于他萌生出承认欧美人的日本民族混合论就是对维护日本独立不可或缺的民族团结的一种破坏，甚至可以说是为欧美列强瓜分日本并进一步将日本殖民地化开路的观念。在当时的那种时代背景下，他持有这种观点并无不妥，笔者认为将其与后来大日本帝国的军事侵略、经济大国的产生联系到一起未免有点儿太过牵强。

即便是赞同"混合民族论"的坪井正五郎，他与黑川真赖等一样，也是一个激进的民族主义者。他明明受贝尔兹、摩斯等的影响，但是却特别强调他们的人类学会与贝尔兹毫无关系。他说："将我看成是摩斯的弟子，认为日本的人类学会由他而起，这让我感到非常意外。"即便是他后来留学英国，也不去学校，不与英国的学者交流，而是将自己关在博物馆和图书馆里自学。面对日本国内的一片斥责之声，他回答说，如果你们有人类学方面仰慕的老师，请告诉我。

后来，坪井正五郎为了展示并宣传日本人类学的发展，积极地在欧美各国不遗余力地进行演讲。从这一点可以看出，他当初不去学校、不与英国学者交流并不是因为生性不善于与人交流的原因。当然他也不是一个讨厌西洋人的保守派人物。据鸟居龙藏讲述："在当时的海外留学生中，没有人像坪井老师那样，从海外带回来那么多书籍。"这些书籍就是后来东京帝国大学人类学研究室藏书的前身。从这些点滴当中我们能够感受到，他们一方面燃起了强烈反抗欧美的对抗意识，一方面又恨不得能早一刻学会西方的现代科学，以构建日本自己的科学和文明。这就是当时这些发展中国家青年学子们的心态。

同样，根据鸟居龙藏的描述，坪井正五郎在他晚年的时候将原本展示在帝国大学的摩斯收集的大森贝冢的出土物从标本板上撤了下来。他的理由是，我们自己可以收集到更多的"这样的标本"，所以我们没有必要如此珍惜这些标本了。由此我们不难看出他的想法："日本人"的起源不应该由欧美人而应该由我们"日本人"自己来弄清楚。本来，摩斯发掘的大森贝冢只是当时欧美列强的学者发掘的亚洲的古迹之一，他们也是在雇用当地的劳工、支付给了房东大量的金钱等条件下才得以完成的。后来，大日本帝国的人类学随着国家的扩张而向朝鲜和中国台湾、满洲（即中国东北，下同）等地发展，坪井正五郎的弟子们在那里收集的标本在日本战败后也遭遇到了同样的命运，被当地的人们遗弃。当然，这些都是后话了。

以坪井正五郎为首的初期的人类学者们一面是民族主义者，另一面又接纳了欧美学者的"混合民族论"。可以说这也是日本唯一披着欧美现代科学外衣的学说。在当时那个只有现代科学下的"混合民族论"和传统国学下的"单一民族论"这两个选择项的年代，是回归传统以维护日本的独立，还是通过引进西方现代文明来达成维护日本独立的目的，这种二选一的抉择与世界观的问题自然而然地直接联系到了一起。

小野梓也是如此。他在1879年出版的《唯有日本》一书中既批评了那些毫无节制地崇拜欧美文明者，同时也批评了那些沉醉于藩阀体制陋习、自诩为与其称自己为"日本人"不如说自己是奥羽人的故步自封者。[7] 他认为无限制地进行文化输入将导致日本失去独特性，与坚持旧习搞地方分裂一样都将导致日本独立不保。根据他的观点，日本应该选择一条在保持自己独特性的前提之下接受欧美文明、同时强化本国文明的道路。他强烈谴责依靠藩国的人脉关系压迫国民的藩阀政治[1]。在前面提到的他的民族论中，他主张，虽然有些人认为认同日本曾经是"食人人种"的国家是"国家的耻辱"，但是，反过来想想日本是如何从那种原始状态中进行了文明开化的又是何等的自豪！

从年龄上考虑，坪井正五郎在 20 岁发起人类学研究会的时候，黑川真赖 54 岁，内藤耻叟 61 岁。对于过了一定年龄、容易依赖以往学识的内藤耻叟和黑川真赖来说，年轻的坪井正五郎等人类学者更容易吸收现代文明，这也在情理之中。在坪井正五郎他们看来，即便是否认日本民族的单一性，只要掌握了现代文明，也能够确保日本民族的身份认同以及归属意识。

从某种意义上来说，黑川真赖所代表的学者的观点归根结底是觉得日本在现代文明方面无法对抗欧美的一种悲观论，而以坪井正五郎为代表的学者则乐观得多。从表面看，他们似乎站在完全对立的立场，但是实际上，他们的区别仅在于如何体现民族主义这一点上。19 世纪 80 年代是鹿鸣馆所代表的西洋化与反对西洋化的国粹主义交织在一起的时代，日本民族论正是萌生于那个时代潮流当

---

[1] 主要是指明治维新时期起过核心作用的萨摩、长州、土佐、肥前四藩的领导者，在明治维新后，根据出身藩的不同，组织派阀，垄断政治权力的一种政治形态。

中。这给摩斯论文的发表和坪井正五郎等青年学者们研究会的发起提供了方便。再联想到初期本是文明开化和自由民权的雄辩家，但是后来转向，成为国体论者、单一民族论者，在当时的舆论界举足轻重的东京帝国大学校长加藤弘之，这两种民族主义相互交织的脉络就更加明显了。

这样，日本民族论在19世纪80年代之前形成了两大潮流。一派认为日本民族是后来的征服者和原住民混血而成，形成了"混合民族论"；另一派则认为日本从太古时代开始就居住着日本民族，日本民族血脉相承，形成了"单一民族论"。实际上，从那时候开始至今日的各种日本民族起源论，都没有脱离这个大的框架，可以说都是这个大的框架之下的变奏曲。这两种潮流时而对立，时而相互补充，是反映那个时代日本的国际地位以及民族主义的表现形式。

第 2 章 关于"内地杂居"之论争
——田口卯吉、井上哲次郎

关于"内地杂居"的论争发生在日本修订幕府末期签订的不平等条约之际。[1] 在条约修订之前的日本，外国人只能居住在横滨等几个有治外法权的居留地[1]。条约修订之后，外国人居住地可能不再限于居留地，有可能扩大到日本国内其他城市，并且还有可能将允许外国人买卖土地。这就引发了日本国内关于"内地杂居"的是非之争。

这一争论一直持续到了 1899 年日本废除居留地制度。这场论争的性质很难用一两句话来总结定性。从某种意义上简单地说，这是一场作为新时代主角的开明派与排外攘夷的守旧派之间的论争。当时的福泽谕吉就是这样认为的。也有学者认为这场围绕是否接纳外国人的论争就是现代日本外国劳工问题之争的起源。

"内地杂居"的反对者当中确确实实有一些明显的守旧派，但

---

[1] 居留地相当于中国的租借地。

是也不尽然。例如，在这些持反对意见的人当中，就有以反映日本下层社会状况、为下层阶级申诉而著称的横山源之助以及像他一样从保护人民立场出发的人。

横山源之助在他 1899 年出版的著作《内地杂居后之日本》中写道，实行内地杂居之后，强大的欧美资本将毁灭日本的民族资本，这些民族企业将被欧美制造的机械击垮，企业员工将被迫成为欧美企业的廉价劳工。横山源之助不断地宣传欧美资本威胁论，他一再强调"他们是异民族"，宣称现在"欧美人将我们视为异民族，奴役我们的劳动人民，这哪有什么情理可言"。[2]

虽然这种主张含有排斥"异民族"的要素，但是这与现在已经成为经济大国的日本的论调性质完全不同。这是一个面临殖民地化威胁而战栗不已的亚洲发展中国家的一种危机感。如果一定要与现在的日本问题相提并论的话，比起外国劳工问题，应该更接近于大米市场开放问题。

关于"内地杂居"的论争千头万绪、错综复杂。一方面是市场开放与国内保护之争，另一方面是开明与排外之争。在这一章，我们从众多的关于"内地杂居"的争论当中，选取了田口卯吉与井上哲次郎之间的争辩为例，因为他们之间的论争还包括日本民族起源之争。田口卯吉是一位站在自由主义立场上的开化论者，井上哲次郎则是一位国体论者，他以著有《教育敕语》的公认解说书而著名。田口卯吉赞成"内地杂居"，井上哲次郎反对"内地杂居"，但是我们同样不能以开明与守旧来给他俩定性。

田口卯吉

井上哲次郎

被视为典范的美利坚合众国

田口卯吉从大藏省[1]退休之后，主办了《东京经济杂志》。他是一位在日本享有盛誉的经济学家，当时与福泽谕吉齐名。不仅如此，他还精通历史，亲自执笔撰写了《日本开化小史》，发行了杂志《史海》。他的经济思想受自由放任的英国自由主义经济学的影响很大，所以他反对政府干涉和介入经济，主张进一步开放市场，对劳动立法等反应相当冷淡。

井上哲次郎从东京帝国大学哲学系毕业之后，在帝大哲学系担任助教，时年27岁。之后留学德国，回国后担任帝大教授，同样也是一位精英人士。他与那些同样反对"内地杂居"的年长的佛学家以及国学家（如内藤耻叟）们不一样，他通晓社会有机体论和进

[1] 大藏省相当于中国的财政部。

化论等，与田口卯吉的年龄也相当。他们之间的论争是一场同样接受过西方教育的新一代同龄人之间的论争。

田口卯吉很早就提倡应该允许"内地杂居"。他的这种思想见于 1879 年他发表的一篇题为"内地杂居论"的论文。[3] 那一年，田口卯吉 24 岁，刚刚出版了《日本开化小史》。他在这篇论文里充分表达了他的经济思想和社会统合观。

田口卯吉认为，人类没有"单一民族"和贫富阶级，各个民族通过通商，利益相同就会相互联合。因此，将国内与国外的人隔离、妨碍相互通商的居留地制度导致了"国内外人民的矛盾与斗争"。江户时代，各藩的人被人为地相互隔离，结果导致相互反目。废藩立县之后，各藩的人们"杂居于同町同区"，日本的国民才统合到了一起。"居留地的设置与当年的分藩而治又有何区别？"

那么，欧美资本的流入会造成"役我贫民掠我财富"吗？田口卯吉称之为"杞人忧天""胡思乱想""完全不懂资本之道"。因为劳动者要依赖于资本所创造出来的职位，再没有比认为资本家的增加会有害于劳动者的观点更加荒谬的了。他认为，就算是被认为很悲惨的英国劳动阶层，如果没有资本家，他们也"只有饿死街头"。欧美资本不仅将创造劳动岗位，还将"开采我矿山，开拓我田野"。

话虽如此，田口卯吉其实也意识到了日本有可能沦为欧美列强的殖民地的危险，只不过他认为，正因为如此，才更应该实行"内地杂居"。正因为有居留地制度，"日本人"和外国人被相互隔离、阵营各异、相互窥伺。将来，外国人必然增加，如果放任现在的居留地制度持续下去，将来集结在居留地的外国人很容易就成为欧美列强的先锋部队，日本就将重蹈"东印度"的覆辙。所以，日本取消居留地制度，实现"内地杂居"刻不容缓。田口卯吉这样写道：

> 试问，凡人类相和相亲皆归于其利害一致，而绝非其人种相同，也绝非其无贫富贤愚之差。若有单一民族之所在，也非日本人。日本民族绝非同一种族、同一血统而成，日本古有三韩、中国之归化，近有荷兰、葡萄牙之遗孤。

总而言之，田口卯吉认为，外国人流入的情况自古至今都有，古有古代的朝鲜人、中国人移民而来，江户时代也有荷兰人等定居日本。日本远在"内地杂居"之前早就不是单一民族国家了。

田口卯吉关于"内地杂居"的观点基本上一直没有改变，他后来新添加的观点是针对1884年移居到日本的外国人中除了欧美人之外新增了的中国人而阐述的。[4] 当时有观点认为，如果放任廉价的中国劳动者输入，日本的劳动者将丧失竞争优势并失去工作。田口卯吉虽然表达了他对中国人的偏见："中国人不知廉耻为何物，往往行东诓西骗之事，着实可恶。"但是，他还是对中国劳工的输入表示欢迎。因为从经济自由主义的立场出发，廉价劳动力的存在是"财主之利""消费者之利"，"相互竞争是我国之利"。当然，田口卯吉一点儿也没觉得这是在榨取中国劳工的廉价劳动力。

田口卯吉认为，未来日本的榜样是美利坚合众国，田口卯吉在1889年的论述中就提到美国是通过外国的资本和劳动力的输入从而得到快速发展的国家。[5] 美国是诸多民族组成的移民国家，日本历史上也曾经有众多的渡来人。他如是说：

……古代，朝鲜人移居我内地，或得朝廷之官爵，或于地方立村落，数量极多。其后与中国相通，其人民归化者也众。当时三韩、中国之文运皆胜于我，其民移居来日益于我之国人，其民归化成我民，与我同胞有何异哉。

　　太古时代，从朝鲜、中国来的渡来人给日本列岛带来了文明，考虑到现在的"日本人"中其子孙之众，"内地杂居"也就没有什么可怕了。如果杂居的外国人归化日本，他们也与渡来人一样，将成为我们"忠爱的同胞"。田口卯吉进一步阐述：

　　何论区区血脉之异同，外国人民自由杂居于我内地，增殖我人口，丰富我物产，望如美利坚合众国，吾辈无须惊恐。然若任外国居留地随贸易之伸张而扩张，则恐其渐蚕食吾内地，若其民结成一体，团结一起，则终将窥伺我政权，患如东印度之下场。

　　田口卯吉认为，印度就是因为留下外国人居留地而最终沦为殖民地的。日本要么选择步印度后尘，重蹈其覆辙，要么选择通过"内地杂居"整合归一，走美国的道路。

　　田口卯吉还主张，归化了的外国人就不再是外国人，应该赋予他们"与我国民相同之权利"。[6] 与其因为外国人居留地有治外法权而"蒙受损失，遭受侮辱还不得不忍气吞声"，不如通过"内地杂居"赋予外国人作为一个"日本人"的权利，从而让他们遵守日本的法律。换言之，田口卯吉的"内地杂居"赞成论主张取消外国人居留地，将外国人纳入日本的法律范围之内。

不可能向海外发展

与田口卯吉的"内地杂居"赞成论针锋相对的是井上哲次郎的"内地杂居"反对论。井上哲次郎在他 1889 年出版的《内地杂居论》一书中与田口卯吉展开了争辩。[7] 当时井上哲次郎还在德国留学，根据《内地杂居论》一书序文的记载，来到德国的井上圆了跟他讲述了"内地杂居"问题的重要性，于是他"即日起草文稿，几天之后就脱稿了"。

在这本《内地杂居论》里，留学生精英井上哲次郎将他所学到的欧洲思想作了一个总动员，多少有点卖弄之嫌。文中不出两页就必定提到马基雅维利、孟德斯鸠、斯宾塞、卢梭、黑格尔等欧洲思想家的名字。井上哲次郎用作论据的是生存竞争的优胜劣汰以及论说种族优劣的社会进化论。值得关注的是，井上哲次郎主张的并非"日本人"人种的优越性，恰恰完全相反。

根据井上哲次郎的观点，"内地杂居"将导致"全国的日本人不问老少，不论贫富，都不得不与欧美人竞争"。但是，"日本人无论于智识方面、财力方面，还是于体格上以及其他百般都不及西洋人，必然竞争不过他们"。他还以"日本人"的身体测量数值为例，提出欧洲人自不必说，日本人是甚至"比中国、朝鲜的人都要矮小"的"妇人小儿"，"内地杂居"就等同于将"弱小的孩童"拿去"与壮士格斗"。（井上哲次郎，《内地杂居论》，第 10 —15 页）

他还认为，国家的强弱取决于国民的均一性。"各种民族杂居于一国，就必定同时存在各种风俗、各种宗教、各种语言。这必然有损国家的同心力，国家的综合管理将极其困难。"而且，如果像田口卯吉所说的那样，让欧美人归化入日本，那么，将导致"欧美人拥有与日本人同样的资格，如果他们在政治上开始与日本人竞争……他们将运用比我等优等的智识，终将执政"。（同上书，第16—17页）

根据他的观点，在欧洲人进入国家内地，实现内地杂居的汤加、塔希提岛、斐济、塔斯马尼亚等国，南方的原住民都在生存竞争中败北，人口持续减少。在英国航海家詹姆斯·库克"发现"的南太平洋的桑威奇群岛，岛民们"模仿西洋的风俗……引进基督教，成为南洋最早的开化之国"。"这与我国的状况大体相似。"但是，这个岛的岛民在100年的时间里已经减少到了原来的六分之一。其原因与"美国的土著人""我邦的虾夷人"几近灭亡的缘由一样，"劣等人种与优等人种杂居在一起，劣等人种的人口必然逐渐减少，最终被优等人种打败"。（同上书，第33—38页）

在他的这本著作中，井上哲次郎完全将"日本人"定位于劣等人种，主张依靠排外主义和民族团结来维护日本的独立。他还论述称，那种认为"日本人"是"开化人种"的观点是错误的，最近的西洋文明的输入是政府行为，与人民的进步没有丝毫关系。"适合其他劣等人种的规则，同样也适合于我邦。"（同上书，第49—51页）

不过，井上哲次郎毕竟也是一位想要学习欧美知识的新时代的人。他强调他的观点与"攘夷"有区别。他说，"攘夷"是"抹黑海外的实际情况"，"将欧美人看作野蛮下作的人种"；"而我辈并没有将欧美人看作蛮夷，相反，我们尊敬他们为优等人种，对他们抱有好感"。对于日本限制他们认为不合适的异民族入境的做法，井上哲次郎以美国为例："美国就禁止中国人移民。"（同上书，第53—55页）

当时的井上哲次郎万万没有想到，美国排斥中国系移民的做法后来进一步发展到了排斥日系移民，移民问题后来成为日美之间的一大问题。与其说是他没有预想到，不如说井上哲次郎根本连想都没想过劣等人种的"日本人"会有走出国门向海外扩张的一天，虽然他在晚年的时候念念不忘大日本帝国的侵略策略。（同上书，第6页）

> 于全世界，日本人居住生活之场所，仅此日本一国而已，故应知日本人的巢穴全在此。日本人进步，成为强大之国民，横行世界，移居海外之各种变化，以现今之状况，非易事。故日本人一时之内唯倚此微小之日本国为其生活之区域。然若从今起，许以外国人内地杂居，则欧美各国人等将入我内地，占我日本之国土。

从这里，我们可以看出，当时的井上哲次郎还丝毫没有领土扩张和进军海外的思想。他在"内地杂居"反对论中描绘的"日本人"，不用说与欧美人相比，甚至连朝鲜人、中国人都比不上。他想都没有想过日本人有朝一日将成为"强大的国民"。他认为，日本一方面必须要在欧美列强的威胁中维持小小岛国的民族的均一性，另一方面要与欧美各国保持友好关系。他所构想的日本是一个"妇人小儿"般弱小的和平国家。这与他晚年时期主张的大日本帝国海外雄飞论完全不同。可以看到，井上哲次郎反对"内地杂居"，提倡日本在文明开化没有充分发展起来之前推迟修订条约。

"日本国民的同化力"

井上哲次郎的《内地杂居论》出版之后次月，田口卯吉出版了《条约修订论》。这是由德富苏峰作序的演讲录。在书中，田口卯吉将反对"内地杂居""最嚣张的人"——志贺重昂、三宅雪岭、谷干城、林包明、井上角五郎等一一列举出来，称"此诸君皆外国人也"。

这是因为田口卯吉在《新选姓氏录》上查了他们姓氏的出处。《新选姓氏录》是平安时代初期所编写的记录古代氏族来历的氏族名鉴。它将出身天皇家族的归于"皇别"，将日本列岛很早就有的古老家族归于"神别"，而渡来人则归于"诸藩"。也就是说通过《新选姓氏录》可以查到渡来人的姓氏。根据田口卯吉的调查，志贺、三宅、谷、林、井上等都是中国、朝鲜移民过来的渡来人的姓。这就表明，反对"内地杂居"的这些人，其本人就是渡来人的子孙。

田口卯吉又补充说，以政界要人、华族（有爵位的人及其家族）为例，"不管是中国移民，还是朝鲜移民，如上所述，岛津公[1]、副岛伯、谷中将、志贺重昂君、林包明君、井上角五郎君等，如果一一追溯下去，恐怕他们无一不是渡来人，难道他们都不是国家可依靠之人？"。说完，听众一阵爆笑和喝彩。然后，他接着说："其实，真正可怕的是外国人居留地。"他在听众的掌声中结束了演讲。最后，田口卯吉将他的这本演讲录邮寄给了归国的井上哲次郎，同

---

[1] 战前日本的爵位分为公、侯、伯、子、男几等。

时附上一封信，在信中他写道，井上这个姓氏的人是中国系渡来人的子孙。

井上哲次郎也不甘示弱，在第二年即1891年，他又出版了《内地杂居续论》。在此书中他称田口卯吉的《条约修订论》"半文钱的价值都没有"。[8] 就算拿出一千年前的《新选姓氏录》来做论据也于事无补，因为很多人的姓氏因为"养子"关系或者其他的各种原因都已经发生了变化。他宣称从出生到现在自己的姓氏都已经变更了三次。通过现在的姓氏来判断其人是渡来人的子孙是"即便乳臭未干之小儿都绝不会吐露之愚论"。就算退一万步来讲，即便自己是渡来人的子孙，他们也是一千年之前的渡来人。而且"他们绝非以几近完全改变日本国之势同时来到日本，而只是不同时段的少数人的归化"，与"内地杂居"根本无法相提并论。

根据井上哲次郎的观点，在古代渡来人迁徙而来的年代，日本不像现在一样已有了"巩固的国体"。在那个时代，异民族杂居应该是被允许的。"既然形成了巩固的国体，就应该彻头彻尾地加以保护。"这是"日本国民应尽之义务"。如今，一旦允许外国人"内地杂居"，那么，除了欧美人之外，印度人、中国人、朝鲜人等"黄白红黑各色人种就将如洪水猛兽一般一下子从四面八方涌进来"。要想将他们"同化至日本国"，就凭我们劣等人种的"日本人"是不可能达成的。

在《内地杂居续论》的附录里，井上哲次郎为了旁证"日本人"是劣等人种，提到了"日本人的祖先是从南洋渡来的"这样的观点。他认为："蒙古、朝鲜、中国等大陆的人种"确实也曾经渡来日本，但是，他们的影响甚微。他在文章中并没有提出论据去论证他的观点，他只是根据文章的需要写出了他的观点而已。不过，这种日本民族南方起源说确确实实有利于他的"内地杂居"反对论。因为如果承认日本民族起源于南方人种，那么，不仅欧美人，杂居之后有可能流入的中国人、朝鲜人等与日本人都是"异人种"，而他文章中提到的同样是劣等人种、与日本有共通之处的南洋诸岛的人则与日本人"同种"了。这又进一步旁证了他的"内地杂居"反对论的正确性。第6章我们将要提到，他的这种观点后来又转向了，转为北方起源说。井上哲次郎是在他对欧美抱有低人一等的劣等感的时候提出日本民族南方起源说的，这一点需要引起我们的注意。

同样，井上哲次郎将他的《内地杂居续论》一书邮寄给了田口卯吉。田口卯吉马上又写了一篇《试问井上哲次郎》的短文予以反击："井上氏的争辩亦无半文钱价值，就如同挠痒痒一样，毫无感觉。"[9]

田口卯吉还说，既然井上的姓都更改了三次，那从另一方面也说明，古代的渡来人的后代已经完全融入了"日本人"当中，除了《新选姓氏录》"诸藩"里有记载的渡来人姓氏之外，还有更多。井上哲次郎一面说日本的文明开化尚未充分，"内地杂居"为时尚早；另一面又说现今的日本已经形成了巩固的国体，不能接收外国人。这两者自相矛盾。在接受渡来人的古代日本，"我邦人"处于未开化状态，移民过来的渡来人是那个时代的文明人。依照井上哲次郎优胜劣汰的法则，这也是应该否定的。总之，"井上氏所谓的优胜劣汰的言论根本就没有一定的标准"，完全是见风使舵的机会主义。

在田口卯吉的反驳中，值得注意的有如下的一段文字：

吾辈信奉进化之说，然以日本人种为劣等动物，吾辈绝不同意。须谨记，若"内地杂居"不可，则无至于海外殖民。天下岂有此理矣。

在这里，田口卯吉反对井上哲次郎将"日本人"定性为"劣等人种"，他认为，如果连"内地杂居"都实现不了，日本就不可能有进军海外进行"殖民"的能力。反过来，也就是说正因为田口卯吉认为"日本人"是有进行海外扩张能力的优等人种，所以他才大力提倡"内地杂居"。

田口卯吉的这个主张，在他两年后1893年出版的《居留地制度与内地杂居》一书中描述得更加清晰。他在此书中论述了居留地的弊害，认为通过"内地杂居"，日本和欧美国家的经济关系将协调化。不仅如此，他还提到了"内地杂居"反对者们最为担心的如何维护日本独立这个问题。

他说："相信我日本人种在此孤岛中闭关自守、一味退缩就能维护日本独立是荒谬的。"这就等同于乌龟缩在龟壳中。与井上哲次郎完全相反，田口卯吉认为："我日本民族于技艺、于学术、于工业农业等各方面，绝不比雅利安人差。"他以英国为例加以说明，如果英国人将自己封闭在本国的岛上，就不会有今天的大英帝国。"我日本民族应该执行进取型的方针政策，将我日本民族蔓延到全世界。"根据他的描述，将日本民族蔓延到全世界只有两种方法。

第一种：将有纯洁血统的同胞散布到全世界，逐渐繁殖。

第二种：将那些虽然有稍稍不纯的血统，但是与我们有相同语言、相同风俗的同胞散布到世界各地。

田口卯吉称，"第一种方法"是不可能的。移民最终都将被移居地同化，"日本的海外移民如果丢弃了日本的风俗和语言，对本国而言毫无益处"。相反，将移民来我日本的外国人和混血儿"同化为我国民，则为有益之事情"，能够强化我日本。就算有损于"日本人"的纯血也无须担心，因为从古代开始，就有很多的渡来人来到日本，他们用带来的先进文化使日本变得强大。也不用担心非日系臣民将来会缺乏爱国心，美国就是一个多民族杂居在一起的国家，但是，"他们美国人民富有爱国之心，这是全世界人们所公认的"。美国人在战争的时候甚至会投入到与他的出身国的战争中去。

田口卯吉在这本书中还举神功皇后和桓武天皇为例。在"记纪"神话中，神功皇后指挥了古代日本侵占朝鲜之战。桓武天皇则派遣武将田村磨镇压了东北地区的虾夷。他如是说：

> 今举一二其例，神功皇后之御母出自新罗王之子天日矛，桓武天皇之御母出自百济。

针对非日系臣民欠缺爱国心的言论，田口卯吉反驳道，征服国内外异民族的这两大皇族都是朝鲜人即渡来人的子孙。他以此为据，认为日本通过"内地杂居"能够将异民族转变为"忠诚爱国的同胞"。只要实现了"内地杂居"，日本将"随岁月之流逝，吸收此外人，咀嚼、消化之。婚姻错杂，风俗语言一同，其终将成为我同胞。此等毫无疑义"。

同年，给田口卯吉《条约修订论》作序的德富苏峰主办的杂志《国民之友》刊登了一篇没有署名的论文，题目是"日本国民之同化力"。[10] 文章的主张与田口卯吉的观点非常相似，文中也举神功皇后的血统为例来证明渡来人的存在，以"日本国民之同化力"引以为傲。作者说，外国人以及"内地杂居"的反对者们往往将日本和斐济、夏威夷（桑威奇群岛）等后进的南岛国家相提并论，他们应该看到日本同化"优等人种"渡来人的实绩，"反对'内地杂居'的论者们放心吧，日本不是夏威夷"。

就这样，支持"内地杂居"的社会舆论高涨，日本终于于1899 年修订了不平等条约，实现了"内地杂居"。田口卯吉在这一年写了一篇题为"速速将居留地与内地同化"的评论。在这篇评论中他写道："废除外国人居留地简直太好了！应该为国家举杯庆贺。"他认为应该马上剥夺外国人的"特权"，将居留地"与内地同化"。根据他的逻辑，"内地杂居"是日本走向世界、"同化"之前日本政府权力未及的地域、成为世界强国的具有纪念意义的第一步。

关于"内地杂居"的论争最后以杂居赞成派的胜利而告终。从田口卯吉与井上哲次郎之间的论战来看，关于"内地杂居"之论争并不是守旧派与开明派之间的对立，而是在维护日本独立之际，是优先国民的民族均一性封闭于岛国，还是同化异民族、将异民族吸收到日本民族并走向世界这两种国家计划、两种国家主义之间的斗争。

不过，与过去的黑川真赖和内藤耻叟等不一样，不管是田口卯吉还是井上哲次郎，他们都承认日本民族海外渡来说。只不过，田口卯吉在论争的过程中强调的是"日本人"的混合性，而井上哲次郎则尽可能地回避这个问题。大概从感情上井上哲次郎还是赞成"单一民族论"吧。但是，为了避免被国人看作旧时代的攘夷派，既然不存在支持"单一民族论"的人类学说，井上哲次郎也就不得不接受"混合民族论"了。在这个阶段，即便是想要维护日本民族均一性的学者也没有采纳"单一民族论"。

这之后又过了半个世纪，"单一民族论"渐渐成为非主流，"混合民族论"迎来鼎盛时期。这并不是因为没有支持"单一民族论"的学说，而是因为后来的大日本帝国的国民，不再是将活动范围局限于日本列岛的劣等人种，他们已经自认为是雄飞于海外的优等民族了。田口卯吉和井上哲次郎他们本人都没有意识到，他们在进行"内地杂居"的论争中所展开的思考框架，影响了接下来的时代里展开的日本民族论。而且超越了他们本人的思想轨迹，成为后来统治日本多民族帝国时代思想意识的原型。

第3章　国体论和基督教

　　——穗积八束、加藤弘之、内村鉴三、高山樗牛等

　　国体论指的是大日本帝国天皇与国民之间是总本家与分家的关系，日本是拥护天皇（总家长）统治的一大家族国家。众所周知，这种思想是当时支配日本帝国意识形态的一大思想体系。

　　既然国体论认为大日本帝国的天皇一族是国民的祖先，那么，国体论是不是只有在承认大日本帝国是拥有单一纯粹起源的单一民族国家的情况下才成立呢？那么，在日本帝国将朝鲜、中国台湾的异民族纳入大日本帝国统辖范围的时候，他们又是如何自圆其说的呢？

　　在这一章，我们将探讨从日本占领中国台湾一直到日本吞并朝鲜之前的这段时期里，日本国内是如何讨论这个问题的。简而言之，就是在这段时期，帝国内异民族的存在是国体论的"阿喀琉斯之踵"[1]。

----

[1] 希腊神话中有一位伟大的英雄阿喀琉斯，他有着超乎普通人的神力和刀枪不入的身体，在激烈的特洛伊之战中无往不胜，取得了赫赫战功。但就在阿喀琉斯攻占特洛伊城奋勇作战之际，站在对手一边的太阳神阿波罗悄悄一箭射中了伟大的阿喀琉斯。原来这支箭射中了阿喀琉斯的脚后跟，这是他全身唯一的弱点。在他还是婴儿的时候，他的母亲、海洋女神特提斯曾捏着他的右脚后跟，把他浸在神奇的斯提克斯河中，被河水浸过的身体变得刀枪不入，近乎于神。可那个被母亲捏着的脚后跟由于浸不到水，成了阿喀琉斯全身唯一的弱点。阿喀琉斯这个致命的地方后来就被称为阿喀琉斯之踵。

那些被认为攻击国体论的学者们，特别是基督教系的知识分子都看出来了中国台湾的存在是国体论的软肋，他们将帝国内异民族的存在和人类学的"混合民族论"作为攻击国体论的材料。不过，令人啼笑皆非的是，他们在反击国体论的过程中，又形成了一套新的侵略理论。

国体论的隆盛

国体论的起源可以追溯到江户时代，但是，真正达到鼎盛的时期是在 1890 年发布《教育敕语》之后的 19 世纪 90 年代。

当然，在江户时代的幕藩体制下，这种超越身份、跨越地域的所谓"日本人"是一个大家族的思想是站不住脚的。不管是将军、武士，还是农民；不管是萨摩出身的人，还是水户出身的人都是"日本人"，共有一个祖先。这可不是幕藩体制喜欢的思想。可以说国体论就是在日本打破了这样一种封建体制，形成了国民国家之后，才得以以公开的意识形态方式出现的。而且，作为近代国家的统一思想，它不得不一方面接受欧美的文明，让日本走上富国强兵之道；另一方面又必须与顽固的国学家们的"尊王攘夷"论划清界限，进行各种掩饰。

在这种掩饰方面大显身手的代表性人物有加藤弘之、穗积八束、井上哲次郎等。他们都是一些吸收了部分西洋思想、具有留学经验的知识分子。

井上哲次郎于 1891 年出版了一本解释《教育敕语》的《敕语衍义》。[1] 这本书是日本文部大臣要求井上哲次郎根据内阁会议精神起草，井上哲次郎参考了加藤弘之、井上毅等人的意见之后执笔，在征求过天皇意见之后才出版的。这本书名副其实的就是一本官方承认的解说书，出版于《内地杂居论》发表之后的第三年。在这本书中，关于日本的认识与《内地杂居论》一书中的观点一样，危机感很强，认为"日本人"是比欧美人差的劣等民族，如果不保持民族团结很快就将在竞争中落败，以致丧失国家独立。

井上哲次郎在这本书的序文中写道，他刚从欧洲留学归国的时候，"以吾久观璀璨文明之眼，观故国之现状，觉彼吾悬殊甚远，戚戚然吾心忧伤"。在他的眼里，处于亚洲发展中国家地位的祖国的落后状况，简直惨不忍睹。

紧接着，他表述了他对于国际形势的看法。内容稍微有些长，这里只引用其中的一节。

　　纵观当今世界列国之情形，欧美诸国自不待言，其他欧洲各国，皆兴盛之至，而足以与其竞争者，唯东洋诸国也。然印度、埃及、缅甸、越南等，已丧失独立。泰国、朝鲜等诸国，已岌岌可危。今日东洋众国中尚屹然独立、与各列强争夺权力者，唯日本与中国也。然中国拘泥于古制，乏进步之气象。唯日本执进步之念，且与日俱增，视情形有望将来以璀璨文明大放异彩，然今逢各国恣意吞噬之秋，日本为蕞尔之小国，四方皆敌，须与列国应酬图亲和，一旦外敌窥伺，能依仗之物，唯我四千万同胞，别无其他。苟我邦人者，为国家，视己命轻如草芥，勇往直前，怀弃之公义之心。

按照井上哲次郎的意思，在弱肉强食的国际社会上，除日本以外的亚洲、非洲各国文明开化程度严重落伍，几乎都被沦为欧美列强的殖民地，丧失了国家独立。在这样的情势下，只不过区区"一小国"的日本，认识到"四方皆敌"，"能依仗的唯有我四千万之同胞"，日本国民必须有为了国家的独立而献身的觉悟。他强调"国势之强弱，在于民心之凝聚力如何"。而天皇和《教育敕语》是团结民心的核心力量。

井上哲次郎如此强调国家的危机感，要说他只是为了强迫国民拥戴天皇，遵从《教育敕语》而采取的权宜之策也不尽然。正如大家所看到的，此时的井上哲次郎认为日本只不过是一个弱小的国家，要向海外扩张几乎是不可能的。中日战争、日俄战争之后的日本暂且不说，至少在当时，井上哲次郎说的是真心话。

这之后，日本逐渐形成了以天皇为国民之父母、国民为天皇之子孙的家族国家观。正如第2章中关于"内地杂居"之论争中同样也强调的那样，在当时的社会环境下，不容许有破坏国民团结的异质分子存在。1899年井上哲次郎在他的《敕语衍义》的增订版中增添了如下内容："日本民族源自同一古传说，建国以来，居住于同一国土，拥有同样的语言、习惯、风俗、历史等，从未被其他民族征服过，盘踞于蜻蜓洲[1]之首尾，成为一大血族。"[2]同年，日本还出台了《北海道旧土人保护法》，开始实行"内地杂居"。《敕语衍义》增订版中新增添的内容不给大日本帝国内的异民族留任何余地，可以说这也是井上哲次郎给"内地杂居"论的回答。

---

[1] 据日本《古事记》记载，神武天皇在看到日本列岛的形状后，感叹说如蜻蜓交尾一般，从此，"蜻蜓洲大和之国"成了日本的代名词，又称为"秋津洲大和之国"。

井上哲次郎出版《敕语衍义》的同一年，国体论的得力干将、法学家穗积八束开始了"民法典论争"。穗积八束同样是出身于东京帝国大学的精英人物，毕业之后第二年留学德国，回国后任帝国大学法科大学教授。他反对依照外国人政府顾问的建议而制定的民法案，主张"民法出，忠孝亡"。在一篇题为"民法出，忠孝亡"的评论文章中，他宣扬"我国乃祖先教之国"，批判"平等博爱、疏远宗亲血族"的法国式民法案。3

根据穗积八束的这篇论文，欧洲过去曾经也是日耳曼民族共同体的祖先教社会，只是由于后来传入了罗马法思想的契约民权概念才导致了祖先教的崩溃。罗马在拥有了众多的殖民地、迅速扩张为多民族帝国之后，为了整合统治下的异民族，逐渐抛弃了原来拉丁民族城市国家的特性，皈依了基督教和罗马法的普遍主义。[1]抱有这样的历史观的穗积八束同样也讨厌基督教。他以罗马帝国变质为多民族国家之后就没落了这种前车之鉴为例，来阐述大日本帝国的问题。

在国际关系方面，穗积八束与井上哲次郎持相同的观点，穗积八束也认为当时的国际社会是一个弱肉强食的世界。他认为不能被基督徒倡导的所谓"人道博爱主义""人类共和主义"迷惑。因为在帝国主义时代，"容易被所谓的世界和平之类的甜言蜜语冲昏头脑，如今若我等突然将挂在腰间的武器丢弃，等到我们徒手无物之

---

[1] 普遍主义—国际主义学派是由德国 F.K.von 萨维尼奠基，盛行于19世纪欧、美两洲的国际私法学派。该派学者认为国际私法的一些原则可以从超越于国家之上的国际法或自然法推衍而得，并且根据这些原则就能构成一个普遍性抵触规则体系，用以界定各国的立法管辖权，并对各国具有一般约束力。普遍主义—国际主义学派在1849年出版的《现代罗马法制度》中阐述了其国际私法理论。

时，未如当初约定的那样完成世界统一，我等则将成为强者之饵食……于今日世界之状态，说爱国心是多么的狭隘，是何等的错误，其目的就是让吾等放松警惕，弱化团结之力量"。

1897年，穗积八束出版了《国民教育 爱国心》一书，在书中，他强调"天祖是国民的始祖，皇室是国民的宗家，应该以对祖先之敬慕之情崇奉一国之始祖"。"我日本帝国是同一人种变迁而来的一大民族，形成了纯正的血统集团。"他认为那些因为利益目标一致、根据人为契约而形成的统一国家，其团结力逊于血亲团体。因为利益关系会根据情况的变化而改变，人为的契约可以人为解除，只有"血族相依才是自然的团体"。另外，"基于契约的服从是以暴力（武力）强制为基础，没有敬仰之情"。但是，"起源于祖先教的服从观念是子孙后代敬仰祖父母的成果"。总之，"基于契约关系的权利集团即便是服从也毫无敬爱可言，基于人类平等关系，有博爱则无服从"，而兼具服从与敬慕之情是血统民族的特征。[4]

这种世界观与田口卯吉主张的基于利害一致的多民族统合、社会契约论等相距遥远。说起来，霍布斯主张的打破君臣之间的自然亲和、国家的本质在于威权的观点是现代思想的开始，而穗积八束提出的言论则是非现代的思想。这种兼备服从与亲爱两种矛盾要素的家族国家论的性质，我们将在最后的结论部分进行探讨。总而言之，国体论者就是这样将明治国家的天皇统治解释为同一民族内部自然的结合，而非以暴力强制为基础的权力统治。

不用说，这种国体论与"单一民族神话"是协调一致的。不过，到了1895年，在甲午战争中获胜的日本占领了中国台湾，将台湾约300万汉民族人口以及被称为"蕃人""生蕃"的原住民（指台湾少数民族，下同）编入了帝国臣民的范畴。这样一来，"日本人"就不再是单一血统了，国体论也因此埋下了潜在的威胁"火种"。

基督教系知识分子的反驳

从某种意义上来说，提示用最简单的解决办法来解决中国台湾问题的是福泽谕吉。在日本占领中国台湾之后，台湾人的抵抗曾经给日军造成了很大的困扰，福泽谕吉提出："以其土地资源为目的，进行全岛大扫荡，不必将土人之类放在眼里，将岛上一切的养殖生产等实业置于日本人之手，可大力开发其富有的资源。"他主张"以武力毫不留情地进行扫荡，枯其叶、绝其根，歼灭一切丑类，尽数没收其土地等，决心将全岛变为官有之地"。[5] 按照他的这种想法，日本需要的仅仅只是台湾的土地，根本无须"原住民政策"。

不过，这么赤裸裸的原始观点在当时的言论界还是占少数的。大多数的观点还是认为要与台湾当地人以对等或者统治的形式共存。这就引发了大家对认为大日本帝国是"单一民族国家"的国体论的新一轮论争。最早意识到这一点的是基督教系的知识分子，他们觉察到了国体论的抬头对自己的威胁。

日本基督教系的知识分子与国体论的对立始于《教育敕语》的发布，可以追根溯源到当时所谓的关于"教育与宗教的冲突"的论争。[6]《教育敕语》发布两个多月之后的1891年1月，第一高等学校（后来的东大教养学部）举行了奉读《教育敕语》的仪式。奉读仪式结束之后，教师和学生必须在《教育敕语》前行鞠躬九十度的最敬礼。当时，作为教师一员的基督教徒内村鉴三认为此举为宗教礼仪，因此没有向《教育敕语》敬礼，结果被视为"大不敬"，遭到强烈指责。

恰逢当时正是井上哲次郎在《教育敕语》发布之后对基督教进行批判的时期。井上哲次郎认为，《教育敕语》是将日本固有的道德归纳成文，而基督教认为人类都是上帝之子，没有人种的区别，也没有国家的区别。所以基督教与《教育敕语》的精神相违背，基督教于国家有害。对于井上哲次郎的这种观点，基督教系

福泽谕吉

的知识分子们纷纷予以反驳，引发了一场众多人参与的长达两年多的大论战。

在日本占领中国台湾之前，双方之间的论战还没有提及大日本帝国内部异民族的存在这个话题。不过必须留意的是，在这场论战当中，以井上哲次郎为首的反对基督教的一方不断援引欧美列强在拉丁美洲和南洋诸岛等地强行施教并将其殖民地化的事例，一再强调基督教背后的欧美列强的威胁。而反对方的大部分基督教徒则主张基督教徒也可以成为出色的爱国者，并没有否定日本这个国家本身。在这场论战余音未了之际，爆发了中日甲午战争，内村鉴三在当时也是拥护日本、支持这场战争的。内村鉴三之所以支持这场战争也许与这场论战不无关系。

日本在中日甲午战争中获胜之后，面临被殖民地化的威胁意识虽然得以消除，但是接踵而来的是被欧洲列强要求归还一部分在战争中获得的中国领土，这就是所谓的"三国干涉"。在欧洲列强的

要求面前，日本只能忍气吞声。体会到这种现实的残酷的日本知识分子燃起了强烈反对欧美列强的民族主义情绪。

于是，1897年5月，井上哲次郎、木村鹰太郎等人成立了大日本协会，创刊了《日本主义》杂志。大日本协会大纲的第一项就提出"崇拜国祖"，创刊号的办刊宗旨也强调，为了维护日本的独立，国民的团结必不可缺。这本杂志还连续不断地发表了很多谴责基督教的文章。同年7月的第3期《日本主义》杂志登载了穗积八束的《国民教育 爱国心》一书中关于"祖先教"一章的节选部分。从此之后，很多日本知识分子陆续加入大日本协会。

对于这种动向，基督教系的知识分子们也非常敏感。在《日本主义》创刊号发行之后，他们也在自己阵营的杂志《六合杂志》上，登载了后来成为日本组合教会理事的渡濑常吉的论文，题为"我国国策和宗教信念"。[7]

在这篇论文中，渡濑常吉提出了他的主张。首先，"开国进取的精神"是日本建国以来的理想。其次，日本"要完成独立自治的大计"。这里，他主张的不过是不要采取排外主义，而要通过文明开化来维护日本的国家独立而已。这篇论文的突出之处在于，他提出作为大日本帝国新领土的中国台湾有众多的异民族，"当今我帝国大大扩张，异种之民也不断加入，成为帝国之民。于此时，徒然无益地主张君民同祖之旨要，欲狭隘地解释同胞之义，于开国进取之精神相违背，所以，是错误的"。

根据渡濑常吉的观点，虽然日本历史上有很多的渡来人，但是，"我祖先根据开国进取之精神将众多异人种同化"，"于今日，徒然将异人种排斥，违背了日本扩张之旨要"。虽然他并没有否定天皇崇拜，但是他认为，要同化异民族，必须借助超越民族的宗教的力量。"让异人种加入，实现逐渐扩张"才是真正的"开国主义精神"。在这个时候"排斥一切宗教，独崇我国祖"是蛮不讲理的，也是办不到的。

为了领土扩张，需要跨越民族的普遍的宗教。渡濑常吉用这种推理方式展开了他的基督教拥护论。他认为基督教不仅于国家无害，还有助于国家的发展。他的这种观点在之前关于"教育与宗教的冲突"的论争中也有很多的基督教系知识分子提出过。渡濑常吉在晚年将他的这种宗旨付诸实践，在日本吞并朝鲜之后，他来到朝鲜进行基督教的传教活动。

同年9月，《六合杂志》登载了大西祝批判穗积八束的题为"祖先教能成为世教的基础吗？"的时事评论。[8]同样，他也对国体论进行了一番批判："吾辈怀疑穗积氏所言之重视君民同祖能与我国扩张之国策相容否？试问，如何来看待新领土之民？"

这种批判切中了国体论本质上的弱点。国体论宣传天皇是单一纯粹血统的日本人之源，提倡"日本人"的团结，认为基督教是欧美列强的爪牙而对其进行攻击排挤。但是，排除普遍性的东西而沉浸在自身特殊性的独自的空间里，虽然对于排除外部而来的影响有效，但同时也将自己封闭了起来，使自己不能向外部发展。为了保护自己不受外部的伤害而建筑的大门，在自己要走出去的时候反过来也将成为障碍，要向外部发展就必须打开自己的大门。

实行同化政策还是维持民族纯血性

面对基督教系知识分子们的这些批判，提出反驳的有加入大日本协会的高山林次郎（高山樗牛）。高山林次郎就读于东京帝大哲学系，师从井上哲次郎，是当时有名的综合杂志《太阳》的文学栏目主编，那时才 26 岁。在渡濑常吉对国体论进行批判的同年 11 月，他给《太阳》杂志撰稿，发表了题为"我们的国体和新版图"的文章。[9]

高山林次郎在论文中宣称，日本拥有"天下无双的国体"，这般卓越超群的国体"归功于君臣之间特殊的关系"。日本"国民大体都是神孙皇族的后裔"，"如外邦之所见，为数众多的异人种麇集日本，若依契约关系或者武力强制来确定君臣关系，建设国家，两者不能同日而语"。

很多基督教徒认为这种意识将阻碍日本帝国的扩张。但是，高山林次郎却认为他们大错特错，因为"一国对其新版图，如欲获取其属邦之实际利益，主要依靠权力来处理"。而国体论的产生"基于祖国观念的强大之权力"。国体论是权力之源，凭靠权力来统治异民族即可。而且，精神的教化最终也要依靠权力来执行，所以君民同祖的血族意识"不仅不会如基督教徒担心的那样不利于国势的扩张，恰恰相反，其实际上是国势扩张极其重要的条件"。

高山林次郎在论述的过程中，也以穗积八束曾经例举过的罗马帝国灭亡作为统治异民族失败的事例。他认为作为罗马帝国中心力量的拉丁民族在保持了他们单一的纯血统、超脱于异民族高高在上的时候是繁荣昌盛的，当他们受到基督教平等主义思想的毒害，抛弃了他们原来的拉丁民族至上主义，与异民族混合之后，他们就没落了。

高山林次郎在他的论文中呼吁读者："诸君现在说，为了统一新版图，我们要抛弃国体，难道你们不知道国体已经浸润到我国国民的骨髓里了吗？"在文章最后，他写道，基督教徒们，你们要感谢将信教自由列入法律条款并加以保障的大日本帝国宪法。《日本主义》第 7 期的时事评论马上登载了高山林次郎的这篇文章的节选，并评论说："如果基督教一派的学者们熟读高山氏的论点，他们的荒谬言论就将不攻自破了。"

高山樗牛

　　他们没有意识到这篇反驳文章本身所存在的问题。高山林次郎在文章中说新领土的异民族用权力关系来处理即可。但是，以高山林次郎为首的国体论者们不是说天皇的统治不是人为的权力关系，而是像亲子关系一样的自然亲情的结合吗？国体论认为"日本人"是单一的血族，以亲子之间的亲情关系的美名来掩盖权力统治的事实，不料高山林次郎在这里暴露了它适用不了大日本帝国的新领土这一现实。如此一来，国民慈父的天皇的假面目被揭露出来，露出了其权力统治关系的真面目。赤裸裸的权力统治持续下去的话，中国台湾居民与天皇之间就永远不可能建立亲子之情。这样，在高山林次郎所嘲笑的"被强迫结成的君臣关系"的"异人种麇集"的外国，就势必将永远存在想要推翻权力统治者统治的异民族势力。

　　而且，还有更严重的问题。既然高山林次郎主张吸取罗马帝国的教训，避免与殖民地的异民族混血，保持日本民族的单一纯血。那么，为了达到这一目的，就应该像后来的南非的种族隔离政策一样，严禁异民族之间通婚，将他们的居住地和学校分开，断绝异民族之间的相互接触，那才是有效的办法。在南非，军队也采取了种族隔离措施，征兵只限于白人。在主张纯血民族的纳粹德国，也禁止主体民族的德意志民族与犹太人通婚，不管是工作还是学校、军队等各个方面，犹太人都被完全排斥在外，甚至被强迫送进犹太人区和收容所。

但是，大日本帝国在之后的中国台湾、朝鲜的殖民统治中，采取的政策与其截然不同。在中国台湾和朝鲜，日本提倡"内鲜结婚"，奖励不同民族之间相互通婚；鼓励"日本人"与当地的原住民混住，征中国台湾和朝鲜居民入伍。当然这并不代表大日本帝国比纳粹德国好，只是表明日本后来实行的这种"同化政策"其实并不利于维持日本民族的单一纯血。

事实上，高山林次郎在他两年后的另一篇题为"帝国主义与殖民"的论文中提出，日本帝国不仅要以罗马帝国为戒，还要吸取伊斯兰帝国将异民族的奴隶征兵入伍从而丧失了"国民观念"导致最终衰亡的教训。[10] 作为对比，高山林次郎还提到了英国的殖民地统治，对英国彻底避免与原住民的"劣等人种"混血的做法大加赞赏。众所周知，后来日本的学者在批判日本的同化政策的时候就经常拿英国的殖民政策来说事。高山林次郎在日本统治中国台湾的时候，主张"遵奉盎格鲁－撒克逊（英）帝国主义"。严禁混血的南非种族隔离政策从某种意义上来说是英国殖民体制的延续，如果大日本帝国采取推进混血的同化政策，那么毫无疑问高山林次郎是持反对态度的。

但是，极力称赞高山林次郎的《日本主义》杂志却主张对中国台湾实施同化政策。例如木村鹰太郎就在《日本主义》创刊号的时事评论中写道："教化其他异民族的人民，使之完全成为具日本精神之人民，使之与日本本土之民怀同一之感情。"[11] 可是，如果"日本本土之民"继续将日本民族自身视为排他性的单一血族的话，那么，要教化中国台湾的住民，使其抱有与日本人民"相同的感情"，则二者相矛盾。这就等同于向黑人灌输白人纯血主义。非同一血族的人怎么可能拥有相同的认知呢？

另一方面，《日本主义》阵营的学者们积极散布日本极富"同化力"的言论。其创刊号的"创刊主旨"就强调"自主独立之精神"，宣称日本曾经很好地"同化"了外国文明。在创刊号上，汤本武比谷写道："吾等国家，非仅仅由大和民族组成，逐渐包含了诸多异民族，此等异民族皆被日本同化，绝无保持异民族之异论道义。"高山林次郎也在他题为"我国体和新版图"一文中写道："国民生活的两千五百年历史里，'熔化'了一些异族分子，那是因为我们拥有将其同化到我国民团体之能力。"

不过，他们在论证日本富有"同化力"的时候，同时也暴露了日本历史上曾经包含有异民族和异文化的事实，这又与他们认为日本是单一血族国家的主张自相矛盾。高山林次郎的"熔矿炉"的比喻等，原本是在谈论多民族国家美国的时候必定提到的词语。尽管他们是国体论者，但是只要他们主张同化政策，就势必不能再提日本是单一纯粹血统的民族国家。

不仅如此，还有其他困难。制约"单一民族神话"的另一个原因在于人类学的存在。作为国体论者，只要他们想摄取欧美文明走富国强兵之路，就不可能全盘否定科学名义下的人类学的研究。

再加上，在中日甲午战争中获胜的日本，认为自己是优秀民族的自我意识开始逐渐高涨。木村鹰太郎于1897年在《日本主义》杂志第三期上发表了一篇题为"日本人是优秀民族"的论文。就连井上哲次郎，也于第二年在《日本主义》杂志第十期上发表了题为"助长进取精神的主义"的文章，提出中日甲午战争的胜利力证了日本民族精神的优秀。

后来，《日本主义》的时事评论将发生在加拿大、夏威夷、澳大利亚、美国等地的排斥日系移民运动称为"种族战争"，几乎每一期都要提及。井上哲次郎过去曾经拿来作为反对"内地杂居"的论据的排斥异民族移民的方案终于被运用到了日本人自身身上。

如此这般，在国体论者们不得不关心"日本人"的种族、民族地位的时候，他们不得不借助人类学的帮助。实际上，《日本主义》杂志的第五期发表了一篇题为"耶鲁大学教授认为日本人是世界上的优秀人种"的时事评论，长篇累牍地介绍了原本那么令人讨厌的美国人类学家通过比较大脑的容量证明日本民族是优秀民族的研究。他们如此迫切地渴望这种研究成果，这一点也可以从他们在《日本主义》的创刊号上将坪井正五郎列入执笔阵营这一事实看出端倪。

人类学和"君臣同祖论"本来互不相容，这在下一章我们将要提到，坪井正五郎本是反对国体论的学者。坪井正五郎在《日本主义》的创刊号上发表的是题为"矮个子黄皮肤究竟可耻否？"的谈话形式的文章。他认为世界各地的民族特征都是相对的，无优劣之分。文章风格也非常淡泊。他的文章在当时的一片豪言壮语当中显得有点格格不入。同样，《日本主义》的第十期登载了人类学家八木奖三郎题为"两千年前的日本人种"的文章，他的观点是纯粹的日本民族外来·混合说。他评价那些相信"古代口碑传说"的人为"固信派"，称这些"口碑传说"与基督教的天地创造神话性质相同。

为了宣扬日本民族的优秀性就不得不借助混合民族论者的人类学家的力量，这也就暴露了国体论的困境。高山林次郎在1899年转向，转而提倡日本民族外来说，认为日本民族来自南方海洋。[12]两年之后，他宣称自己日本主义时代的思想只不过是自己的肤浅之见，退出了国体论的阵营。

陷入绝境的国体论

继基督教系知识分子之后，利用中国台湾的存在对国体论进行批判的还有北一辉，他于1906年发表了他的出道之作《国体论与纯正社会主义》[13]。他在书中提出"可怕的国体论的破坏者"：

> 是谁？是现在的天皇陛下……即天皇利用其拥有的权力将外国纳入至日本的范围。中日甲午战争之后将中国纳入日本帝国之范围，此乃破坏君臣一家论和忠孝一致论之前驱。日俄战争之后，又将俄罗斯民族编入日本国籍，实应粉粹这一山僧们之神舆。排斥土人之顽固的国体论者与促使缔结内地杂居条约者实际上都出于大日本帝国皇帝陛下之名。

按照北一辉的观点，国体论者主张天皇是所有"日本人"的父母，"内地杂居"之后，"赤须碧瞳的欧美人""黑人"都可以取得日本国籍，"天皇成为黑奴之父母应该也是天皇不愿意看到的吧"。

北一辉

他强调渡来人的存在，如此这般攻击国体论："穗积博士是以英雄的形象出现在日本历史中的神功皇后的后裔，而神功皇后则是从三韩归化而来，那也就是说穗积博士是国体的破坏者喽！小学生们最喜欢的坂上田村麻吕也是个杂种儿，那他可以说是伤害国体的国贼喽！"他还提出："从语言学、解剖学、种族学来看，日本民族被认为是马来人种和阿伊努人种以及汉人种的杂交人种。"高天原也指的是海外，"君民同祖论"是神道迷信，没有任何根据。

虽然北一辉的这本书由于如此过激的言论而被日本政府查禁，但是"混合民族论"的传播已经势不可当。北一辉在写这本书的时候，参考了当时最畅销的竹越与三郎著的《二千五百年史》一书。在第5章我们将要讲到，竹越与三郎著的这本书继承了坪井正五郎、小金井良精等人的思想，赞成"混合民族论"。书中也提到了桓武天皇和神功皇后的出身。这一时期，对称"日本人"是单一纯粹血族的国体论持怀疑态度的言论已经在社会上广为流传。

大规模地对国体论进行批判始于1907年加藤弘之出版《吾国体与基督教》一书之后。加藤弘之是与穗积八束、井上哲次郎齐名的国体论的代表人物，他在《吾国体与基督教》一书中，称天皇统治为"立宪的族父统治"，"日本人民当中虽然既有外国人归化者，也有被征服者，但是那都是少数，大多数还是从原本的日本民族繁衍而来。所以，日本的君民关系实际上是父子关系"。虽然"日本人"在很多方面比欧美人差，所幸有"族父统治"，日本人在"忠爱心"方面优越于欧美人。他以"民族教因为世界教而灭亡"的历史为例对基督教进行攻击。事实上，加藤弘之在"内地杂居"论争的时候，也与井上哲次郎一样，以担心日本在生存竞争中败北为由反对"内地杂居"。[14]

加藤弘之

加藤弘之批判基督教的言论，除去进化论的掩饰外衣，可见其中普世的宗教与日本狭隘的爱国心是相冲突的，这与15年前井上哲次郎的论调几乎没有两样。一方面，加藤弘之的批判言论的内容十年如一日毫无改变，而另一方面，基督教系的知识分子们广泛宣传中国台湾的存在与国体论相矛盾以及"混合民族论"这些新的内容和对抗理论。在加藤弘之的《吾国体与基督教》一书出版之后，渡濑常吉的老师、日本组合教会的海老名弹正以"读加藤博士之《吾国体与基督教》"为题写了一篇文章，说："日本民族之中，有马来人种，有阿伊努人种，有中国人种，也有鞑靼人种，各种人种掺和在一起，构成了一个日本民族，这才是真正的历史事实。"[15]文章还进一步反驳道：

> 所以，称日本人为单一民族之国民，乃大错特错也。日本

要以同一民族主义原理向世界扩张之事，不仅相当困难，我也不认为将来有任何希望。与其如此，还不如坦然承认日本自古以来征服他人种，将其同化，又与之混血之做法。如果不采取将中国人同化，又或者将满洲人，或者其他人种同化之态度；不采取不问人种出处，将一众人种同化之策略，则日本帝国想要成为大帝国无论如何也很困难。

海老名弹正说："日本帝国不是已经超越了最早的民族教时代，正在进化到世界性的宗教时代了吗？"而且经济也一体化了，"古代日本吃自己的大米就可以生活，现在要吃世界的大米了"。确实，大日本帝国在那个时候已经开始进口大米了。而且自那之后，日本从朝鲜、中国大陆、东南亚大量进口大米，对其大肆实行压榨剥削。

以《太阳》杂志的主管、政治学家而闻名的基督教系知识分子浮田和民如是说[16]：

> ……今日之我日本国由各种各样的异种民族组成，虽然大和民族占其大部分，但也还有中国台湾之土藩、阿伊努居民。今后发展之结果，朝鲜、满洲等或成为日本之臣民也未知。若主张族父统治之国体，则与我现今之日本国体不符，也不利于将来日本国体之发展……

当然我们很难判断这究竟多大程度上反映了基督教系知识分子的普遍倾向。确实，将后来在朝鲜总督府的邀请下与渡濑常吉一起去朝鲜推进基督教传教的海老名弹正，以及提倡"伦理帝国

浮田和民　　　　　　　　　　海老名弹正

主义"的浮田和民看作基督教系知识分子的代表应该也有一点问题吧。

　　但是，在日俄战争中抛出绝对非战论的内村鉴三也在这场国体论者与基督教徒进行激烈论争的1908年写了一些论文。虽然他没有指名道姓批判加藤弘之，但是他在文章中这样写道："不要动辄以爱国之精神护国，不要动辄以爱国之精神治他国，仅有爱国之精神不足以护国，也不足以治他国。治他国需要世界性的精神，需要全人类的观念。"[17] 内村鉴三还在1896年写的批判"小小日本国，小小日本人"的评论中称："除侵犯朝鲜的丰臣秀吉之外，日本无世界性之英雄"，哀叹一味强调日本特殊性的"岛国根性"。

　　内村鉴三这些文章的主旨在于指出日本缺乏敞开胸怀、拥抱世界的精神，并不是主张日本进行海外侵略。不过，如果光从逻辑形式上看，不能否认他与海老名弹正等人非常相似。立志以基督教的

内村鉴三

普世性为日本做出贡献，借用内村鉴三有名的两个概念，就是要将对"Jesus"和"Japan"这两个"J"的爱并存。这就是当时基督教系知识分子们共通的观念，在与井上哲次郎的论战中他们就强调了的。不难想象，宗教的普世精神有利于帝国的发展。不过，这里的"发展"若变质为"扩张"，虽然跨度很大，但是也只有一步之遥。虽然不能说渡濑常吉、海老名弹正、浮田和民等人的论调代表了所有基督教系知识分子的观点，但是至少不能说他们的思想与基督教系知识分子的普世心理毫无联系。

与此相对，加藤弘之则陷入了艰苦的防卫战状态。虽然他回应说，"拙著中也写到日本人当中有归化人，也有被征服的人民，不过主要还是以本来属于天皇一族的日本民族为主，这一点毫无疑问。所以，简单地统称为日本民族也绝对没有什么不合适"，"将来肯定会有很多的外邦人归化日本，日本肯定也会新建很多领地。如果在这些地方，日本民族也成为主要民族，成为各民族的中心，那自然与各种民族的人聚居在一起的情况有天壤之别"。但是这种反驳明显苍白无力。加藤弘之唯一称得上正面反驳的言论是："将他人种他民族同化为吾民族图的是将吾民族的特性和风俗发扬光大，实现扩张。应该说，这归根结底就是民族根性。"[18] 不过，正如前面反驳高山樗牛的言论一样，如果日本要对"他民族"实行同化政策，不放弃"日本人"是单一纯粹血族这一意识在理论上是行不通的。

而且，当时统治中国台湾的政治家们都很蔑视国体论者，他们开始放弃单一纯粹血族国家这一思想。[19] 早在 1897 年，中国"台湾总督府教务部长"伊泽修二就在帝国教育会上做了演讲。

> ……依旧国学者之言，所谓的日本臣民就是大和民族，吾以为此乃大错特错也。我皇室之恩德，实乃天地洪大之物，绝不局限于如此狭窄之范围。世界各国人民一视同仁视为我皇室之子，只要服从，皆我臣民……中古时代以来，从外国归化而来之民，绝对不少。

1904 年，"台湾总督府教务科长"持地六三郎在台湾教育会上如是说：

> ……本国之四千五百万同胞，绝非单纯之血统，阿伊努人、马来人、高天原人种等等相混，大和魂之铸型令各种族紧密团结，定可将同人种之朝鲜人、中国人同化，也必须将其同化……

至此，问题早就已经明了了。摆在大日本帝国面前的选择项是有限的。换言之，要么放弃单一纯粹血族国家的国体论，继续同化海外领土之民；要么放弃同化政策，扔掉天皇统治是自然而然的亲情这层假面纱，公开声明新领土适用权力关系并且禁止混血；要么像井上哲次郎过去所主张的、被田口卯吉和海老名弹正所嘲笑的那样，为了杜绝日本民族与异民族之间接触而关闭岛国之大门，断了向海外扩张之念头。除此三种，别无选择。

　　加藤弘之和基督教系知识分子们的论战一直持续着。到了1909年的时候，日本帝国还没有明确决定究竟如何选择。加藤弘之用他帝国内的异民族与所谓的日本民族相比是极少数的、几乎可以忽略不计的说法勉强逃脱了学说崩塌的命运，但是，这段态度不明朗的时期持续的时间并不长。第二年，日本吞并朝鲜，超过1000万的朝鲜人被编入了日本帝国，大日本帝国内的异民族人口数量占到了帝国总人口数量的三成。

第4章　人类学家们

——坪井正五郎等

在讲述"日韩合并"之后的日本国内舆论之前，不得不先讨论从中日甲午战争到"日韩合并"这段时期除国体论与基督教系知识分子之间的论战之外的社会舆论部分，也就是关于混合民族的言论，因为它是后来的"混合民族论"的先驱。

在这一时期，为后来"混合民族论"的发展提供基础的是以东京帝国大学教授、东京人类学会会长坪井正五郎为首的人类学家们。特别是坪井正五郎，他与基督教系知识分子一样，反对国体论，并创立了一套国家扩张的侵略理论。

批判纯血论

当时日本的人类学家关于日本民族的起源论几乎与混合民族论完全一致。他们认为日本民族由经过朝鲜半岛渡来的大陆移民、南方渡来的马来移民以及原住民阿伊努人等混合而成。

本来，当时日本的人类学尚处于初创期，以现在的眼光来看，那个时候他们的研究方法简直就是外行——遗迹的发掘、出土人骨的计量、周边民族的现场调查以及对《古事记》《日本书纪》等神话的分析。这些在如今都已经细分为体质人类学、考古学、文化人类学、民俗学、古代史等多个专业领域，各自有各自的研究手法。这些领域又分别各自展开了日本民族论的研究。可是，在那个时候，屡屡以日本民族有多体毛者、皮肤颜色有深有浅等这种单纯的容貌特征差异作为理论依据，以此判断日本民族由阿伊努人、马来人、大陆移民混合而成。

例如鸟居龙藏等人就以日本民族里有一些大陆人罕见的短毛的人为依据，判断说日本民族是由南方的尼格利托人（矮黑人）种混合而来。在坪井正五郎的学生当中，鸟居龙藏属于既年轻力壮又能干的。他于 25 岁的时候被派往中国的辽东半岛，从那之后，他又远赴中国（包括台湾、满洲）、千岛群岛、蒙古、朝鲜等地进行调查，那大概也算得上是他日本民族的寻根之旅吧。只是，他调查辽东半岛是在中日甲午战争的 1895 年，调查中国台湾是在日本占有台湾之后的 1897 年，调查满洲是在日俄战争的 1905 年，调查朝鲜是在日本吞并朝鲜的 1910 年，他的足迹与大日本帝国侵略扩张的足迹如此紧密一致。去千岛群岛坐的是军舰，去中国台湾是去调查坚持抗日的台湾"高山族"，在朝鲜的发掘工作是受朝鲜总督府的委托而为。由此可见，不管鸟居龙藏他本人的个人意愿如何，他的行为与政治有着千丝万缕密不可分的关系。[1]

尽管在日本的人类学家当中，鸟居龙藏被认为是实战力量，但是在普及"混合民族论"以及和政治性的应用开发方面起到重要作用的还是非坪井正五郎莫属。

作为新兴学问领域的带头人，坪井正五郎将重心放在寻求人们

坪井正五郎

鸟居龙藏

对人类学的理解和接纳的启蒙活动上。他认为，在日本这个亚洲的发展中国家，人类学要与法学、医学等其他实用性很强而且又很有名的学问相抗衡，就必须得到社会的理解、充足的人才以及足够的经费。所以，不仅要向民众解释人类学为什么对青少年具有如此魅力，而且必须强调人类学对国家的政治有帮助。恰好在当时的舆论界，大家都特别关注国际关系风起云涌变化中"日本人"的民族·种族地位如何。这样，坪井正五郎顺理成章地成了当时社会舆论界之星。在这种背景下，坪井正五郎自然也就一个接一个地提出了"混合民族论"的政治应用法。

坪井正五郎既是混合民族论者，同时也在实地调查中认识到了帝国内异民族的存在。他的实地调查虽然比不上鸟居龙藏，但是他也于1888年与小金井良精一起去北海道进行了实地调查，与当地的阿伊努人等北方民族有所接触。

坪井正五郎被国体论者们视为"眼中钉"。所以，加藤弘之在中日甲午战争的一篇时事评论中写道，多民族国家的清王朝缺乏团结，而我们"日本人民是同一民族的手足同胞兄弟"，所以爱国心很强。[2]

> ……如果按照人类学家坪井博士之言，我日本人有五个民族，日本人、琉球人、阿伊努人、桦太阿伊努人、色丹人。然而除日本人之外其他几个民族人数极少，且不足称为我真正之日本人民……在进行人类学研究的时候，虽然他们认为历史上日本人确实不存在纯粹的单一民族，但是如果我们假定其为单一民族应该也无妨。

信奉进化论、以科学之名义对基督教进行攻击的加藤弘之，终究还是不得不承认科学名义下的人类学，只求把人类学对国体论的影响控制到最小。

人类学与国体论之间的矛盾在日俄战争的时候再一次升级。在日俄战争中，加藤弘之出版了一本专著《从进化学角度观察日俄命运》，在书中，他强调"俄国有只要一有机可乘就会兴风作浪企图叛乱的波兰人"，而日本臣民是团结的。[3]当然，他丝毫没有提及中国台湾的"高山族"当时正在抵抗日本的军队。

井上哲次郎在演讲中将日本胜利的原因归功于日本的祖先崇拜、天皇的万世一系、日本民族的"纯血"以及日本的统一。井上哲次郎本来与加藤弘之不一样，对于日本的民族起源有自己的观点，说过"日本民族果然是混合而来的民族"，但是此时他又说那是远古以前的事情，后来的日本民族一直保持着"纯血"体系，与有着波兰人、芬兰人、犹太人，还有亚美尼亚人等"一些企图叛乱的民族"的俄国情况完全不同。他还宣称"虽然日本国境内也有阿伊努人、中国台湾的'高山族'，但是他们都不足为惧"，"到哪里去找像日本这样保持了民族纯洁性的国家呢？"。[4]

对于他们的这些言论，坪井正五郎直截了当地从正面予以反驳。他在 1905 年日俄战争之际，做了一次题为"人类学知识的重要性日益显著"的演讲，他主张"很多人认为日本民族是单一的，所以日本必胜。这个观点是错误的，应该说日本民族是复杂的，所以日本必胜"。[5]

坪井正五郎在这次演讲中说，与世俗的舆论相反，大日本帝国的民族比俄国还要更多，为什么这样说呢？因为俄国的民族大致区分的话，可以分为以斯拉夫为首的欧洲系民族和东方的亚洲系民族两大类。而大日本帝国内既有亚洲系的日本民族和中国台湾族群、马来系的中国台湾族群，还有居住在小笠原诸岛的欧洲民族，以及据坪井正五郎所说的不属于任一体系的阿伊努族四大种族。而且，从体态相貌多样的特征就可以得知，大日本帝国的主要民族（日本民族）是阿伊努系、马来系、大陆系等多民族混血而来的混合民族。

坪井正五郎认为日本是多民族国家，日本民族是混合民族，而且"我想说，日本各个民族混居在一起实在是一件很幸福的事情"。因为在他看来，文明的发展和进步，是由不同的人相互竞争和相互交流而产生的。他说例如开会的时候，正是因为意见不同的人相互交流，相互辩论才会有成果。"同样，不同种族的人混居在一起形成一个国家实乃善事。"

他举英国为例来说明多民族混合的国家能够得到很大发展。一来英国是当时最先进的国家，二来因为英日同盟的关系日本民众对英国普遍抱有好感。他说：英国是盎格鲁族、撒克逊族、丹麦人等混居在一起的混合民族国家，"如果如日本一般，由更多血统的民族混合而成则更好了"。他的这种见解，将日本从对以英国为首的欧美列强的自卑感中解放了出来。这与视日本民族的纯种血统为优点的国体论形成鲜明的对比。

坪井正五郎认为，正因为日本是多民族国家，所以才得到了更好的发展，而俄国相对来说民族构成更加单纯，所以败给了日本。他在文章中是这样论述的：

> 如果说日本人拥有纯种血统更好，那么，这是要将阿伊努人置于何处呢？中国台湾的高山族又置于何处呢？如果说今后除了混交别无他法，那又何不如放宽度量，让他们成为日本之人民，笼络他们，哪怕只有两三天的历史与共，也不要疏远他们，与他们一起工作，共同进步，岂不更好。……说什么民族纯种的好，说什么人种复杂了没有益处，实乃无稽之谈。

坪井正五郎还说，如果说纯种血统好，那么为了不让异民族之间混血就只能将他们相互隔离。这种种族隔离制度正是本书在后面第三部中将要讲到的优生学势力大力提倡的。但是，坪井正五郎对其持反对态度，他提倡让他们与"日本人"共存。

根据坪井正五郎的观点，阿伊努人和中国台湾的"高山族"并不是自愿加入，而是被强制"编入"的"日本人"，因此对待他们要宽容，要提倡民族的多样性。但是他的这些认识都是有限度的，他后来还是承认阿伊努人和中国台湾的"高山族"是被日本吞并来的。他的这种限度在他做阿伊努慈善活动中也进一步表露了出来。

向全世界扩张

1900 年，也就是《北海道旧土人保护法》公布的第二年，《东京人类学会杂志》登载了北海道旧土人教育会的成立宗旨，这篇没有署名的文章开篇这样写道："北海道旧土人阿伊努人也将成为日本国民的一部分。"并且还举行了教育活动的募捐，倡议大家"教育阿伊努人吧，指导阿伊努人吧！让他们拥有与其他人一样的自由，享有与其他人同等的幸福吧！"从这段时间开始，坪井正五郎到全国各地进行巡回演说，劝说大家援助阿伊努人，同时策划了一系列募捐的慈善音乐会和幻灯会。[6]

1906 年，坪井正五郎关于"北海道旧土人教育事业"的演讲恰到好处地表达了他的想法。[7] 他在这次演讲中极力强调对于贫穷的阿伊努人的同情，主张通过教育启蒙让阿伊努人进行农耕民化，合理地、有计划地对他们进行教育。他是这样讲述的：

> 正如诸君所言，北海道不是最早被称为虾夷的外国，同理，阿伊努人并不是最早的被称为虾夷人的外国人。他们与我们一样，同样是日本臣民的一部分。同一国人当中有如此见识低者难道非我等之耻辱？鄙视他们等同于鄙视我们自己。教导无知之民，将无用之人转变为有用之人乃先知者之责任。

从他的演说中，我们可以看到他认为无知者是国家的耻辱这种国家主义的一面，同时也可以看到他主张通过教育"使无用之人转变为有用之人""让他们从事生产性的工作"这种自上而下的现代化的构想。不过，这里值得我们注意的是他将阿伊努人看作"与我们一样是日本臣民的一部分"的同胞，要将他们当作多民族国家的一员来同等对待的思想。

我并无意于拥护坪井正五郎，只是想站在公正的立场上顺便说几句公道话。不管是国家主义也好，还是伪慈善也罢，在那个年代能够真正如他这般为救济阿伊努人而热心奔波的人为数并不多。与坪井正五郎一起到北海道进行调查的小金井良精等人，虽然知道阿伊努人的窘状，但还是认为"阿伊努人种是一种颓废人种"，因为"未开化人种将会逐渐被文明人种打败，最终必将走向灭亡"。所以他们断言"纯粹的阿伊努人种迟早将会灭亡"。[8]

但是，坪井正五郎在他上述的演讲中说："有人认为阿伊努人终究逃脱不了衰败灭绝的命运，教育事业是白费力气。难道我们能因为病人都终将一死而不给他们药物救治吗？""我们相信我们能够通过教育将他们从悲惨的命运中解救出来。"他的这些发言在当时绝对是发自良心的。

坪井正五郎对教育事业的信赖，与他反对种族歧视有关。如果他相信阿伊努人是先天性的劣等"颓废人种"，他就不会认为只要对阿伊努人实施教育就能将他们现代化，就必定会认为对阿伊努人的教育事业是徒劳无益的。但是，坪井正五郎在他1903年的演讲中强调，肤色等代表的种族特征完全是相对的，或者说是环境的产物，根本与优劣无关。[9]他明确反对先天劣等观，宣称现在美国的黑人当中既有学者也有政治家，"现在大家都说'阿伊努人'是劣等民族，其实内地人当中也有应该感到耻辱的'阿伊努人'"。

紧接其后，他在这次的演讲中还说道：

> ……根据各自的境遇不同，或者社会发达情况不同，其人种或发展为劣等或发展为优等。所以人种的优劣绝非命中注定……我有两张照片，一张是阿伊努土著民原有的样子的照片，一张是对他们进行了为期4个月的教育，让他们过上很好的生活之后拍下的照片，你们可以比较一下他们的容貌发生了多么大的变化……

我这里并没有附上他演讲的时候展示给听众的照片。不过，这里有两张内村鉴三1895年写《美国土人的教育》一文时登载的照片[10]，大概是同一类的照片吧。

《美国土人的教育》是内村鉴三写的他在1884年访问宾夕法尼亚州一位保护美国土著民的慈善家的回忆录。据他说，这位慈善家"目的是将美国30万土著民悉数转变为信奉基督教的开明人种"。

第Ⅰ图

第Ⅱ图

"所以，当把这一群土著民刚刚送到他身边的时候，他就马上对他们进行调教改造，剪掉他们乱蓬蓬的头发，提供给他们文明人穿的衣服，严禁他们使用土著语言，赐给他们适合各自的职业，使他们变得干净整洁，过上有秩序的生活。于是，连周围的空气都弥漫着驯化此等土著民的味道，此乃何等之有力乎！本期刊载的两张照片就是充分的例证。"上页第 I 图和第 II 图就是当时他附上的照片。

被严禁使用自己的语言、被收容到某一机构的这群土著人当时精神上的压迫感是可想而知的。不过，这正是当时那一群"阿帕契族"（美国印第安人的一个部族）到达慈善机构"呼吸了 4 个月文明的空气之后的状态"。内村鉴三称之为："他们有绅士贵妇人的态度，他们的眼光中燃着聪明和希望之光。"他还在回忆录中记载，他与那位慈善家说起日本阿伊努人的困窘状况的时候，那位慈善家留下了同情的眼泪，"蒙昧可怜之阿伊努人，彼等于此处获得一富有同情心之友人"。

无色透明的现代化是不存在的。教育要通过特定的语言来实现，职业训练也必须以特定文化背景下的社会生存能力为前提。在当时的美国社会，要对土著民族进行教育，使其能够生存下去，那么，教他们英语，剪掉他们的头发，使他们改信基督教应该是一条捷径吧。如果要在日本做同样的事情，那就应该是教他们日语和农耕，以及包括忠于天皇在内的作为日本臣民的君臣之道了。

更进一步来讲，要通过接受教育实现自身从"无用到有用的转变"，从事"生产性的工作"，与偏见对抗，不能单单通过经济和文化方面来实现，还包括参军获得功勋。众所周知，美国的土著民族、黑人以及日系移民等为了消除种族歧视、提高身份和地位曾经志愿加入美国的军队。前面提到过，日俄战争之际，坪井正五郎发表了演讲，题目为"人类学知识的重要性日益显著"。他提出：

> 有人说日本民族拥有相同的历史，而中国台湾族群、蕃人[1]、阿伊努人等历史迥异，应该加以区别对待。但是，中日甲午战争以来，这些民族与日本民族大融合，整体都以日本人的名义参与战事，也就是说，包括阿伊努人、蕃人等在内的日本人共同出征参战，创造了并且还在创造相同的历史，所以，事到如今不应该再将他们以居侯、继子或外人论处了。

虽然日本那时还没有在中国台湾征兵，但是日俄战争的时候日本已让阿伊努人参战。1896 年，日本在阿伊努族中首次征兵，日俄战争是首次让阿伊努人以日本兵的身份参战的对外战争。[11] 征兵入伍的 63 名阿伊努人中，除战死 3 人，病死 5 人，残废 2 人以外，其他都获得了勋章，其中有 3 人获得了金鸥勋章[2]，授勋率高达 85% 以上。冲破军队里的种族藩篱被授勋一事也正说明了阿伊努族士兵们通过勇敢作战克服了大家对阿伊努人的偏见并得到了认可。据说在阿伊努人的聚居地，即便是家中的壮劳力被征兵入伍，他们也感到非常高兴，因为他们觉得"这下终于可以和大和民族的人平起平坐了"。阿伊努人士兵英勇作战的事迹，特别是一位被授予北风矶吉之名的士兵的战斗事迹，被当时的报纸、杂志大肆报道。

---

[1] 未开化的土人以及外国人。
[2] 金鸥勋章是"二战"之前颁发给旧日本帝国海陆军官兵的最高等级的勋章。

这就是坪井正五郎所说的"包括阿伊努人、蕃人在内的所有日本人都在参与战事"的背景。据说在获得勋章凯旋的阿伊努战士的家乡，"欢喜"的部落首领以"此实乃彼等入校学习，接受教育之果"为证据游说村里的阿伊努人接受教育。事实确实如坪井正五郎所料，也向着他所希望的那样发展。他在为报纸、杂志所报道的阿伊努士兵们喝彩的同时，肯定也在想，这下日本帝国内阿伊努人的地位将得到提高了。

而且，坪井正五郎还在这次的演讲中说，日本民族是阿伊努血统和南方血统的混合，"日本人当中，既有来自热带地方民族的血统，又有来自寒冷地区民族的血统"，并进一步阐述说：

> 所以，日本国之人口逐渐增加，要将其开枝散叶到其他地方，根本无须选择何处去、何处不去。因为热的地方可以派遣耐热之种族，寒冷的地方可以派遣耐寒之种族。不过，同一性情脾气之人聚居一地，在某些方面合适，但是有些外面的事情则完全不能灵活应付。……实际上还是各种不同民族混杂而居最为完美，绝对无须担忧。

坪井正五郎一定认为阿伊努族士兵在日俄战争这种酷寒的战场上英勇善战就是最好的例证。与井上哲次郎认为日本人不可能扩张到海外的观点相反，坪井正五郎描述的"日本人"正因为多民族混合，所以拥有扩张到世界各地的能力。

坪井正五郎凭良心开展了一系列对阿伊努人的救济活动，强调日本民族是混合民族，大日本帝国是一个多民族的国家。内村鉴三和坪井正五郎这些让国体论者们望而生畏的学者之所以肯定教育所带来的文明开化，与其说是因为他们是种族歧视主义者，不如说他们有某种博爱精神，站在人类平等的立场上。当然，也有以文明开化的名义将少数文化同化为多数文化，并以统合的形式进行战场动员之嫌。如此这般，那个时代的"多民族混合论"也产生了大日本帝国拥有向外扩张之能力的赞美之词。

不管是第三章中提到的基督教系知识分子还是坪井正五郎，他们为了让国民承认少数民族的存在，强调基督教徒和阿伊努族等这些少数族群同样对国家有贡献，这是主张国家扩张的国体论者们也无法反驳的现实。不过，不管是多么有良心的统合思想，只要这个统合的国家以侵略的逻辑理论来展开行动，那么将少数族群统合到这个国家，也就变成动员这些少数族群去参与侵略活动。

之后不久，坪井正五郎和一部分基督教系知识分子原本为了构筑保护少数民族权利的防护壁而建构的这一套国家扩张的逻辑理论，逐渐演变成为对"日韩合并"的赞美。而且，他们所创造的这套理论，在后来大日本帝国扩张的时候，将他们维护少数民族的初衷的一面弃之于不顾，在侵略扩张的道路上越走越远。

第5章　日鲜同祖论

——久米邦武、竹越与三郎、山路爱山、德富苏
峰、大隈重信等

"日鲜同祖论"指的是提倡"日本人"与朝鲜人共祖先的理论。
日鲜同祖论被认为是现代史上最为可恶的、美化大日本帝国侵略行
为的思想之一。[1]

虽然日鲜同祖论为日本的侵略开路这是不争的事实，但是，它
也有难以定性的一面。第一，日鲜同祖论是很多大体相同但又各有
差异的一些学说的总称。举例来说，虽然都统称为"同祖论"，但
究竟是"朝鲜人是日本人的祖先"，还是"日本人是朝鲜人的祖先"，
其性质就不一样。第二，日鲜同祖论是一种混合民族论，但它同时
也是一种"大日本帝国式的单一民族论"。为什么这样说呢？因为
它一方面认为日本民族与居住在大陆的人们是同一祖先，但是另一
方面又认为包括朝鲜在内的大日本帝国是由有共同祖先的单一民族
组成的。

尽管如此，主张"日鲜同祖论"的大部分人在日本与朝鲜自古
以来就相互有往来（侵略也是互相往来的一种）这一点上意见一
致。认为只是"日本人"进攻朝鲜半岛，朝鲜人一个也不曾来日本

的极端言论非常罕见。另外，虽然日鲜同祖论带有一些"大日本帝国式的单一民族论"的性质，但是，它跟那种认为日本是世界上绝无仅有的被隔绝的"纯血种单一民族"的言论又明显不同。下面我将要讲到，明治时期很多主张日鲜同祖论的人并不坚持日本民族纯血论，相反，他们积极地以混合民族论学者自居。

天皇家族朝鲜渡来说

认为日本列岛的居民是朝鲜半岛移民的后代这种学说兴起于江户时代。[2] 例如，新井白石在探讨了"我国先民出自马韩"[1]的可能性之后，提出了熊袭和高句丽可能是同族的观点。1781 年，一个名叫藤贞干的儒学家提出"记纪"神话中的须佐之男本是辰韩一族的君主，神武天皇是中国春秋时期吴国第一代君主太伯的后裔。据藤贞干说，神武时代，日本列岛的语言和风俗习惯与朝鲜半岛几乎完全一样。但是后来，神武天皇一族血脉断绝，应神天皇以后是另一脉血统。当时的国学家们闻之群情激愤。本居宣长直斥之为"狂人之言"。

如此这般，日本的汉学家和国学家一直处于对立的状态。到了明治时期，一直与国学处于对抗状态的近代历史学出现了主张朝鲜半岛和日本列岛民族共同性的学说。近代历史学上的"日鲜同祖论"起源于 1890 年前后星野恒和久米邦武的学说。

星野恒、久米邦武与重野安绎都是帝大文科大学临时编纂编

---

[1] 马韩，公元前 100 年至 300 年间位于古代朝鲜半岛西南部的部落联盟，与"辰韩""弁韩"合称"三韩"。

年史的第一代教授，也是近代日本实证史学上的第一代史学家。他们站在实证史学的立场上，不奉"记纪"神话为神圣，而是将其作为一般的古代史料对其进行研究，站在了国学家们的对立面上。星野恒认为《日本书纪》的年代有误。久米邦武在明治初年随岩仓使节团赴欧美各国考察，回国后编写了《美欧回览实记》，并以此成名。他在 1891 年写了一篇题为"神道是祭天的古俗"的论文，文中写道，神道只不过是祭天的古俗罢了，日本再墨守神道和国体，将被文明开化所抛弃。为此他遭到神道家、国学家们的猛烈攻击，并因此被迫辞掉了东京大学教授一职，这就是当时的笔祸事件。

那么，他们从"记纪"神话的分析入手，究竟得出了什么样的古代史观呢？我们从星野恒 1890 年写的一篇题目就与众不同的论文——《鄙人关于本国人种语言的思考，试问那些真心爱国之人》[3]来探讨一下。据说，当时这篇论文按常规是要连载的，但是出版社担心读者断章取义，最后决定一次性登载全文，也就是说采用了"增刊"的方式。

星野恒在这篇论文中提出了震撼性的观点。他宣称天皇家族的祖先就是"原来的新罗国的君主"，他们"发现了本州岛"之后，从朝鲜岛渡海而来。

根据星野恒的观点，从朝鲜半岛渡海而来的"皇祖"们，最先在相当于现在的岛根的"出云地方"创造了繁荣，随后将他们的势力扩张到了相当于现在的近畿一带的大和地方。后来，他们这一族通过神武东征等征服了日本列岛的原住民，在太阳神（天照大神）的庇佑下建立了和平的王国。而须佐之男是新罗的国主，在王国建立之后往返于日本列岛和朝鲜半岛之间。总而言之，在日本列岛占领阵地的"皇祖"一族统一了日本列岛和朝鲜半岛，所以，古代"日韩之民族相同，语言相通"，"两国实为一域"。

但是，这个统一的王国存在的时间并不长。后来天照大神和须佐之男失和。因为朝鲜半岛一方背叛了日本列岛，他们支持日本列岛的原住民熊袭发起叛乱，所以，神功皇后发动了对朝鲜半岛的进攻，并对熊袭实施了镇压。"从那以后日韩又恢复为一国。"但是后来新罗再次叛变，与大唐联合，在白村江一战中打败日本和百济的联合军队。几经分分合合，日本列岛最终在天智天皇一代失去了对朝鲜半岛的控制。"在恒武天皇时代，记载有日本与三韩同种的书籍被烧毁……太古皇祖是新罗国主的事实"被抹掉，并逐渐被人们所遗忘。

当然，星野恒的这种学说招致了社会舆论的反对，这也在预料当中。以本居宣长领导下的国学家们为首，当时很多人都认为朝鲜和日本是不同质的。"说什么其人种语言与我邦相同，污我国体，毫无爱国之心。"不过，星野恒却认为"古代日韩本是一家，天皇家族从半岛迁徙而来也只不过是一种国内的移动而已"。

而且，这篇论文的题目是"试问那些真心爱国之人"。星野恒对古代日本列岛失去了朝鲜半岛感到"愤慨叹息"，"极力推崇"丰臣秀吉进攻朝鲜的"战功"。从下面这一段话可以很好地了解他的主要观点。

现在国内的人们都避讳于谈论日韩本同种的事实，我们皇祖曾经是那块土地上的君主，所以我们应该对于国内人民的分裂感到愤恨，并且留意版图的增减。

星野恒的意图很明显，日本列岛和朝鲜半岛本是一个国家，语言、人种都相同，天皇家族曾经就是朝鲜半岛的统治者。那么，再次将朝鲜半岛纳入天皇家族的版图也是理所当然的事情。这里表露了他的"日鲜同祖论"的两面性。一方面这确确实实是为日本的侵略铺路，但是另一方面，它又宣传天皇家族是移民而来，很难不被批判为"污我国体、无爱国之心"。而事实上，在久米邦武的"笔祸事件"之际，星野恒的这篇论文也被列为攻击对象之一。

星野恒在这篇论文的开篇，提到了藤贞干与本居宣长之间的对立，指责本居宣长"篡改古书为己用"。久米邦武也强烈蔑视本居宣长。虽然他们本是西方实证史学的第一代史学家，但是他们骨子里的根基还是清朝考证学等汉学系历史学。新井白石和本居宣长所代表的汉学与国学的对立，在历史的演变中，虽然形式发生了变化，但还是一直影响到了后来的日本民族论。

星野恒还写道："日韩在古代原为一国，僚友之久米教授也持相同观点。"实际上，在星野恒发表上述论文的前一年，久米邦武发表了一篇题为"日本幅员沿革"的论文。[4] 幅员指的就是国土。文章论述的就是日本的版图曾经包括了朝鲜半岛这一历史的存在。在这篇文章中，久米邦武指出过去日本列岛和朝鲜半岛曾经相互交往，神功皇后征服朝鲜半岛之后，进一步征服了以虾夷为首的日本列岛内的原住民，中国南部的"人种"与日本相同。

继星野恒和久米邦武之后，吉田东武等人进一步从历史学的角度展开了对"日鲜同祖论"的论述。吉田东武深受星野恒和久米邦武的影响，甚至将著作的原稿先拿给久米邦武过目，所以他的主张与久米邦武的观点大同小异。[5]日鲜同祖论绝不是国体论学者以及神道家们提出来的，相反，它与国体论学者以及神道家们站在相反的立场上。

在这一时期，井上哲次郎写了《内地杂居论》，明确提出朝鲜人与"日本人"是异民族。对于当时的井上哲次郎来说，如果承认朝鲜人和"日本人"是同一民族，那么不光是他的日本要依靠"日本人"的民族团结来实现与欧美对抗的构想会崩塌，说得严重一点，那是在给朝鲜吞并日本创造口实。但是，前提是认定日本是弱势群体，不可能向海外扩张。而事实上，日本帝国在中日甲午战争与日俄战争中都获得了胜利，并且从中深深地获得了自信，因此必然会聚焦在"日鲜同祖论"中对帝国扩张有利的部分。

"岛国根性"与"南种北种"

在中日甲午战争发生的1894年春，久米邦武在德富苏峰主编的《国民之友》上，连载发表了一篇题为"岛国根性"的专栏文章。[6]这是他刚刚被迫辞去帝大教授一职之后的文章。文章充分表露了他嫌弃旧弊（神道）开明的一面，同时，从他的这篇文章当中我们可以略知他走向帝国扩张的过程。

据久米邦武的这篇论文，"岛国根性"有两种：一种是排外主义，排斥外国人和进口文明，通过锁国将国境封闭起来，"禁止国人出国"，这将使日本赶不上世界文明以及海外的发展；另一种是日本向五湖四海开放，对外国人与舶来品表示欢迎，国人乘着船只去往世界各地。

久米邦武

久米邦武认为，后者才是日本的本质，前者只不过是锁国政策下临时犯下的错误。他的依据是"日本建国之初的规模"。根据他的观点，"记纪"神话中描写的伊邪那岐、伊邪那美的创国经历实际上是军舰征服日本列岛原住民的过程，"惯熟操舟是岛国之民之固有本性"，倭寇等"水战海贼是岛国之本色"。神功皇后"以女性之贵体渡海亲征"，"日中韩之往来源远流长"，"锁国之思想梦所不及"。总而言之，"日本的岛人根性在建国之初得到了充分的体现"。

但是后来，"日韩一国"丧失了朝鲜半岛，平安朝以来由于贵族软弱无能以致不得不闭关锁国。加上"日本烧掉了记载日本与三韩同种的古书"，日本的"岛国根性变得乖僻"，又因为"太平无战事所以导致筋骨松弛，不与外国竞争造成了智力怠惰"，日本变得一再保守退缩。

久米邦武还认为"山国之人破坏了岛国的本性"，使得曾经一度得到充分发挥的岛人根性受到挫伤。因为自给自足、封闭的山国之人不懂海上交通和水战。奈良、京都的贵族也"偷安于山中畿内之帝都"，这导致了他们软弱无能。

经过开国和明治维新，这种状态好不容易得到了改善，但是闭塞的排外思想和孤立主义尚有残存。对此，久米邦武说，既然如此讨厌外国和国外的舶来品，那就实行"真正的锁国"，"成为古代智慧的桃花源之民"，过自给自足的生活算了。但是他还是主张，国际社会弱肉强食，如果不做国防的准备，落后于世界文明，就必将被欧美列强征服，逃脱不了像"西印度岛的土著"那样被欧美列强奴役的命运。

久米邦武提出，封闭的"岛国根性"变得"非大陆化，又停滞不前，那还不如去与邻近的南洋野蛮群岛做同盟算了"。而且，他举开明的岛国——大英帝国为例，提出只要像大英帝国一样，积极进取，接受进口文明，增强海军，那么日本"成为东洋之英国指日可待"。

久米邦武的南洋诸岛观与井上哲次郎的南洋诸岛观也大相径庭。井上哲次郎认为被欧美征服的南洋诸岛的人们的命运与日本相同，反对杂居。久米邦武的观点与其截然相反。他与井上哲次郎迥然不同的南洋诸岛观的思想构造以及他认为负面的"岛国根性"来自山人的理论，是理解后面第三部将要讲述的柳田国男的"山人论"与"南岛论"的关键。

那么，久米邦武提倡的又是一种什么样的日本民族起源论呢？久米邦武被迫辞去了帝大教授一职之后，到了早稻田大学，在1905 年日俄战争那年写了《古代日本史》一书。[7] 他的这本书成为那个年代到大正前期这一段时期"混合民族论"古代史的标准之一。据说和辻哲郎就是因为读了这本书才开始学习古代史的，而津田左右吉读了他的这本书之后则对他的日本民族论产生了对抗意识。

《古代日本史》开篇即公开宣布：过去那种认为日本的国土与人民是神灵所创造出来的、"其他国家无法比拟"的"俗传""在现代科学之下烟消云散了"(久米邦武，《古代日本史》，第9页）。他在宣告了这一科学的实证史学之后，运用当时人类学的研究成果，提出太古时代的亚洲有两类"人种"。一类是分布在中亚到中国北部的包括"通古斯"在内的"北种"；另一类是经过海路从印度到越南、菲律宾等地，尔后到达中国南部的"南种"。朝鲜半岛北部被"北种"占领，半岛南部被"南种"占有（同上书，第25—29页）。

"北种"从北部进入日本列岛，以列岛的东北地区作为根据地。"南种"则从海岸进入日本列岛内陆。作为海洋民族的"南种"从朝鲜半岛进口铁器，逐渐取得优势，"北种"则被赶到了山岳地带，他们就是"记纪"神话中传说的虾夷和土蜘蛛等异民族（同上书，第33—37页）。从那时候起，朝鲜半岛南部和日本列岛的主要民族就是同一民族。大家都认为，久米邦武这种失败的种族被赶到山区成为异民族的观点对柳田国男的"山人论"有一定的影响。

征服日本列岛的"南种"与中国南部、朝鲜半岛南部的种族形成"三土联合"，其首都设在日本。但是，久米邦武这种首都设在日本的观点论据极为薄弱，他的依据仅仅是因为为了寻求更好的土地资源而不断迁徙的民族，终点站的日本列岛应该是他们认为的最好的土地，好的土地应该给"优等的贵种"居住。

《古代日本史》在论述了"南种北种"之后，接着论述了须佐之男曾是新罗的国主、神功皇后进攻朝鲜半岛、任那日本府的存在等等这些日鲜同祖论者必然提到的"记纪"神话的解释。在这一部分，他盛赞新井白石提出伊邪那岐、伊邪那美创国是他们乘船征服了日本列岛原住民的观点具有"敏锐的洞察力"（同上书，第73页）。他还提出出云地区的人虽然也是"南种"，但是他们与列岛的统治民族是同种异族的半岛系民族。出云的首领大国主就是"记纪"神话中所描述的"出云让渡"之人，他根据"让国"契约将自己版图内领土让给了列岛中央政权（同上书，第84—85页）。"出云让渡"作为日本方面优先的日朝和解先例，后来也被经常引用。

以上是久米邦武关于"日鲜同祖论"和古代史观的大致内容。与星野恒一样，他的观点具有两面性，一方面他的观点与封闭的国学学者们的观点对立，另一方面他的"混合民族论"同时也是一种侵略的理论。不过，关于星野恒所主张的天皇家族朝鲜渡来说，久米邦武在他的《古代日本史》一书中并没有涉及。但是，既然作为征服民族的"南种"是移民而来，那么天皇家族的起源毫无疑问也是渡来的，他之所以在书中没有强调说明，大概是因为笔祸事件的经历给他留下了阴影吧。

之后的"混合民族论"都对这一点缄默不语，忌讳提及，仅仅强调日本民族混合同化和海外发展的先例。强调天皇家族移民而来的学说再次登场已经是半个世纪之后的事情了，那就是江上波夫等人的"骑马民族渡来说"。

进军"故乡"

当历史学基础上的"日鲜同祖论"抬头之际，日本语言学上也出现了主张日语和朝鲜语相同的看法。

本来，与人类学一样，语言学方面的研究也是欧美人走在前面。摩斯发掘出大森贝冢两年之后，英国外交官 W.G. 阿斯顿写了《日本语和朝鲜语的比较研究》一书，他提出日本语和朝鲜语之间存在本质上的联系。将近 10 年之后，1889 年，日本才有了大矢透出版的《日本语与朝鲜语之间的相似》一书和高桥二郎发表的《朝鲜语言考》。1890年，三宅米吉发表了《朝鲜语》一文，1892年赤峰濑一郎写了一篇题为"日韩语言之间的关系"的文章。[8]这些书以及论文与星野恒、久米邦武的论文几乎发表于同一时期。由此可见，星野恒所提出的日韩语言相同的观点并不是孤立无援的。

在"日韩合并"前夕，金泽庄三郎出版了《日韩两国语言同系论》一书，至此，论说日本语与朝鲜语同一性的思潮有了定论。[9]这本书开篇明义，在序文中就说出了结论：

> 韩国的语言，与我们大日本帝国的语言属于同一体系，韩语只不过是我国语的一个流派，就像琉球方言与我国语之间的关系一样。

金泽庄三郎提出日本语和朝鲜语的关系，就像德语与荷兰语、法语与西班牙语之间的关系一样。古代日本和朝鲜两国之间交流频繁，没有存在过语言不通的问题，这一点读"记纪"神话就不言自明。书中还引用了证实"日韩一域"和日本"皇祖"曾经统治半岛的"星野恒老师"的学说。金泽庄三郎的学说在当时的国际社会都有影响，成为当时的学术定论。"日鲜同祖论"这个词语在金泽庄三郎晚年的著作题目中经常出现，在社会上也被普遍应用，由此可见他的影响力。

以金泽庄三郎为首的语言学方面的研究内容在这里不再详细阐述，因为他们最初是举出两种语言当中类似的单词，然后加入了音韵和语法等方面的分析，几乎都是专业术语。但是有一点我们可以确定，在语言学上，认为日本语和朝鲜语同源的观点是当时学术界的主流思想。但是，历史学、语言学上的"日鲜同祖论"是如何传出并进入民众的言论当中的呢？

竹越与三郎

从专业领域流传开，进入大众言论的时候，"日鲜同祖论"时常被与人类学的"混合民族论"合并使用。

其中最为典型的例子就是竹越与三郎的《二千五百年史》。[10] 竹越与三郎从德富苏峰主编的民权派宣传刊物民友社的记者做到了帝国议会的会员，同时还以民间史学家的身份广为人知。《二千五百年史》一书是他在日本占领中国台湾的第二年即1896年出版的，当时他31岁。这本书在当年的销售排行榜上名列"日本通史"类第一名。

在这本书中，如同小金井良精提到过的，竹越与三郎认为日本列岛曾经有很多的民族移民而来。"记纪"神话中就记录了很多关于"马来人种""南洋人种""蒙古人种""中国人种"和"小人种"（坪井正五郎所说的"黑矮人种"）等移民来到日本列岛的传说（竹越与三郎，《二千五百年史》，第2—6页）。而且，在古代，日韩"彼此几近于一国，其民族也大部分相同"。神功皇后进攻朝鲜"只不过是收复曾经拥有的领土"。不过，竹越与三郎认为统治民族的"天孙人种"是顺着海流渡来的南方民族，与朝鲜半岛同种的是出云等被统治民族。另外，日本列岛除了朝鲜血统的民族以外，还有以阿伊努族为首的原住民，这些民族就像"北美的红色人种"一样，是"野蛮的种族"，"优等人种"的天孙民族征服了他们（同上书，第48页）。

之后，通过通婚和移民，"土著人种的血""韩人种的血"都汇入了天皇家族。神功皇后和桓武天皇就是朝鲜血统（同上书，第13、25、200页）。这些渡来人对建造大佛等工程做出了卓越的贡献，他们给日本列岛带来了先进的技术和文化（同上书，第196页）。而且，从神功皇后活跃在日本政坛上这一点也可以得知古代的日本不存在男尊女卑的思想。这与本书第二部分将要论述的高群逸枝的古代观有共通之处（同上书，第33页）。

"日韩合并"前夕出版的《南国记》一书在当时名列销售排行榜之首，此时，竹越与三郎更倾向于天孙民族南方渡来说了。[1]《南国记》是竹越与三郎去到当时的荷兰殖民地爪哇岛、中南半岛（旧称印度支那）等南方旅游的时候写的纪行文。在此书中，他列举了一些日本与这些南方国家相同的风俗，例如都用竹子造船、号子歌相同等。这更加坚定了他认为"日本人"的中坚力量是从南方渡来的马来血统的信念。这种观点与当时在日本占主流地位的思想大陆进军论（北进论）相违背，他倡导日本应该向日本民族的故乡——南方进军（南进论）。

如果说"南进论"的代表人物是竹越与三郎，那么，同时代的"北进论"的代表人物就非山路爱山莫属了。山路爱山与竹越与三郎曾是民友社的同事，他与竹越与三郎相差一岁，两人都是记者出身，都以民间史学家而闻名。不过，山路爱山同时还是基督徒，曾参与过与加藤弘之的论争。

山路爱山于 1901 年发表了一篇题为"日本人史的第一页"的小论文，主张太古时代的日本列岛上居住了阿伊努人种、隼人种、大和人种三个种族。据他称，阿伊努人种是曾经居住在日本列岛全境的土著人种，相当于虾夷人；隼人种是马来血统的人种；征服阿伊努人种、隼

山路爱山

人种的大和人种是从大陆经过朝鲜半岛渡来的"乌拉尔·阿尔泰人种的一支"。[12]山路爱山明确记载了他创建这个学说的目的是"用历史来证明日本人民的活动舞台无须限制在日本群岛"，进军的目的地不仅可以是大和民族的大陆故乡，"我们的故乡遍布全世界，因此我们的战场应该在五大洲"。

在"日韩合并"前夕竹越与三郎出版了他的《南国记》之后，虽然没有明确点名，山路爱山针对他提出的日本"天孙民族"是马来血统这种观点提出了反驳。根据山路爱山的观点，古代日本的"干部"明显与朝鲜同出"一源"，与南方国家有共同风俗的是日本的被统治阶级——马来血统的隼人种，而且，这些马来血统的人种并不像竹越与三郎所说的那样随海洋黑潮而来，而是从中国的南部，经过朝鲜半岛西岸移民而来。[13]山路爱山的学说是久米邦武的"南种北种"的延续，不过，他的观点与久米邦武的观点有一点不同，久米邦武认为征服民族是"南种"，而山路认为征服民族是"北种"。

他们的学说都受到了鸟居龙藏的严厉批评。鸟居龙藏称他们认为"马来人"在越南和中国南部是因为他们连人类学最基础的知识都没有掌握，让人大跌眼镜。[14]虽然他们的争辩在学术上一文不值，但还是可以作为当时海外进军论和民族起源论密不可分的旁证。

德富苏峰是竹越与三郎与山路爱山共同工作过的民友社的创立者，也是久米邦武和田口卯吉都曾为之撰稿的《国民之友》的主编，德富苏峰的论调与他们一致。他在1894年出版的《大日本膨胀论》一书中宣称，"踏波涛来到大八洲的天孙人种子孙"进军海外，"只不过是在重复我们祖先三千年前曾经做过的事情而已"。[15]在中日甲午战争之后，德富苏峰更是成为大肆宣传与侵略论紧密相连的"混合民族论"的先锋。

提起日鲜同祖论，还有一个不得不提的人物，那就是以自由民权政治家而闻名的大隈重信。根据大隈重信1906年的朝鲜政策论，他认为"历史上曾经因为韩国的文明程度高过日本，出现了其文明向日本输出的情况。很多建筑家、宗教家、学者都从韩国聘请而来"，"奈良的法隆寺的建筑就是韩式风格，是当时日本聘请韩国人修建的"。[16]

大隈重信还说现在韩国没落了。韩国之所以没落，"并非韩人天性所致，是因为其政治制度落后"。因为他们"祖先与日本人相同"，"从骨相学来看，韩国人也是与日本人相同的"。明治维新之前的日本在封建制度下也曾经停滞不前，但是如今，"一旦打破了封建秩序，在自由的政治体制的领导下，日本得到了空前的发展"。所以，"只要改善了政治，那么韩国就会跟日本一样，同样有发展的前途"。

大隈重信

德富苏峰

　　这里可以看出大隈重信是如何将文明开化和海外侵略论整合到一起的。朝鲜在"人种"方面与日本相同，只要借日本之手，"在自由的政治体制下进行统治"，他们就将走上文明开化之路。"而日本人无论在知识上、经验上还是经济方面都很强……所以朝鲜人无论如何都不得不在日本人的手下工作"，那么，"我想日本人应该会成为地主、资本家，而朝鲜人则做一些类似于管家、代理人、商贩、工商劳动者、佃农等等之类的工作吧"。

　　这里值得我们关注的是大隈重信并不认为朝鲜人先天劣等。当然，我并不是要为大隈重信辩护才提醒大家关注这一点。大隈重信强烈主张同化政策，他认为"没有同化能力的国家"在国际社会的生存竞争之中无法获胜。"韩国实际上是检验日本民族有无同化能力的一块试金石"。这种思想追根到底是因为其认为"韩人与日本人是相同民族"，所以容易同化。大隈重信的理论依据来自久米邦武的学说，朝鲜半岛南部的民族与日本民族同种，朝鲜半岛北部的民族则多少有些不同。但是，如果就此说朝鲜民族先天劣等，那么"同民族"的"日本人"岂不也成了劣等民族。所以，他主张朝鲜民族虽然与日本民族有区别，但是并不是劣等民族。如果他宣称朝鲜民族劣等，那么他就必须得承认朝鲜民族和日本民族人种上的差异，那么，他所谓的因为民族相同所以能够同化的论点也就不成立了。这种奇怪的相克关系在本书第三部将要讲到，它后来演变为优生学势力和皇民化政策之间的对立。

大隈重信于第二年1907年编著了《开国五十年史》，在此书中他展开论述了日本民族的起源。书中提到，当时的日本民族论的普遍观点都认为日本列岛除了大陆移民、马来移民之外，还有虾夷人和隼人等异民族。此书还收录了语言学者们的语言系统论和翻译版的贝尔兹的"混合民族论"。从这里也可以看出大隈重信之博览群书、兼收并蓄。而且，他还盛赞日本民族的混合性，称"如日本般广采多民族之血的国家非常稀少"，夸耀"日本人的同化力很强，事实证明如此"。

而且，大隈重信在面向普通民众而编撰的浅显易懂的启蒙书《国民读本》中也强调，"自古以来，各种民族相率来归，我国土竟能将其洗练同化……大日本民族浑然一体"。[17]这种大日本民族主义的言论，绝对不是少部分知识分子的"密教"。

竹越与三郎、山路爱山、德富苏峰、大隈重信等人绝不是顽固的守旧派，也绝不是国体论学者，至少他们都曾经是开明的自由民权派，并因此而广为人知。以坪井正五郎为首的人类学的"混合民族论"、星野恒与久米邦武等人的"日鲜同祖论"以及前面第3章中探讨的基督教徒知识分子们的言论，都是与国体论学者、国学家们的言论相对立的。那些过去被日本民族是单一纯粹血统这种观念所禁锢的国体论学者们，当他们遇到了无法打开紧闭的大门这种困境的时候，并没有被"单一纯粹血统"这一思想所束缚，而是踏踏实实地在完成进军海外的理论。1910年的"日韩合并"就是在这样的一个思想准备过程完成之后开始实施的。

第 6 章　日韩合并

1910 年 8 月签订《日韩合并条约》、实现"日韩合并"以后，许多学者在数量众多的报纸、杂志等媒体上表达了他们对于日本吞并朝鲜一事的称赞。[1]"混合民族论"逐渐占据了当时大日本帝国舆论的主流地位。这些谈论日本和朝鲜的历史、人种论，大肆赞扬日本吞并朝鲜的言论当中，几乎都可以归入"日鲜同祖论"或者"混合民族论"的范畴，"日本民族纯血论"在当时主要的报纸和杂志上都已经销声匿迹了。

报纸上的论调

"日韩合并"时期混合民族论学者们所提出的主张大多是前面已经介绍过的"混合民族论"的延续，没有什么令人耳目一新的内容。不过，短短几十天的时间里，全国的报纸、杂志等媒体一下子涌现出那么多的对外关系论以及日本民族论，这在日本历史上是史无前例的。"日韩合并"时期的日本民族论的意义，不在于产生了什么新的论调，而在于"内地杂居"论战以来的 20 年间分散的、由各个学者秉持的"混合民族论"的言论，现在一口气全都井喷了出来。

要论证"混合民族论"成为当时社会舆论的主流有点繁杂，让我们来大致浏览一下当时的主要报纸和杂志吧。《日韩合并条约》公布于1910年8月29日，先让我们来看看8月下旬到9月上旬的主要报纸登载的与民族起源论相关的报道。

东京《朝日新闻》8月25日登载了海老名弹正的讲话《朝鲜人能被日本同化乎？》。他说朝鲜人"也是杂种，这一点跟日本人一样"。他认为"记纪"神话中的出云国就是朝鲜血统，因此从人种、语言的相通性来看，朝鲜人是容易被日本同化的。根据他的观点，朝鲜人之所以反对日本，"与日本开国之初日本人排斥西方人一样"。8月26日，金泽庄三郎发表了《日本语和朝鲜语》的文章，称两种语言属于同一体系，"古代日本和朝鲜同邦，我皇的祖先曾经统治新罗"。8月27日，坪井正五郎发表了题为"日韩土器遗迹的联系"的文章，称"很多韩人混入"日本列岛制造了土器，论述了日韩土器遗迹的共通性。8月29日，纪淑雄发表了《美术史上的日韩》一文，论述了日韩人种的共通性，列举了渡来"韩人"在美术史上对日本做出的贡献，盛赞日本同化渡来文化的"大消化力"。

《大阪朝日新闻》登载了8月24日井上密的谈话，他在谈话中强调了神功皇后的历史。8月26日的《天声人语》说："日本人"中"朝鲜人的子孙众多"，"认为朝鲜人先天劣等就等同于侮辱日本人自己"，主张只要借助日本人之手改善朝鲜的政治，朝鲜人就会进步。8月27日的《天声人语》说：

"日本民族的杂种性是人种学家们一致的观点，博采众多人种之长是日本民族的骄傲。"虽然朝鲜人没有值得日本人学习的长处，但是朝鲜人与日本人拥有共同的神话，语系相同，人种也一样，因此他们有成为了不起的日本人的潜质。

8月29日的《天声人语》主张将朝鲜人"改名为日本人"。同日的社论《日韩合并是自然而然之事》一文称日韩两国之间的近亲关系"从历史学、人类学、语言学上都得到了印证"。从历史学上来说，九州与朝鲜的关系更近于九州与"本土"的关系，如果当初没有神功皇后，九州应该已经成了韩国的领土。8月31日的《天声人语》登载了大隈重信的谈话，他从日韩"人种相同"以及渡来人同化的历史来论证日本同化朝鲜的容易性。

《大阪朝日新闻》从8月29日到9月4日还发行了"朝鲜号"增刊。8月29日的增刊《保护前的朝鲜》称须佐之男、仁德天皇、神功皇后等都致力于朝鲜殖民。8月31日的增刊上，大隈重信在《征韩论之赐（下）》中，又重复了一遍他的容易同化论（与他在同一天的报纸上的谈话内容大致相同）。9月14日的增刊，登载了东洋史学家内藤湖南的《朝鲜的将来》一文，列举了《新选姓氏录》中朝鲜血统的渡来人得到了贵族待遇的例子，宣称"如果同化方法得当，将来，一千万人左右的朝鲜人，加入五千万左右的日本人当中，在日本人的庇佑下，毫无疑问将越来越好"。据他说，朝鲜是一个"仍然处于日本或中国六七百年前甚至一千五六百年前状态的国家"。[2]

《东京日日新闻》8月27日登载了下一章我们将要讨论的喜田

贞吉的谈话《异种族同化先例》。其主要内容是以渡来人、"隼人""虾夷"等为例，称赞"天孙人种巧妙地将这些异种族同化融合"，提出"人种学家们都认为日本人是杂种的民族"。8月30日登载了吉田东武的《地理上的半岛和本岛》一文，他称日本和朝鲜"完全是同一种族"。同日还登载了大隈重信的《隈伯的合并观》，他也强调日韩同种。

内藤湖南

8月31日登载了法学家户水宽人的《选择同化主义》，同样，他从日韩同种同语来论说同化的容易。同一天还登载了久米邦武的《是复古而非合并》一文，久米邦武一再强调"任那日本府"的存在，宣称"日韩合并"只不过是恢复到过去日韩同为一国的状态而已。9月1日的社论《朝鲜人的教育》一文提出古代日本"韩人的归化"以及"亚细亚大陆的国民移民"极其之多，"此等异种族悉数皆熔铸到国民之一大熔炉"，呼吁用朝鲜来试验"祖先遗传下来的国民同化力"。

《读卖新闻》8月25日登载了大隈重信的《欢迎朝鲜人》一文，他说"古代给日本输入文明的是朝鲜"，欢迎"成为新日本人的朝鲜人"。8月26日、27日，登载了金泽庄三郎的《朝鲜教育之根本问题》，文章提到了日韩语言的同系性。8月27日登载了荻野由之的《韩国归化人的历史》，他提到神功皇后、坂上田村麻吕、桓武天皇的皇后等都是渡来人，"日本人有韩人的血统……也有汉人的血统",强调古代日本的"一视同仁"。8月21日登载了历史学家内田银藏的《锁国为何物》,文中提到从朝鲜、中国来日本的渡来人很多。8月31日登载了法学家山田三良的《朝鲜的启发同化》,他说,大量的渡来人成为"忠良的日本臣民","我国民渐次融入归化人的血液",日本可以充分利用"同化多数归化人"的经验,应用到"日韩合并"一事上。

东京《每日新闻》8月25日登载了语言学家金田一京助的《语言学上的日韩同系》,他提出"人类学家们在日本民族始祖来自韩地这一点上观点一致",而且日韩语言出于同一系统,所以日韩合并就是"复古"。8月26日登载了坪井正五郎的《日本人种的成立和朝鲜人》,他称"日本人种"是阿伊努血统、马来血统、大陆血统的混合,这三种血统中,阿伊努人和马来血统的中国台湾人已经编入了大日本帝国,欢迎剩下的大陆血统的朝鲜并入日本,并将这种状态比喻为三者"溶入到一个大锅"。8月27日、28日登载了金泽庄三郎的《合并之后应该如何普及日语》,文章也提出了日韩语言同系论。

《万朝报》8月25日、26日登载了一则题为"朝鲜的过去"的无署名报道,文章称赞了新罗王子"天日枪的血脉——神功皇后"进攻朝鲜一事。9月1日的社论《同人种的和合》一文提出,古代朝鲜人盛行移居日本,"今日之大和民族一大半都是朝鲜人,这一点毋庸置疑",欢迎"此同一人种合并,成为一国之国民"。

在这种社会舆论一边倒的情况下,唯一没有肯定"日鲜同祖论"的报道是《读卖新闻》9月4日登载的鸟居龙藏的文章《人种学上朝鲜人被研究到何种程度》。在这则报道中,鸟居龙藏提出警告：日本和朝鲜是不是同一民族还没有得到证实，"一流的学者们就当日韩两人种的相同得到了证实一样公开发表声明，但不管日韩合并的结果如何，我个人觉得还是应该要慎重"。考虑到当时鸟居龙藏是坪井正五郎的学生，而且还只不过是一任讲师的身份，能提出这样的观点已经算是相当勇敢了。不过，正如在第9章中将要讲到的，10年后"三·一独立运动"的时候，鸟居龙藏成了人类学上坚持"日鲜同祖论"的最右翼学者。

除此之外，提到一点关于日鲜同祖内容的社论和报道还有一些。[3]但是这一段时期报纸上的关于民族论的文章基本都在这里了。其中，原本是"日鲜同祖论"和"混合民族论"内容之一的"天皇家族外来说"一概没有被提及，这一点应该是为了避讳而刻意回避的吧。不过，那种一方面坚持要保持日本的纯血统，另一方面又主张进军朝鲜半岛的论调倒是难觅踪迹了。

当然，这些都是一些将"日韩合并"赞誉为复古，并以此来证明日本同化朝鲜很容易的言论，但他们也同时承认了渡来人的存在以及日本民族的混合起源。值得关注的还有一些散见于这些文章中类似于"大锅""熔矿炉""坩埚"等之类的比喻。它们出现频率很高，只要是那段时间读过报纸的人，应该都有一次两次接触过这些词汇吧。

以上报纸提到的人物，都是日本人类学、历史学、语言学上的中流砥柱式的人物。他们对于"日韩合并"几乎都持欢迎的态度，并且都赞同"混合民族论"和"日鲜同祖论"。其中，最具代表性的是《历史地理》11月份出版的一期《朝鲜号》的临时增刊，在这期增刊里，星野恒、久米邦武、吉田东武、喜田贞吉、坪井正五郎、金泽庄三郎等齐聚一堂为"日韩合并"高唱赞歌。

主要杂志的论调

当时的综合杂志，有代表性的是《太阳》《日本及日本人》《中央公论》。从1910年9月到10月，它们登载的内容与"日韩合并"相关的文章数量，《日本及日本人》有7篇，《中央公论》有5篇。这一期间，这些杂志虽然也追加了一些简短的谈话文章，但是几乎都是清一色的政策论和欢迎报道，几乎没有关于民族论的文章。《日本及日本人》9月15日登载了一篇笹川种郎写的《韩国合并和古云州》，文中宣称出云[1]地方的人都是朝鲜人的后裔，"云州是日韩合一之源"。同一期还登载了喜田贞吉的谈话《合并后的教育观》，文章强调了"日韩同种论"。除此之外，还零星有几篇关于"日韩同种同语论"的文章。另外，东洋史的权威人物白鸟库吉在10月份的《中央公论》上发表了古代日韩关系史论，这在本书第三部再讨论。

当时知识分子阶层中最流行的《太阳》杂志从9月刊到12月刊登载了将近20篇关于"朝鲜关系论"的文章。11月还出了临时增刊《日本民族的扩张》。在这些文章中，可以看到他们比报纸还要高调地赞美"日韩合并"，这也许反映了当时《太阳》杂志的主笔浮田和民的价值取向。其中，优生学系学者海野幸德的谈话我们留到第三部再探讨，其他的论调大致可以分为三类。

---

[1] 山云国是日本古代的令制国之一，属山阴道，又称云州。出云国的领域大约为现在岛根县的东部。此地常在日本神话中出现，传说有许多神灵居住于此。

第一类主要是从日本与朝鲜以及日本进军地域之间的民族近缘性来论说日本统治和同化这些地域的容易。

浮田和民认为"日韩人民自古以来就是同种同文的同一民族"，所以日本同化朝鲜很简单。大隈重信提出朝鲜与日本人种相同，所以日本统治朝鲜很容易，"欧罗巴各国的扩张，大都是向不同人种、不同民族、不同宗教的国家扩张发展，而日本与其相反，是向同人种、同民族的地区发展"。正如我们在结论一章中将要论述的那样，"向相同人种地域的扩张"是日本统治异民族的特征，可以说当时的人们都认为如此。对于大隈重信来说，正因为日本民族是众多民族的混合体，所以日本应该进军并对其进行同化吸收的"同"民族地域也就有好几个了。[4]

第二类主要是从日本民族是富有同化能力的混合民族出发来论说日本民族是优秀民族。

例如竹越与三郎，他与过去坪井正五郎所提倡的那样，提出"因为我国国民是南人和北人的混血儿，所以具有在南北方所有地域生活的能力"。户水宽人也从日本人是南北人种的混合这一点出发，盛赞日本民族的适应能力。"在这一点上，不得不说日本人在殖民方面比欧美人要卓越得多。"泽柳政太郎也认为，"本来，日本人就有取他人之长将其同化的能力，这是欧美列强所没有，唯独我邦人才有的特长之处"。他以日本"同化"了朝鲜、中国、印度、欧美的文化而自豪，批判"排他的保守思想"。在这里，原来那种对于欧美列强的种族上的劣等感，通过"混合民族论"的解说已经荡然无存。[5]

本来，竹越与三郎认为日本民族的故乡在南方，所以日本应该

"南进"。而户水宽人则认为既然日本民族是南北民族的混合，那么就没有理由限定日本一定要"南进"，对竹越与三郎的观点进行批判。竹越与三郎一方面欢迎"日韩合并"，但是另一方面又强调中国的汉族"毕竟是异民族"，所以"伸向大陆和朝鲜半岛之手，应该在此处停下来"。还是坚持他一贯的南进主张。[6]从这里可以看出，与大隈重信相同，他们认为日本扩张的方向是由"向同人种、同民族的地域进军"这种意识来决定的。

当时的海外言论都认为日俄战争和"日韩合并"是日本的利己扩张政策，浮田和民对此进行了反驳，他提出，因为"日本人由属于白色人种的阿伊努族、属于蒙古血统的大陆人种以及马来人种混合而来，九州地区还混入了黑人种的血统"，所以，日本民族的胜利并非某个特定民族的荣誉，而是"有爱国之心的所有人类的典范"。[7]也就是说，因为日本民族是全世界人种的混合体，所以日本人是全世界的代表。顺带说一句，大隈重信和浮田和民认为日本肩负整合东洋和西洋文化的任务，他们是"东西文明融合论"的倡导者。

第三类是将渡来与混合的开放性转换为扩张论。海老名弹正是这样叙述的：

> 日本人原本并不是现在的日本诸岛上的原住民，都是从遥远的外国移民而来。所以，并不是被所谓的土人根性所支配的人……日本既有马来人种也有朝鲜人种，既有所谓的天孙人种也有阿伊努人种，还有中国人种，很难细分，总之，四五种人种从遥远的地方冒着生命危险通过海路来到了日本，其状态恰

如今日之美利坚合众国。

如此这般对日本民族进行一番描述之后，海老名弹正说："现在是我们用我们的祖先……聚集来到日本诸岛之精神勇气将其势力范围扩展至全世界的时候了"，"朝鲜实际上是日本的试金石，如果我们能将其同化，那就说明日本人可以向全世界发展"。另一方面，他还提倡对基督教徒的教化，他认为对外国人的敌对意识"在过去的日本……为了维护国家的独立是必要的"，但是既然"今后的日本已经不再是旧时孤立的日本，而是世界的日本"，那就必须要破除过去的排外主义和岛国根性。他还将暗杀伊藤博文的朝鲜人安重根形容为爱国者，他说："就是在日本，在不久之前的明治维新前夕，也有像他那样的（杀害外国人的）爱国者。"[8]

类似这种见解还见于小说家岛村抱月的谈话。根据岛村抱月的观点，因为日本文化以往的特征是"弱小、保守而不进步，岛国性而非世界性"，所以以想要"更强"。而且，"我记得大隈伯爵曾经说过，日本国民的优点在于日本人的身体里流淌着南洋或者蒙古等不同地方的不同人种的血液，那么日本人就汇聚了他们各个人种的长处"，如果将自己禁锢在岛国，那么就没有文化的发展，所以我们要欢迎殖民和扩张。[9]

如上所述，这一时期的"混合民族论"，不再是日本人不愿意承认的事实，而是作为日本民族的骄傲被积极地推到众人面前。

国体论者的转向

在这种"混合民族论"大力赞美"日韩合并"的潮流中，日本国内还是有少数的逆潮流者，他们质疑异民族编入日本帝国之后会不会威胁到日本的纯粹性。《新公论》9月刊登载的语言学家藤冈胜二的谈话《日韩合并所引起的国语界大危机》就是其中一例。藤冈胜二认为，由于"日韩合并"，日本语不得不面对与朝鲜语混合的危机。

但是，这种声音在当时极其微弱。至少当时的主要报纸、杂志，都不曾向积穗八束、加藤弘之、井上哲次郎等国体论者约过稿。可见在"日韩合并"之际，根本没人理睬日本民族纯血论。

其中，有一件事情象征着这种潮流的转变。那就是井上哲次郎向"混合民族论"的转向。1910年10月，井上哲次郎在他给《东亚之光》杂志的投稿中，这样写道：[10]

> 朝鲜人与日本人没有多大区别，从广义上来说其实他们与日本人同种。但是也不能说完全相同。因为日本既有从南洋来的人，也还有一部分混有阿伊努人的血统。当然更多的是从南洋而来的民族。他们大部分都是从大陆经过朝鲜半岛而来到日本的。

过去关于"内地杂居"展开争论的时候，井上哲次郎称朝鲜人为异民族，但是现在他说"日本人和朝鲜人有亲缘关系"。关于"渡来人"，他宣称"曾经有很多朝鲜人移居日本，这一点毫无疑问"。他们作为"出云民族"在日本形成了一股很大的势力，"朝鲜半岛曾经是文明的传播者"。

而且，井上哲次郎过去倡导的是日本民族南方渡来说，还曾经以日本有可能出现南洋诸岛上所发生的种族之争为由，反对"内地杂居"。可是，在这次的谈话中，他宣称"日本没有像南洋土著民那样止步于疏懒的状态，日本发展到今时今日，已经与世界强国为伍"。而且，就算是他利用"混合民族论"，承认日本民族南方渡来说，那他也应该像竹越与三郎那样主张南进论。可是他又宣称日本民族的大部分都从大陆而来。这样他又转向为北进（大陆）论。他是这样描写的：

> 看我日本国，都是岛屿。第一，不仅本土是岛，四国、九州、北海道、桦太、琉球、（中国）台湾，悉数皆岛。众多的岛屿汇聚成日本国。此次日本吞并朝鲜半岛，情况有了改变。朝鲜半岛虽然说是半岛，但是它向九州的北端伸出，看起来像是一个岛屿，但是它同时还是大陆的一部分。……既然朝鲜成了日本的内地，那么我们坐火车就可以直达欧罗巴了。

如果是过去的井上哲次郎，他肯定会说："朝鲜成了内地，欧美列强将乘着火车来侵略日本了。"过去他出于对欧美的恐惧以及"四面皆敌"的危机感，主张等同于"妇人小儿"的"日本人"只能封闭在日本列岛内。如今，他的这种思想已经烟消云散。不仅如此，他竟然还说：通过这次吞并朝鲜，"将来，日本民族无论如何都能在大陆的大舞台上一展身手，实现新的发展。毫无疑问，它将在日本民族之间唤起伟大积极的精神"。

而且，这种认识还不仅仅存在于井上哲次郎一个人，他的这个评论发表之后，《万朝报》、东京《朝日新闻》的社论等纷纷发声：

"我日本通过'日韩合并'由纯然的岛帝国升格为世界性的帝国"，"日本通过这次合并成为一个大陆国家"。新渡户稻造也大力倡导日本通过侵略扩张来打破日本的"岛国根性"。[11]井上哲次郎的观点只不过是当时这一普遍社会风潮的一个表现而已。

大日本帝国已经完全摆脱了岛国旧观念的桎梏，积极地想在世界"大舞台"上展现雄心壮志的"伟大积极的精神"已经充斥人心。所谓的"岛国根性"，与其说是维持只有单一日本民族的帝国的思想意识，倒不如说它是被批判乃至被突破的对象。"日韩合并"就是一个转折点。

现在，日本的大门已经完全打开。直到大日本帝国的侵略扩张达到临界点之前，日本的这种论调都将在这一时期所固定下来的路线上走下去。

第二部 『帝国』的思想

第7章 "消除歧视"的历史学

——喜田贞吉

喜田贞吉。一位有争议性的人物，后世对这位历史学家的评价分为两个完全相反的极端。[1]

一方面，他被认为是重视被歧视者的存在、主张日本民族是混合民族（喜田个人喜欢用"复合民族"一词）的罕见人物，后人给予他很高的评价；但是另一方面，他又被批判为利用历史学美化日本殖民地统治的中心人物。

正如前面章节中叙述的那样，在"混合民族论"盛行的时代，喜田贞吉并没有什么特别之处，也没有多么罕见。不过，如果从他一生自始至终都没有间断地坚持"混合民族论"这一点来看，他确确实实还是相当突出的。

总而言之，喜田贞吉是大日本帝国当中"混合民族论"的主要提倡者。可以说后面第三部将要论述的"皇民化"政策时期的朝鲜总督府的论调等都是建立在喜田贞吉的学说基础之上的。但是，同时他又致力于利用"混合民族论"来消除种族歧视。从他身上，我们可以清楚地看到那个时代有良心的混合民族论学者们的矛盾心理以及他们的极限。

对被歧视者产生的共情

喜田贞吉

喜田贞吉于 1871 年出生在日本德岛县的一个小村庄，是一个贫农家庭的第三个男孩。村里的教师说服他的父母让他去上小学，虽然后来他因为成绩优秀进了中学，但是一直都被那些士族的孩子们嘲笑为"百姓""塌鼻子"等等。回首往事，喜田贞吉称因为自己无法选择的出身以及某些身体特征受到了"难以忍受的侮辱"。大部分人认为他童年时期的这段经历与他后来关注歧视问题不无关联。

后来，他考入了东京帝国大学，并且上了研究生，主攻国史学。毕业之后就职于文部省，审定当时民间机构编写的中小学教材。当时来贿赂他的出版社络绎不绝，但是他坚守节操不受诱惑。1902 年日本发生了"教科书疑狱事件"（教科书贿赂案），民间机构引发的"教科书疑狱事件"是教科书国定化绝好的借口，1903 年，日本《小学校令》规定了教科书国定化，喜田贞吉从事地理、历史教科书的编纂工作。

1910 年，日本发生了一件大事。被称为"南北朝正闰问题"的此次事件作为国粹主义兴盛的标志之一广为人知。以前的民间历史教科书都将所谓的南朝定为正统。喜田贞吉在编纂国定历史教科书的时候，经过一番冥思苦想的思想斗争之后，他还是按照南北朝并立的史实如实地进行了叙述。围绕这本教科书，日本各大报纸对喜田贞吉进行了大肆攻击并引发了一场大论战，犬养毅在帝国议会上进行了弹劾演说，喜田贞吉受到停职处分。以此次事件为契机，日本的历史教科书被修订，将南朝定为正统，北朝的各代天皇被抹去，楠木正成的忠臣传说等成为定论。

离开文部省的喜田贞吉后来在京都帝大、东北帝大任职讲师。他在任教的同时，还一边从事历史研究的工作。1919 年，他组织了日本学术普及会，个人创办了杂志《民族与历史》。同年，朝鲜发生了"三·一独立运动"。这段时期也是喜田贞吉精力最旺盛的时期，他除了发表了代表作《日鲜民族同源论》之外，还在他的《民族与历史》杂志以及其他的学术杂志上发表了大量的日本民族论。

喜田贞吉从 39 岁离开文部省，一直到 1939 年去世，其研究范围涉及考古学、古代史、民俗学、宗教史、文化史等各个领域。但是，他所有的这些研究都可以归集到"消除歧视"这一主题中来。在这里，我们以他最容易理解的 1921 年发表的《日本民族的成立》一文为例来说明喜田贞吉的民俗学、被歧视部落史以及日本民族起源论之间的联系。[2] 喜田贞吉的学说在不同的时期有细微的区别，但是大体上没有变动。

在讨论这一问题之前，我们先要了解当时社会上对被歧视部落的普遍看法。现在也许很难想象，当时整个社会都流传说那些被歧视的部落民是异民族。例如，山路爱山称"他们是与一般的日本人种不同的游牧民族，其子孙也如此"。柳田国男有一段时期也认为，"恐怕他们早已习惯于畜牧并因此成为不同的民族"。[3] 所以，在当时，只要是讨论这些被歧视部落的人，不管是赞同当时社会上的普遍说法还是反对当时的世俗之说，都不能绕过民族问题这个话题。喜田贞吉是强烈坚持被歧视部落的人不是异民族的一位历史学家。

在《日本民族的成立》一文中，喜田贞吉首先否定了"君民同祖论"。他说这种思想作为"锁国时代的思想倒也无可非议"，但是与帝国内已经纳入了多种多样异民族的现代就格格不入了。"我们日本民族本来就是由很多不同种族所组成的复合民族。"他称日本民族的混合起源是人类学上的定论，"记纪"神话中所提到的异族就是土著民族。日本和朝鲜曾经是同一民族，住在同一区域。那之后，日本的渡来人也很多，根据《新选姓氏录》的记载，日本有三分之一的人口都是渡来人。而且神功皇后和桓武天皇都是朝鲜血统，只不过"日鲜同祖论"的历史记载在桓武天皇的时候被烧毁了而已。

可以说，前面的这些内容都是"混合民族论"的集大成者，没有什么新意。喜田贞吉的特殊之处在于他的天皇观以及与被歧视部落相关的内容。

喜田贞吉称日本列岛的原住民们"正如今日中国台湾之高山族"一样，"无统一之所，以争斗为业，甚为可怜"。这个时候，天皇家族率领"天孙民族"降临，"绝对无须担心他们将原住民族悉数杀之，实现人种的置换"。相反，"他们给原住民稳定的统治，使他们成为幸福的一员。我皇室的先祖是从高天原降临而来完成上天使命的"。天孙民族并没有歧视异民族的原住民，而是积极推进民族之间通婚，形成了不同种族组成的复合民族。

这里可以看出，喜田贞吉的主张与民治时期贝尔兹的"混合民族论"有着不同的世界观。贝尔兹认为大陆而来的种族"长州型"

与马来人种的"萨摩型"即便在现代也分化为上下不同的两个社会阶层。而喜田贞吉认为作为统治阶层的天孙民族并没有歧视原住民族，而是通过混血实现了对原住民的同化。

日本民族与欧美人不同，自古以来就不歧视异民族而是将其同化。特别在"日韩合并"之后，这种推理方式通过日本优越论以及美化同化政策的方式得到广泛流传。日本以前就有一种观点，认为因为日本民族是混合民族，所以适应能力与同化能力都很强，比欧美人优秀。这种观点现在得到了进一步发展，比起实行种族歧视、忌讳混血的欧美殖民者，一视同仁的日本民族在民族上具有优越性。

喜田贞吉的民俗学和被歧视部落论得到了进一步展开。根据他的观点，被歧视部落民的祖先并不是异民族，而是"社会的落伍者"。"落伍者当中，既有古代原住民的子孙，也有外国渡来人的子孙，还有社会上处于生存不利地位的人，他们是自然而然地形成的。"那么，这些原住民和渡来人究竟是怎样沦落为被歧视部落民的呢？喜田贞吉当然不会说是因为天皇国家实行了歧视性的国家体制所导致的。

喜田贞吉称："但凡优秀的民族与力量上弱于它的民族混合在一起，后者中总有一些聪明的人很快就加入到前者优秀民族的队伍中来，与其同化融合；也总有一些不聪明的人抓不住这个机会。"日本列岛的原住民中间那些没有被同化的人，被占据了富饶的平地（土地资源），他们不介入农田的开垦，自己离开村庄住到了山地。

在这些逃到山地的原住民中，"既有后世所说的山中男妖，也有山中女鬼。当然这些都是俗传，但是其中确确实实有一些人最后沦落为悲惨的人"。根据喜田贞吉的观点，他们因为生活贫困而不得不到村子里偷盗，村民们担心他们吓到妇女孩子，民间传说中就冠以"鬼""酒吞童子"等名。这些"山人"当中，也有一些因为拥有特殊的技能而为天皇家族效劳，例如在天皇大葬的时候抬灵枢的八濑童子[1]、在朝廷当中奏乐唱歌的国栖[2]以及"语言容貌与其他国人不一样"的飞驒[3]木匠。喜田贞吉称"中国台湾的高山族等也是现代的一种山人，他们夺取村里人的首级……也可以说是一种'鬼'"。

　　喜田贞吉所谓的天孙民族的同化，具体指的是将他们变为农民。喜田贞吉认为，日本自古以来只有农民才是公民。靠狩猎采集为生的土著民当中，"那些固守古风，不从事农业的人被称为山人，受到歧视。他们就算是与村里的人有来往，也是以屠宰为业，这些以杀生为业的人被称为'饵取'，村人们见到他们都退避三舍"。后来"饵取"作为被歧视者的称呼散布开来，"最终'饵取'也就是'秽多'这个称谓被推而广之，河原人[4]、犬神人[5]、加工果核的人、流浪民等等都被通称为'秽多'"。

---

[1] 八濑童子是比叡山延历寺的杂役以及从事抬舆的村落共同体的人，曾主要居住在山城国爱宕郡八濑乡，八濑童子的八濑就是从地名而来。在八濑村的居住者从前被视为鬼族的子孙，天皇去世的时候，他们负责参与天皇灵枢的抬举仪式。

[2] 国栖是古代主要居住在吉野山里的少数民族。他们在献祭的时候边要杂技边唱歌。

[3] 飞驒是地名，古代有飞驒国，大约在现在岐阜县北部的飞驒市，因为山林丰富，木工工匠很多。

[4] "河原人"一词最早出现于平安时代的《左经记》，当时称剥取死去的牛身上的皮革的人为"河原人"。进入室町时代以后，"河原人"的记载多了起来，他们主要从事屠宰牲畜，进行皮革加工。因为主要居住在河原以及周边地区，因此被称为"河原人"。除此之外，也称那些从事挖井、艺能（歌舞伎、能乐）、经商、园艺等工作的人为"河原人"。

[5] 神社的清洁工，处理污秽与动物尸体的人。

被歧视的人通常都从事那些村民们不愿意干的工作，例如制造土器的土师、编制竹器的山窝[1]、耍木偶的艺人、流浪民、游行僧等等。社会上一旦形成了这种被歧视者的团体，那些土著民以外的落伍者、流浪民也渐渐加入。而另一方面，"原住民当中，很早就成为农民的那些人早就成为普通的公民"。所以，现在那些受到歧视的部落民并不是因为民族的差异而造成的。

歧视并非因为民族出身不同，而是因为没有被同化。喜田贞吉的这套逻辑后来被套用到大日本帝国内的异民族身上。

现在，阿伊努人几乎都居住在北海道。不过，根据喜田贞吉的观点，日本列岛的原住民族阿伊努民族过去曾经有很多人居住在本州。"记纪"神话中的虾夷其实就是阿伊努人，日本整个东北地方很多地名都起源于阿伊努语，引发"前九年之役·后三年之役"[2]战争的是阿伊努人，建造奥州平泉之都的也是阿伊努人。他们大部分都被大和民族同化，成为日本民族"幸福的一员"。但是，那些"住在深山老林中没有从事农业的人则成为'山人'，而那些居住在北海道这样偏僻土地上的阿伊努人一直到后世也都没能获得加入日本民族的机会，成为现在的阿伊努人"。总之，现在的阿伊努人不是因为拥有阿伊努血统，而是因为没能被同化而遭到了歧视。

据喜田贞吉称，阿伊努人心灵手巧，而且英勇无比，"拥有卓

---

[1] 也写作"散家""山家"等，指在废弃的遗迹、洞窟、简易小屋中居住的流民。这些人靠采集山间野菜、河间捕鱼、编织簸箕等竹制品为生。

[2] 平安时代后期以奥州（东北地方）为主要舞台的地区性战争。当时，安倍氏是陆奥国当地很有军事力量的阿伊努人豪族，其在奥六郡（岩手县北上川流域）建造栅（城寨），形成半独立的势力。11世纪中期后，安倍氏逐渐不向朝廷缴纳贡租，引发长年战争。

越的我日本民族之武士道精神，手工灵巧，有利于同化融合之处很多"。而且，现在的阿伊努人并不是完完全全的纯阿伊努血统，他们融入了日本民族的血液。所以，阿伊努族和日本民族只是两种血统"混血程度之别"，"如果让阿伊努人使用日本民族的语言，习惯日本民族的风俗，那么，两者之间的差异将越来越少，难以区分"。

这里，喜田贞吉将民族之间的差异缩小到了"混血程度"的区别，这样一来，只要风俗、语言"与我们相同"，推进混血，调整血液"浓淡"，两者之间的民族差异应该就不复存在了。

喜田贞吉还说："至于从高天原天降而来一事……我考虑恐怕是经朝鲜而来。"这里虽然他没有下明确的判断，但是还是可以看出他个人是主张天皇家族朝鲜渡来说的。虽然喜田贞吉在这个问题上没有进行深入说明，但是他紧接着说道："可以说我国人民的祖先大部分是从朝鲜，或者是从更远的地方经过朝鲜半岛而来。"所以，朝鲜民族和日本民族是相同的，"如果一定要加以区分，那也只是构成要素的混血量的多少之别。这一点点区别，在我国内地各个地方之间都存在，且在人类学上也是认可的"。

这里，民族之间的差异也被缩小到了混血的"浓淡"之别。日本列岛内部地方之间的差异甚至大过日本与朝鲜之间的差异，这种逻辑思维在本书第三部将要探讨，"皇民化"政策期间朝鲜总督府就是这样宣传的。除此之外，喜田贞吉还主张：日本列岛原住民的神是国津神，天孙民族的神是天津神，出云的让国神话[1]就是天津神和平同化国津神的事例，"三·一独立运动"等就是出云的神在

---

[1] 出自《古事记》，叙述出云的大国主神将国土让给皇祖神的经过。

作祟。他认为，"日韩合并"是王国复古，必须要完成"同化融合"。

用来消除歧视的同化

喜田贞吉运用民族论和民俗学解释了被歧视部落民的产生过程，也就阐明了大日本帝国内现存的异民族的发展之道。那就是不能像过去那些失去被同化的机会最终沦为被歧视的部落民的人一样，不能重蹈他们的覆辙，要尽快同化到日本民族中来。

不过，不仅仅只是语言、风俗与血统，地位、待遇与相关权利也被"同化"才是喜田贞吉的理想。在喜田贞吉看来，这些都是密不可分的。他的志向不在于没有平等可言的强制性同化，从这个意义上来说，喜田贞吉的同化论也有他良心的一面。

喜田贞吉认为被歧视部落的人们不是异民族，倡议将他们融合到日本社会中来。他的这种观点时至今天还受到好评。但是将这种逻辑思维套用到朝鲜、中国台湾，用现在的眼光来看确实太过离谱。不过，战前以组织被歧视部落解放运动而闻名的全国水平社反而接受了被歧视部落是异民族的说法，自己称自己为"秽多民族"而要求民族自决权。[4] 这与喜田贞吉的"融合同化"路线恰恰完全相反。但是，他们都在摸索探讨解决中国台湾、朝鲜以及被歧视部落问题的方法，在这一点上他们是相同的。

时至今天，对被歧视部落、阿伊努人、驻日外国人的歧视问题仍然经常被提起，并被认为是天皇制以及日本社会的封闭性所导致产生。但是，如果有人将民族自决、自治区、文化多元主义等适用到被歧视部落的问题上，肯定会被认为是错误的。在现代，被歧视部落的问题不是民族问题这一点已经成为共识，但是在喜田贞吉生活的那个年代并非如此。那个时候，大家普遍认为朝鲜、中国台湾不是外国，而是大日本帝国的一部分，而被歧视部落是异民族。

喜田贞吉的同化论有他自己的善意，也是发自他对被歧视部落民的同情。在将"（中国）台湾的土著民高山族"称为"山人""鬼"的《日本民族的成立》一文中，他还不忘补充道："他们掠夺村民的物资，或者取其首级，这是他们针对村民迫害自己的一种报复手段，如果站在他们的立场上，也许能理解这是他们在行使自己生存的权利。"

《民族与历史》创刊号的创刊宗旨也强调：作为一个历史学家要"站在败亡者的立场上，并作为一个落伍者而存在"。对于被歧视的部落民，"要真正将他们同化，没有任何区别地使他们成为国民"；"作为新归顺的各民族，将来要实现完全的同化融合，没有任何区别对待，使他们成为忠诚善良的国民"。

喜田贞吉本人与被歧视部落民以及阿伊努人都有过交流，深知他们遭受歧视的严重程度。他曾经为一群被经纪人诈骗的阿伊努人四处奔走，为了消除歧视积极地到各地进行演讲。虽然他自身崇敬天皇，但是在社会主义者高桥贞树的《特殊部落一千年史》被禁止发行的时候，他跨越思想信念的鸿沟积极评价了《特殊部落一千年史》一书。坪井正五郎是明治中期为了阿伊努人四处活动的为数不多的学者之一。像喜田贞吉这样勇于从正面面对被歧视部落问题的知识分子为数也不多。不过，越是强调他的善意就越是被说成他在宣传提倡朝鲜、中国台湾、阿伊努人等的同化。

因此，喜田贞吉腹背受敌，既受到了歧视方（大多数人）的责难，同时又被那些想搞分裂的被歧视方（少数人）批评。"日韩合并"

之后，朝鲜李王朝的皇太子和日本皇族女性实行了政治联姻，在庆祝此次政治婚姻的 1919 年的文章中，喜田贞吉提到古代日本和韩国曾经是同一个国家。他是这样写的：[5]

> 尔来星霜一千二百余载，于他们，我等是完全另一个邦国，产生了疏远我等之风。于我们，也感觉他们完全是另一个国度。特别是受德川锁国时代政策的影响，以及古典研究的隆盛，排外思想严重，其结果导致一部分国民毫无理由地鄙视外国人，认为只有我神国之民才是神之后裔，外国之民都不洁、下贱。所以，他们不少人出于爱国之情，将认为我国民之祖先原本从海外移居而来的学说看作异端邪说，深恶痛绝。他们认为天孙民族的祖国高天原就是大和……如今依然禁锢在旧思想里，于他们，作为合并的结果，不去考虑如何让其国民得到幸福，而是图谋如何独立。于我们，也有一些人鄙视朝鲜人，妨碍彼我之融合。听说有些人出于这种错误的爱国思想，虽然没有公开讲出来，但是他们内心对这次的婚礼多少是有误解的。

正如喜田贞吉所说的那样，不难想象，对于这次政治联姻，日本方面是有人反对的，他们认为这样导致了天皇家族里混入了朝鲜人的血统。在喜田贞吉看来，朝鲜之所以发生独立运动，是因为跟日本存在歧视和排外主义思想一样，也存在朝鲜民族纯血统主义者。所以，他在文中记述了神功皇后和桓武天皇的出身，并在文章结尾写道："希望能够提供给那些判断错误的爱国者们一份可以从迷失的睡梦中醒来的资料，在这个民族自决盛行的年代，带着祝福，希望日鲜融合的前途能够因为充满希望而闪闪发光。"

四海之内皆同胞

如果说喜田贞吉的思想只是局限于知识分子阶层的"密教"，那就大错特错了。他不但积极地到处举行启蒙思想的演讲，还在1928年"日本儿童文库"这一企划案中，亲自撰写了日本古代史的上卷。这里顺带提一下，中卷的作者是被公认为日本皇国史观代表的平泉澄。

他在这本儿童参考书中，同样以桓武天皇和神功皇后是渡来人血统为例，指出日本民族是复合民族，主张日本民族以天皇为中心将众多民族同化为忠诚善良的日本国民。这与他一贯的观点完全相同。不用说，在书中他同样强调了日本国民对被歧视部落民的歧视，极力主张"前九年之役·后三年之役"等东北阿伊努人的反叛是因为他们受到了不公正待遇而引发所致。[6]

同时，这一套参考书彻头彻尾地向儿童宣扬对天皇家族的敬意以及作为大日本帝国臣民的觉悟。从今日我们对天皇制的理解来看，这也许是自相矛盾的。但是对喜田贞吉来说，大日本帝国的臣民是包括了少数派的，天皇是为了建设和平与平等的国家才从天上被派遣而来。在他的价值观中，应该是认为如果提高了儿童作为帝国臣民的觉悟，那么对于同样作为帝国臣民的被歧视部落民、阿伊努人、朝鲜人等的歧视应该将会逐渐消除吧。歧视是因为有一些没有觉悟的"无知者"所导致的，天皇家族和日本民族跟其他的征服国家不同，一贯以来，对异民族一视同仁，实施同化政策。这是喜田贞吉的基本认识。

对于喜田贞吉，他的这一套逻辑是为了消除歧视所采取的权宜之策，抑或真正的目的是为了使少数派转变为忠诚善良的臣民从而用消除歧视作为借口，这些都已经没有任何意义。为什么这么说呢？因为在他看来，消除歧视就是追求帝国内部的平等，这与成为忠诚善良的臣民意思相同。

喜田贞吉并没有想过要改变帝国的本来状态，也就是说他从没想过要变革大日本帝国的体制，打破天皇统治。喜田贞吉在这一套儿童参考书中，解说平安朝之所以产生了众多的被歧视部落民是因为当时政局混乱，国家陷入了无政府状态。他写道："我们今日能够得以安心地生活，是因为国家的法律能够得到很好的执行，有警察始终保护着我们。"[7]在他看来，搅乱国家统一的无秩序状态以及割据状态才是真正导致人民颠沛流离、潦倒落魄、生活贫困，产生被歧视部落民的元凶。对于革命，他虽然没有论及，但是大家都认为他是觉得既然革命与混乱是不可分的，那就应该避免，社会问题在天皇的统一统治之下一定能够得到解决。

喜田贞吉还出版了《韩国的合并与国史》一书，书中写到了"日韩合并"的内容。他指出"日韩合并"之前的李朝朝鲜已经陷入了无政府状态，人们拼命劳作好不容易积累了一点财富却遭遇巧取豪夺以及官僚的压榨，整个社会毫无生机，跟日本的平安朝一样。喜田贞吉一面称赞镰仓幕府将日本从平安朝的无政府状态中解救了出来，一面宣称"日韩合并"对朝鲜人来说也是一种救助。他说：日本列岛有原住民族、东北阿伊努人、天皇家族，也有朝鲜血统，"日韩合并"是复古，是饱经风霜的分家的兄弟回到温暖的本家。[8]

喜田贞吉认为，日本平安朝时期排外主义思想兴盛，大肆烧毁"日鲜同祖论"的书籍，歧视东北阿伊努人，导致阿伊努人的反叛，由于生活的贫困以及政府的无序状态，很多人沦落到社会底层成为被歧视的对象。在喜田贞吉的历史观里，天孙降临之前的日本列岛、平安朝、李朝朝鲜等都处于无政府状态，所有这些在日本天皇和他的军队的铁蹄之下恢复了秩序，不再实施相互隔离和歧视统治，取而代之的是民族的统一和同化。他在 1920 年的朝鲜旅行的游记中写道：看到朝鲜人的贫困村落，"不得不让我想起我国平安朝时代苛政下落伍、最后沦落为贱民的那些人来"。[9] 他认为如果朝鲜不通过"日韩合并"来逃过恢复秩序的时期，不进行同化的话，朝鲜只会重蹈成为被歧视部落民的覆辙。

对于喜田贞吉的同化论，朝鲜人持什么样的态度呢？在喜田贞吉的这篇游记中，他写到了他在朝鲜当地做了一次题为"民族的同化"的演讲，"先一步同化融合的人，哪怕是异民族，都将成为优秀的公民，而那些错过了同化融合时机的人将成为时代的落伍者，最终成为后世贱民之源"。听了他的演讲之后，有一个他在京都大学曾经教过的朝鲜人对他说："内容倒是很好，不过个人感觉同化这个词是小的东西被吸收到大的东西里面的意思，希望能将题目改为'融合'或者'融和'这类的词。"当然，这应该是相当客气的发言了。不过我们从他委婉的言辞当中还是能体会到，从朝鲜人的角度来看，消除歧视的部分姑且不论，对单方面的同化还是很难接受的。

但是，喜田贞吉所提的"同化融合"很明显地就是单方面的同化。喜田贞吉很喜欢用柑橘类的嫁接来打比喻。他说：不管砧木用的是柚子树还是酸橙树，只要嫁接上温州蜜柑，最后结出来的果子都是蜜柑。就像果木嫁接的时候一样，不管原来的祖先有什么差异，只要同化融合到日本民族中来，最终都将成为天孙民族。日本民族虽然是复合民族，但是"这种复合并不是各种民族融合在一起产生一个中间民族，而是其他的民族全部消失，一个不剩地同化融合为天孙民族"。通过民族之间的混血和同化，"朝鲜或是中国台湾的原住民，迟早都会走上同一条路，一个不剩全部被同化为日本民族"。[10]

喜田贞吉反对纯血统论，对帝国内将异民族当作"养子"来加以区别对待的观点进行批判。他认为日本语、阿伊努语以及渡来人的语言都已经混杂在了一起。他和坪井正五郎、海老名弹正、田口卯吉等一样，认为大日本帝国是由众多民族混合而成的，堪比美国和大英帝国。[11]自己曾经有过一段被歧视的痛苦经历，后来又受到国粹主义者的攻击被迫从文部省辞职的这样一个人物竟然强调单方面的同化，这给人一种很奇怪的印象。不过，联想到他所倡导的"不管原来的所属民族如何，都能被同化为日本民族"的这种思想是为了印证他所主张的"就算血统有'浓淡'之别也都是同胞"的观点，也就不难理解了。本来，他所说的日本民族就是混合民族，阿伊努人、朝鲜人等一旦与日本人混合，就不再是纯血的阿伊努人或纯血的朝鲜人，而成为混合民族，也就是成为日本民族。不管是哪个异民族，只要放弃了纯血统意识加入混合圈，进行同化融合，就能成为日本民族的一员。

而且，在喜田贞吉看来，加入天皇的军队，为大日本帝国并肩作战是帝国内平等的终极表现。他认为，平安朝时期天皇军队的中坚力量是那些以佐伯部为首的没有陷入堕落和文弱的勇猛的归顺的阿伊努人。[12]当然，他还列举了坂上田村麻吕等渡来人的武将为证。

喜田贞吉晚年的时候罹患癌症，但他还是带病坚持演讲活动、开展研究工作，哪怕卧病在床依然笔耕不止。为此，文部省颁给他精神科学研究奖，让他进行"关于日本民族的构成及其变迁"的研究。喜田贞吉的民族论被奉为帝国公认的权威。他在过世的前一年，也是中日战争高潮的 1938 年发表了论文《日本民族的构成》。在这篇文章中，他大力宣扬了他多年来的复合民族论，在文章的结尾部分他这样写道：[13]

> 如今，我国威远扬，发展至海外。不仅合并了中国台湾、朝鲜，而且与邻近的"满洲国"称兄道弟。诚惶诚恐正如明治天皇陛下所吩咐："在这个四海之内皆同胞的世界之中，不应该再掀起波涛。"在这难得的尊贵的天皇之心之下，为了东洋的和平，为了同胞的幸福，日本果断地展开日清、日俄之战。四海之内皆同胞。尤其是东亚各民族，都是我日本民族构成之要素，是关系最近的兄弟中的兄弟。然今日与兄弟中之一国的中国兵戎相见，是对他们错误的抗日·反日·侮日政策的一种自我保护，实在是不得已而为之，我国应该等待，等他们尽快从迷梦中醒来，相互提携，为了东亚的和平，为了人类的幸福而努力。
>
> 考虑到我们古往今来国家发展的历史，兵火相交，大敌压境的情况并不少见……然他们从来都是还没有完全统一就划界而居，经常发生血腥的斗争，生灵涂炭。而我们的国家通过合并他们，获得众多的忠勇的臣民，保护边疆的和平，增强国力。

"四海之内皆同胞。"以前，井上哲次郎说"四面皆敌"，反对"内地杂居"。这两者之间相距实在太远！喜田贞吉终其一生的目的是要证明帝国内的被歧视部落民"都是同胞"，要消除"还没有统一就相互划界而居"的状态，要将被歧视的人们从"涂炭的苦境"中解救出来。然而，他最终得出的竟然是这个结论！

对于喜田贞吉来说，学问并不是为了追求知识的知识，而是一种为了达到消除歧视的社会目标的手段。他在评价后来以《广辞苑》的编者而声名远扬的语言学家新村出的论文的时候曾经说过：新村出通过脚踏实地的实证研究，指出过去认为日本各地很多地名都出自阿伊努语这一观点的错误。以这种严谨的态度去研究学问固然很重要。不过"这样做对于短暂的人生来说难道不算是在绕远路而行吗？"，即便多少有一点错误，"我还是打算不断地提出自己作为一个外行人的观点"。[14]

知识是为社会服务的，也是现在那些正在因为受到歧视而痛苦不堪的人们所需要的。要是人们在死后才能找到真理的话，那就实在是毫无意义而言了。就算是稍微有一点错误，在需要的时候能够解决问题就行。这是喜田贞吉一贯以来的主张。他就是按照这样的想法挺身而出、面对问题的，一直到他死之前还在奋斗。不过，他的学说里面包含的错误是不是只有那么稍微一点点，在后世的人们的眼里是不是妥当，那就另当别论了。

第8章　国体论的再编

——国体论者的民族论

"作为一国之国民，在今天这个祖国已经包含有内外众多民族的时代，树立国体论乃当务之急。"[1]

如果说穗积八束、加藤弘之、井上哲次郎等人是国体论的第一代学者，那么以上的这句话则出自一位第二代国体论学者之口，再没有比他更好地描述了"日韩合并"之后日本国内国体论的处境和立场的人了。如今，日本已经扩张成为多民族帝国，国体论如果再跟不上形势，那么它将地位不保，失去它作为日本国内占主导地位的思想体系的宝座。

日本已经膨胀成为多民族帝国，所以必须重编国体论。从大正时期开始到昭和初期，国体论学者一直在尝试着往国体论中加进混合民族论，重编国体论，并且获得成功。以后的国体论，放弃了他们原来坚持的日本是单一纯粹血统的单一民族国家的主张，改头换面变成了适合帝国扩张需求的内容。

国体论的混乱

"日韩合并"时期，舆论界几乎听不到国体论学者的声音。这也象征着过去的国体论已经不再适合多民族帝国。对于这种现状，那些固执地坚持日本是单一民族国家的国体论学者束手无策。

例如加藤弘之，到了1915年还在狡辩，掩盖现实："近来，中国台湾成为我国之领土，朝鲜也并入我国。但是，不管怎样，只要自古以来的民族中枢——皇室拿握大权，族父统治就是理所当然的。"[2] 第二年他与世长辞，享年80岁。

东京帝国大学教授筧克彦在他1926年出版的一本记录有皇后御前演讲内容的著作《神道》中这样写道：

> 认为日本民族的一部分或者全部都是原来居住于此岛之原住民，或者认为日本民族的一部分或者全部都是从大陆移民而来……这里所谓的移民，并非通常人们所想象的那样是新的民族，从其年代之久远来说，与其说是产生了新的民族，还不如说本来就是居住于此土地上之人。……从其年代之久远以及移民的方法来看，应该说日本民族实际上是突然出现在日本国土上的。[3]

多么勉强的借口！筧克彦明知日本民族是混合民族这一点在人类学和历史学上都得到了公认，还投机取巧地用这种模糊、暧昧的语言表达来得出"日本民族是突然出现在日本国土上"这一结论。

物集高见在1919年出版了《国体新论》一书。他说地球上"除日本之外，没有其他任何一个国家是以一个民族建国的"。像中国这样的多民族国家，人为的制度以及政党之争是有必要的，但是在单一民族国家，因为君臣之间存在血亲关系，人为的制度以及政党之争就不需要了。所以，"所谓的民主主义、共产主义以及政党之争，大都是这些多民族国家的产物，在单一民族国家，闻所未闻"。物集高见宣称，"'记纪'神话中记载的土蜘蛛、虾夷等'不知何故，逐渐灭绝'"，"从外国而来的归化者的子孙……也极其稀少"。[4]

国体论的这些学说都无法合理地解释朝鲜、中国台湾的存在。如果无论如何也要坚持纯血的日本民族这一概念，那么也许高山樗牛的认为统治异民族是权力关系这种观点可行。不过，国体论的根基就在于天皇的统治不是人为的权力关系，而是君臣之间的自然感情。对于大多数的国体论学者来说，这一点不能妥协。

坚持日本是单一民族国家的物集高见也是如此。他在《国体新论》一书的后面特意添加了"朝鲜"附录，宣称"朝鲜人和内地人一样，以神的子孙的身份，成为日本同胞"。日本和朝鲜自古以来交流频繁，人种、文化、语言都几乎相同，包括朝鲜在内的大日本帝国是"同一种族的一个集团"，在天皇的旗帜下依靠血脉之情紧密地联系在一起。这个附录应该是在《国体新论》一书即将发售之前因为朝鲜发生了"三·一独立运动"而后附加上去的。

这是将"日鲜同祖论"牵强附会地应用于"大日本帝国单一民族论"的典型案例。同一本书，正文部分否定渡来人的血统，附录部分宣称朝鲜人是"神的子孙"，是"日本人的同胞"，明显前后矛盾。就算是朝鲜用这样的解释勉强可以蒙混过关，那中国台湾又作何解释呢？而且，如果以后大日本帝国的统治地域越来越大，按照这种理论逻辑，难道"神孙"的范围也可以无限扩展？

吸收"混合民族论"

不过，还是有很多国体论学者并没有停留在这种打马虎眼的学术水平上。他们意识到必须改编国体论，使其能够吸收"混合民族论"，能够解释大日本帝国内异民族存在的问题。

明治时期作为君民同祖论的代表受到攻击的穗积八束就是其中之一。他对"混合民族论"有一种危机感，他说："作为人类学上的探索先锋，如果让后世的日本人确信我们非同一民族……不但没能解释国体之本以及民法诸制度，也未能说明日常民俗习惯。"[5] 他在"日韩合并"3个月之后出版了一本著作，从这本书中提到的关于民族的内容我们可以看出他内心的挣扎，颇有意思。他宣称，虽然国家是在民族的基础上建立的，但是"一个国家并不一定是由一个民族组成的"。他是这样描述的：[6]

> ……民族之别并非绝对……大民族可以混有异种族之人，同化其子孙，这样其民族范围越来越大。民族之观念生于同祖之自觉，此自觉是历史之成果。同种之人，可能因为没有此自觉所以没能成为同一民族，而异种之人，可能因为有此自觉而成为同一民族。

民族是"同祖之自我觉悟"的产物，这种自我觉悟是历史形成的。这意味着穗积八束的家族国家论从具体的血统向观念上的虚拟血缘转变。民族的本质不再是人种相同，而是各人的归属意识相同。乍一看这种观点是开放的，与反种族歧视的当今社会的"种族群"的定义很相近。但是如果将这个命题反过来看的话，我们就能看出问题的实质了。不管哪个异民族，只要给他们灌输这种归属意识，都可以将其转变为"日本民族"。在这之后不久，日本政府就朝鲜教育令的立案问题向他征求意见的时候，穗积八束就提出了要在朝鲜移植天皇崇拜。

穗积八束于 1912 年因病去世，在东京帝大继任宪法学讲座的他的直系弟子上杉慎吉继承了他的学说。上杉慎吉是一位与右翼团体和军部都有紧密联系的国体论学者。他也宣称民族是构成成员的主观意识的产物，"同一民族非同一人种、非同一语言、非同一宗教……而是基于各人要相互成为同胞兄弟，成为同一民族的信念感情"。日本在太古时代，"有天孙民族，有出云民族，有其他的原住民族，虽然他们有皇别、神别、蕃别[1]之分，但是像一家人一样，有同胞兄弟之感情，归属意识和信念一致，成为不可分之一体"。有实力的民族将其他民族"融入一大民族之坩埚"。[7]

很早之前就已经向"混合民族论"转向的井上哲次郎也持类似的论调。他在 1912 年的《国民道德概论》中提出："如今，日本领土内有各种各样的民族"，"君民同祖这种单纯的信念"已经不再适用了。他还大力提倡根据"混合民族论"提出同化论。他援引鸟居龙藏、小金井良精等的人类学学说，说"日本人是混合民族"，太古时代的日本列岛上就有阿伊努人、南方人、朝鲜人、矮小黑人等，

---

[1] 日本弘仁六年（815 年），朝廷编纂了记录古代氏族谱系的《新撰姓氏录》，将日本氏族划分为三类：皇别，是日本天皇和皇子的子孙；神别，是天津神、国津神的子孙；诸蕃（蕃别），是朝鲜半岛、中国的渡来人。

根据《新撰姓氏录》记载，日本列岛近三分之一的人是渡来人，但是"全部都被天孙民族统一……悉数同化为一"。他还举出帝国内的异民族有朝鲜族、汉民族、阿伊努族、台湾族群、桦太民族、蒙古族等，"这些人都需要通过教育，将其同化为日本民族"。[8] 这本书收录了他接受日本文部大臣的委托在中学教师讲习会上所作的演讲内容，换句话说，这本书得到了文部省的正式承认。

这些言论还不仅仅限于上杉慎吉、井上哲次郎。国体论学者加藤玄智在 1912 年的著作中也提到了朝鲜、中国台湾。他以古代日本同化渡来人和阿伊努人为例，大力赞扬日本的"同化力"。以国粹主义社会学家著称的东京帝大教授建部遁吾在 1914 年的日本社会学院第二次大会上说，日本要成为世界强国，必须进行领土扩张，并需要"十亿人的日本民族"，"十亿人的日本民族，多多少少地有些混血也是在所难免的"。他在同一时期的著作中还提到，渡来人出身的忠勇臣民也非常之多。[9] 还有，让石原莞尔为首的众多军人钦佩不已的日莲宗国粹团体国柱会的组织者田中智学则宣称，天孙民族同化了众多的"土著民族"以及渡来人，由此可见，日本民族是肩负统一同化"世界上所有民族"使命的"全世界最优秀的民族"。[10] 到 1920 年左右，国体论学者们已经将混合民族论的一些观点吸收进了国体论并加以充分利用。

"养子"身份的异民族

就算是国体论学者们吸收了"混合民族论"以强调日本的同化力，在日本完成同化之前，日本必须面对帝国内存在异民族这一现实。既然一个家族国家内存在异民族，那么该如何来定位这些异民族呢？国体论要成为多民族帝国的思想体系，就必须解决这个问题。

对于这个问题的解答，大致可以分为三类。

第一种解答是对异民族进行权力统治。

其主要代表是言论报国会的专务理事兼事务局长鹿子木员信，他于1918年作了一次题为"关于国体之主要问题"的演讲。他援引德国法学家耶林内克等的观点，称现实政治就是一种权力关系，"侵略乃至征服是一个国家国民的崇高义务"。创造一个统治整个亚洲的帝国是"日本主义的实现"。他公开叫嚣"军国主义"和"帝国主义"。宣称"日本与生俱来战斗能力，日本的使命是统治"。"我等应该以统帅、统治的天赋之才，统治全世界。其结果就是对异民族的权力统治，也就是所谓的帝国主义。"[11]

不过，这样公然使用帝国主义、军国主义的词汇，断言要用权力来统治异民族的国体论学者并不多见，大部分国体论学者还是比较冷静、有自知之明的。毕竟，宣称天皇的统治非权力统治才是国体论的根本。大多数人不会在认识到自己正在作恶的情况下还决然行动，只有在主观意识上认为自己是在行善的情况下才会对对方的痛苦置若罔闻。关于大日本帝国内异民族的定位问题，还需要更加怀柔的解释。

第二种解答是，国体并非日本民族独有的东西，而是一种普遍伦理，是人们都应该遵守的道德。

其代表人物有《天皇和无产阶级》的作者，主张通过一君万民主义对工人、农民进行救济的异端国体论学者里见岸雄。他指责国体论没有对以贫困为首的现实社会问题进行解答。1929年，他写了《对于国体之疑惑》一书。[12]通过对"天皇为何方神圣""对着天皇的照片行礼不是偶像崇拜吗？"等50个问题进行假想的一问一答的方式，来回答人们对于国体论的疑问。这50个问题当中，就有一个是帝国内异民族的存在会不会动摇国体的问题。他是这样回答的：

> 有血缘关系的国民不统治，当然并非不能统治。就算是有血缘关系的国民，如果是不懂得国体之大义的自私鬼，那岂不是也不能完成天业恢宏的使命？不管是过去的国民还是新归顺的国民，最重要的是看他是否理解日本之国体，是否服从日本之国体。日本的国家之本并不是通过单纯的父子血脉关系来维系的。天业之君和天业之民只有能够在道义的事业上团结一致国家才能维持。根本就没有排斥新归顺的国民的道理。

对于提倡通过"一君万民"主义来实现救济贫民和国际和平的里见岸雄来说，国体与和平、平等是同义词。里见岸雄认为，与欧美的种族歧视相比，日本古代的民族混合是日本平等主义的见证。"日本国体是普遍适用的人生指导准则"，"不管对朝鲜人、中国人，还是西洋人，都要向他们积极宣传日本之国体。正义没有国境之别"。对于他来说，是否信奉国体的理念才是最重要的，所属的民族以及国家等都是第二位的。

这种观点的巅峰之作是1918年佐藤铁太郎题为"国体之研究"的演讲。[13] 在演讲中，他大力称赞混合民族日本的"日本人的包容性"，称全世界的人最终都将向往和谐、和平的日本之国体。朝鲜人和中国台湾人、满洲人等，"只要他们觉得日本国体可贵而变成日本国民，那么他们也是真正的日本国民，此时，无论祖先之异同，也不问人种出身"。对于佐藤铁太郎来说，大日本帝国不过是将日本国体向世界弘扬的工具而已，"为了实现其目的，纵使日本国被粉碎，只要崇高的皇位还在，只要她尽到了天职，其他的都没有关系"。

同样都是用国体这个词，一方叫嚣军国主义、帝国主义，对异民族进行权力统治；另一方却倡导无差别主义以及和谐，这也许令人感到很离奇。不过，之所以在国体论的内部出现这种分歧，是因为国体这个概念本身就很模糊，个人可以根据自己的考虑适当解释，无论怎么解释都行。

再者，里见岸雄和佐藤铁太郎的无差别主义以及和平主义终归都是在对天皇和国体尽忠这个前提之下的，不能光按其字面意思去理解。里见岸雄在《对于国体之疑惑》一书中，一再强调日本不是军国主义国家。准确地说，是他不想承认日本是军国主义国家，他认为日本吞并朝鲜不是"军国主义的侵略"，而是日本对朝鲜人的救助。[14]

还有很多国体论坚持者，他们既不能做到像鹿子木员信那般冷静透彻，也没有里见岸雄那么大胆，认定国体就是一种普遍的伦理道德。如果坚持将国体论与西洋、东洋的各种思想相提并论，认为国体论也是一种普遍的思想道德的话，那就意味着国体论要与这些思想同台竞技，以决胜负。又不可能只是单独将获胜的那一部分内容添加到国体论。只要坚守日本民族特殊性这个堡垒，就算国体论再怎么空洞没有内容，还可以将其形容为万邦无比。即便如此，如果不在这个堡垒上开个洞，在一定程度上加以拓展的话，国体论就将跟不上大日本帝国持续扩张、不断吞并异民族的形势，这一点显而易见。

很多国体论坚持者给出的第三种解答是：在强调特殊的同时坚持普遍性。也就是日本是包括异民族在内的家族国家。那么，这种事情是怎样成为可能的呢？

1918年，井上哲次郎创刊的《东亚之光》召集当时的国体论学者，连载了十多次关于国体论的演讲内容。这一年正是第一次世界大战的末期，美国总统威尔逊提出了"民族自决"的理念。第二年，受"民族自决"思想的影响，朝鲜发起了"三·一独立运动"。喜田贞吉的《民族与历史》正是在这一时期创刊的。大日本帝国内的民族问题正是这一系列演讲的主题之一。前面提到的鹿子木员信以及佐藤铁太郎的演讲也在其中。

在这一系列的演讲中，曾任东京帝大副教授，后来成为帝国教育会理事的大岛正德在他的《我的国体观和国家人格论》中提到了帝国内异民族在国体论中的定位问题。[15]

大岛正德首先明确国体论的基础是"日本天皇和臣民之间存在血脉亲情这种自然的人情关系"。然后阐述"虽然有人认为朝鲜国民和日本民族相同，然而，这是紧急赶造也赶造不出来的"，"日鲜同祖论"不可靠。他同时还否认了权力统治的说法："当然，一方面有必要运用权力使其人民臣服，但是更重要的是要与日本天皇的本来面目结合起来，对其进行道德的统治，以过去的同化主义将其同化到日本国民中来，这个同化的方针要永久地执行下去，除此之外，别无他法。"

既不依赖"日鲜同祖论"，也不实行权力统治，但是又要进行同化，那么在同化成功结束之前帝国内异民族又该如何定位呢？他是这样说的：

> 当然，异民族与我们不可能是同一民族，但是正如我们本来的国家家族之内也有养子一样，我们可以将他们看作养子或者领养的孩子，接受他们到日本国家家族中来，在精神上视他们为家人，将他们当作家人看待，扩大我日本之国体。

没有血缘关系，又是家庭成员之一员，换言之"养子"。这才是既包含了异民族，又维持了原来的家族国家观，还"扩大了国体"的理论。

当然，"继子"这种说法在喜田贞吉和坪井正五郎的学说中也曾经出现过，并不是什么"新发现"。但是，对于正在为坚持血缘关系还是帝国扩张，必须在这两者之间进行二选一抉择而纠结烦恼的国体论来说，这种说法是既坚持了天皇与子民之间存在血缘亲情，又能解释多民族帝国现状的最理想的辩论术。即便是异民族存在于大日本帝国内，只要说他们是"养子"，那就与家族国家论没有任何矛盾了。

这也许看起来只是单纯的诡辩。但是，其中实际上隐含着关系家族国家论本质的问题。家族国家论即便在日本民族内部也并不意味具体的血缘关系。例如，就算是说自己的祖先是天皇，也从来没有过哪个国民因此而要求天皇家族的继承权和继任权。在中国和朝鲜的家族制度中，血缘具体指父系血缘。在中国和朝鲜，若有平民以皇帝之子自称，或者声称自己是皇帝的亲戚或者私生子，都是对皇帝的大不敬。而且，中国和朝鲜的家族制度确立了异姓不养的原则，将异民族收养为"养子"使其成为家族的一员在原则上是行不通的。关于这些，笔者将在结论那一章详述。

家族国家并非实际的血缘关系，像"养子"这样的模拟血缘关系也可以成立。这种为了定位帝国内异民族的地位而编造出来的理论在国体论坚持者们中扩散开来。第二代国体论学者的代表东京帝大教授吉田熊次在《东亚之光》的演讲连载中是这样描述的：家族国家是精神方面的东西，"从历史上或者人类学上来讲，即便是各种血缘关系的人加入进来……这恰如国民全体是一族一家，只要经过调教训练，观念一致即可"。吉田熊次在1928年称，历史上的阿伊努人、熊袭人以及渡来人等"正如养子融入到养父母一族中，他们不会受到歧视。……从观念上来说，我国国民都是以皇室为中心的同族"。[16]

异民族真的没有受到过"歧视"吗？对于这个问题，他们肯定会说，在众多民族混合的日本历史中不曾有过"歧视"，这就是最好的证据。如果要问他们，对待现在的异民族会不会有"差别歧视"，他们肯定会回答：正因为这是可悲可叹的事情，所以要纠正一部分行为不端的人的做法，对异民族要一视同仁，促进同化和民族之间的混血。正因为完成了这种明明是权力统治却要让自己觉得不是权力统治的自欺欺人的思想体系，帝国才能够开始实施对国民的统治。

开放的血族国体

将国体论进行系统再编的是曾经的东京高等师范教授亘理章三郎。他1928年的著作《国民道德本论》是其集大成之作。他积极正面地吸收人类学和历史学的"混合民族论"以及《新撰姓氏录》中渡来人达到当时国民三分之一的记载内容，宣称异民族的流入不影响日本的家族国家观和君民同祖论（亘理章三郎，《国民道德本论》，第47—48页）。

> 不管是男人还是女人，结婚之后，一旦入籍他家，虽然他（她）血统上的祖先是其娘家（出生的家），但是从体制上来说，家族上的祖先是其新入籍的家族的上代的人……举一个区别于血统上的祖先和体制上的祖先的极端的例子，如果夫妇一起成为"养子"或者入籍到另外一家，那么虽然他们血统各异，但是体制上都要称其入籍的家族上代的人为祖先。……

> ……所以，这些异民族的人虽然血统上有他们自己的祖先，但是作为我大日本帝国的国民，他们的祖先都是以我皇祖、皇宗为始的建立此皇国的上代的日本民族……从此意义上来说，不管我国过去包容了多少异民族，很明显地"君民同祖"，全体人民都是家族意义上的"君民同祖"。

异民族与"养子"和儿媳妇一样，虽然血统上有另外的祖先，但是加入到新的家族之后，就被新的家族同化成为新的家族体系的一员。日本的家族不是血统意义上的家族而是制度上的家族。这种逻辑虽然是诡辩，但是其水平与明治时期在"混合民族论"面前惊慌失措的国体论学者们相比，简直是云泥之别。

亘理章三郎进一步主张，日本自古以来都是平等地对待异民族并将其同化的。他说："将大量的被征服者变为奴隶或者类似于奴隶的阶层的时候，大都需要依靠权力进行强制性的统治。整体上来说这些都是所谓的征服国家、权力国家。"而且"欧洲各国都是征服国家，是他们开了先河"。但是，日本从古代开始对被征服的异民族一视同仁，与异民族混血，万叶歌人当中就有很多渡来人，而且他们被允许将"自己的姓名更改为日本名"（同上书，第57—59页）。此时，"混合民族论"被偷梁换柱，变成了日本对异民族无差别对待的证据，日本民族优越于欧美民族的说法由此产生了。

亘理章三郎还将喜田贞吉的历史学吸收进他的国体论学说中。[17]他强调日本列岛的原住民族和渡来人也曾在天皇的军队中独当一面，并列举了阿伊努族的佐伯部、坂上田村麻吕等渡来人血统的忠臣。他还称渡来人的文化为日本的发展做出了贡献，甚至连神官这么重要的职位都任命渡来人来担任（同上书，第532—540页）。而且，他还批评明治时期的国学家，"在继承攘夷思想传统的那些人当中，即便到了明治时期，他们还在倡导排外的血统主义，还想着要将历史上异民族的迁入往尽可能少的方向解释"（同上书，第392页）。

不过，亘理章三郎批评其他国学家的目的是为了强调他自己的观点，他称"包容大量异民族并且将其同化，没有卓越的同化力是很难做到的"。当然，最重要的是"日本皇室卓越超群的同化力"。总之，"原来的民族与外来民族之间，即便发生过不愉快的事情，有过摩擦与纷争，皇室也能用超越双方的权威调解缓和他们之间的矛盾"。众多民族混合在一起不可能没有摩擦，必须有能够调解双方的权威。亘理章三郎通过强调日本包含有众多民族来反证日本"同化力"的强大。他在结论部分强调日本的原住民族和渡来人也曾经发生过很多次叛乱，但是，"皇室克服了诸多困难，完成了对异民族的同化，这充分表明我国同化力的卓绝"（同上书，第531—541页）。

亘理章三郎称血族团体不一定都是封闭性的，"我国就是包容性很强的血族团体"，是"广皇室的国家"（同上书，第391—392页）。"合并中国台湾和朝鲜"与过去"合并西南面的隼人族、东北的虾夷族……其理相同"（同上书，第66—67页）。根据《新撰姓氏录》记载，当时的渡来人占日本总人口的三分之一，这个比例与现在大日本帝国内的朝鲜、中国台湾人口占比大致相同。日本有同化如此大量异民族的实绩。

而且，亘理章三郎绝对算不上标新立异的学者。1928年2月，文部省为了给"国体明征"清除思想障碍，召集全日本的教育工作者举行了一系列的演讲会。二十多人做了演讲，其中就包括亘理章三郎。

他在这次演讲中，例举日本原住民族以及《新撰姓氏录》中达到日本总人口三分之一的渡来人的存在，展开他自己的国体论学说。他提出"绝对不要盲目悲观地看待朝鲜和中国台湾的问题"。不仅如此，他甚至还提到神功皇后是新罗人，"桓武天皇的母亲是朝鲜人"。而且，这次的演讲内容由文部省全文出版，所以意义"非同一般"。这也意味着吸收了"混合民族论"观点的国体论完全得到了日本政府的承认。[18]

还有一点值得我们关注，那就是"单一民族"这个提法。

广岛文理科大学教授清原贞雄也是这次国体演讲会系列的讲师之一，他在1930年的著作中举日本民族的混合起源以及渡来人血统进入天皇家族等为例，称"我帝国人民不是单一民族"。[19]并且补充说，家族国家是一种观念上的概念，就算是没有实际的血缘关系只要完成了同化就行。依笔者之管见，明治时期的君民同祖论没有使用过"单一民族"这个词，这里是首次使用，而且是国体论学者以否定的形式提出来的。

就这样，国体论的再编得以完成。成功地将"混合民族论"的观点拿来为己所用的国体论不再为如何定位帝国内异民族的问题而烦恼，帝国也可以无休止地进行扩张。讨论历史上异民族的存在问题，不仅对国体论没有丝毫的影响，而且只会更加强化国体论的理论。亘理章三郎等召开系列国体演讲会的次月，根据《治安维持法》，日本共产党被一网打尽，大日本帝国长达 15 年的侵略战争蓄势待发。剩下的就是只需等待"混合民族论"为帝国的侵略扩张贡献力量了。

第9章 "民族自决"和疆界

——鸟居龙藏、北一辉、国定教科书等

1919 年 3 月，朝鲜半岛爆发了"三·一独立运动"。整个朝鲜半岛举行了要求和平的示威游行。日本对其进行了镇压，到 5 月份的时候，朝鲜半岛死亡人数达到了约 7500 人，被逮捕人数超过了4 万。[1]

这次示威游行给日本带来了很大的冲击。"日韩合并"之后，社会舆论中除了吉野作造、中野正刚等一小部分学者对日本的殖民统治进行批判之外，似乎鲜有关心朝鲜的声音了。但是，以这次运动为转机，朝鲜引起了日本国内外的关注。为了应对这种情况，为了肯定"日韩合并"并证明其正确性，日本方面拿出了"日鲜同祖论"与"混合民族论"。

民族自决论的中和

"三·一独立运动"中，不仅朝鲜半岛举行了示威游行，居住在日本列岛的朝鲜人也提出了很多独立宣言书。在他们看来，朝鲜民族是一个拥有四千年历史的独立民族。他们并不赞同"日鲜同

论"，相反，"日鲜同祖论"是他们攻击的对象之一。

例如，大阪的韩国劳动者全体代表提交了独立宣言书，他们提出，"日本人众口一词称日本和朝鲜同族或者同祖"，但是"我韩国有四千三百年的尊贵历史，日本比朝鲜晚了一千多年，以此来看，朝鲜民族与大和民族没有任何交集，这是不言而喻的事情"。另外，在京城的独立宣言签名者们也向朝鲜总督提交了请愿书，他们指出同化政策的不可能性，并且列举了很多日本与朝鲜的不同之处："朝鲜人是大陆性的，而日本人是岛国性的"；"朝鲜是儒教国家，而日本是佛教国家"；"朝鲜拥有近五千年历史，而日本历史仅其一半之久"；"在语言上，朝鲜语和日语音韵变化相去甚远；在文字上，朝鲜语和日语标记范围广狭各异，朝鲜语是世界性的，而日语是地方性的"。[2]

日本对于"日鲜同祖论""混合民族论"的理解正好相反。日本方面认为日本和朝鲜历史上密切相关，语言相通，人种相同。

早在1916年的时候，朝鲜总督府高级官僚小松绿对吉野作造的"朝鲜统治批判论"提出反对，称"日本史籍明确记载，连神功皇后、桓武天皇都带朝鲜王族的血统"。所以，"日鲜同族"，日本完全可能同化朝鲜。[3]这也从侧面证明，包括天皇家族血统在内的"日鲜同祖论"在当时的朝鲜总督府内部已经成为定论。

前面已经简述过，喜田贞吉在"三·一独立运动"前后发行了他自己主办的杂志，展开了以"混合民族论"为基础的"日鲜融合论"。鸟居龙藏则于1920年从人类学角度举行了一次题为"'日鲜人'同源"的演讲。[4]演讲内容登载在当时为了在朝鲜普及"日鲜同祖论"而创刊的《同源》杂志的创刊号上。此《同源》杂志的第三期还登载了喜田贞吉"日鲜两民族同源论"的原型之作。吉野作造对朝鲜人发起"三·一独立运动"表示理解，而鸟居龙藏正是以批判吉野作造的形式进行论述的：

> 朝鲜人与我日本内地人非异人种，而是同一种族。这在人种学、语言学上已经是不争的事实。几乎所有的欧美人类学家、语言学家以及历史学家都这么说……像我国的吉野君之流的学者，竟然背道而驰，对此进行否定，这真是奇怪。
>
> 有人打着"民族自决"的旗号，叫嚣朝鲜人应该与日本内地人分离，实现独立。这实乃大错特错。因为日鲜人本是同一民族，同一民族却要相互分离，各自独立，其理由何在？……因为日鲜人本是同一民族，所以，互相合并统一才是正确的，这样才能达成"民族自决"的目的。

鸟居龙藏进一步阐述说，"两者是亲密的家庭关系"，"我希望今后总督府的施政方针、政治家们以及其他的人，都以此心看待和处理朝鲜的事情。无须倾听那些愚昧无知的学者以及政治家们的错误意见"。在讲演的最后，他提出"希望在总督府内设立专门的调查机构，来证明日本人和朝鲜人在人种学、语言学、历史学等各个方面都同源。这样，日鲜同源可以得到进一步证明，以完全消释日鲜人相互之间的疑心"。

坪井正五郎已经在1913年离世了，鸟居龙藏成为当时人类学方面的最高权威。他的权威言论应该相当有分量。不过，他和喜田贞吉一样，谋求"日鲜人相互"之间的融合，希望消除两者之间的差别。他们想通过证明"日鲜同族"来说明两者之间的差别可以消除。这应该是他发自良心的考虑。但是，产生的效果却并没有如他所愿，反而导致越来越多的人倾向于否定朝鲜的独立。

北一辉在《国家改造案原理大纲》中也提出了同样的理论。[5]他是这样强调朝鲜和日本在历史上与民族上的联系的：

> 朝鲜人与日本人的相异之处仅在于语言与习俗的一部分。在国民生活的基本思想方面，有史之后日本的文明往来都曾经由朝鲜，显而易见，日本与朝鲜完全属于同一血统。而现在我们的血统要如何大量地与朝鲜人混合，这看看人类学上日本民族曾经是朝鲜、中国、南洋以及土著人的化学结晶就明白了。特别是继承了大量纯洁的朝鲜人血统的人，他们曾与日本人进行密切的文明交流，在王朝时代出现了很多的贵族。公卿华族里面也出现了很多长芋形脸型的人，几乎所有的社会阶层都出现了这种脸型的人。王公贵族里面有大量朝鲜人的血统，而有这些血统的贵族又进入日本皇室，成为特权阶级，这一点也足以证明日本的皇族不是与朝鲜人没有联系。所以，现在未必不可以通过朝鲜太子与日本皇女的结合来尝试日鲜之间的相互融合。

朝鲜和日本的区别仅仅在于语言和一部分风俗习惯，只要改变了语言和这一部分习俗就完成了同化。因为日本和朝鲜是有相同血统的同一民族，所以合并统一状态才是民族自决的正确方式。这种观点在"三·一独立运动"中的新闻社论中也出现过。这篇社论的副标题是"日鲜两民族同祖同宗＝日鲜融合是民族自决主义的命令"。文章最后结尾写道："如果有人反对日鲜同化，那他就是反对最新思想民族自决主义。"[6]

这种论证方式看似一种奇怪的诡辩，但是，打一个极端的比方，如果今天日本的冲绳发生了要求民族自决的独立运动，那么，冲绳与大和民族是不是同一民族肯定也将成为民众讨论的焦点之一吧。从这个意义上来说，对于朝鲜独立运动，鸟居龙藏和喜田贞吉等历史学、人类学方面的专家倡导日本和朝鲜同祖同宗也是有很大意义的。

后来，纳粹德国吞并捷克的苏台德地区的时候，也采用了同样的论证方法，他们宣称因为苏台德地区的很多居民都是德意志血统，所以合并才是真正地实现"民族自决"。当同一民族跨越国境的时候，民族自决主义也给侵略制造了口实，被其利用。只不过，苏台德地区的居民他们本身认为自己是德意志血统，而"日鲜同祖论"只是日本的一厢情愿。

鸟居龙藏的日本民族起源论

在这一节，我们来概观鸟居龙藏的日本民族论。他的著作《有史以前的日本》名列日本大正时期销售排行榜的冠军，影响力巨大，甚至可以夸口说："时至今日，还没有人怀疑我的学说。"其实，他的学说基本上还是继承了日本民族由阿伊努血统、南方血统、大陆血统混合而成的"混合民族论"。[7]

当时的社会舆论普遍认为日本列岛没有旧石器时代，到了新石器时代，阿伊努人移居到了当时无人居住的日本列岛，不过那个时候移居过来的阿伊努人遍布在从北海道到冲绳的几乎整个日本列岛。之后，当时被称为天孙民族的征服民族渡来，鸟居龙藏称他们为"固有日本人"，据说这些"固有日本人"从大陆经由朝鲜渡来，留下了弥生土器。据鸟居龙藏称，朝鲜半岛与对马都有跟弥生土器同系列的古迹。所以他认为，"从人类学来看，古时候日本本岛与朝鲜半岛紧密相连"。

"固有日本人"最先以近畿、中国地方为中心不断巩固势力，终于迎来了他们大举迁徙，这就是传说中的"天孙降临"。据鸟居龙藏称，除了阿伊努人和"固有日本人"之外，当时日本列岛还有混合有卷毛的矮小黑人种血统的印尼的南方民族、与中国南部小巧玲珑的苗族很相近的印度支那族。后者留下了铜铎。这样，"固有日本人"、多毛的阿伊努人、南方血统的印尼人、小巧玲珑的印度支那人以及大陆来的渡来人混合在一起形成了日本民族。所以日本人当中，既有长得像大陆血统的人，也有长得像南方血统的人；既有体毛浓厚的人，也有卷毛的人；既有大个子，也有小个子。

鸟居龙藏正是在这种民族起源的依据之下大力倡导"日鲜同祖论"。他的学说以征服民族从朝鲜半岛渡来为前提。所以，1920年他给中野正刚主编的《东方时论》撰写的稿子里，一面从"日鲜同祖论"的角度否定朝鲜独立，一面宣称从朝鲜半岛渡来的民族征服了日本列岛，"说起来，日本还曾经是朝鲜的殖民地呢"。[8]虽然他没有一再强调这种说法，但是，从这里我们可以看出，在鸟居龙藏看来，天皇家族从朝鲜半岛渡来这一点不言自明。

正因为这层关系，也有站在少数派的立场赞同鸟居学说的人，比如冲绳学的创始人、冲绳出身的依波普猷，他以鸟居龙藏提出的冲绳曾经有阿伊努人这种学说与金泽庄三郎的语言学说为依据提出冲绳与日本同祖同源的"日琉同祖论"。根据依波普猷的观点，从朝鲜半岛渡来日本列岛的民族分成东进和南进的两派，东进的一派通过神武东征成为日本民族的祖先，南进的一派到了冲绳，两者都征服了当地的土著民族阿伊努人以及南方血统的民族，最终形成了具有相同民族构成的混合民族。[9]

鸟居龙藏的学说，作为当时的学术定论，对共产党系学者的日本古代论也产生了深远的影响。

曾经参加全国水平社运动[1]，做过莫斯科国际共产党组织第三国际的翻译，后来在日本被捕，最终死于狱中的高桥贞树在他1924年的著作《特殊部落一千年史》中称：古代日本列岛有阿伊努族、印尼民族、铜铎民族三个民族，后来，渡来了蒙古血统的"原日本人"（固有日本人）。马克思主义古代史学者渡部义通在他1931年发表的论文中提出"远古时代日本群岛的民众"有阿伊努人、印尼人、通古斯人。曾任共产党委员长的佐野学在他1933年出版的《劳动阶级日本史》一书中称：古代日本列岛有被称为虾夷、土蜘蛛的阿伊努人，通古斯族的"固有日本人"，还有在九州建立邪马台国的印度支那人、被称为隼人的印尼人、卷毛的矮小黑人、渡来的汉族等六族。不仅如此，佐野学还在他1922年编撰的《日本国民性研究》中向鸟居龙藏和久米邦武约稿。长谷川如是闲也认为日本民族是混合民族。[10]

总而言之，当时的马克思主义古代史将太古的原始共产社会因

---

[1] 全国水平社是日本部落民为废除身份差别、争取人权平等而建立的社会组织。

为国家的成立以及奴隶制的出现而堕落了这样一种马克思主义史观与鸟居龙藏的学说结合在一起。正如高桥贞树所说："任何国家都起源于征服。"也有人强调是渡来民族征服了原来的土著民族，被征服的土著民族被奴隶化。[11] 在这一点上，他们的观点与喜田贞吉以及第11章将要论述到的高群逸枝等的观点形成了鲜明对比，喜田贞吉认为渡来民族征服原土著民族的时候，原住民并没有被歧视对待，而是被和平同化的。

颇有意思的是，就算到了这个时代[1]，他们还好像是故意要触犯当时的禁忌[2]一样，拼命地提倡"混合民族论"。例如，高桥提出"重新认识日本民族这个单一的概念之前"。佐野提出："黑川真赖认为西洋人也许是从猿猴进化而来的，但是日本人是神的子孙。"[12] 诸如此类。不得不说，他们对于大日本帝国的意识形态的认识还停留在明治中期黑川真赖的水平。其实在这个阶段，"混合民族论"已经得到了国体论学者和文部省的公认。如果知道这一点，他们肯定会大受打击，甚至可能会动摇他们的思想基础。不管是高桥贞树还是佐野学，他们后来都转向了，成为日本主义者。因为他们当初对大日本帝国的意识形态认识不足，不得不说他们也太粗心大意了。

不仅仅只有鸟居龙藏一个人认为绳文文化和弥生文化是民族的交替，以喜田贞吉为首的很多学者都与鸟居龙藏持相同的观点。只

---

[1] 1910年左右。
[2] 这里所谓的禁忌就是指单一民族论。在作者看来，佐野跟高桥提出的混合民族论是为了批判到明治中期为止的单一民族论，但是他们对于日本帝国意识形态的认识只到这样而已，他们一直以为官方认可的是单一民族论，所以他们认为提出一个混合民族论的民族构成可以用来批判单一民族论。但是他们忘了在他们那个时代，事实上，整个官方的意识形态都已经是多民族帝国。

不过，喜田贞吉认为弥生式土器是隼人留下来的。他们之间的分歧仅仅在于遗址文化所对应的民族不同而已。[13] 鸟居龙藏只不过是顺应当时的时势，完成了战前人类学上的"混合民族论"而已。所以，正如后面第三部将要讲到的那样，后来，鸟居龙藏的学说成了倡导"单一民族论"的学者们的批判对象。

教科书的变迁

关于日本民族的起源以及帝国内的异民族，日本初等教育（普通小学校）的国定教科书是如何记述的呢？

脉络最清晰、变化最明显的应该是地理教科书。[14] 国定教科书最早发行于1903年。在第一期的地理教科书中，关于帝国的人口结构是这样记述的："居住在这里的人口约5000万，这些人民的上面有万世一系的天皇，大家开心地过日子。"并没有提及民族构成。关于冲绳，教科书是这样记述的："居民的语言、习俗与其他府县的人民非常不一样……但是，近年来，交通变得方便，不久之后应该会与其他府县一样。"尤其引人注目的是关于北海道的章节，教科书中写道："阿伊努人以前居住的范围很广阔，连本州都有阿伊努人居住，但是现在整个北海道所有的阿伊努人口不到2万。"而且还配有"盛装的阿伊努酋长与阿伊努居屋"的插图。这里清楚地记述了过去本州曾经有阿伊努人居住。

到了1910年再版的时候，第二期的内容与第一期有了若干变化。地理教科书由相当于卷一的总论和卷二的分论组成。第二期的卷一部分关于帝国人口结构是这样记述的："居民大部分都是大和民族，人口约6800万。拥戴万世一系的天皇，臣民都有忠君爱国之心。"这里加上了"大部分都是大和民族"这样的语句。当然加上"大部分"代表这个时候帝国内异民族的存在已经不容忽视。而且，在卷二的分论部分加上了关于中国台湾的记述："人口约 300万，大部分是中国移民的子孙……此外，还有数种原住民。"而且配有"原住民"的插图。此外，文中还有这样的记述："桦太"以及"阿伊努其他两三种民族"。"北海道自古以来是阿伊努人居住的地方"等等。但是，关于朝鲜，地理教科书上有朝鲜只有 1300 万人口，约相当于帝国人口的 1/5 的相关记载，没有关于朝鲜民族习俗内容的记述。

1918 年到 1919 年，日本发行了第三期地理教科书，这一期内容变化很大。特别是关于帝国人口结构的部分。

> 大部分国民是大和民族，其人口达到 5400 多万。除大和民族之外，在朝鲜地区有约 1600 万朝鲜人。（中国）台湾有 10 万多原住民、300 多万从中国移民过来的汉民族。北海道有阿伊努人、桦太人以及其他原住民。他们虽然民族不同，但一样都是忠良的帝国人民。

这一期的地理国定教科书明文记载日本是多民族帝国，并且一一写清民族结构。在卷二的分论部分也明确记载："朝鲜地方人口约 1700 万，其中朝鲜族占大多数"；"桦太地方有阿伊努人与吉利亚克人等原住民"；"北海道自古以来就是阿伊努人的主要居住地"。并且配有中国台湾族群的插图。

国民总数超过 9000 万，其中大部分是大和民族，但在朝鲜半岛有约 2000 万朝鲜人，中国台湾有从大陆移居的约 430 万汉民族与 10 万多原住民，北海道本岛有少量阿伊努人，桦太地区有少量阿伊努人与其他原住民。移居国外的大和民族约 60 万。

第三期在第二期的分论部分的基础上添加了"（中国）台湾原住民与其居屋""阿伊努人及其居屋"与"吉利亚克人与其居屋"的插图。还添加了"民族比例"圆饼图，这样一来，帝国内的民族结构构成比就一目了然了。但是，卷二分论部分关于各地的文字记述就只有地理的相关内容了，居民民族结构的内容部分除了桦太以外其他都被省略了。

1938 年到 1939 年发行的第五期一直沿用到了太平洋战争中期，第五期的内容与第四期的内容几乎完全相同，只是总论部分的"台湾原住民""桦太原住民""南洋原住民"由原来的插图变成了照片，还有各个民族的人口数量变更为最新的数据，帝国的总人口写成了一亿，这当然包含了非日本民族的帝国臣民。除此之外没有太大的变化。

接下来，我们来看看普通小学用的国定历史教科书。[15] 在初等教育阶段，没有提到考古学上日本民族的起源。古代史是按照"记纪"神话来记述的，所以讲到了虾夷、熊袭、渡来人等。

1903 年发行的第一期历史教科书没有写神武东征的对象，但是写到了倭建[1] 镇压筑紫的熊袭与东方国的虾夷一事。东方国的

---

[1] 又称倭建命、小碓尊、日本武、日本武尊、大和武。

虾夷在大化革新时期发起叛乱，其镇压战争一直持续到桓武天皇任命坂上田村麻吕为征夷大将军。还有神功天皇时代熊袭族得到新罗的支持发起叛乱的相关记述。关于渡来人，教科书也有相当详细的记载。

> 三韩归顺我国之后，向我国进贡了很多珍奇之物。另外，也有很多学者、工匠渡来。从此之后，我国越来越开放了。
>
> 到了仲哀天皇的儿子应神天皇时代，有一位名叫王仁的学者，首次从百济带来书籍，皇子稚郎子开始学习。从此之后，我国打开了学问之门。阿知使主[1]带了很多人从中国渡来。此人很有学问，出仕朝廷。王仁和阿知使主的子孙代代掌管着朝廷的记录。裁缝、纺织的工匠等也都是从三韩或者中国而来，他们促进了我国手工业的发展。

这里明确记载了渡来人的学者、工匠给日本做出了一定的贡献。但是在现代历史部分，没有记述日本占领中国台湾之后将当地的原住民编入帝国人口一事。

之后的历史教科书没有地理教科书改动那么大。第二期（1909—1910年发行）除了渡来人的记述变简略、删除了天皇家的

---

[1] 汉献帝的玄孙，历史上有名的开拓倭奴国的人物，是今天日本原田、高桥、大藏等家族的共同祖先阿知王。阿知（也写作阿智）王，又称阿知使主。据说太康十年（289年），阿知见当时天下乱象已生，决定带族人东渡，历经艰险，于日本应神天皇二十九年来到日本，被日本天皇赐号东汉使主，奉命定居于大和国高市郡桧前村。据日本《新撰姓氏录》记载，阿知使主的儿子刘贺都，后被日本雄略天皇赐姓为直，子孙因此以直为姓。后来又繁衍出很多日本姓氏。

皇子教育之外，其他几乎没有改动。关于被吞并的朝鲜，也和中国台湾一样，没有原住民的相关记载。第三期（1920—1921 年发行）增添了渡来人的来航是"基于神功皇后的功劳"的内容，还有神武东征的敌方的描写变得详细了一些，"日韩合并"部分的内容中有"半岛的所有人民都是帝国的臣民"的描述。第四期（1934—1935年发行）、第五期（1940—1941 年发行）都没有大的变动。

总而言之，地理教科书明确记载了日本是多民族帝国。历史教科书虽然没有记载考古学上的日本民族起源论，但是提到了渡来人、虾夷、熊袭等内容，一点儿也没有所谓的日本是由纯血的日本民族组成的单一民族国家这样的记述。

那么，那些由民间出版社编写、文部省审定的初中历史教科书又是怎样的呢？从结论而言，关于民族起源的内容，初中历史教科书的记述根据出版社和编者不同而内容各异。

有的教科书称：与"虾夷、熊袭等异民族的迫害"相斗争的历史培养了日本民族进取和尚武的精神；有的教科书强调："熊袭、虾夷等族以及从中国、朝鲜地方新归化而来的民族不知不觉地都被同化成了我忠良的国民"；有的教科书举坂上田村麿的渡来人血统为例，主张："虽然是外国人血统，只要将其置于我熔炉加以陶冶，就能成为忠勇之人，现今之朝鲜人、（中国）台湾人将来也必定悉数成为我忠勇之国民。"有的教科书称："虾夷与现在北海道的阿伊努人同族，当时，他们从奥羽一直发展到了东海各地。"还附上了阿伊努人的图片。整体来说，这些教科书也大都认可日本民族的混合性。[16] 从时间上来看，从 1900 年到 1940 年这一段时期的教科书虽然都承认民族的混合性，但是都主张日本天皇的统治与外国的统治与被统治、支配与被支配的关系不同，是君臣之间基于家族亲情而联系在一起的。

颇有意思的是后面第三部将要介绍的津田左右吉，他在1902年写了一部面向初中生的《国史教科书》。在这本书中，关于古代的历史，他是这样记述的："陆地上到处有不同民族的原住民，东方一带绵延居住着虾夷民族。"他强调出云与朝鲜的关系，称太古时代日本民族只占据日本列岛的西半部分。而且"被征服的人、归化而来的人都融入了这个民族，直至浑然一体，这不仅仅彰显了我日本民族同化力之强大，也显示了我国国体之尊严"。[17]虽然津田左右吉后来转向，成为"单一民族论"的最得力干将，但是在这一时期，他还是站在"混合民族论"战线上的。

另一方面，也有不少初中历史教科书根本没有提及历史上异民族的存在。[18]当然，关于神武东征以及征服熊袭、虾夷的内容所有教科书都有记载，但是，这是不是日本民族与异民族之间的接触，大家就众说纷纭了。不管怎么说，即便是强调日本民族混合起源的教科书也都通过了文部省的审核，这一点是确凿无误的。由此可见，在小学、初中阶段的教科书中，记述多民族帝国的现实与日本民族的混合起源是得到了国家认可的。

把朝鲜人的名字改成日本名字

在这一章的最后，我们来看一下将美国排斥日系移民的问题定性为民族问题的日本民族论吧，当时的朝鲜以及我们日本帝国都将美国排斥日系移民的问题认定为民族问题而广为关注。

当时的日系移民，因为人种的原因被禁止归化入籍美国，无法获得美国的公民权。1920年，加利福尼亚州通过了禁止日系移民租赁、拥有土地的法案。1919年，日本在讨论第一次世界大战的战后处理问题的巴黎和会上，为了解决移民问题，提出了将废除人种歧视列入国际联盟公约的提案，遭到了否决。1924年，美国移民法案的修订使得日系移民完全被排除出可加入美国国籍者之列。

"日本移民问题"被认为是欧美列强针对日本的人种歧视的象征，从而在日本引起强烈的反响。日本国内发生了谴责美国的国民集会，甚至有人因抗议美国而自杀。德富苏峰提出为了复仇要进行军备扩张，内村鉴三提出与美国断交，新渡户稻造公开申明只要美国不重新修订移民法案绝不再踏入美国的土地。[19] 在本书第三部里将要提到的柳田国男等，也是深受此次事件影响的人物之一。

这一时期，日本民族论的论调分为两种：一种称日本是"堂堂6000万的国民可以说是纯一无杂的单一民族"。这与美国"只不过是多民族的混杂"形成鲜明的对比。[20] 这种论调的提出是将对欧美的危机感转化为强调"日本人"的单一性。当然，这里所说的"6000万"指的是帝国的人口，去除了朝鲜和中国台湾的人数。

另一种论调是站在"混合民族论"的立场来说的。大部分的混合民族论者认为多民族混合的日本与美国是相类似的。例如，1919年刊登了一位在美国的日本传教士的文章："西洋各民族的血、文明和同化了的美国人，与东洋各民族的血、文明和同化了的日本人之间的融合是对世界人类福祉的一大贡献。"[21]

但是，自从日本移民被完全排除出可加入美国国籍者之列后，这些论述变成了对日本单方面的赞美。1939年，以右派论调而著称的杂志《日本与日本人》出了一期《向世界进军号》的增刊，里

面有一篇无署名的卷首论文是这样写的：[22]

> 按照某位学者的学说，没有哪个民族的血缘关系比日本民族更复杂的了，比日本民族更混杂的混合民族则少之又少。而事实也如此，我国古往今来一直容许其他民族移民，他们或来自南洋，或来自中国，或来自满蒙，或来自朝鲜，乃至于来自西伯利亚，各种异民族的迁入状况跟美国无异。但是，我们日本民族从来就没有像美国这样歧视移民过来的种族，没有像美国一样发生这样的排外运动。

在这篇论文中，以天皇家族为中心，将"最复杂多种的混合民族的统一，最终构成了一个大家族般的唯一的国家"称为："应该成为我民族综合性的最显著证明，它是其他民族历史上无法见到的一笔异彩。"在巴黎和会上提出《人种平等决议案》的日本，历史上没有歧视过异民族，而是将异民族混合同化，这一点远比实施人种歧视的美国强。这种优越感在这里一览无遗。

在日系移民被完全排除出可加入美国国籍者之列的 1924 年，《日本与日本人》登载了一位名为中山哲的人物的考察论文，这篇论文是这种论调的巅峰之作。[23]

中山哲的论文开篇如下："日本的使命是成为亚洲的盟主，将被白色人种夺走的亚洲重新纳入我们亚洲民族的统治之下。白色人种口口声声倡议的正义人道主义精髓，只是对白色人种实施的教义。"但是，在后面的文章中，他写道："日本人自己真正没有实施过种族歧视吗？""在不得不解决朝鲜民族问题的过程中，日本人没有资格倡导正义人道，没有叫嚣废除种族歧视的资格。"这在当时那种盛行诸如北一辉的《国家改造案原理大纲》、强辩"朝鲜问题既然发生在同人种之间，当然不能看作废除种族歧视的问题"的论调中，简直可以说是良心发现。

中山哲主张：既然日本不能放弃朝鲜，那么"与欧美人的分析习惯相反，日本人的综合性才是日本今时今日的心理基础"，他提倡取消歧视、以同化来促进融合。其论据是："日本从人种学上看，属于混合人种。大体上是朝鲜、中国、阿伊努、马来四个民族的混合。但是在日本国内一点都没有民族争执，这完全归功于伟大的同化力和包容性。"所以，为了朝鲜的同化，也要提倡这种"对策"。

这种"对策"就是命令朝鲜人将名字改为日本名字，将所有朝鲜人的原籍一次性地全部迁移到日本内地，然后改为寄居朝鲜的状态，把他们是朝鲜人的证据全部销毁掉。

在大震灾的时候，谁是朝鲜人谁是日本人从容貌上根本无法区别，只能根据盘问勉勉强强才能判断出来，因为朝鲜人和日本人在容貌体格上毫无差别。所以，如果把朝鲜人的名字改为日本人的名字，就根本分辨不出他是朝鲜人了。那么，在日本，也就不会存在因为知道他是朝鲜人而歧视他的现象了。

关东大地震的时候，曾经发生过朝鲜人因为发音不同而被分辨出来，最后被虐杀的事件。这是他基于此次事件而提出来的解决方案。他还认为，朝鲜人也一定会很高兴地想成为"在文化上优秀两三等的日本人"。他在论文里还提到：

在将朝鲜人的名字改为日本名字的同时，无论如何都必须完全废除朝鲜的语言。计划用 30 年的时间，在朝鲜全境废除朝鲜语，必须消灭一切朝鲜人的痕迹。然后逐渐录用这些说日语、改为日本名字的新日本人为官，论功行赏，让他们与各民族通婚，真正做到民族融合，然后颁布征兵令，不得有一点点的差别待遇。

废除"差别待遇"也包括了征兵制的实施。只不过中山哲主张，这种合并"仅限于朝鲜民族，不适用于中国、印度、菲律宾"。为什么呢？因为他认为"中国人、印度人、菲律宾人从容貌上一看就能分辨出来，就算改名也无济于事"。与进军异民族地域的欧美国家不同的是，进军"同人种"地域的大日本帝国只对容貌相同的民族进行更名。于是，这篇论文的题目就定为"应该把朝鲜人的名字改为日本名"。

如果消除一切差异的话，歧视就会消失。这一提议在他看来肯定是出于善意。这也是以喜田贞吉为代表的善意的"混合民族论"与消除歧视、优越于欧美的"日本式熔炉论"同一的论断。"创氏改名"的政策 16 年后在朝鲜被强制实施。

第 10 章　日本民族白人说

——希腊起源说、犹太起源说等

"日本人"其实是白人。这种奇怪的日本民族起源论兴起于明治到大正时期，即便现在也还能寻觅到其踪迹。

在欧美面前感到强烈自卑的明治日本在民族论方面意见发生了分歧。正如前面章节已经论述过的，有的人接受了欧美科学文明之一的"混合民族论"，然后根据帝国扩张和同化政策的理论需要将其进行加工改编。还有一些人为了抵抗欧美的威胁提倡日本民族内部的纯血和民族团结。虽然主流的思想主要分为以上这两种，但是也还有一部分人观点迥异，他们提出了另外的学说。

有一种学说是：尽可能地与欧美人混血，将日本人改造为"优秀的白人"。如1884年出版的高桥义雄的《日本人种改良论》，福泽谕吉为其作序。这本书在当时引起强烈的反响，也引起加藤弘之的强烈反对。[1] 还有一种学说认为日本民族本来就是"白人"。

用一句话来表达，那是巨大的贵种流离谭[1]。日本民族是古代

---

[1]　贵种流离谭是一种文学类型，一般具有三个要素：高贵出身；流浪异乡；历经艰难险阻。

白色优秀民族流落至东方的王族子孙，连自己都忘了自己的出身。日本民族的起源地是犹太、巴比伦、亚述、郝梯[1]等这些《圣经》中的文明发祥地的东西方世界的边界地域。就像多数的贵种流离谭一样，这是一种被自卑感和绝望感沉重压迫下所产生的幻想。

作为"私生子"的日本民族

与人类学上的"混合民族论"一样，这种日本民族白人说实际上也是舶来品，甚至可以说它比披着科学外衣的"混合民族论"的起源还要早得多。

早在1621年，西班牙人佩德罗·莫里森（Pedro Morejon）的著作《日本中国见闻录》中就有中国人、日本人是从巴勒斯坦渡来的人与东洋原住民族混血而来的记载。1690年来到日本的德国博物学家肯普弗尔提出了日本民族巴比伦起源说。他认为所有民族语言的分歧之源在于巴别塔[2]的语言搅乱计划，因为日语和中文不同，所以日本民族不是中国人的分支，是从巴比伦直接移民而来。进入明治时期以后，1878年，一位苏格兰学者提出，日本民族是由《圣经》中以色列十支派的后裔与阿伊努人和马来人混血而成。这些都是根据《圣经》的解释而提出来的观点，而贝尔兹博士等也说过，"长州脸型"的人是否与阿卡德[3]人有关系呢？这说不定还

---

[1] 郝梯是古代小亚细亚地区的一个奴隶制国家，约公元前14世纪发展成郝梯帝国，公元前12世纪瓦解，公元前8世纪被亚述帝国灭亡。

[2] 巴别塔是希伯来语，据《圣经·旧约·创世纪》第11章记载，当时人类联合起来兴建一座高塔，希望能够通往天堂。为了阻止人类的计划，上帝让人类说不同的语言，使人类相互之间不能沟通，所以建造通往天堂高塔的计划失败，人类从此各散西东。

[3] 阿卡德是古巴比伦的一个城市国家。

与人类学的起源吻合呢。[2]

倾心于这种日本民族起源论的日本学者当中，影响最大的恐怕要数田口卯吉。田口卯吉在明治时期与福泽谕吉以开明学者并称，他刚开始提倡"日本民族是雅利安人种"的时候，给当时的民众带来了很大冲击。

田口卯吉在1893年出版的《居住地制度与内地杂居》一书的第2章中写道："日本人恐怕是雅利安人种。"不过将日本人与雅利安人种的优秀之处进行对比还要追溯到两年前三宅雪岭的《真善美日本人》一书。《真善美日本人》用相当长的篇幅对日本人与雅利安人的优秀之处进行了比较。不过，三宅雪岭认为"日本人"是蒙古血统。田口卯吉在中日甲午战争的1895年发表的《日本人种论》一文中宣称，认为"日本人"与中国人一样属于黄色人种的观点是错误的。[3] 日本从"内地杂居"论争的时候开始对中国人产生蔑视，以中日甲午战争为契机，发展至日本人对自己同样身为黄种人而感到反感。

根据田口卯吉的论述考察，他认为日语与中文完全不同，"我日本人之智力远胜于中国人"。而且，日本人当中之所以"有一些长相粗陋、体格健壮、聪明的人"，是因为天孙人种与原住民的虾夷人混血所致。保持了天孙人种纯血统的人"皮肤白且光滑……胜于雅利安人"。他从"记纪"神话以及语言分析入手，认为日本民族的祖先是"匈奴人种"，也就是说日本人是匈奴族，与现代的匈牙利、土耳其是"同胞"。

田口卯吉发表正式的"日本民族雅利安人种说"是他在1901年一次关于"从国语上观察的第一代人种"的演讲。[4] 他称雅利安人是继承了梵语的印欧语族，现在的欧洲语言是日耳曼语，而土耳其、匈牙利、（中国）西藏、日本、朝鲜等语言与梵语更接近。总而言之，"我们日本才是正宗的雅利安人种"，如今欧洲人自称雅利安人种，其实是"他们抢夺了我们的祖先，然后贬斥我们的人种"。

据说田口卯吉的演讲是在"一片喝彩声中"落下帷幕的。但是，正因为他从正面否定了当时语言学上印欧语族的基本概念，所以他的观点遭到了语言学家们的反对。其中反对最为激烈的是当时的新锐学者新村出。他声称田口卯吉的学说"没有任何科学价值"，"博士对印欧语一无所知"。5 据说新村出还担心作为一门学问的语言学被当作田口卯吉这些外行人的奇谈怪论等同视之。若干年之后，这种奇谈怪论在学术界将无人提起，但是在当时的那个时代，日本的语言学和人类学刚刚迎来黎明，而且当时这些学者还将他们的奇谈怪论发表在权威的学术杂志上，这确实不能放任不理。

新村出和田口卯吉之间的论战持续了两个回合，田口卯吉越发顽固，新村出对他也无可奈何。最后两人之间的论战无疾而终。就连过去本来对田口卯吉评价很高的森鸥外等也掩饰不住为难之色。田口卯吉倒是越发坚持己见了。

日俄战争爆发的 1904 年，田口卯吉发表了《破黄祸论》，副标题是"日本人种的真相"6。因为日本在日俄战争中节节胜利，欧美国家也感到了恐慌，他们提出了"黄祸论"[1]，为了与之对抗，田口卯吉提出了"日本人"不是黄色人种的主张。根据他的观点，"天

---

[1]"黄祸论"是成形于 19 世纪的一种极端民族主义理论。该理论宣扬黄种人对于白种人是威胁，白种人应当联合起来对付黄种人。

孙人种"本是白色人种，因为与虾夷人和隼人混血之后才变成黄色，只要穿洋服，努力保持健康就可以"破除被称为黄种人的恶评"。

第二年，田口卯吉又发表了《日本人种的研究》，称日本在短短的时间之内完成了从封建时代到文明开化的飞跃，"以小小岛国之力打败了大清帝国，如今与世界一等强国的俄国交战也是连战连捷"，日本的优越性就在于日本人是白人。4 年前他还声称朝鲜语也与雅利安语相近，但是在这次的演讲中，他则宣称新罗是须佐之男创建的"殖民地"。而且，"日本人没有必要自己承认自己是黄种人。……我觉得我们光明正大地说明我们事实上是某尊贵的贵族的'私生子'就好了"。[7] 这一年，田口卯吉 50 岁。

田口卯吉提出这种奇谈怪论的背景，一是日本在中日甲午战争和日俄战争中节节胜利，二是出于对欧美的自卑感。他已经不单单停留在"脱亚入欧"了，而是希望通过说明日本民族是白人人种而获得欧美的认同。田口卯吉通过发表一系列的人种论，提出日本要奖励民众穿洋服。日本与周边的黄种人国家不同，通过实行欧式的立宪政治快速实现了文明开化。以此来证明日本民族人种上的优秀性。在这个意义上可以说田口卯吉算得上是开化的学者。但是，他这么执拗于皮肤的颜色，不惜将日本民族形容为"尊贵的贵族的私生子"，这已经超越了对西洋的一般性称赞。持"皮肤颜色什么的根本就无所谓"观点的坪井正五郎没有指名道姓地对田口卯吉表示轻蔑，称那些强词夺理地辩称"日本人"是白色人种的人是"喜欢白色的人"。[8]

持这种日本民族起源论的代表人物还有在《日本主义》杂志上对基督教进行攻击的木村鹰太郎。《日本主义》杂志抨击欧美文化，

片假名	コ	ケ	ク	キ	カ	オ	エ	ウ	イ	ア
名称	ko	ke	ku	ki	ka	o	e	u	i	a
罗马字	K	X	X	X	Q	O	H	U	I	A
出处	希伯来	古代希腊	古代希腊	古代希腊	希伯来	希伯来	后代希腊	希伯来	古代希腊	古代希腊
原始字	コ	【字形】	【字形】	【字形】	Ρ	Ｙ	Ｈ	【字形】	【字形】	【字形】
变化路径	コ	【字形】	【字形】	【字形】	【字形】	【字形】	エ	【字形】	【字形】	【字形】
现用字	コ	ケ	ク	キ	カ	オ	エ	ウ	イ	ア

片假名起源一览表

提倡日本至上主义，向坪井正五郎约稿宣扬黄色人种非劣等人种，介绍那些认为"日本人"大脑很强的美国学者的研究。这些我们在第3章已经介绍过。

木村鹰太郎于"日韩合并"第二年的1911年出版了《基于世界研究的日本太古史》一书。[9]序文清楚地表明了此书的内容以及他执笔写作的动机：

过去有学者说神武天皇是吴太伯的后裔而招来横祸。但是现在很多大学的学者们也不亚于此，称日本人起源于南洋土人，或称日本人起源于满洲、蒙古之类的未开发野蛮人种，又或称日本人起源于朝鲜渡来人种，提出此等日本人种劣等学说的人并没有受到任何惩罚。

木村鹰太郎称日本民族不是亚洲或者南洋的"劣等起源"。他称"帝国大学之流是'日本人种劣等主义论学者'以及'低能学者'的'巢穴'"。赞扬"西洋人的日本人种观"里面，有一些认为"日本人是雅利安人种，承认日本人的优等性"的观点。

木村鹰太郎以《圣经》、希腊神话以及"记纪"神话为理论依据，认为希腊语和日语有类似之处，希腊人和拉丁民族东迁来到日本。他称日本神话中伊邪那岐的"黄泉国之行"与希腊神话中的奥菲斯到冥界寻找自己妻子的故事[1]是一样的。日语片假名的"ナ"与中文汉字的"十"、罗马数字的"X"、佛教的万字符号"卐"、基督教的十字架是相通的。犹太教和基督教的思想是对日本思想的剽窃。"高天原就是亚美尼亚"，大国主命就是《旧约》圣书中的约瑟，

---

[1] 奥菲斯又名俄耳甫斯，是希腊神话中太阳与音乐之神阿波罗和史诗女神卡莉欧碧之子。传说俄耳甫斯有一位情投意合的妻子，叫欧律狄克。一次意外她被毒蛇咬死。俄耳甫斯痛不欲生，为了与妻子再见，他舍身进入冥界。他的琴声打动了冥河上的艄公，驯服了守卫冥界大门的三条恶狗。最后他见到了冥王与冥后，请求冥王把妻子还给他，并表示如若不然他宁可死在这里，绝不一人回去！冥王、冥后萌发怜悯之情，答应了他的请求，但提出一个条件：在他领着妻子走出冥界之前绝不能回头看她，否则他的妻子将永远不能回到人间。俄耳甫斯满心欢喜地谢过冥王、冥后，领着心爱的妻子踏上重返人间的道路。一路上俄耳甫斯连看也不看妻子一眼。就在他们马上要离开昏暗的冥界重返光明的乐土时，欧律狄克禁不住丈夫的冷遇，嘴里不高兴地嘟囔起来，可怜的俄耳甫斯听到妻子的埋怨芯却了冥王的叮嘱，他回过身来想拥抱妻子。突然，一切像梦幻一样消失，他的妻子又被拉回冥界，只给他留下两串晶莹的泪珠……

神功皇后征服的是意大利半岛，而不是朝鲜半岛。

根据木村鹰太郎的观点，由于"日本民族长年累月封闭在远东的一个小岛上"，"思想抱负"变得"卑躬屈膝"，通过中日甲午战争、日俄战争的胜利，"终于觉察到了自己的力量，但是还远没有达到觉醒的地步"。所以，他要将"日本民族的太古史实际上是世界的太古史、世界的中心史"这一事实告知于世。

木村鹰太郎在出版《基于世界研究的日本太古史》之前翻译了柏拉图和拜伦的著作，大部分人认为这导致了他喜爱希腊。同时代的许多学者，如井上哲次郎，在帝国扩张的形势之下消除了对欧美的危机感和自卑感。而残存自卑感的学者，则在中日甲午战争、日俄战争胜利，国家兴盛的狂喜下，提出了诸如"白人说"之类的奇谈怪论。

一位志愿者

其实，在明治时期，这种说法也并非异端。竹越与三郎在《两千五百年史》一书中就记载曾经有腓尼基代表的"闪米特人种"以及印度代表的"含米特人种"两大文明传入日本。另外，与田口卯吉交好的久米邦武也提出，埃及文字、"苏美尔人"的楔形文字以及中国古代文字有类似性。虽然这些观点未必是想证明人种的共通性，但是也足以证明当时认为日本与中部亚细亚地区在文化上有连续性的这种观点并非少见。而在欧洲方面，他们对于大败俄国的"日本人"提出日本人是白人的奇谈怪论持欢迎态度，因为这样正符合他们所倡导的白人优秀主义。[10]

但是，一进入大正时期，"文化的连续说"又转变为经由丝绸之路的吸收希腊文明说，那种倡导日本民族与欧洲民族相连的学说一下子完全失势，退出了舆论的主流。这一方面是因为人类学和历史学发达了，但另一方面也是因为即便不证明日本的白人起源，日本的自信也已经提高了。虽然这种奇怪的起源论被看成完全是迎合时尚的东西，但是后来也并没有完全销声匿迹。三岛敦雄的苏美尔起源说、德政金吾的埃及起源说、酒井胜军的犹太起源说等等不胜枚举。

比较知名的人物还有大本教的出口王仁三郎、无政府主义者石川三四郎。出口王仁三郎的《灵界物语》以中亚为舞台，掺杂《圣经》和"记纪"神话中的人物展开故事。石川三四郎因为与幸德秋水、堺利彦一起创刊《平民新闻》而出名，他称自己在狱中读《古事记》并为之感动，出狱以后在英国、德国期间对美索布达米亚[1]史产生了兴趣，回国后于1921年出版了《〈古事记〉神话的新研究》一书，提出日本民族郝梯起源说。石川三四郎在这本著作中提出古代日本是母系社会。有观点认为他的思想影响了同样身为无政府主义者、同样倾心于《古事记》的高群逸之。[11]

国柱会（日莲宗系的国粹团体）的组织者田中智学提出，因为日本是混合民族，而且拥有强大的同化力，所以日本民族是担负"统一世界大业"的优秀民族。高天原的候补地（海外基地）在希腊、意大利。欧美等国家个人主义、权力统治、个人私欲泛滥，主张个人权利，斗争不断。而日本是一个舍弃"自我"的无差别同化、自然协调的国家。只有这样的日本实现了统一全世界的"八纮

---

[1] 底格里斯河、幼发拉底河两河流域地区。

一宇"[1]，才能实现全世界的终极和平。田中智学又提出欧洲各国是天孙民族的故乡，这是相互矛盾的。从这里也可以看出他表面上的主张和内心真正的目的。当时国柱会热情的活动家——作家宫泽贤治，在1920年写给朋友的信中写道，就像拨开迷雾见青天一样，"你与我一样，曾经就天孙人种的发源地问题有过很多的困惑，但是最终我们还不是都归命于绝对真理了吗"。此外，田中智学还认为古代日本男女平等，还曾经有过女性的军队，并强调天照大神就是女神。这一点非常引人注目。[12]

这里还要提一下1929年小谷部全一郎出版的《日本及日本国民之起源》一书。比起他的学说，他的学说形成的经过更加值得关注。

小谷部全一郎于1868年出生在一个法官家庭，长大后只身前往美国留学，取得耶鲁大学博士学位。在美国的时候，与内村鉴三一样，他深深感动于美国本土以及夏威夷原住民的民族教育，于是向当时的夏威夷公使岛村久以及美国公使星亨陈情实施"北海道及中国台湾的土人教育"，他的陈情对1899年日本《北海道旧土人保护法》的设立有深远的影响。[13]

回国后，小谷部全一郎成为坪井正五郎组建的"北海道旧土人教育会"的主要提倡人之一。他不仅跟坪井正五郎一样，在东京举行启蒙演讲，进行各种宣传，而且还举家搬到北海道居住。1906年，语言学家金田一京助为了研究阿伊努语曾经拜访过小谷部全一郎，金田一京助晚年的时候这样写道：[14]

---

[1] 天下一家的意思，后来被日本用来美化日本侵略、宣扬大东亚战争正当性的用语。

当时小谷部先生在美国获得博士学位回国，举全家之力致力于阿伊努人的子弟教育。他朴素、豁达，与人接触不设城府。我与他一见如故，我惊诧于他对标本、文献储备知识之丰富。不过，更让我钦佩的是他出身于宫城女子学校的夫人甘当贤内助的牺牲精神以及决意跟随丈夫奉献在那片边土的勇敢决心。

当时，小谷部全一郎38岁。看到他献身于志愿者活动，听到他在美国靠自己写书筹集学费完成学业最终获得博士学位的经历，当时还是青年学生的金田一京助"恍若立志人物传记中的英雄就在眼前一般，感动不已"。参观小谷部全一郎建立的阿伊努学园时，看到了小谷部全一郎自己家浑身泥泞的孩子们，他们"正在与阿伊努人的小孩子们玩耍，一点也看不出与阿伊努人的孩子们有什么不同"。当时，两人相视一笑。

在那个时代，在欧美的大学里取得博士学位是一件多么荣耀的事情啊！意味着在首都都能获得显赫的职位，而北海道就算今时今日都算得上是无法想象的边境之地，他愿意放弃首都的荣华富贵来到这样的边境之地，他的热情可想而知。换作他人，就算是能够远赴那样的边土不毛之地，能够做到让自己的小孩跟阿伊努人的小孩一同玩耍、打成一片的人应该找不到第二个了。

金田一京助那时候已经开始寄居在小谷部全一郎家里。有一次小谷部全一郎跟金田一京助说起一件事，他在给自己的女儿取名叫"isa"之后，有一次无意间在希伯来语词典上发现"isa"在希伯来语中是"女子"的意思。小谷部全一郎说："真没想到我们说的日语当中，竟然有希伯来语。"专攻语言学的金田一京助听了小谷部全一郎这段话之后，无言以对。他说，这是"作为宗教家、理想家、浪漫主义者的我很轻易地就对他佩服得五体投地的原因"。

实际上，金田一京助写的这些内容是他在19年之后读了1925年小谷部全一郎出版的著作《成吉思汗者源义经也》之后写的。据金田一京助说，江户时代以来，民间就流传有义经[1]渡海逃到北海道的传说。阿伊努人当中也有类似的传说，只是稍稍有些走样而已。阿伊努人信奉祖神阿伊努拉克尔[2]，阿伊努传说中阿伊努拉克尔并没有死去，而是去了外国。据金田一京助推测，渡海到北海道的日本人听了阿伊努人的神话之后告诉阿伊努人"阿伊努拉克尔"实际上就是"义经"，不知不觉中，阿伊努人也就认为祖神阿伊努拉克尔的和名就是"判官样"了。

阿伊努人为了让大和民族认同自己的神，将其名字改为与大和族人一样的名字。这虽然有点屈辱，但也不失为一种方法。这也是被征服民族在绝望之际，追求征服者和自己的信仰融合的一种现象。这种现象也曾见于褐色肌肤的中美原住民族的"瓜达卢佩圣母"[3]等。关于源义经的传说还有很多其他版本，如阿伊努的大将成为源义经的女婿、江户时代与松前藩战斗的阿伊努首长沙牟奢允

---

[1] 源义经（1159—1189）是日本平安时代末期的名将，也是日本一位家喻户晓、最具人气的英雄人物。源义经与同父异母的兄长源赖朝一齐举兵作战，在战争中战功彪炳，威名显赫，协助其兄源赖朝获得了整个日本的统治权，但后来因为功高震主为兄长源赖朝所猜忌。源赖朝在全国发布通缉令追捕源义经。源义经最后走投无路而自尽。但是，他极为坎坷的身世、极高成就的武学、过人的战略机智、场场必胜的战绩及悲凉的人生结局，令闻者无不叹息。民众对他遭遇的同情转化为对接受无事实的抗拒，以至于后来产生了源义经未死的传说。传说之一种是源义经北逃，逃到了北海道；还有一种是源义经经北海道渡海西行进入蒙古，成为一代霸主成吉思汗。

[2] 阿伊努人认为他是地上诞生的最初的神，是地上和平的守护神。

[3] 墨西哥的庇护神。

是源义经的后代等。义经渡海的传说甚至在后来旅日的德国医生西博尔德的著作《日本》一书中都有记载。

小谷部全一郎的著作《成吉思汗者源义经也》中有他听了阿伊努人的传说之后提出的"英雄不灭"的观点。当时，小谷部全一郎已经因为在阿伊努人教育上的卓越贡献被授勋离开了北海道，但是他的志愿者活动的经历与他提出"成吉思汗就是源义经"这种奇怪的学说并非没有关系。他的这本书在当时销售火爆，小谷部全一郎还将这本书进献给皇宫，得到了天皇的御览。对他的文章赞不绝口的包括当时因为杀害大杉荣和策划侵略满洲而知名的甘粕正彦以及本书第 16 章将要提到的"大亚洲主义"者大川周明。与须佐之男从朝鲜半岛渡来的传说一样，源义经 = 成吉思汗的传说正好为日本侵略中国服务。[15]

1929 年，小谷部全一郎出版了《日本及日本国民之起源》一书 [16]，书里面加上了他在大陆调查的成果，竹越与三郎给他作序，头山满为他题词。这本书提出日本民族的希伯来起源说。他称高天原就是"亚美尼亚塔伽马洲"的古都"哈兰"，"我大日本是神国"，不要再提什么日本民族的祖先是"南洋的蛮种"或者"通古斯"之类。他的推理方式与木村鹰太郎相同。

不过，他这本书的特征是提出了不仅天孙民族起源于希伯来，阿伊努人原本也是巴勒斯坦地区的"以扫族"的讹音。以扫是《旧约圣经》中雅各的哥哥。根据他的观点，日本列岛的"几乎所有的地名都出自阿伊努语"，对于被天孙民族追赶得节节败退的阿伊努人，他"连咽下同情的眼泪写下去的勇气都鼓不起来了，呜呼，阿伊努民族竟然如此不幸！悲惨之事不绝"。在此书的封面画上，登载了北海道各地的阿伊努酋长和托尔斯泰、勃拉姆斯、马克思、达尔文等人的照片，对它们进行对照分析，强调他们的类似性。小谷部全一郎认为阿伊努人和大和民族一样，都起源于巴勒斯坦的"白人"。

金田一京助

当时，被誉为阿伊努研究第一人的金田一京助也认为"阿伊努族绝非劣等民族"，并且提出"阿伊努白人说"。金田一京助自身的日本民族观和阿伊努政策观等基本上与喜田贞吉相同，主张阿伊努人就是日本史上的虾夷人以及东北的安部一族，今后要尽快将他们同化到日本大和民族中来，以消除民族差异，完成民族的发展。不过他还认为要在阿伊努文化消灭之前对阿伊努文化进行研究。

奖励同化是金田一京助提出的消除差别歧视的方法。他向大和民族的人强调，日本民族不会因为推进混血而劣等化，还向大和民族的人宣传阿伊努人非劣等民族，日本与实行种族歧视的欧美人不一样，日本应该对阿伊努人一视同仁，对他们实施混合同化的政策，认为这才是"处理少数民族问题最人道的方法"[17]。通过"混合民族论"，日本已经成功地战胜了对欧美的自卑感。在这一时期，又通过"白人说"成功地实现了从"被救济的对象"向"救济的对象"的转变。事到如今，成长为统治者的日本民族已然成为救济者，帝国内的被统治者转变为被救济者。

金田一京助提到小谷部全一郎的书的时候为他过去心目中的英雄说了一些同情的话，指出就算传说再不合理，也是人类为了生存而创作出来的，是一种慰藉，"为了能在这么严峻的现实生活中活下去，这也是我们所必需的"。[18] 明治日本为了缓和对欧美的自卑感而创造的贵种流离谭，在一位可以说是倾尽半生之力服务于北方原住民的人最后的疯狂中落下了帷幕。对于领会众人心思不断扩张的大日本帝国来说，这些都只不过是一场插曲而已。

第 11 章　血的归一

——高群逸枝

高群逸枝作为一名无政府主义者、诗人、女性史的开拓者，非常有名。她在皇纪[1]2600 年的宣传活动时写了一篇短文《祝二千六百年大寿》(《闪耀》，1940 年 11 月刊)，其中引用了国学家的语言："尊敬皇国母。尊父不尊母是汉国圣人的自以为是。"

很多研究表明，高群逸枝在 15 年战争期间，尤其是 1940 年前后写了一些赞美战争的文章。[1]不过她对于古代母系制的研究打破了日本家父长制的基础，获得了很高的评价。

事先提请大家不要误会。在这里，我们想要讨论的是她通过"混合民族论"将民族同化高度理论化的一面。高群逸枝研究母系制的目的终归只是为了提升女性地位，只不过最终却产生了将民族同化理论化的结果。过去基督教系知识分子以及人类学家们探索的道路，换言之，本是为了维护少数群体的理论，最终却悲剧性地沦为了侵略的工具。

---

[1]　日本的纪元。以日本第一代天皇神武天皇即位元年开始起算，比现行西历早 660 年。

从诗人转向古代史的研究

出生于 1894 年中日甲午战争时期的高群逸枝，从家乡熊本的女校毕业之后，做过纺织女工、小学代课老师等，后来辗转来到东京。在那个年代，尽管她非常优秀，却也没能上大学，学问之门在她的面前是关闭着的。

高群逸枝在 27 岁的时候开始发表诗集，初入文坛。后来，她一直都有诗歌发表，但是她却在一场无政府主义者与共产主义者的论争中，以无政府主义辩论家的身份出了名。作为一个歌颂自由和恋爱的诗人，她与日本的贤妻良母道德、具有教条主义色彩的共产主义格格不入，自然而然地站在了无政府主义的战线中。但是，1931 年，37 岁的高群逸枝突然远离这场论争和各种"运动"，和丈夫搬到了东京郊外世田谷的"森之家"，谢绝各种来访，闭门不出，一天学习 10 个小时，开始进行古代史的研究。

无政府主义者的诗人为什么突然转向古代史的研究呢？这确实是一个谜。一般情况下，当一个人对现在绝望的时候，就会指望过去和未来。而这种时候，过去和未来又是不可分的。因为过去—现在—未来环环相扣，要先知未来，就必须知道现在是如何形成的，也就是说不能不知道过去。而且，未来的改革往往都以过去实实在在存在过的黄金时代的复古形式出现。法国大革命的雅各宾派就曾经梦见古代共和制的复活，明治维新就是举着王政复古的旗号进行的，所有近代国民国家都是从倡导太古时代开始的正统性而建国的，好像连共产主义设想的也是原始共产制社会。高群逸枝似乎也是想从古代史中找寻一种不被人为道德束缚的女性解放的理想形态。

众所周知，高群逸枝的古代史研究是从研读本居宣长的《古事记传》而开始的。《古事记》确实是日本古代史研究的必要史料，但是将有国学始祖之称的本居宣长的著作当作自己古代史研究的第一步，这就未必是必然的选择。她之所以做出如此选择，我们可以从她当时写的《神道与自由恋爱》(《妇女新闻》,1931 年 12 月 6 日) 这篇短文中窥见一斑。

她在这篇文章中写道，神道是"'原始''自然'的东西，近代的人们通过研究史前的古代社会，求得社会改革的暗示。我国也一样，每每在时代停滞不前的时候，就向神道求救"。高群逸枝给自己的住所起的名字"森之家"就出自美国哲学家梭罗的著作《森之生活》，这也表明了她的意图，意味着她对自然的赞美和想从人为的道德束缚中解放出来的愿望。

高群逸枝称："所以，神道之人，平贺源内也好，本居宣长也好，都是自由思想之人，他们认为人为的道德是对神道的一种亵渎。"江户时代国学家的恋爱观"应该说可以跟现代最进步的恋爱观相比肩，他们讲述传统婚姻体制的弊端，说明自由恋爱的正确性"。她宣称"男女平等是神国日本之正道"。高群逸枝从国学的古代史观中找到了她所追求的人为束缚的解放、对大自然的赞美、男女平等等观念，这也是她追求的理想。所以，"我们没有必要憧憬西洋。研究日本自身，就能找到自由解放之道"。

反抗以贤妻良母道德为首的日本传统思想压迫的高群逸枝究竟为何如此轻易地回归对日本自身的研究呢？这就有必要了解一下日本的国学了。

排斥未来思想，称日本是世界上无与伦比的"神国"。这是自

高群逸枝

本居宣长以来的国学传统。但是，有一点被大家误解的是，本居宣长他们反对的外来思想并不是西洋思想，他们真正想要对抗的主要是中国思想，换言之，他们排斥的是当时封建体制的主流思想——儒学。正因为如此，国学才成为明治维新时期针对幕府的反体制思想，国学与封建道德处于敌对关系的状态。

从古代到江户时代，对于日本来说，中国是绝对的文明古国。就算是日本想要与之抗衡，在物质文化方面日本也绝对无法匹敌。怎么办呢？一种方法就是像一部分儒学家一样，尽可能地输入这种先进文明。但是，本居宣长等国学家却选择了另外一条道路，那就是排斥被形容为"自以为是""唐心"[1]的中国风的人为道德，提倡回归日本自古以来的"清明之心"，回归到没有受到中国文明荼毒的无比自然的日本古代。而且，本居宣长等将造成日本黄金时代堕落的原因归咎于外来的中国思想。

"原始"与"自然"这种东西本身并不存在，它是进入文明社会的人感到沉闷窒息而创造出来的概念。就像"过去"是针对"现在"的一个相对的概念一样，为了解释自己现在的境遇，就发明了

---

[1] 汉心、汉意。指中国的文化、文明、精神、思想等。或者想要引进中国文化、文明、思想的日本人的心。

一个"过去"这样的对比的概念。如果称"文明"之前的状态为"自然",那么任何地方都有,它并不是某个特定的民族、特定的国家的产物。没有将某个特定的国家或民族特权化的理由。为了与堕落的文明相对比而将自己定位于"自然",那么,像德国、俄罗斯、美国这种欧洲文明圈的边缘地域,或者说现在的第三世界也有"自然",它并不是什么稀有之物。高群逸枝所喜欢的梭罗正是这样的一位思想家。在一直以来因为意识到自身处于中国、欧美等文明圈的边缘并为此而烦恼的日本,本居宣长的著作一直受到大家追捧。

高群逸枝继承了这样的国学传统,认为现代日本所看到的对女性的压迫是受以中国为首的外来思想的影响,而通过古代日本的复活能够改变现状。现在,不是也有一些人过于强调现代社会的压迫而寄希望于只要回归到以前的社会就可以解决问题吗?从这个角度上来看,高群逸枝的想法也许就不那么离奇古怪了。她将注意力集中在"与中国的父系社会不同的日本母系制",认为即便是在战争时期,"我们男性们的女性观,与所谓的日本精神毫无共同之处,这实际上是因为受到吸收了中国思想之后的日本中世思想的影响",批评日本"所谓的贤妻良母主义教育是因为吸收了太多的儒教思想"。[2]

关于本书的主题——民族论方面,高群逸枝在她进行母系制研究的1934年写了一篇题为"关于日本精神"(《妇女新闻》,8月12日)的文章,提出"民族主义也有两种类型",她是这样写的:

> 有意思的是,这两种民族主义的类型同样都以一种优越的感情为基础。一种如纳粹,认为雅利安人的白人血统是优秀

的，排斥黑人、蒙古人等其他血统。另一种则站在黑人、蒙古人等的立场，认为民族不分优劣。不仅如此，他们还相信现在四分五裂的民族终将会有融合的一天，迫切期待全世界的家族化。在实现的过程当中，能看到自己民族的历史使命或者转机。

她紧接着说道："日本精神这个词，虽然仁者见仁智者见智，有很多种解释，但是总的来说大体上还是上述两种民族主义的后者。不管是有意识还是无意识地，以日本为契机的世界维新，再没有比今天感觉更强烈的了。"她还谴责欧美列强将亚洲、非洲等国家殖民地化，说日本"被世界赋予行善的使命"。她在同一时期的文章中，还将父系制的"闪族"（犹太人）拿来跟日本对比，对其进行批判。她批判的对象不仅仅限于中国。

日本精神是民族的"融合""世界的家族化"。她的这篇文章是这样结尾的："总而言之，日本的民族精神是基于对世界各民族的爱而不得不否定世界诸恶。"她的这个"爱"的内容通过她对婚姻和母系制的研究被具体化了。

母系制与异民族同化

1938年，高群逸枝出版了她古代母系制研究的著作《大日本女性史》（"二战"后再版，改名为《母系制的研究》）。[3]这算得上是一部鸿篇巨制，据说稿纸用了1300页。这篇大作大部分内容是追踪《新撰姓氏录》记载的氏族系谱，以此论证古代日本母系制的存在。

在讨论这本书的时候，有两点必须事先明确。

其一，《新撰姓氏录》我们在前面已经多次提到，它常常在谈及日本历史上大量异民族被混合同化的时候被大家引用，高群逸枝与当时的知识分子一样，在谈及古代列岛上民族混居状态的时候称："地方豪族里面，有佐伯、隼人、虾夷、国神、渡来者等众多人种"（高群逸枝，《大日本女性史》，第102页）。

其二，高群逸枝很喜欢读喜田贞吉的文章。她称喜田贞吉是自己"历史学习道路上的第一位恩师"。[4] 本来，关于日本古代母系制的问题，本书第16章将要提到的西村真次等一部分学者也在研究，喜田贞吉也是其中的一员。高群逸枝在关东大地震时的日记中对朝鲜人表示深切的同情，称蔑视朝鲜人的"日本人"是"狭隘的排他主义者"。从这一点来看，也许她和喜田贞吉有产生共鸣的地方。

高群逸枝是在这种背景下进行的古代母系制研究，用她自己的话来说："简而言之，就是多祖论。"（同上书，第34页）所谓"多祖"，就是跟一个祖先开枝散叶分成众多的氏族的情况相反，同一氏族有好几个祖先的状况。也就是拥有不同祖先的异民族完成"血的归一"，最终归集到一个家族——天皇家族。她把这种结构进行了理论化。

高群逸枝在《大日本女性史》的序章中探讨了"181人遗裔的传说"——大国主命与从九州到北越的各地氏族的女性结婚，生了181个孩子，完成了"建国"（同上书，第28页）。也就是说，一个中央政权的君主通过与地方豪族的女性通婚，将这181个氏族统一到自己的麾下。这种通过混血来完成混合同化的观点，之前以喜田贞吉为首的很多学者都提出过，只是高群逸枝对这种观点进行了更加缜密的论证。

我们在前面章节中已经了解到，国体思想的核心内容是日本天皇的统治不是权力统治而是一种通过亲情来实现的家族结合。和平地混合同化异民族，不到万不得已的情况不使用武力，这是喜田贞吉等人对国体论进行再编之后的国体论的论调。

但是，仔细想一想，就算是混血再怎么频繁活跃，不同的民族之间要达到完全混血的状态也一定需要相当长的时间，恐怕要数百年甚至数千年的时间。如果这些民族之间一开始处于敌对状态，那需要的时间就更长了。如果建国之初日本列岛内有很多的异民族，仅仅 2600 年的时间就可能完成混血，实现混合同化吗？或者说，从《新撰姓氏录》编纂的平安初期开始，到看不到异民族身影的江户时代为止的短短数百年时间里，将近三分之一的渡来人全部被混血同化了吗？如果中央政府用武力强制实行了混血政策的话，混血同化的时间也许可以缩短，但是这又跟国体思想自相矛盾了。这也是"混合民族论"在同化思想体系上的弱点。所以，高群逸枝通过所谓的母系制的导入来弥补这个弱点。

根据高群逸枝的观点，就算是大国主命进行了超人的婚姻活动，如果只是单纯的一夫多妻制，对国家的统治也起不到作用。就算 181 个孩子都是大国主命的孩子，如果当地的氏族一开始并没有服从大国主命的权威，那么，这个氏族的统治地位就必定落入氏族内部他人之子之手，对中央的统治没有助益。

但是，这种情况只限于这些孩子是"外人"，也就是他们被认为是"父亲的孩子"的场合。如果古代氏族中，孩子不被认为是父亲的子孙而是母亲的子孙，也就是母系制，那情况就完全不同了。大国主命和当地氏族的有地位的女性通婚生的孩子，不管父亲是谁，由于氏族内部是母系继承，所以他们的孩子就成了一族的首领。然后，如果这些孩子们同时寻找自己的祖先，那么，他们就都集结到了他们的父亲大国主命的身边了。

这种假设，比起之前的各民族构成成员全员混血的"混合民族论"来，是一个划时代的设想。各地的异民族在氏族内部由于是母系制，所以他们的首长有血统意识。之后，他们的首长因为父系制的原因，同时具备中央政权意识和血统意识。通过父系制和母系制的结合，通过短时期内少数的联姻，就有可能建设成一个包含了大量异民族的家族国家。

当然，这种"建国的工作，只有在实际的族制是母系制，而同时在意识上父系制又开始萌芽的状态下才有可能完成"。高群逸枝认为，"我国古代的社会的确就是如此，所以，非常顺利地实现了国家的统一"（同上书，第28页）。在古代日本，"越是名门望族越是频繁地与异族通婚"，"希望以此实现氏族圈的扩张，他们不问种族，只图将其组建到自己祖下。……这样，成功了的氏族成为大氏，失败了的氏族逐渐衰退成小氏，或者灭亡"。（同上书，第29、291页）当然，毫无疑问，最大的氏族是天皇一族。

这样，"经年累月，长时间下来，已经难以区分谁是谁的子孙"（同上书，第109页），自己是与天皇家族不同的异民族意识逐渐解体，最后，"一举改名，实现皇别化"（同上书，第108页）。

高群逸枝在调查《新撰姓氏录》记载的氏族的过程中，发现很多虾夷、渡来人出身的人进入了天孙血统的事例。按照以往的观点，这些氏族名被认为是假冒的。但是，高群逸枝认为这恰恰正是母系制的遗痕。换言之，如果如前所述进行了国家的统合，那么，就会出现很多母系是虾夷族、父系是天孙家族的情况。进入父系制之后，这些人最终都"改名为父姓"（同上书，第 136 页）。而且，大化改新之后，轰轰烈烈地举行了天皇家族给异民族的氏族"赐皇国氏姓"的"赐氏姓"制度（同上书，第 459 页）。如此一来，"即便母系中属于异民族的部民[1]、奴婢，只要其父系的血统是皇别氏，那么理所当然地会被赐予皇别氏姓，于是，各种大部民、大隶民阶层摇身一变成为最尊贵的文化种族"（同上书，第 532 页）。

根据高群逸枝的观点，"日本古代没有相当于'征服'这个词的词语"（同上书，第 617 页）。总而言之，日本没有像欧美各国一样，也没有像马克思主义者所说的那样，通过征服将异民族奴隶化。"在我国，没有纯奴隶制，取而代之的是氏族或者家族的隶民，这些隶民后来请求赐氏姓"（同上书，第 619 页）。日本自古以来的异民族政策"一是怀柔的宣抚主义，二是通过婚姻进行同化"（同上书，第 619 页）。

通过对异民族进行"宣抚"，通过通婚同化"一族隶民"，最后"赐予皇国氏姓"。粗略地整理一下，这就是高群逸枝描绘的古代日本的国家统治。根据她的描述，"以前大家所说的血缘国家，大多是单纯的狭隘的血统的意思，或者混血的意思，但是，有必要从系谱同化的角度来考虑"。[5] 所谓"系谱同化"，是指不一定需要构成成员每个人都混血，也可以通过一族首长的婚姻，或者赐氏姓编入以天皇家

---

[1]　日本大化改新前的社会阶层。大部分是被征服的氏族部落成员或者外来移民。他们被编为不同的"部"，从事不同的职业，如耕地、织锦、制革、制陶等。地位近似奴隶。

族为顶点的原有氏族的系谱中。可以说，这与即便是没有实际血缘关系的异民族也能够共家族祖先这种再编后的国体论异曲同工。

容我累述，高群逸枝的这种图式本来是为了证明母系制而构建出来的，异民族同化的理论化并不是她的目的。本来，《新撰姓氏录》就是当时的政府为了表明众多的氏族统一在天皇家族的统治之下而编纂的，毫无疑问，通过分析《新撰姓氏录》必然得出诸族归一于天皇家族的结论，所以，现代的一些历史学家认为《新撰姓氏录》不能作为客观的史料来使用。

但是，高群逸枝似乎被她自己构建的图式像魔咒一样束缚住，以致她对母系制的评价也是否定的。她称："女子单身嫁入另一个氏族的制度……是以氏族的排他主义消失为前提的"，也就是说，母系制是"氏族的排他主义"的时代产物（同上书，第628页）。她在书中题为"血的归一"的结论部分这样写道（同上书，第637页）：

此世之事皆为正理，从母系往父系的演变是历史发展的必然。母系是保守的、排他的血族团体，父系是进步的、宽容的婚姻团体。社会的演变都是沿着这样的主线演进的。

在这里，我们应该为我们伟大的日本父系的进取精神——与所有异族、野蛮民族进行通婚，将他们完全凝聚到自己系谱之下，完成建国、创氏、建部以及各种天赋的事情而感到无比高兴。因为，通过此举，日本一举实现了异族、原住民对文明种族血的归一。因为奴隶制被氏族制取代了。在虐待奴役奴隶的意识基础上创建的外国文明，毫无疑问比在氏族亲睦的意识基础上创立的日本文明劣质。

这里，民族的混合又被转换为对欧美的优越感。高群逸枝同时还强调母系制对国家的贡献，她称："这么想来，我们不得不想到古代母系的牺牲和支持。"（同上书，第637页）因为母系制演变到了父系制之后，母系制就消灭了。在这个转变过程中，母系制与父系制协力合作，对国家统合起到了不可或缺的作用。高群逸枝认为，坚持古代的混合同化是和平地进行的，首先必须承认母系制的存在。

著名的无政府主义者高群逸枝在执笔《大日本女性史》之际，受到特高警察[1]的干涉，所幸得到了当时最大的御用作家——同乡德富苏峰作序，书才免于被禁止发售。考虑到这种背景，也许与过去一部分基督教知识分子一样，她书中强调的母系制对国家的贡献，是为了得到国家的承认而不得已付出的代价。但是，不管出于何种原因，理论一旦被创作出来，就将超越其作者，并像魔咒一样束缚作者本身。高群逸枝也不例外。

"世界的家族化"

这之后一直到战败的岁月里，高群逸枝的经历用一个词来形容的话，那就是"遗憾"。因为《大日本女性史》一书而被日本社会誉为女性史学家的高群逸枝，在最激烈的战争时期，在日本的主要

---

[1] 秘密警察组织。1911年3月日本出台了一项新政：从当年8月21日起，在警视厅设立"特别高等警察课"（课，相当于中国的处），以应对国内日益升温的红色思想宣传和社会政治运动——这就是被称为"特别高等警察"（简称"特高"）的由来。

报纸以及大日本妇女会的机关杂志《日本妇人》上发表了许多赞美大日本帝国的文章。这也许是她本人爱国心的表露，又或许是她长期怀才不遇之后突然得以崭露头角而情绪高昂所致。

高群逸枝在1940年日本纪元2600年之际出版了《女性二千六百年》一书，她在书中大力称赞"在天照大神一脉之下，通过血的融合消除了异民族"的日本的"建国和女性"（高群逸枝，《女性二千六百年》，第17页）。她称太阳神天照大神是女性，这大概是她想让读者联想到敬爱的平塚雷鸟[1]的名言"元始，女性是太阳"吧。

她在书中强调，女性神是包容异民族的，在女性神天照大神的庇护之下进行扩张的日本在古代的时候是男女平等的。根据她的观点，"古代男女之间地位差别甚微……古代女性作为一半的合作者，其关心是全面的、积极的，所以她们爱乡爱国"（同上书，第39页）。但是，由于之后传入的"中国的男尊女卑思想"以及封建道德"极大地压制了女性的积极性和聪明才智，所以也不应该要求女性拥有国家奉公的精神以及社会连带的责任感"。而且，"儒教令女性局限在家庭之内，封锁她们对于天下国家大事的关心"。不过，"反对儒学的国学排斥中国思想的男女阴阳观，提倡纠正过去的女性观"，这是一种拯救（同上书，第93、101、144页）。

高群逸枝认为，女性协助战争有助于打破封建道德，帮助日本

---

[1] 原名平塚明（1886—1971），是日本著名的女性评论家、思想家、作家。她创建了日本女性团体"青鞜社"，创办了《青鞜》杂志。她提出，元始，女性是太阳，是真正的人。真正的恋爱自由，是女性自尊、自爱基础上的灵肉一致。她一生致力于日本的妇女运动，是日本妇女运动的先驱和推动者。

女性走出家庭，重返社会，是向太古时代的一种回归。而且，反对国家统制的囤积行为等就是因为受到中国的封建道德以及欧美的个人主义等"思想"的毒害而丧失社会性、只考虑自己小家庭的女性行为（同上书，第145页）。

高群逸枝还说，母系制是"保守的"，父系制是"进步的"，这恰恰是男女的特性。她认为汉字是吸收了大陆文明的男性的文字，假名是将日本固有的文学发扬光大的女性的文字。"我国的男性，经常摄取其他文化，使自己国家的文化更加丰富。与男性的这种能力相比，女性保持传统，拥有将传统应用于新生事物的能力。""总之，适当的保守性以及中庸的性格——这就是我通过对过去历史的研究所得出的日本女性的特征。"（同上书，第65、150页）毫无疑问，这恰恰符合与异民族混血的父系制、维持氏族内部一体性的母系制的角色分工。

古代日本，由于男女平等，女性与男性一样作为士兵在军队中并肩作战。高群逸枝在1943年的《日本妇女》11月刊上发表了《军事与女性》一文，文章列举了古代女性参加军事作战的事迹，又因为"大家都公认琉球很好地传承了我国的古俗"，所以特别介绍了伊波普猷翻译的琉球叙事诗"神歌"所传颂的"女性英雄"。在冲绳之战的时候，她发表了《守护传统之心》一文，她写道："当从敌方获得琉球妇女冲杀上阵的消息的时候，我不禁佩服起她们来，真不愧是日本女性啊！不由自主地与她们产生了血的共鸣。"（《朝日新闻》，1945年6月2日）

1943年8月，高群逸枝在《日本妇女》上发表了《神功皇后》一文，文中记载了她的中国观和家族国家观。她宣称"日韩同种""东亚一体"，当年神功皇后发动的对朝鲜的战争与"今日的圣战"一样，同样是为重建分裂的东亚秩序而战。

日本神道……多种多样的种族，在各地祖神的庇护之下建立了各自狭小的血族圈，战争、流血事件多发，日无宁日，终于天神降临在这"凶目杵之国"，她是为拯救天下而来。

要从这种野蛮状态转化为秩序世界有两种方法。一种是以中心种族的系谱为尊，而其他种族是卑贱民族来建立阶级秩序，中国的华夷思想就是其代表；另一种是尊重各种族的系谱，延伸追溯到遥远的共同的祖先而认识到彼此是同胞的事实，日本神道就是其代表。我想这恐怕是世界上唯一的充满爱和智慧的伟大的人类救济理想。

天孙从高千穗之顶从天而降……不管何种异族，一旦入其祭祀之下则成为同胞……就这样，我国内的家族化得到了顺利的发展，取得了辉煌的成绩。

……更进一步，大东亚民族结成一体，再向所谓的世界家族发展——血的亲近感渐次扩大到全世界，那时全人类就都得到了解救。

我以为，我们的建国精神所描绘的实际上就是这样一幅对未来的憧憬之图。神武天皇下达的"八纮为宇"（世界的家族化）的诏书、高仓天皇"四海为宇"的诏敕、明治天皇"四海之内皆同胞"的亲笔诗等都是这种精神的体现。

在高群逸枝看来，过去的家族国家跟"中国的华夷思想"不一样，不排斥异民族，没有禁锢女性。过去的家族国家通过无限的爱以及婚姻的方式来包容异民族，具有一种女性的宽容之心。她于1944年11月在《日本妇女》上发表了一篇文章，在这篇题为"婀娜女子"的短文中她这样写道：

> 我们"婀娜女子"将家族之心看作自己的生命，期盼世界的家族化。既然我们发起了对于阻碍世界家族化的势力的圣战，那么战争也是我们日本女性要积极面对的。我们将鼓励自己的儿子、自己的丈夫、自己的兄弟上战场，不胜不归。

高群逸枝在日益严峻的日常生活中，将女性的解放、不被人为道德束缚的自由和开放的恋爱的理想，全部投影到古代日本，梦想通过战争来复活她的理想。不管其梦想的结果如何，最终却成就了她有关帝国的异民族同化方面最高水准的理论化。但是，现实中的大日本帝国与她的理想却似是而非。在经济、家务劳动以及资料收集等所有方面倾全力支持她的丈夫宪三，在"二战"结束之后面对采访的记者就高群逸枝战争时期的思想的提问时，回答说："那是因为当时信息不足所致。"[6]

一直拘泥于"母亲"这个角色的高群逸枝自己并没有留下一儿半女。在她死后，她的丈夫宪三在编辑《高群逸枝全集》的时候，没有收录一篇她战争时期的文章。

第三部 『岛国』的思想

第 12 章　岛国民俗学的诞生

——柳田国男

朝鲜"三·一独立运动"之后的 1919 年圣诞前夕，日本有一位高官辞职了。虽然他最后的公职是贵族院书记官长，但是他本来学的是农政专业，在日本吞并朝鲜的时候由于卓越的功绩而受勋，那年他才 44 岁。可是，朝鲜"三·一独立运动"之后，他辞职了，这位辞职的高官就是柳田国男。

柳田国男作为日本民俗学的始祖，他的研究成果多得数不胜数。[1] 但是，他的研究不仅仅限于日本民俗学，他的思想在当时的日本民族论的整体脉络中地位如何，并没有得到世人准确的评价。

笔者写作本书的目的在于从各位学者的思想出发，去解析日本民族意识的整体情况，这里提到柳田国男也意在于此。他与当时日本帝国的主流思想的走向相反，是一位罕见的从"混合民族论"转向"单一民族论"（与"单一民族论"相近）的重要学者，是了解"单一民族神话"特征的一个重要个案。他同时也是日本民族在与亚洲、欧美的纠葛当中，纠结于日本应该如何描绘民族自画像这一问题的典型代表。

作为原住异民族的"山人"

柳田国男，1875 年出生于兵库县的一个农村家庭，兄弟 8 人（其中 3 人早逝），他是松冈家的第六个男孩。祖业本是民间医师，但是家境贫寒，他后来形容自己家庭的状况为"日本一小小之家"。

爱好西方文学的他，考入了帝大法科大学，并且在文艺杂志上发表了恋爱诗，得到周围人的好评。但是，他一心一意专攻农政学并于 1900 年进入农商务省，理由是他幼年时经历了农村的饥荒。他的朋友田山花袋曾写过一本小说，小说中就有一位以柳田国男为原型的人物，自称自己的诗作只不过是一时的兴趣爱好。后来，柳田国男入赘柳田家，柳田家在司法、军队、学会都有姻亲渊源，他进入农商务省不到两年就成为内阁法政局参事官（任职 12 年），期间甚至以宫内省书记官的身份服侍过天皇家族。他一直官运亨通，后来升任至贵族院书记官长，成为一名高级官员。

柳田民俗学真正的出道之作是《远野物语》。《远野物语》出版的时候，正是他出席"日韩合并"的 1910 年。柳田国男虽然一生留下了大量的著作和回忆录，但是对于他自己与朝鲜的关系几乎只字不谈，也不曾说明他在"日韩合并"的时候所担任的职务。

从出版《远野物语》到 20 世纪 10 年代，早期柳田民俗学的核心概念是"山人"。他于 1910 年加入人类学会，在《人类学杂志》上发表了一些关于阿伊努人风俗的文章，得到喜田贞吉的赏识。在喜田贞吉的介绍下，他还举行了关于"山人"内容的学会演讲（定本第 4 卷，第 172 页。当为《定本柳田国男全集》。下同。——编者）。接下来我们从他这一时期的一系列文章来探讨其"山人论"。柳田国男提出他的学说成立的前提是"现在我们日本的国民是由很多种族混合而成……这已经是难以撼动的定论"。他称"山人是那些过去居住在日本列岛上曾经繁荣昌盛过的原住民的子孙"（第 4卷，第 172、449 页）。他称"天孙人种"的神为天津神，列岛原住民的神为国津神。他认为远野[1]这个地名出自阿伊努语，"直至前九年后三年奥州十二年合战时代，天孙人种的东征西伐才逐渐宣告完结。总而言之也意味着国津神被同化的进程"。"虽然中学的历史教材中记载日本的原住民毫无残留地向北方逃离……但是至少到赖朝时代为止，奥羽六县的原住民规模还是很壮观的，至今仍有半数以上的地名来自阿伊努语。"（第 4 卷，第 11、174、420—421 页）

其实，柳田国男所提出的"山人"，就是当时的"混合民族论"提出的已成定论的以阿伊努族为首的原住民族。以前，大家推测柳田国男之所以将原住民称为"山人"，可能是因为这是他个人的假说或者是从（中国）台湾的山岳民那里得到启发而提出来的概念。[2]但是在当时那个年代，日本列岛上有原住民族已经是记载在中学教科书上的"板上钉钉的通识"，柳田国男只不过是沿用而已。败给统治民族的原住民族被赶到山地成为异民族这种说法，正如第 5章中已经探讨过的那样，久米邦武已经提出来过。柳田国男的"山人论"与其说是一种漠然的诗的意象，还不如说是当时的人类学、历史学已经掌握的比较缺乏诗意的、具体的实际内容。

柳田国男的"山人论"的创新之处在于他主张"日本各州的山中虽然时至明治时代的今天，还住着一群与我们日本人毫无联系的人类"。而且他还将其与民间故事结合在一起。据他称，原住民军

---

[1] 远野是日本岩手县的一个城市。

事上战败之后，"大部分回到乡下，与普通老百姓混杂在一起，其他的逃到山里或者留在山上，被称为'山人'"，也被叫作"鬼""山男""山姥""天狗"等。通常，被称为"神隐"[1]的指的就是那些居住在山里的原住民因为女性配偶不足而来到山外面强抢民女的现象。各地的祠堂（小神社）等是"介于日本人的殖民地和番界[2]之间的一种标志"（第 4 卷，第 177、420、502 页）。由此可见，第 7 章介绍过的喜田贞吉的民俗学促进了柳田国男的"山人论"的形成。

"新来的我们的祖先"带来了"水稻的栽培耕作"（第 4 卷，第 499 页）。而大米是山人们最喜欢的东西，平地民用饭团、饼作为酬劳雇用山人做工，山人为了获取大米而与平地民交流，最终被同化。柳田国男后来提出，日本文化根源的"米之力"首先具有的就是同化原住民族的力量。

喜田贞吉从朝鲜"三·一独立运动"前后开始，大力推广包含民俗学在内的"混合民族论"以及"同化论"。但是柳田国男却从这一时期开始放弃"山人论"，并且开始批判久米邦武的学说，断断续续一直持续到"二战"结束，真可谓执拗。柳田国男关于"山人论"的集大成之作《山的人生》（1926 年）一书中，几乎没有正面提及关于原住异民族的观点。这之后，他几乎不再谈论"山人""妖怪""游民"等游离于社会外部的少数人群，而是集中精力研究作为社会主要力量的被他称为"常民"的平地民，并聚焦于"南岛论"。

---

［1］ 被神怪隐藏起来的意思。被其诱拐、掳掠或受到招待而行踪不明。
［2］ 原住民的生活领域。

不少研究批评柳田国男舍弃"山人论"是放弃对作为社会少数力量的弱势群体的关怀。但是，当时整个日本社会已经将日本原住民族的存在作为将侵略和同化正当化的理论依据固定下来，考虑到当时的时代背景，这种对柳田国男的批判应该可以说是片面的。柳田国男对社会弱势群体的关心，并不仅仅限于同情

柳田国男

他们，也包括征服他们。柳田国男在谈论"山人"的时候，既称"他们确实是值得同情的人"，但是同时还说"要永远保持光荣的征服者后裔的威严……希望山人淡忘过去被侵略的历史"（第4卷，第449页）。柳田的"山人论"是一位作为征服者的高级官员所描绘的天孙民族的荣耀的历史观，这一点我们不能忽视。

柳田国男还说，对于"山人"，"要像塔西佗描写日耳曼人一样"（第4卷，第449页）。实际上，前面第3章中提到的穗积八束提出的"民法出，忠孝亡"就是依据日耳曼社会而提出来的，因为基督教以前的古代日耳曼民族社会跟日本一样，信奉祖先教。[3]

1世纪的塔西佗写的《日耳曼尼亚志》将日耳曼人与罗马人进行对比，在他的笔下，被大家认为是北方蛮族的日耳曼人刚毅、诚实、健康、淳朴，而都市文明中的罗马人骄奢淫逸。柳田国男的"山人论"不仅受到塔西佗的影响，还受到了海涅《流放的众神》（描写了古希腊的众神被基督教追逐零落山中的样子）以及阿纳托

尔·法朗士《在白石上》(一面讲述古代社会一面批判现代基督教文明以及黄祸论的抬头)的影响。

以海涅和阿纳托尔·法朗士为首的欧洲知识分子们在批判基督教文明的时候,经常拿基督教之前的古代社会或者"东洋""南洋"来做比较。在他们的笔下,不受伪善的形式道德所束缚、充满自然的生存之力的古代文明总是逃脱不了被强大的近代文明所灭亡的命运。

但是,作为"东洋"一分子的日本的知识分子在读他们的文章的时候,很容易产生一种自身是否担负着一种与基督教以及近代文明对抗的使命的错觉。穗积八束提出"民法出,忠孝亡",主观上表明了一种对于东洋的和谐的传统社会将被基督教以及法国式民法所象征的西方文明所灭亡的危机感。当然,将被灭亡的古代日耳曼文明的命运与"日本人"的命运相提并论的穗积八束,与将被灭亡的古代日耳曼文明的命运与大日本帝国内部的弱势群体"山人"的命运相提并论的初期的柳田国男又是不一样的。他们的不同也间接地反映了日本这个受到欧美威胁的弱小国家在中日甲午战争之前与膨胀为多民族帝国并且吞并朝鲜之后的自我意识的差异。

将某一个人看作愚昧的不合理的野蛮人,与将一个人看作没有被文明毒害的神秘的自然人,乍一看好像完全相反,但是实际上都是希望对方是野蛮人从而肯定自己是文明人,或者希望对方是自然人从而对其进行批判。即使柳田国男的"山人论"包含很多种可能,但是他一面以"光荣的永远的征服者的后裔"自居,对"山人"表示同情,同时又说"让平地民战栗吧",这种期待被多数人群体批判的姿态正显示了日本国内东方主义^[1]的危险征兆。

如果柳田国男是这种心态的话，那么他就应该与喜田贞吉一样，或者成为更甚的"混合民族论"的空想家了。但是，他并没有将"山人论"和"同化政策论"结合到一起。其具体原因我们不得而知，但是据笔者推测，应该是因为他亲临具体政策实施现场，对于那些通过民族起源论左右了现代政策的学者一致倡导的"混合民族论"感到厌倦了吧。他在1934年谈论国语政策的时候曾经说过，石器时代的东西与现代没有任何关系，"我倒是想问问，调查起源又有何用？"（第29卷，第165页）。到了晚年的时候，他甚至奚落起将他拉入人类学学界的喜田贞吉来，不过大家都知道，他对喜田贞吉的感情是很复杂的（第2卷，第99页）。

柳田国男放弃了"山人论"之后，转而提倡"南岛论"。虽然他一贯不关心朝鲜、（中国）台湾的时事（或者装作不关心），但是在那个时代，大多数学者在处理与朝鲜、（中国）台湾的关系过程中转向了"混合民族论"和"脱岛国论"，而柳田国男则恰恰相反。

从"山国"到"岛国"

对于提倡"山人论"时期的柳田国男来说，"日本是一个比任何人想象中都更加偏僻的山国"。他认为，日本"人迹罕至的地方很多，国与国、县与县之间的边境大部分都在深山当中"，山里住

---

[1] 萨义德指出，东方主义里描绘的东方世界跟东方国家的真实情况几乎毫无关系，完全是西方人用一种西方中心式的、文明的、高高在上的视角俯瞰边缘的、野蛮的、低级的东方时挑选一些异域文化元素并在西方语境中创造出来的对象。东方主义体现了后殖民主义中殖民者与被殖民者的不平等关系。

着与平地百姓不一样的原住民族（第4卷，第418、420页）。

但是，他在战后出版的《岛之人生》一书的序文中这样写道，"'岛'这个日语"与相互熟悉的"一大家族"和平生活在一起的"村落共同体"同义，日本列岛上"如果说曾经有过原住民，不管他们曾经和平相处还是曾经拔刀相向，他们还是同在一个'岛'上"（第1卷，第384页）。

从异民族居住的"山国"向等质的和平之乡"岛国"的转变，象征了柳田国男的日本观的转变，这种变化究竟具体体现在哪些地方呢？

从1909年到1910年，柳田国男作为一名高级官员应该参与了日本吞并朝鲜的一些准备工作，这一时期，柳田国男连载发表了《众岛的物语》。他在这一时期的连载中称，"一言以蔽之，岛与山非常相似"，交通不便，很容易被周围孤立，利用价值极低，很难引起关注，等等。根据他的观点，日本领域内的"岛"和"山"之所以没有人研究，是因为"扩张帝国的国风"是向大陆的平地扩张（第1卷，第454、446页）。柳田国男认为"岛"和"山"被国家忽视了。原本，在他学生时代所写的诗中，"岛"和"山"是远离都市的浪漫异乡的象征。

不过，在那个时候，在"岛"和"山"这两者之间，他选择的是"山"。从他辞官前的1918年前后，他开始关心起了新几内亚等南方的"岛"的历史，到了1921年，他经历了两件事情，也许正是这两件事情对他的转向起了决定性的作用。一件是他到冲绳各岛的旅行；还有一件就是他以国际联盟委任统治委员[1]的身份前往日内瓦，参与了南洋诸岛的统治形式的决定过程。

关于柳田国男的冲绳之行与"南岛论"的关系已经有很多的研究论述过，在这里我想提一提日内瓦之行对他的影响。[4] 根据他的回忆录，虽然他当时已经辞官但是最终还是被说服去瑞士参会。有一次他在车站的月台上看到一个天真无邪的孩子，突然"感觉这个孩子不用去西洋真好啊！"。他对欧洲之行突然莫名地感到紧张，有点不愿意去了（别卷3，第332页）。要知道，他本是一个爱好西方文学，热爱旅行，仅仅1917年就到过朝鲜、（中国）台湾和满洲旅行（关于这次旅行他没有多说）的人啊！[5]

从某种意义来推测，自从他进入政府部门以后，他都是以强者的身份去各地旅行，这次恐怕是他第一次以弱者的身份踏上旅程。在他从政的生涯中，以视察等名义进行长期旅行也不是没有可能的，在他所到之处他都可以以高官的身份得到很多的便利。作为中央政府的精英，即便在他辞官之后，他也被《朝日新闻》聘为评论员，还可以以国家的文化精英的优越身份与各地方的人打交道。

但是，在日内瓦就行不通了。"英、德嚣张无比"（别卷3，第392页）。在日内瓦，他"第一次深切地体会到了'出山'之感"（第3卷，第307页）。在此之前，他作为征服者的子孙，站在文明人的立场对异民族的人冠以"山人"之名。这一次，在法语、英语国家面前，他自己成了"山人"。

---

[1] 第一次世界大战后，因为德国战败，日本身为国际联盟成员之一，被委任统治南洋的旧德国占领地。

既没有关于委任统治的预备知识，相关资料又都是英文，查起来速度慢，讨论起来也不尽兴。最终"在总会上，一位不知是波斯还是哪里来的代表，虽然年龄适中，风度翩翩，但是当他用一种类似于唱和歌一样的语调做完法语演说之后，满堂竟然没有一个人喝彩，这不禁让我怀疑，这是我们应该来的地方吗？"（第3卷，第311页）。1919年，在巴黎的凡尔赛宫召开了巴黎和会，在会上，当日本代表用带有日语口音的英语发言的时候，法国代表克里孟梭用周围的人都听得到的声音大声问道："那个小矮子在说什么呢？"这段逸事也显示了当时人种歧视的严重程度以及当时国际会议的氛围。日内瓦的情形应该也大同小异吧。

　　对于自尊心很高、在学术研究和工作上都比别人技高一筹、又被大家公认为能干的官员的柳田国男来说，毫无疑问这是一段非常痛苦的经历。自然而然地，在日内瓦，他选择了在"日本人"的圈子内部活动，他在瑞士的日记记录的也净是与"日本人"的交往，"上午没有碰到日本人""今天一天都没见到一个日本人的影子"等等这样的记载很多，他这是多么地渴盼一个能讲日语的空间啊（第3卷，第257、291页）！如此，他再也没有余力去感伤那些不懂日语的"山人"的存在了。

　　晚年的时候，柳田国男说他以委任统治委员的身份在日内瓦工作期间学到的就是痛感"'岛'在文化史上的意义"。南洋诸岛作为委任统治的对象，共有700多座有人生活的岛屿，但是，"这些岛屿拥有各自不同的历史，在某种程度上过着各自不同的生活，他们与相邻大陆上的伙伴们并不相熟"（第3卷，第310页）。欧洲大陆文明的普遍主义根本就忽视了这些岛屿在文化、历史上的独特个性。

柳田国男从瑞士回国后于 1924 年写作了《岛之人生》这篇短文。在这篇文章中，他提到了 1919 年当流行病席卷塔希提岛、萨摩亚群岛的时候，西方的文明人士或沉浸在高更[1]的画中，或在椰子树下做着为所欲为的美梦，而岛上无数的居民死于非命。"我们的同胞与西方之间在精神上的鸿沟，不管何时都无法跨越。"同样可以想见，"那些与外界连交通都不通的岛上的居民，如果不推心置腹、为他们切身考虑的话，是很难让他们马上就打开心扉，相互交心的"（第 1 卷，第 462—463 页）。

过去，柳田国男站在国家的角度，对"山人"描绘了一幅与世隔绝的异乡之梦。但是现在，他的立场改变了，自己不再是观察方（"西方人""大陆"），而是被观察方（"南岛"）的一员。据他说，之所以能与南岛居民产生共鸣，是因为日本同样也有"非岛上居住者无法体验到的孤独感以及所经历的特殊的艰辛"。而且，他还告诉那些备受歧视，且因为经济不景气而受苦的冲绳的青年们，冲绳痛苦的本质实际上就是"孤岛之苦"。紧接其后他如是说（第 1 卷，第 464 页）：

> 回过头来看，诸君（冲绳人）心目中的"中心"——东京，甚至在如此小的地球上也绝对不是真正的中心。巴黎和会在凡尔赛宫召开，国际联盟设在日内瓦。巴黎和会召开两个月之前就让我们整装待发，但是和会上还没有进行充分讨论交流，各

---

[1] 法国后期印象派画家。

位代表们就被送回各自遥远的国家……这是我们日本现在的困苦，与冲绳人的"孤岛之苦"相比，也只不过是程度高低、大小之别而已。

在这篇文章中，柳田国男将日本描绘成一个与南洋群岛、冲绳一样，被位于世界中心的欧美"大陆"国家疏远的"岛国"。过去，这个位置被"山国"所占据，日本和他自己都是"中心"。但是，参加了日内瓦的巴黎和会之后，他认识到日本不是一个内含众"山国"的帝国，而是一个被欧美踩在脚下的极小的"岛国"。这也正与他从中央到地方（"山"），被欧洲文明所嘲笑的"出山"这种位置的变化所吻合。

"山人论"时期的柳田国男，认为"日本人"是一个多样的混合民族，"同样是日本人，其中有一些人单看一眼就觉得讨厌，也许只有神才知道，他究竟继承了哪一支山人的血脉"（第4卷，第449页）。但是，在日内瓦，只要"同是日本人"，没得任何挑拣，同胞意识都很强。柳田国男个人立场的变化之所以那么快就投射到了日本的立场，应该与这种归属意识的高涨不无关系。

"我们"的认定，取决于"我们"与"他们"之间的关系。欧洲那些人只知道自己是日耳曼人、拉丁民族、天主教徒或是新教徒，但当他们碰到了非洲人、亚洲人等非西方的人之后，他们才知道自己是"欧洲人""白人"。同样，萨摩人和水户人也是因为碰到了"黑船"，才发现自己是"日本人"。柳田国男也一样，经过与欧洲人的对决之后，才发现了"日本人"单一的存在。

日本是"岛国"，这也是经过对比之后所产生的概念。北海道、本州、九州、四国的居民，恐怕没有人觉得自己所生活的地方是一个"岛"。这些地方与只要几小时或者几天就可以沿海岸线一周的南洋群岛等地方不一样，本州等地方的居民光凭身体感觉会觉得这个"岛"也未免太大了点。日本是一个"岛国"，与地球是一个球体这种认识一样，只不过是从地图或者地球仪上学到的知识而已。而实际上，日本列岛的面积比东西统一后的德国的面积还大，并不是一个"极小的岛国"。

当然，所谓的"极小的岛国"，可以说是这个日本列岛上居住的人在欧美等外部威胁面前萎缩成一团的时候描绘的自画像。这也无可厚非，当一个国家在与欧美的关系中处于弱者位置的时候，不管是朝鲜半岛的人还是非洲大陆的人都一样会如此，这不可能是"岛国"的特性。日本统治下的冲绳以及南洋群岛的民众应该会怀疑是否真的如柳田国男所说的那样，作为东京中央政府的人也与他们产生了共鸣并体味到了同样的痛苦。

当然，导致柳田国男从"山人论"转向"南岛论"的是他1921年的冲绳之旅，这一点毫无疑问。但是，无法证实"山人"的存在也是导致他转向的一个重要原因。而日内瓦的经历给柳田国男的"南岛论"提供了某种方向性的提示，这一点恐怕也是确切无误的。他在冲绳之旅的归途中收到了前往日内瓦的指示，然后就出发了，他关于冲绳的很多论述考察文章也都是他从日内瓦回来之后才发表的，所以大家都认为他这两次旅程其实是连续的。

前面已经提到过，柳田国男对南岛的关注是从1918年开始强烈起来的。如果说在那个时间点上发生了类似于他在日内瓦经历的事件的话，那就是那一年前后风声渐紧的美国排斥日系移民的问题。从瑞士回国后的那几年，他作为《朝日新闻》的评论员写了很多社论，反复谈论日系移民问题。在殖民地化的威胁日益减弱的20世纪20年代，正是这次的日系移民事件使得日本不得不直面欧美的歧视以及日本国际地位的低下。被"白人"统治下的"大陆"排斥的日系移民成了柳田国男不得不谈的主题。

正如第9章提到的，在1919年的巴黎和会上，日本政府以日系移民问题为由提出将废除种族歧视写进国际联盟规约的建议，结果因为遭到欧美列强的反对而被否决。所以，柳田国男在1920年写了一篇论述种族平等提案的长篇演讲稿《没有准备的外交》，在这篇文章中他强调"全体日本人应该都体验到了岛民的痛苦"，同时还写道："大米从古时候开始就是我们的主食，而大米是温暖的地方的产物。"（第29卷，第505、506页）早在那个时候，在欧美的威胁面前，他就已经将日本称为稻作之"岛"了。

大日本帝国扩张为包含多民族的强国之后，也屡屡被比喻为东方的美国、英国。但是在柳田国男看来，日本与排斥日系移民的美国、反对种族平等议案的英国不可能是一样的。在《没有准备的外交》一文中，他满含轻蔑地批判日本民族"白人说"，在强调了"岛国"的痛苦之后，主张英国不是"岛国"，而是大陆的一分子。他说："我们经常被称为东洋的英国，乍一听似乎如此，但是只要仔细考虑一下，就会想问个究竟，我们到底哪一点相似了呢？只要了解一下真正的英国历史，就知道英国就像是北欧的一部分一样，是大陆的一位大名(封建领主)独立后的产物。"（第29卷，第505页）而且战后，他至死都反对主张天皇家族原本是"大陆一大名"、将日本形容为"united kingdom"的江上波夫的"骑马民族渡来说"。[6]

意识到欧美的威胁，将日本形容为一个类似于面临灭亡的南岛居民一样的弱者，从而主张"日本人"的单一性。这样的学者除了柳田国男之外还有一位，他就是我们已经熟悉的前面"内地杂居论争"的时候提到的井上哲次郎（柳田与井上在瑞士有过面谈。第3卷，第264页）。同时，也有学者认为日本不是南洋群岛，而是东洋的英国，有损岛国开放性的是"山国"之人。久米邦武就是其代表。当然，柳田国男和井上哲次郎无论在思想上还是性格上都大相径庭，从某种意义上来说，从"山人论"转向"南岛论"的柳田国男的发展轨迹与井上哲次郎刚好相反。井上哲次郎关于日本民族的起源从南方（岛）向北方（大陆）转向，提倡"脱岛国论"。与此相反，柳田国男后来成为提倡"南方论"的得力旗手。

　　过去，井上哲次郎为了对抗沦为欧美殖民地的威险，倡导日本人要团结在天皇的周围。如今，柳田国男在《岛之人生》一文中提出，南岛的境遇之所以如此艰苦是因为南岛内部团结不足，导致欧美列强有了可乘之机（第1卷，第465页）。

　　连鬼和异教徒的区别都分不清楚，仅凭这等程度的智慧和见识，在西方各国的探险船进犯的时候，很多南岛国家竟然还在内战。虽然只是棍棒相加这等损害较小的战争，但是，在西洋各国以钢铁与火药这种大威力武器相加的时候，他们竟然还以为是一种恩惠。就这样被西方国家的"好意"征服，以基督教和贸易为中心的各种新文明传入了进来。岛上的女子还天真地笑啊唱啊，生下混血的小孩。其结果就是今天的南岛。

由于没有民族的统一，被西洋各国的钢铁和火药打败，被新文明和异教渗透而失去了自己独特的文化，只有与征服者的混血儿在不断增多。过去是井上哲次郎，现在是柳田国男。在柳田国男描写这等被征服者的恐怖情景的时候，日本正在对阿伊努和朝鲜实施征服行动。

聪明的柳田国男，并非没有察觉到这一点。他在《没有准备的外交》一文中写道："如果没有几百年的错误的干涉，那些现在都不被当作人来看待的一些国家的有色人种，虽然会有一些滞后，但是他们一定也能建立他们优秀的国家。最有提倡这个资格的就是我国了。然而徒劳无益地去模仿远国的殖民地政策，虽然现在说已经为时已晚，亲手制造种族歧视这等事情，就算是没有这一次的屈辱（种族平等的议案被否决）也让人觉得遗憾。"他还批判日本"将朝鲜人和阿伊努人的待遇问题束之高阁"（第 29 卷，第 509、499 页）。虽然内容不多但这已经是他言及朝鲜状况的罕见的文章了。也许正是因为他出身官僚、政治觉悟高的缘故，这些内容并没有刊登出来，最终，他的这种主张也没有得到大力提倡。[7]

就这样，柳田国男虽然对大日本帝国的弱势群体朝鲜、阿伊努以及"山人"有一定的觉悟，但是最终还是舍弃了对他们的关心。之后的柳田国男将注意力集中于受到欧美威胁的"岛国"日本的普通百姓，将他们形容为世界的弱势群体，致力于保护和统一日本独自的土著文化。

提倡国民统一的民俗学

"为了国家万年大计，民族统一是当务之急。"

归国后的 1925 年，柳田国男在他一次题为"南岛研究的现状"的演讲的结论部分如是说（第 25 卷，第 181 页）。

"南岛论"以后的柳田国男，在某种意义上与井上哲次郎一样，宣扬日本的当务之急是国民统一（民族统一）。不过他们所提倡的方法不同，井上哲次郎提倡的是自上而下进行国民统一，而柳田国男提倡的是让居住在列岛上的居民意识到大家拥有共同的文化来实现统一。

柳田国男离开日内瓦之后来到了英国伦敦，这时候（1923 年）日本发生了关东大地震，一段跟关东大地震相关的插曲成为他进行这次演讲的契机。当时，伦敦当地的"日本人"无一不为祖国发生的这次大地震感到不安。这个时候，有一位年长的议员发言称大地震是上天对人类沉溺于奢侈而浮华的生活的惩罚。针对他的言论，柳田国男提出了激烈反对，他称因为地震而死亡的都是一些贫民居住区的贫苦商业、手工业者，他们素来与奢侈生活无缘，那么他们不得不接受天谴的理由究竟何在呢？（第 25 卷，第 159 页）在这之前，柳田国男就已经有意辞去了委任统治委员一职，以此为契机，他觉得他应该为祖国的重建尽一份自己的绵薄之力，于是他告别欧洲回到了祖国日本。对于过去的他来说，平地民是多数派的征服者，是足以让"山人"不寒而栗的存在。但是，这个时候的他将同为"日本人"的东京的平地民当成了受害者，站在了他们的立场上。

在这一次讲演中，柳田国男以冲绳为例提出在经济上面临困境是"岛国"的宿命。因为岛上无论土地还是资源都有限，生产也不方便，但是消费一样也不能少，很多东西要依靠海运进口，而且，从岛外来的商人以及竭力迎合他们的都市的"机灵鬼"们，他们"拥有比'常民'更优秀的才能、更多的资本"，这使得他们能够消费得起超出"常民"自己生产的进口商品，以致进口逆差成了常态。根据柳田国男的观点，陷入经济萧条的冲绳以及当时为慢性贸易逆差所困的日本都属于这种情况（第25卷，第161—162页）。

柳田国男称，在大地震中烧死的贫民，与银座大街上过着声色犬马都市生活的人之间，"平时没有任何关联"。本来都是同一国的国民，但是一方耽于都市的外来文化，一方整日忙于生产还贫穷度日。在这期间"岛国"将陷入经济困境，丧失自己独自的文化。历史上，岛国内部处于群雄割据的年代，各方势力相互对抗，为了能够在战争中获胜争相进口外国先进的武器，这也是"岛民文化模仿的民族心理"产生的原因之一。岛国内部不统一是外来文化得以乘机而入的原因（第25卷，第160、165页）。

那么，要怎样克服这种状态呢？值得关注的是柳田国男下面一段关于埃及、希腊等外国的古代文明与日本的对比（第25卷，第165页）。

……（外国的）奴隶或者小民，都是异民族或者被俘虏的人被买卖的结果。而在我国社会，那些像蚕或者鹈鹕一样被奴役的人，毫无疑问都是血脉相连的同胞。语言相通，信奉一样的神灵，同是日本民族的同伴。

以高桥贞树为首的当时的马克思主义者称日本古代是从征服原住民并将其奴隶化开始的。柳田国男过去也曾经主张日本存在原住民，他们敬仰的神以及语言都不一样。但是，在这里，他所描绘的日本列岛已经完全没有原住民的影子了。同时，他的日本观与国体论者的主张也不一样，国体论者主张古代日本是一个没有虐使奴隶的温情的国家。而柳田国男则认为日本虽然没有将异民族奴隶化，但取而代之的是奴役"日本民族自己的同伴"。

担负生产重任却被掠夺的"常民"被享受外来文化的都市"机灵鬼"们奴役，成为现在的奴隶。柳田国男与种种日本主义者的不同之处在于他能正视日本贫富不均的现实。但是，日本列岛是一个异民族的集合体，如果像贝尔兹形容的那样，阶级正好对应了贫富差距，那么从下而上的国民统合就很困难了。但是，如果两者（上层和下层）是同一民族，只要找出没有被外来文化渗透的民族本来的样态，让双方都觉悟到两者同为"日本民族的同伴"，那么扬弃阶级对立、实现国民统合这个梦想就应该是可能实现的。当时，享受外来文化还是都市富裕阶层的一种奢侈，反对这种奢侈行为也就等于站在了贫苦老百姓的一边。

应该要找出来的民族本来的样态，必须是目不识丁、与书本无缘的"常民"一方的东西。虽然柳田国男并没有给"常民"下一个明确的定义，但是他在 1923 年日内瓦提交的关于委任统治的英文报告书中提出了"common people"和"common body"的概念，这已经可以算得上是非常清晰的描述了。"常民"是将欧洲殖民者，他们的混血儿、翻译、接受了西方教育的阶层，首长，村里的有地位者等从原住民的集团排除出去的。[8]

换言之，柳田国男所说的"常民"指的是除外来侵入者、混血儿、与侵入者沆瀣一气的"机灵鬼"们在外的原住民。不识字的人接触外来文化的能力低，所以没有被外来文化所毒害。柳田国男认为，在以儒教、佛教为首的外来文化侵入之前，"日本人拥有日本人自己的思想和文化"，"为了了解这些日本人对事物的看法、了解他们的思想……必须对那些与学问无缘的都市人以及村民进行研究"。他在战后的一次座谈会上有过一段广为人知的发言："常民们可能会觉得不胜惶恐，常民也包括皇室的人。"[9]这就是柳田国男关于"常民"的定义，天皇家族如果为了保护日本的民俗而存在，那么天皇家族的人也是"常民"，在他看来这一点也不矛盾。

都市文化以及书物是与"常民"无缘、与外来文化相近之物。《南岛研究的现状》一文记录了柳田国男这样一段发言："住在深山老林和大海尽头的平民们历史上最黑暗的是……提起书，那都是都府的产物，书本知识被看作学问的全部，这也是所谓的中央集权文化种下的苦果。导致了现在以咖啡、百货商店的美国式生活来衡量一国的文化的局面。"（第 25 卷，第 166 页）正因为如此，他反其道而行之，进行南岛研究，研究书本里没有的"常民"的民俗。

柳田国男认为，西方民俗学成立之初原本也是"以探寻基督教化之前的信仰状态为主要目的"的（第 10 卷，第 175 页）。对于不喜欢从书本中去追寻历史轨迹的柳田国男来说，冲绳的民俗就是一部活着的历史。根据他的观点，日本民族不是从北方大陆，而是从南岛经过冲绳诸岛而来的。正因为如此，冲绳无论在语言上还是在信仰上都保存着太古时代的日本原貌。"南方渡来说"的根据在于，日本民族文化的核心是水稻，而水稻是南方的作物。他在《南岛研究的现状》一文中说，如果没有以冲绳为首的分散在南岛的民俗"这个标本的存在……那就只能徒劳无益地与那些中央人士一起，去古代贵族以及僧侣们的文学中找寻模糊的国民性以及国民信仰的状态了"。这也是"分散在全国各地的日本人"所共通的东西，应该是可以让大家认识到同为"一样的日本人"的东西（第25卷，第180页）。后来，有南方的椰子随着海流漂到了日本，他的"南方渡来说"开始广为人知，并且开花结果，最终成就了他战后的《海上之路》。

柳田国男于1925年出版了他1921年在冲绳旅行时候的游记《海南小记》，他在这本书的序言中开篇写道："日内瓦的冬天很寂寥。"序言中充满了他对未来"种族平等的光明世界"的期待，同时还写道："至今为止的散漫的兴趣爱好让我感到罪孽深重。"（第1卷，第219、221页）抛弃写诗的兴趣爱好、为拯救农民而转向农政学的柳田国男之所以后来致力于"山人论"，是因为他在政府部门提出的农业政策提案受到了挫折。不管大家对他的"山人论"评价如何，都与他对"常民"的救济毫无关系，这一点不容否认。当他再次将精力集中到"常民"的时候，他的"山人论"也成了被他自己清算的"兴趣爱好"了。

当然，柳田国男不仅仅只关注南岛文化，他对日本列岛北方的地方文化同样也很感兴趣。他1928年的时候出版了《雪国之春》一书，这本书可以称为他的代表作。他在其序文中写道，希望那些不知"雪国"为何物的南方人士能够读一读这本书，虽然同一个祖国，但是如果各个地方的人都对其他的地方不闻不问，那么"这个国家的结合就只是机械性的；如果只是对不知道的外国刨根问底，对自己祖国的情况不作了解，那么难免落后于他人"。在这里他提到了他写作《雪国之春》的动机（第2卷，第3页）。[10] 同样在这本书中，他还写道："往北，再往北，一路向北开疆辟土的日本民族，直到如今，不种水稻依然片刻都不能安心"，"水稻是亚热带故乡的植物，要制作供神用的年糕、祭祀用的米饭等等，大米都是最重要的材料"（第 2 卷，第 36 页）。

对于在日内瓦"哪怕自言自语也想要尽情地讲日语"（别卷 3，第 393 页）的柳田国男来说，语言的问题是很重要的。他曾经对世界共通语的世界语运动寄予厚望，说日本应该致力于世界语的普及，但是最终还是无疾而终。在 1927 年的时候，他说："就连欧美的殖民地国家也都不会像日本这样冷淡地对待自己本国的语言"，"轻蔑本国的语言，接踵而来的就将是对异国情趣的屈从"，"要将外国语的应用限制在最小限度范围"（第 29 卷，第 228、229 页）。

南岛因为被欧美文化侵袭而丧失了自己的传统文化，柳田国男将日本与南岛看作一体，他认为日本必须进行日语的防卫，而要达到这个目的，就必须普及标准语，实现日本内部的团结和统一。

而标准语的普及就是对地方方言的否定。就算是对他如此爱恋着的冲绳，在《海南小记》一书中，他也一面称冲绳人无限留恋冲绳语、反对普及标准语是理所当然的，另一面又称试图保存冲绳方言的行为"将归于徒劳"。"其理由极其简单，因为冲绳语言自身都还没有完成统一大业。"（第 1 卷，第 268 页）冲绳语分裂为宫古、八重山、那霸等诸多地方方言，这样的冲绳语是无法抵抗外部压力的。如果要守护冲绳语，那就只有将首里那霸语作为标准语在整个冲绳范围内进行普及并实现统一，但是首里那霸语其本身又处于激烈变化当中，是无法保存的。

柳田国男在日内瓦提交的关于委任统治的报告书中有如下记载：因为以当地语言为基础制定标准语遭受挫折，所以被迫用欧洲的语言对原住民进行教育。[11]日本也存在类似的情况，明治时期日本列岛内部的方言差异显著，以致新渡户稻造和内村鉴三初到东京的时候根本听不懂东京语，由于他们俩都曾经接受过英语教育，所以他们说年轻的时候比起日本语来用英语进行读写更轻松。柳田国男在报告书中还指出，在南洋诸岛以及非洲各地，用欧洲语言教育出来的精英阶层看不起（落后的）本国文化以及本国同胞（常民），妄想将自己同化到欧洲的外来文化中去。他们与宗主国勾结，成为他们的羽翼，帮助他们统治那些被地方方言分裂的当地居民。如今还有不少第三世界国家，至今还留有后遗症，国内各地方不依赖宗主国的欧洲语言就无法进行沟通。

如果既不依赖标准语又不依赖欧洲语而又要与其他地方的人进行交流的话，就只能学会所有的地方方言。而冲绳的地方方言甚至是以几十户的村落为单位，每村都不一样。即便是接触过日本列岛各地地方方言的柳田国男，冲绳诸岛这样的状况恐怕也超越了他的想象。柳田国男认为，如果不快速统一日本语言和日本文化，那么日本语言和日本文化将难免重蹈冲绳语的覆辙，在分裂的状态中被消灭。

"根本不存在的全体" [1]

只是，柳田国男一直认为文字是国家的、外来文化的产物。因此，标准语也不能是文字，必须是口语。在柳田国男看来，"被嘲

---

[1] 这里是引用柳田国男的词汇，意指他想象的自然共同体其实不存在。柳田国男反对国家强制用标准语，但又不得不承认世界上没有一个真正自发统一的共同语言，所以最后还是需要国家来管。柳田国男其实自己知道但又不愿意承认，他一直处于自我矛盾之中。

笑的语言，需要匡正的语言是方言"（第 2 卷，第 68 页），因为他在日内瓦的时候看到了那场"从文章上来看并没有什么出格之处的法语演讲"仅仅因为发音的问题而遭到了嘲笑。他在《雪国之春》一书中写道，通过作文来纠正方言在发音以及音调的抑扬顿挫显然是毫无效果的，"就像那些想通过书籍来学习日语的外国人一样"（第 2 卷，第 68 页）。为了统一口语，一方面在语文课上用录音机反复播放课文以教授正确的发音，而另一方面"其他的老师用出云或者秋田的方言授课，因而被外国人嘲笑"。这种状态一定要改变。（第 18 卷，第 590 页）

本来，柳田国男并没有认为各地普及了标准语之后地方语言就不能作为方言存留下来。他在写作《雪国之春》的时候，还说想将东北标准语仙台语的词汇引用到东京语中。（第 2 卷，第 69 页）但是到了 1941 年的时候，他说："为了迎接新的全国标准语，必须放弃所有那些迄今为止仍处于群雄割据状态的地方标准语。""我们那么重视统一，每来到一个地区中心，就一定使用当地被认为最好的语言，尽全力以促进相互之间的交流。但总有那么一些人，他们无视这种长年的惯例，甚至住在东京还打算一辈子无动于衷地使用家乡方言。"（第 18 卷，第 513 页）他对此进行了批判。

柳田国男也有他的烦恼，本来他认为标准语应该是口语，但是口语没有文字，无法固定下来，这是一种本质上的矛盾。文字是固定的，只有文字是正确的，标准语才能够确定下来。而口语是很容易变化并且个人差异很大的"说话方式"（第 25 卷，第 487 页），不能将应该成为统一标准的东西固定下来。他甚至断言："如果有人不希望举国统一用同一纯粹的国语来相互交流，那可以说他不是日本人。"他批判那些中央领导者没有认识到"标准语现在是国民的理想、是国民心中的梦"。指责他们大肆宣扬那些以汉字熟语为首的文字所带来的乱七八糟的标准单词，批评他们还"妄想在根本不存在的全体当中去强迫推行"（第18卷，第591页）。

柳田国男深切地认识到"虽然当初我在联合会上将日本不平等的实例说出来了，但是因为语言的关系并没能畅所欲言，如果当时能够坦率地说清楚，也许问题就能得到解决"（别卷3，第393页）。对于原来就有这种想法的柳田国男来说，能够让各地的人们自由地沟通的标准语才是他的理想，不能强制使用中央语言，那样会令"常民"们感到紧张，使他们陷入沉默。这大概是因为他想起了他在日内瓦的经历吧，在那个英语和法语统治的世界里他曾经一度陷入沉默。但是，究竟要设定哪一种语言为标准语呢？柳田国男并没有给出具体的方案。

同样，在都市文化和地方文化的定位方面，柳田国男也陷入了矛盾之中。他批判中央的都市文化，想要将地方文化定位为日本的土著文化。但是，赞美多样的地方文化就不可能实现"全体"的统一。果然，在1941年的文化政策论中，他说："越是怀念地方文化、喜欢地方文化的人，是不是应该开阔眼界，不再局限于自身的土地上，而要认识到全国共通文化的重要性呢？"他呼吁日本人："把统一全国的伟大的共通文化以及传承日本人传统生活能力的地方文化如何有机结合起来的学问交付给都市文化吧！不过，不可以再各自为政了。"（第24卷，第488、489页）

一个国家的统一通常都是从中央到地方，教科书的文字统一口语，实现现代化的一方统一落后的一方。日本的文化一方面想要保护自己的传统，但是另一方面如果不进行现代化就将在国际竞争中败给欧美国家，这一点不言自明。所以，面对现代化，柳田国男的心态是非常复杂的。[12] 他既不否定"常民"自主地穿西装洋服，也不认为"常民"使用外来语有什么不对，还支持能够将"常民"心声反映到国家政治中的普通选举，所以，不能将他打入保守反动、怀旧老朽的阵营。只不过在外来文化横流的现代化面前他找不出日本独有的东西，只好将希望寄托在了应该能够成为整个日本列岛羁绊的地方民俗上。同样，他的理想也是矛盾的，一方面他称赞地方文化，主张将标准语定为口语，但是另一方面他又追求文化和语言的统一。他将这种理想寄托在"常民"和标准语上。只是，只要地方文化和地方语言不是单一的，他的这种理想恐怕根本就无法实现。

最终，他不得不称自己的这种"根本不存在的全体"为"美梦"。对外，想要关上岛国之门，但是为了内部的统一，又不得不让各个地方打开地方之门。为了对抗外来文化，他搬出了民众的土著文化（民俗），但是，土著文化一旦被设定为正确并且固定下来就将空留形式而失去它的实际含义，最终消失。柳田国男没有看到，他想要立足的、明示自己是"日本人"的日本土著文化无法固定下来，日本的地方文化一直都多种多样，这对一个比西欧任何国家人口都多的"岛国"的统一根本起不到作用。现实的日本比他设想的南岛要大得多。

在这一系列矛盾中，柳田国男最终将希望寄托在既有地方性又被认为是列岛唯一共通的东西——水稻上，并且越来越固执。在主张"山人论"的时候，他认为就算稻作是天孙人种的文化，"过去的人不会讲究到不吃米饭就不建设村落"，"有很多山国之人是当兵入伍之后才第一次吃米饭的，在这之前从没吃过"（第4卷，第494页）。但是现在，要通过民俗来实现从下至上的统一，唯一可以依赖的就是水稻了。不管地方文化和地方方言何其多，只要有稻作，就可以提炼出日本列岛共通的民俗。所以，不能提日本有不进行稻作的"日本人"，不能将稻作列为外来文化。而且，不能说日本民族是日本列岛的入侵者，日本民族必须是携水稻从南岛渡来的原住民族，在此之前日本列岛不能有原住民。很显然，如果这一点不成立的话，那么日本国民是基于单一民俗而结成的共同体这种构想就不能成立了。

但是，在当时以鸟居龙藏为首的人类学学界，占统治地位的是认为日本存在原住民阿伊努民族、日本民族是从大陆过来的征服民族这种学说。柳田国男刚提出"山人论"的时候，他是顺应这个潮流的，他投稿《人类学杂志》，发表阿伊努人论，称自己的研究是想"提供人类学上的新资料"（第4卷，第186页）。到了他的研究与人类学的主流思想相对立的时候，与通过发掘遗址和人骨进行研究的人类学研究相比，柳田国男的"南方说"显然证据太过薄弱。

也许正是因为如此，柳田国男逐渐将自己的民俗学与人类学疏远开来。用他自己的话来说，人类学偏重于人骨发掘，"像个外行人一般，尽选一些非常难的问题来研究"。民俗学一直在等待有用的人类学学说的出现，但是，"可靠的伙伴还在休息当中"（第25卷，第350页）。在学问上，柳田国男一直讨厌追随"白人的足迹"，但是他对英国的人类学家、白人弗雷泽却给予了很高的评价。原因之一是弗雷泽"对骨头的尺寸、眼睛的颜色、毛发的颜色以及地下的石器人骨并不怎么感兴趣，他做的是现在东京帝国大学的人类学教师们都不想做的学问"（第 25 卷，第 234 页）。不知不觉中，柳田国男自己对日本民族的起源倾注了热情，但是他却批判"体质人类学偏重古代，热衷于研究起源论"（第 25 卷，第 350 页）。而另一方面，据笔者所知，人类学根本就没有把柳田国男的日本民族起源论放在眼里。

柳田国男疏远人类学的首要目的大概是想将创立伊始的民俗学从人类学的相邻领域独立出来吧。如果问他本人，估计他也会这样回答。当然，也许他还有一个目的，那就是要反对欧美那种站在征服者、文明人的立场去调查他们统治地区的风俗的文化人类学的研究方法。[13] 尽管如此，他的"日本民族南方起源说"在民俗学的范围内是安稳的。不过，如果他正面向文化人类学挑战的话，他不可能毫发无损。

不过，柳田国男在文化政策中提倡的"必须要同化异己分子"（第 24 卷，第 488 页）并没有包括朝鲜。他将"朝鲜半岛的国语普及政策"形容为"有点不合理地效法"冲绳的标准语普及政策，很明显，他没有将两者等同看待（第 18 卷，第 535 页）。虽然他对于在日本国内普及文字上的标准语（书面语）持批评态度，但是对异民族进行日语教育时，他又主张教授与"书面日本语"相近的语言（第 18 卷，第 542 页）。同时，在他作为委任统治委员的时候，他在日内瓦提交的英文报告书中提出了反对同化政策的言论。[14] 柳田国男对宗主国欧洲国家强制原住民学习他们的语言感到非常不快，就算他不正面批判日本的同化政策，也不至于去讴歌赞美同化政策。

第一，朝鲜不是一个"岛"。只要包含了朝鲜，大日本帝国就不能称为"岛国"。对于提倡不包括朝鲜在内的一国民俗学和单一南岛文化的柳田国男来说，大陆朝鲜根本不在考虑的范围之列。要想通过原住民文化来统一"日本人"，朝鲜的存在无疑是一个累赘。也正因为如此，他没有赞美同化政策，也不赞同"日鲜同祖论"。[15]在柳田国男看来，日本民族与大陆民族同种同祖根本就是不可能的。

很多学者认为，柳田国男所说的"常民"以水稻为媒介与天皇家族的仪式结合于一起。但是，在当时的知识分子们所提出的"国民统合论"当中，柳田国男的学说算是极少出现天皇踪影的学说了。因为他与井上哲次郎等人的观点不一样，井上哲次郎等人主张自上而下的统一，而柳田国男主张的是从下往上的统合。从民俗学的体系来看，天皇的纽带联结功能在这种从下往上的统合中并不一定是最重要的。所以，无论战前还是战后，左翼群体都没有向民俗学提出质疑。

但是，在同一民俗基础上主张自下而上的团结之门对不同民俗的异民族是关闭的。从"二战"战败到现在，作为国家权力被害者的日本大多数"国民"，在他们被认为必须要团结一致的时候，柳田国男的"常民论"得到了大家的广泛关注。但是对第三世界国家人民以及日本少数的"山人"来说，他们又是加害者，这个时候，柳田国男的"山人论"又得到了大家的好评。这种现象从另一个侧面也反映了柳田国男思想的双重性。与他同时代的学者们，认为即便是异民族，只要他们承认天皇的权威就可以接受，但是柳田国男的"常民论"根本没有异民族的立足之地。也正因为如此，他的民俗学与喜田贞吉等人的民俗学不同，不可能成为多民族帝国的主流思想意识形态。

从某种意义上来说，柳田国男的思想兼具排外性和某种程度的和平性。没有异民族的影子，全员通过均质化的文化团结一体，通过农业自给自足，实现没有斗争、没有征服、没有异文化摩擦的小世界。这是在异国他乡遭到冷遇并被疏远的一颗疲惫的心灵为寻求和平而描绘出来的一幅故乡的幻影。那就是乡村，是"岛国"。柳田国男的"日本民族南方说"其本身并没有带来多么了不起的影响，他放弃"山人论"之后虽然没有否定日本民族的混合性，[16] 但是"稻作的单一民族岛国"这一构想给后来日本单一民族自画像的形成带来了决定性的影响。而排外性与和平性这种双重性格也成为战后日本"单一民族神话"的基本特性。

第13章 "皇民化"对优生学

——朝鲜总督府·日本民族卫生协会·厚生研究所

虽然把混合民族论正当化的同化政策是日本统治朝鲜和（中国）台湾的基本方针，但是这并不意味当时日本国内没有反对的声音。诸如大正民主主义者吉野作造、民艺运动的倡导者柳宗悦等，他们从人道主义立场对同化政策进行了批判。

而且，当时日本社会还出现了另外一派观点迥异的势力，他们是一批信奉优生学、种族主义思想的势力。

法国的种族主义思想是矢内原忠雄、新渡户稻造等日本殖民政策学者们批判同化政策的论据之一。关于法国的种族主义思想对日本的影响，可以参见笔者的研究。[1]因为其内容与本书的主题——日本民族论相距甚远，所以在这里不一一详述。我们在本章讨论的重大问题之一是他们对于混血所持的截然不同的看法。

同化政策基本承认日本民族的混血，"混合民族论"支持下的日本同化政策是根据民族混血的理论依据来推进的，以图达到消除被统治民族的目的。但是，种族主义思想以及优生学的信奉者们认为，优等的统治民族的血，与劣等的被统治民族混血之后，将会被玷污，这是不能容忍的。而且，试图通过让劣等人种体验优等人种的文明从而同化他们的努力是徒劳无益的，也愚蠢至极。应该将劣等人种和优等人种隔离开来，以防止混血。应该让劣等人种生活在与他们的遗传素质相匹配的过去的旧俗中，间接地榨取他们。

20 世纪初，欧美的殖民政策学发展出这么一套根据种族主义思想反对同化主义的理论。同样，在日本也出现了一批优生学系势力，他们对日本的同化政策进行了一系列的批判。这一派与支持同化政策的"混合民族论"相对抗，并且逐渐形成了一套比国体论更"科学"的自成一体的"单一民族论"。

纯血的岛国

据我所知，日本吞并朝鲜之后，优生学和种族主义思想提出的"与异民族的关系"中，对混血问题的看法主要分为两大流派。

其中一派以龙谷大学教授海野幸德为代表。海野幸德是日本优生学的开山鼻祖之一，日本吞并朝鲜之后他在杂志上发表了《关于朝鲜人种和日本人种之间的杂婚》一文。[2]

归纳一下这篇论文的观点，大致内容如下，虽然维持优等人种的纯血统很重要，但是近亲结婚会导致形质的劣化以及适应力的下降。因此，适度地和异族之间"杂婚"是很必要的。不过，像白人与黑人之间差异这么大的人种混血会带来很坏的影响，还是只在相类似的人种之间混血比较好。所以，"日本民族和朝鲜民族之间的杂婚是非常有希望的，这一点不言自明"。而且，一般情况下，"优秀人种的形质应该会抑制劣等人种的形质"，所以，日本民族应该可以通过民族之间的通婚而同化朝鲜民族。

杂种强势的理论一般被应用于农作物以及家畜的品种改良。本书将其称为"杂交强势论"。

"杂交强势论"非常有利于同化政策的正当化，持这种观点的人直到后来也一直仅限于日本优生学系势力的一部分。我个人认为"杂交强势论"并不是优生学系学者的主流思想。而且，朝鲜总督府等的同化政策赞美论中也几乎看不到这种论调的踪影。好像仅仅限于以海野幸德为首的少数种族主义思想家对同化政策的追随。

与此相反，另外一派的势力逐年增强，最终达到了政府水准并被政府接受。他们主张的是混血忌避论和同化政策反对论。

据我所知，早期从种族主义思想的立场出发倡导要忌避与朝鲜人混血的是 1915 年的河上肇。[3] 作为一位马克思主义经济学家和社会主义者，也许他提出这样的观点让人感到很意外，但是当时的他的的确确是一位种族主义思想的信奉者，只是后来随着向马克思主义思想靠拢，他逐渐摒弃了这种思想而已。但是根据他收录于1915 年出版的单行本的《日本民族的血与手》一文，他主张"日本人有被认为是世界罕见优等人种的理由"，并试图用种族主义思想来进行证明。

河上肇在这篇文章中，以当时的种族主义思想家张伯伦的学说为基础，提出："要得到优等人，必须先有优等人种。优等人种与其他人种混血，一旦混血之后就必须严格进行隔离，以保持混血过后的纯洁。"英国人张伯伦提出，凯尔特人以及条顿人混血之后在岛国保持了纯血，这样的英国人在整个欧洲都算得上是最优等的人种。河上肇则提出日本民族的起源与英国人完全相似，他承认"日本在远古时代，即所谓的神代进行过血液的大混合"，他提出："大混血过后我们的祖先就幸福地永远地居住在这个孤岛之上，很早就

河上肇

组建了日本这个国家……迄今为止已经两千多年，一直保持着血液的纯洁。如此长时间地保持纯血才成就了今日之日本人。过去两千五百多年来拥戴万世无疆的皇室一事，绝非我们的意思，也绝不是毫无意义的虚荣。"

在1915年的经济学读书会上，他做了一次关于"种族问题"的报告，主要思想内容跟上面大致相同。在报告之后的讨论中，他如是说：

> 关于混血问题，家畜与国民不可能没有区别。好马与差马杂交可以生下中等马，我们往往就满足于这中等马了。但是，日本人和朝鲜人混血，我们国人恐怕还是无法忍受中等人种吧。

河上肇的意思是日本人与朝鲜人混血，会有损"好马"的"日本人"的优秀性，应该避免。说到底这是将日本民族认为是优等民族的种族主义思想。但是，这同时也是与当时朝鲜总督府实施的同化政策的一环——奖励日本内地人与朝鲜人结婚的政策针锋相对的一种思想。

还有一位更加系统地从种族主义思想出发批判同化政策的人，他就是台湾总督府的高级官员东乡实。东乡实与新渡户稻造、矢内原忠雄关系都很亲密，由于他反对同化政策，他在总督府的人际关系恶化，1925年他辞去总督府的职务成为一名众议院的议员。

东乡实辞职那年出了一本专著，在著作中，他断言："吾人通过杂婚，欲将一方民族全部消灭，同化为另一方民族。我相信这种杂婚政策是极其不合理的。"[4]他认为不应该在朝鲜、（中国）台湾施行同化政策，而应该实行"日本人"与朝鲜、（中国）台湾原住民隔离的"分化政策"。一旦隔离，就不会发生混血。这实际上是日本版的"种族隔离政策"。

对于东乡实来说，"混合民族论"是一种障碍。与河上肇一样，他也承认日本民族在古代的时候曾经与原住异民族混血，但是之后，"两千多年之久，一直孤立于远离海岸的日本列岛，保持了民族的纯洁……直至形成优秀的日本民族"。他指出今后大日本帝国"所到之处如果都实行同化政策，采取杂婚政策，那么，保持了两千多年纯洁好不容易才形成的宝贵的日本民族的优良特性，将会因为与其他异民族混血而逐渐颓废"，最终重蹈罗马帝国的覆辙。过去高山樗牛和穗积八束在提出多民族帝国的末路的时候也搬出了罗马帝国。这种一方面遵从定论——"混合民族论"，承认太古时代的民族混合，但是另一方面又主张之后的日本保持了两千多年纯血的论述方式成为后来优生学系学者反对同化政策的共通理论。

本来，大部分的优生学系学者们当初并不太关注日本与异民族混血的问题。当时优生学系有代表性的学会刊物有1924年创刊的日本优生学会的《优生学》、1931年创刊的日本民族卫生学会的《民族卫生》。[5]从这些期刊登载的文章可以得知，一直到20世纪30年代前期为止，混血问题还是一个不太被提起的话题，他们关注的重点都在日本民族内部遗传病患者以及精神病患者绝育的立法、卫生管理、人口增加等问题上。

其具体原因已经不得而知，笔者个人推测理由有二。其一，他们信奉的欧美的种族论虽然适用于"白人"歧视"黑人""黄种人"，但是很难说可以如法炮制地套用于"黄种人"歧视"黄种人"。说起来，在欧美的种族主义思想家们看来，日本身为劣等的"黄色人种"国家，引进他们的种族主义思想，这本身就很诡异。如果日本人要用种族主义思想去歧视朝鲜人和（中国）台湾人，那就必须证明朝鲜人和（中国）台湾人与日本人有明显的区别。但是，在当时那个年代的人类学界，"日鲜同祖论"以及"混合民族论"还是主流思想。

其二，混血问题可以说是一个忌讳的话题。在他们内部，特别是1930年代后期以后，已经很少有人赞同纳粹的民族政策。从这种动向而言，公开讨论混血问题应该是需要避讳的。在那种时代背景下，大张旗鼓地讨论混血问题就等于反对日本帝国的同化政策。他们觉得没有必要冒如此风险。况且在1920年代，混血问题还不是很急迫的问题，尽管朝鲜总督府施行了奖励日本内地人与朝鲜人结婚的政策，但直至1925年，在朝鲜，日本人与朝鲜人结婚的夫妇一年也不超过44对。

但是，到了1930年代末期，情况发生了巨大变化。1937年日本发动了中日战争，1940年，"皇民化"政策开始动真格的（由创世改名达到顶点）。1936年上任的朝鲜总督南次郎，至少在表面上表现出来他对奖励日本内地人与朝鲜人结婚的政策很上心。他声称朝鲜与日本"必须形神合一、心身合一、血肉一体"。为了"在司法领域体现日鲜一体",鼓励氏名共通、日鲜通婚、日鲜建立养子养女等收养关系。在这些鼓励政策下,日鲜结婚的人数大幅增加,1937年在朝鲜结婚的日本人与朝鲜人夫妇突破了1200对。1941年3月,在朝鲜结婚的137对日鲜夫妇还得到表彰,获赠总督南次郎亲笔书写的挂轴字画。

中日战争以后,为了填补日本劳动力不足的空缺,大量的朝鲜劳工被强制带到日本列岛(内地)。1925年居住在日本的朝鲜人是13万,到了1940年的时候达到了119万,到了1945年的时候则已经超过了200万。结果,在日本内地,朝鲜男性与日本内地女性结婚的夫妇数量也得到了增加。日本政府施行的推进日鲜一体以及奖励日鲜通婚的政策更加加速了日鲜通婚的发展。[6]当然,这些对于优生学系势力来说,已经逐渐成为他们不得不面对的问题。

支持"皇民化"政策的混合民族论

皇民化政策期间,与朝鲜总督府相关的发行物最大限度地有效利用了"混合民族论"。

例如,1937年朝鲜总督府学务局发行了《古代的内鲜关系》,举天孙、出云、虾夷、熊袭为例,说"日本过去有很多种族","这四大种族结合在一起形成今日之日本民族"。如今,日本与朝鲜在日本天皇的统治下实现统一,"唯有这两个民族完全融合在一起,形成真正的大日本民族,才能实现世界雄飞的理想"。[7]

1941年6月,朝鲜总督府发布了《内鲜一体的理念及其具体实施方略要点》。强调历史上"多数朝鲜人渡来日本"并被同化为日本人。因为"西洋的社会结构以民族为本位",所以容易发生民族自决运动，出现民族分裂，而东洋信仰的是"民族亲睦思想"，整个日本团结在天皇家族周围"形成浑然一体的日本民族"。[8]

《内鲜一体的理念及其具体实施方略要点》刊发之后，朝鲜总督府举行了一系列赞美"皇民化"政策的演讲，各类媒体登载了很多赞美"皇民化"政策的文章。值得关注的是，为了赞美"皇民化"，朝鲜总督府不仅大肆宣扬"混合民族论"，同时还对纳粹进行了批判。朝鲜总督府批判纳粹，这也许让人感到很意外，但是考虑到纳粹的犹太人政策也就不足为奇了。纳粹的犹太人政策严禁民族间通婚、排斥犹太人、禁止犹太人服役、将犹太人送往收容所以及犹太人区，这些都与朝鲜总督府的实施方略要点相违背。如果将纳粹的这些政策应用到朝鲜，那就等于否定朝鲜总督府鼓励日鲜通婚的政策，也就不能从朝鲜人当中征兵了。

当然，这并不意味朝鲜总督府想要平等地对待朝鲜人。他们一方面宣传朝鲜人加入日本军队是一件很光荣的事情，但是另一方面，《内鲜一体的理念及其具体实施方略要点》以及后面将会提到的赞美"皇民化"的学者们都强调，内鲜一体并不是权利义务上的平等。[9]他们只不过是想在维持现存的差别歧视下，消除朝鲜的民族独立性来动员他们为日本军队卖命。这甚至比喜田贞吉等人所倡导的（有良心的）同化论更甚。因此，直接引进纳粹的纯血政策对朝鲜总督府来说是不合适的。

1941年，朝鲜总督府警务局保安科科长古川兼秀谴责受纳粹影响的"纯血污损论"。[10]他说："总而言之，所谓的'纯血污损论'，指的是同化政策会玷污大和民族血统的纯洁因此不可行的一种论调，多见于崇拜德国的国粹论学者。也有一些相当有地位的日本内地中坚官僚持这种观点，但是，我可以断定，至少在日鲜关系上，这种'纯血污损论'是一种谬论。"

正如我们后面将要讲到的那样，在优生学势力渗透的厚生省就曾经具体地讨论过这种纯血政策。古川兼秀说："如果政府一旦采纳这种'纯血污损论'并且将其制度化，那将会产生怎样的结果呢？"一旦日本政府执行纯血政策，日本民族以外的其他民族都将不被承认为"日本人"，朝鲜人"不但被禁止与日本人通婚，甚至不被承认为皇国臣民"，那么日本也就无法在朝鲜施行"皇民化"政策，更不能征兵。如此一来，"反对混血就等同于将朝鲜人视为犹太人，其错误显而易见。恐怕只有无视大和民族本是亚洲所有民族中最最复杂的复合民族以及日本已经吞并朝鲜这一事实才会提出这般幼稚的见解"。

同年，京城帝国大学教授尾高朝雄也对纳粹提出了批判。[11] 他在演讲中说道："关于德国境内存在的异民族，纳粹不容许其德意志民族化。……是因为他们采取了让他们不能德意志民族化，也不让其德意志民族化的方针政策。特别是对待犹太人，他们确立的那些排他性民族政策众所周知。"而那些"认为内鲜一体将会污损大和民族纯洁性的人"只不过是在"追随纳粹德意志的民族至上主义"而已。

尾高朝雄说："日本，只要有天皇存在就有国家，有国家才有民族，民族并没有绝对的意义。"他提出，"记纪"时代存在过"与天孙民族完全不同血统"的民族，"因为一君万民的关系，外来民族最终都成为真正的皇国臣民，形成了现在的大和民族。……在这一点上，纳粹德国的方针与日本的国体的本义之间有明显区别"。而且，"如今相同的历史以迄今为止从没有过的庞大规模重现在朝鲜半岛上"。

主张推进"内鲜一体"的绿旗联盟会会长津田刚也说:"当初古代的时候,我国在日向地区有天孙民族,在出云有出云族,北方有虾夷族,九州有熊袭、隼人。"虾夷和隼人"有一部分是阿伊努族,有一部分很明显是马来人",这些异民族混居的"混乱的社会"被天孙民族和平地统一在了一起。

津田刚还说:"从人类学的观点来看,朝鲜半岛人和关西人的骨骼差异比关西人和日本东北地区人的骨骼差异更小,因此很容易被同化。"这是身为京城帝大教授的人类学家上田常吉的观点,也是所谓的终极的"日鲜同祖论"。上田常吉延续了鸟居龙藏认为从朝鲜半岛渡来的征服民族在近畿站稳了脚跟的学说,他从日本列岛与朝鲜半岛各地身体测定的统计数据出发提出了这种学说。鸟居龙藏自身也于1939年投稿给朝鲜总督府的机关杂志,从人类学学者的立场出发,重复他的"同一民族"论,提出:"不如说朝鲜是北方的日本更加合适。"[12]

朝鲜总督府情报课课长仓岛至在他1942年一篇题为"血液的混溶"的文章中这样写道:[13]

> 我国体质人类学的研究表明,中部朝鲜的半岛人与近畿地方的日本内地人很多地方极其相似,他们之间的差异比日本内地人之间的地方差异要少得多。……《新选姓氏录》所记载的1082个姓氏当中,归化人的姓氏就有326个,占了三分之一。……以此来看,说什么混血会丧失日本人血统的纯洁,或者会造成日本精神素质的下降等等,并以此来反对混血,这只

能说他们只认识过去的日本，只知道北海道和3府43县的明治时期的日本，具有偏激、狭隘、固执、孤陋寡闻的"岛国根性"。

朝鲜总督府总督南次郎在太平洋战争开战之际的演讲中，如是说：[14]

> 回顾建国三千年的日本历史，要找寻形成今日之大和民族的我们的祖先，绝对不仅仅是单一的大和民族，我们会发现我们的祖先或许是熊袭，或许是虾夷，又或许是从中国大陆、南洋、三韩等各地渡来的归化人……
>
> ……根据《新选姓氏录》，以近畿地方为中心的地域都是朝鲜的归化人，大约占当时日本总人口的三分之一。

南次郎还举祭祀高丽王的埼玉县高丽村的高丽神社为例，称赞被同化的朝鲜人具有崇高的"基于'八纮一宇'伟大理想下的一视同仁的大和大爱精神"。

过去，天皇的血统也不是什么禁忌的话题。日本浪漫派的保田与重郎在1938年写了一篇关于朝鲜旅行后的纪行文。在文中，他提出"桓武天皇的母亲"出自"百济王族"，相信天皇家族和朝鲜王族之间有血缘关系。亲日派知识分子李光洙在1941年得到朝鲜总督府许可的情况下，叙说了神功皇后和桓武天皇的出身，提出日本和朝鲜自上至下都有血缘关系，提倡促进"日鲜一体"。[15]

"皇民化"政策就是在这样一些论调下得以推进的，难怪会有人从日本民族纯血论出发对其提出反对。虽然在战时言论管制最严

保田与重郎

格的时候很难表露出来，但是当时还是有一位名叫古谷荣一的人物站了出来。古谷荣一印发了反对"创氏改名"的传单到朝鲜总督府抗议，甚至向贵族院议长提交了请愿书。

古谷荣一在1939年印发了题为"可以让朝鲜同胞滥用日本世代相传的姓氏吗？"的传单，大力宣扬要"促使拓务省以及朝鲜总督府进行反省"。他认为九成的"全日本姓氏"都是"皇胤"，也就是天皇家族的直系后代。通过"创氏改名"将日本世代相传的名字送给朝鲜人，"是对日本民族家谱的伟大侵害"。"于国体，是比共产主义还要恐怖的腐败思想的温床"，将会导致祖先血统的不明确，会使姓氏的"皇胤比率下降"。如果非得要改名，那就将朝鲜人的姓氏改为"日本式，但是日本人又从未曾用过，日本内地也不存在的姓氏"。例如姓金的朝鲜人改为"金寺、金水、金月"，姓林的朝鲜人改为"林仓、林藏、林元"等。[16]

古谷荣一反对"创氏改名"的动机在于：一旦名字一样，歧视就会被消除。而实际状况是，就算是朝鲜人表面上改成日本式的姓名，但是户籍不会改变，可以通过户籍掌握出身。这样也就不存在古谷荣一所担心的出身歧视会被消除的情况。前面第9章中提到过，有一位名叫中山哲的学者建议在改名的同时将户籍上的朝鲜出身的证据也全部消除。这与现实中的"创氏改名"存在本质上的区别。

朝鲜总督府强调"内鲜一体"政策并不是权利义务上的平等。"内鲜一体"的目的是消除一个民族而不是消除歧视，一旦有什么情况，就称他们为异民族而歧视他们，一点也不含糊。叫嚣"内鲜一体"的朝鲜总督府总督南次郎也在不为朝鲜人所知的枢密院会议上说，他们是异民族，不能与他们为伍。[17]尽管如此，"皇民化"政策还是刺激到了那些"纯血论"的主张者。

朝鲜总督府为了应对古谷荣一的请愿运动，专门写了一份内部文书《"请愿书"里出现的谬误》。诚如后面将要论述到的，古谷荣一是《优生学》杂志的撰稿人，他的背后有优生学系势力和厚生省官员们的支持，这一点朝鲜总督府应该没有意识到。

在这份内部文书中，他们也提出凭户籍就可以掌握一个人是日本人还是非日本人，古谷荣一对"创氏改名"的理解是错误的。而且古谷荣一所谓的"皇胤比例九成"的说法是"没有统计数据依据的"，按照《新选姓氏录》的记载，朝鲜系渡来人占日本全部人口的两成以上，上面明确记载："形成今日大和民族的祖先未必一定是清一色的大和民族。"另外，1940年1月总督府法务局的内部文书《关于"创氏改名"法案的问与答》中，针对"九成日本人是皇胤、神胤"这种疑问，强调了渡来人的存在，并附上了《新选姓氏录》的摘录。[18]

这种论调并不仅仅限于朝鲜总督府，（中国的）台湾、满洲和北海道等地的官府也都纷纷附和。1943年（中国）台湾发行的《论说文例改姓名读本》写道，"众所周知，大和民族从一开始就绝不是单一纯粹血统的民族……有很多渡来的归化人"，呼吁大家将自己的名字改成与"浑然一体的大和民族"相似的姓名。"满洲帝国协和会"在 1939 年发行的小册子中，也举日本列岛太古时代的民族混合为例，称日本民族历史上"血液中具有民族亲睦协和的精神"，将日本民族在伪满洲国的所作所为正当化。[19]

曾经担任北海道厅社会课土人事务主任属下的官员喜多章明提出，"在建国之初，我国曾有很多人种"，"前九年·后三年之役"以及平泉都与阿伊努人息息相关，提议将阿伊努族同化为大和民族。努力推动把在日本内地居住的朝鲜人同化为日本人的中央协和会理事下村宏于 1941 年作了一次题为"大东亚共荣圈"的演讲，他在演讲中说："从西伯利亚来的鞑靼、朝鲜、中国、琉球、中国台湾、南洋诸岛——各地的民族都曾经聚集在日本列岛……形成了今日之大和民族。"这些地域在日本的指导下，"浑然一体"。[20]

但是，这些主张仅仅强调同化和混合的历史实绩，一点都没有提到"天孙民族"的源头——高天原究竟在哪里，以至不仅仅天皇家族来自日本岛外变成了不能说的禁忌，现在居然发展到连高天原究竟在何方也成为不能触及的忌讳话题。

厚生省和优生学系势力

> "展望世界坚决执行纳粹绝育法之大政治家，唯阿道夫·希特勒一人也。"

日本民族卫生学会成立于 1930 年，提倡根据优生学进行社会改造。明明是一个社会团体却冠以学会之名，这是因为其在设立之初没有通过财团法人的认可。5 年之后，日本民族卫生学会改组为日本民族卫生协会。这个组织的目的在于让那些遗传病患者以及"劣等者"进行绝育、通过优生学学者的诊断之后"优生结婚"，反对限制生育，力图日本民族人口的增加，等等。创立之初的评议员里边，可以看到吉田茂、鸠山一郎的名字。前面这一段话，是身为理事长的东京帝大医学部教授永井潜在1936年会刊的卷首语上称赞纳粹绝育法时写的，用朝鲜总督府所说的"德国崇拜者"来形容永井潜再恰当不过了。[21]

如前所述，他们的会刊当初本来并不太关心混血问题。但是永井潜在1932年第二届日本民族卫生学会的大会上作了题为"关于民族的混血"的报告。[22]

他提出："从优秀民族的立场来看，应该尽可能保持血统的纯正，避免混血。"当然他也搬来罗马帝国进行举例说明，声称罗马帝国因为与异民族混血最终走向了没落。当时，"混合民族论"已经得到全社会的公认，永井潜也承认，"太古之初，通过与异民族通婚，产生了我们优秀的祖先"，但是，在那之后，"由于得天独厚的离岛的地理条件的关系，迄今为止一直保持了日本民族的纯血，此实乃全世界独一无二"。他还委婉地表示日本在朝鲜、（中国）台湾的同化政策要慎重，但是其真心昭然若揭。

将日本民族卫生协会的一系列活动反映到政策层面上的重要人物是副会长古屋芳雄。古屋芳雄曾是金泽医大的教授，因为赞同纳粹的民族政策，于1939年进入当时新成立的厚生省。后来历任厚生科学研究所国民体力部长、厚生省研究所厚生科学部长，战后还担任公众卫生院院长一职。

在厚生省和优生学系势力的共同努力下，日本制定了好几个法案，例如现在的《优生保护法》的前身，将遗传病患者的绝育合法化的《国民优生法》；根据国家健康管理状况来增进体力的《国民体力法》等（都制定于 1940 年）。除此之外，古屋芳雄还为 1941 年内阁会议决定的企画院的"人口政策确立要项"的制订奔走呼号。这个"人口政策确立要项"包含了普及优生知识、为了增加人口禁止避孕、禁止人工流产、确保农村人口等内容，这些内容都是古屋芳雄以及优生学系势力共同的主张。[23] 软弱而且容易冒危险思想的都市人口逐年增加，而担负日本民族出生力重担的农村人口却逐年下降，古屋芳雄对此抱有危机感。

古屋芳雄在进入厚生省的 1939 年，在给《优生学》杂志的寄稿中强调："不能容忍混血这样的事情发生。类似今日德国的犹太人之祸，谁能担保将来不会在日本发生呢？"同样，他一方面承认日本民族在古代有混血，但是另一方面责备那些以"混合民族论"为依据而在民间流传的"根据结婚政策实行民族同化不是很好吗？"这样的议论。根据古屋芳雄的观点，不应该在（中国）台湾和朝鲜通过混血来实现"民族同化"，而应该在这些殖民地"大量地建设日本农村"，然后"再由日本的农民占领这些农村"。[24]

古屋芳雄还在 1941 年的著作《国土·人口·血液》中明确反对朝鲜总督府等的主张。[25] 根据他的观点，对"纯血论"的批判大致可以分为三种。第一种认为今后日本帝国将会包含很多民族，所以"妄议民族一词是建设大东亚新秩序的一大障碍"。古屋芳雄称：《国民优生法》在法案阶段用的是"民族优生法"一词，但是考虑到"民族"这个词用得不太妥当所以最终改名为"国民优生法"。第二种认为"今日之民族主义是纳粹德意志的模仿"。第三种认为

"我国民自古以来是混血民族，所以，混血根本不足为惧"。对于这些批判"纯血论"的观点，他称第一种是神经过敏；对于第二种观点，他以纳粹辩解来对应。

古屋芳雄称"完全不能赞成"根据混合民族论而形成的"民族同化论"。根据他的观点，将在"文化度"和"增殖力"上有程度差别的两个民族混合，会招致"民族竞争的激化"。朝鲜人的人口增长率很高，这不仅是古屋芳雄，同时也是整个优生学系势力所担心的问题。所以，他强调："虽然日鲜一体的初衷很好，但是人为地、过于性急地将半岛日本人（朝鲜人）迁往日本内地的做法并不妥当。"他还反对"强制连行"[1]。总之，不管理由如何，他都不希望异民族流入日本。另外，他还强调混血儿的问题，"虽然两个民族相互通婚这个政策是好的，但是他们生下来的孩子怎么办呢？"，"与汉民族混血就更加是一个问题了。"作为一个官员，他在公共出版物上不能公开反对"皇民化"，所以用词非常慎重，但是其言下之意不言自明。

日本民族卫生协会学术大会的内容明显地显示了协会和厚生省之间关系的日益紧密。从 1940 年第 9 次到 1942 年第 11 次大会，包括厚生省优生课课长的政策解说、厚生省系研究机关研究员的研究报告在内，学术大会的发言者当中，与厚生省有关系的人占了三成以上。以前，大会会场一般都设在全国各地的大学，但是 1943 年第 12 次学术大会就在厚生省研究所举行。

与此同时，他们对混血问题的研究也逐渐增多。在学术大会

---

[1] 即强行带走。指"二战"期间日本将朝鲜人、中国人等强行抓走去做劳工等。

上，发表了很多关于日本民族与阿伊努人、中国人、南洋诸岛的居民、欧美人、印度人等的混血研究以及朝鲜人的人口增长率、朝鲜女性的妊娠次数研究等。协会的普通会刊上也出现了诸如"混血始终是一个国家应该避免的问题"之类的说法。[26]

同一时期的《优生学》杂志也几乎每一期都刊登了与厚生省有密切关系的学者们的政策解说，甚至有时候一整期几乎都是他们的文章。《优生学》几乎成了厚生省的宣传刊物。1942 年的《优生学》报告了日本人与朝鲜人混血之后的混血儿的体质和智力水平。反对"创氏改名"的古谷荣一从 20 世纪 20 年代开始就成为了《优生学》的撰稿人，1940 年《优生学》连载了他的皇胤国家论和创世改名反对论，把"创氏改名"当作忤逆国体明征的"不祥事件"进行了一系列的批判。[27]

纯血和总动员的矛盾

1943 年，根据厚生大臣的命令，厚生省研究所人口民族部撰写了超过 3000 页的题为"将大和民族视为核心之世界政策的探讨"的文书，但它作为政府内部机密资料仅仅印发了 100 本。厚生省研究所人口民族部的人口政策部部长以及技术官等都在日本民族卫生协会的大会上作过报告，厚生省研究所为日本民族卫生协会提供了大会会场，厚生省研究所与日本民族卫生协会之间的密切关系由此可见一斑。[28] 通过这份文书以及它对公开媒体的回避态度我们可以大致了解优生学系势力的民族政策观点。

这份文书反复强调要防止混血，提出与殖民地的当地民族混血欠缺优生学的考虑，"表面上冠以同化政策的美名，实质上将破坏大和民族的统一，使大和民族的文化水准降到当地民族的低水平，最终放弃自己本身作为指导者的意识和权力"。并且还提出防止混血的对策：出国人员要带配偶、日本人海外所生的子女需定期回日本内地接受爱国主义思想教育。

根据这份文书的观点，"杂婚"大多数源于性冲动，"杂婚的夫妇在他们各自民族的社会地位和智力都属于劣等"，而且很多都是置父母亲的反对于不顾，从而招致家族制度的解体。另外，混血儿的适应能力和身体抵抗能力都明显比较差，几代人之后，他们就会接近于原住民族或者成为另一种民族，与统治民族渐行渐远。"在性格方面，他们依赖性强、趋炎附势、没有责任心、意志薄弱、空虚、具有性格分裂的倾向。"[29]

这份文书还提出了警告：由于"强制连行"，居住在日本内地的朝鲜人急剧增长，他们与日本女性的通婚数量在增加。"本来，居于统治地位的征服民族的男子娶被统治地位的被征服民族的女子为妻才是支配关系的原则，但是强制连行后的通婚，导致支配关系原则的逆转。"事实上，朝鲜总督府表彰的日鲜结婚夫妇，其中将近八成都是朝鲜男性娶日本女性为妻。而且，根据人口民族部的前身——厚生省人口问题研究所对1500对日本内地居住的朝鲜男性与日本女性通婚的夫妇的调查发现，他们所生育的混血儿"不知羞耻、国家集体主义精神淡薄"。另外还有很多将朝鲜男子"误认为是日本内地人"而结婚的情况，这是"基于过度的内鲜一体论和创氏改名所导致的悲剧的一个侧面"。[30]

被"强制连行"到日本的朝鲜人都是青壮年的男性，朝鲜男性与日本女性结婚的夫妇多也是自然而然的。而且，这些青壮年的男性被强制要求改名为日本名，被强制要求学习日语，他们被"误认为日本人"也在情理当中。越是施行"皇民化"和总动员，就越将瓦解纯血主义。

在同时期的纳粹德国，被强制动员的外国劳工与德国人之间的混血也一时间成为德国的一大问题。为此，德国的做法是从苏联以及波兰引进几乎相同人数的男女劳工。除此之外，根据德国内务省的决定，他们还设置了外国劳工专用的外国女性慰安所。一旦发现外国劳工与德国女性发生性关系，则将男性处以死刑。[31] 可是在日本，的确也有在一些劳工的劳动现场设置了朝鲜劳工专用的朝鲜女性慰安所，但是政府还是鼓励日鲜结婚，至少表面上如此。毫无疑问，这种情况令厚生省研究所的研究官们不能接受。

那么，他们认为应该怎样对待朝鲜人、（中国）台湾人呢？文书中"东亚民族人口对策"这一章提出的关于"（中国）台湾人、朝鲜人的强制移居"的规定，回答了这个问题。虽然他们认可"朝鲜、（中国）台湾作为兵站基地占有重要的地位"，但是还是认为"他们出生率高而且现在尚未被同化"，"为了防止他们成为恩将仇报的害群之马"，特提出以下五个提案：[32]

1. 不让朝鲜劳工在日本内地长期居住，战争结束之后就将他们遣送回去，明确"离乡打工"的观念。

2. 出于与苏联之间的关系，如果不危险的话，将日本内地人迁居到北朝鲜、东满国境，将那里原住的朝鲜人迁移到别处。

3. 将朝鲜人迁移到新几内亚等地，让他们去开拓那些不毛之地。

4. 有计划地将日本内地人迁移到朝鲜、（中国）台湾，至少要占到当地人口的 10% 左右。

5. 过度的内鲜一体论的统治方针导致的结果是日本人反而被朝鲜人压制，我们应该正视这个问题。

古屋芳雄所主张的驱逐原住民，由日本农民占领朝鲜、（中国）台湾的构想得到了进一步具体化。

第五项提案还列举了应该纠正的政策课题，其中包括"创氏改名的问题""内鲜通婚的问题"；诸如"内鲜人纷争的问题""经济以及劳动条件的问题""风纪犯罪的问题"等因为强制连行所导致的纠纷的问题；还包括"内鲜共学的问题"等这些过去东乡实的主张。我们可以将这一项看作种族隔离政策的建议。

还有一点值得我们注意的是："征兵制的问题"也被列入了他们认为应该要纠正的政策项目之列。当时日本已经决定在朝鲜实施征兵制，但是他们还是想要将朝鲜人排除在日本军队以外。他们担心会使用武器的朝鲜人一旦增多，会增加统治的危险。而且他们认为，对于当时的日本人来说，"光荣的皇军"的纯正血统不能遭到朝鲜人的破坏。如果朝鲜人在军队中授勋，那么便很难再轻蔑他们。如果有朝鲜人晋升为军官，那么就算是"日本人"的士兵也必须服从他们。而实际上，在日本的陆军中，朝鲜人最高做到了中校，有不少少尉以上的军官。[33]

因此他们提议：并不是主张不要利用朝鲜、（中国）台湾的人力资源，关于"强制征用（中国）台湾、朝鲜劳工"的问题他们在其他提案中加以了说明。如果让（中国）台湾、朝鲜劳工在当地或者南方劳动的话则另当别论，如果征用他们到日本内地劳动，就必须实施严格的隔离，否则战后最好要遣返。另外，关于军事动员，他们提出不要将他们编入日本军，建议将他们"编成东亚共荣圈各民族的军队，编成外国人部队加以利用"。[34] 将朝鲜人部队、中国人部队等与日本人部队进行军种隔离，然后通过日本人军官来进行管理，这样日本军的纯血就不会遭受破坏，而且还能够实现对异民族的军事动员。如果将异民族征兵编入日本人的部队，那么有军功者就必须在日本人的部队中晋升，如果在制度上将他们编入外国人部队，就不会有这样的情况发生。

这份文书还对日本的民族起源给予了很大的关注，用了整整一章的篇幅来论述。其主要内容是承认日本太古时期有混血，但后来一直维持纯血，现在已经成为"固有的纯血统人种"。同样在太古时期有混血的德意志民族，也是推进纯血政策的，他们"并不像有的日本知识分子那样，凭此就推断日本民族是混合民族"。[35]

1942 年 7 月，由大东亚建设审议会提出的《大东亚建设的基本纲领》中的人口以及民族政策报告主张："为了保持大和民族的纯一性，有必要采取一些措施，例如让定居朝鲜、（中国）台湾等地的日本人带家属前往等。"大东亚建设审议会由东条英机首相担任总裁，学者、专家云集，但是实际上主导权掌握在主务官厅企画院的官员手中。这次审议会的审议内容没有存留下来，但是在企画院研究会 1943 年 2 月发行的《大东亚建设的基本纲领》中，提出了增加日本民族人口、确保农村人口、海外日本人带配偶、在殖民地诞生的日本人后代需回到日本接受爱国主义思想教育、彻底普及优生思想等。[36] 虽然《大东亚建设的基本纲领》一书没有记载执笔者的姓名，但是其主张与优生学系势力非常类似。企画院在古屋芳雄致力于制定的人口政策确立要项等方面与厚生省通力合作，在人员的交流方面也有协作。

可以推测得知，朝鲜总督府就是意识到了这个动向从而对日本国内的"德国崇拜者"—"日本内地的中坚官僚"的纯血论进行了批判。一位与总督府关系密切的朝鲜亲日派人士写道：出现了一些受纳粹影响的"叫嚣纯血的声音"，他们"与厚生省和企画院关系密切"，"能忍受日本人的血液中混有朝鲜人的血吗？"。"不许朝鲜人流入日本内地"的思想在蔓延，他们正在妨碍"皇民化"。[37]

当然，朝鲜总督府也好，优生学系势力也罢，他们都不是坚如一块磐石，总督府内部也有反对日鲜结婚的人，优生学系势力中也有倡导杂种强势论者。而且，朝鲜总督府的内鲜一体论的大部分都并没有落到实处，这也是事实。但是，"创氏改名""日鲜结婚""强制连行"等等确实是动了真格，付诸了实施。不用说，优生学系势力并不是出于要保护朝鲜人、中国台湾人的目的，朝鲜总督府也并不是主张平等。他们一方是想抹杀民族的独自性来进行总动员，另一方则是想避免异民族流入日本民族，担忧作为歧视依据的民族区别会有所动摇。

既然日本民族的纯血是他们矛盾对立的焦点，那么日本民族的起源就成了他们不得不面对的问题。朝鲜总督府将"混合民族论"当作有力的武器加以利用，而对优生学系势力的纯血论来说"混合民族论"却是如鲠在喉。

不过，优生学系势力在他们自己内部也拥有人类学家。

单一民族人类学说的抬头

20世纪20—30年代，人类学的潮流是文化人类学的分离以及向体质人类学的倾斜。由于本书不是文化人类学的学术史，所以这期间出现的学者以及他们的学说不一一详述。总而言之，人类学从明治时期的大杂烩状态开始向专业分化的方向发展。1924年，围绕如何评价形质人类学的博士论文，人类学专家们的意见发生分歧，导致鸟居龙藏从东京帝大辞职，这也是人类学新旧世代交替的象征性事件。当时，拥有人类学专业的还仅仅只有东京帝大一所大学，其他专业的热心于人类学的学者们担负着大部分的人类学研究工作。如果人类学的研究对象向形质研究倾斜，那对熟悉人体结构的医学系的学者们更加有利。以永井潜、古屋芳雄等一批有医学背景的学者们为首成立的日本民族卫生学会里就有好几个医学系人类学家。

其中有一位是曾经担任过日本民族卫生学会地方评议员的金泽医科大学教授（后来的东京帝大教授）古畑种基。古畑种基学的专业是法医学和血型研究，他在战后写了一本血型研究的启蒙书，掀起一股血型研究的热潮，是血型研究的先驱人物。血型是当时优生学系势力关注的重点，看一下1930年代前半期的《民族卫生》以及《优生学》就会发现，这两本杂志登载了很多关于智力以及运动能力与血型之间关系的文章。还有一些关于血型与性格的关系的文章，例如A型血的人细腻，O型血的人大胆。可以说，这是现代血型学研究的起源。[38]

当时的优生学系势力流行一种学说，以不同的人种、不同的民族有特定的血型比率为根据，提出这是民族性格以及民族优劣的指标。医学系人类学家古畑种基则提出日本民族的血型比率异于周边

清野谦次　　　　　　　　　　长谷部言人

诸民族，尽管日本民族在太古时代与异民族有混合，但是"日本民族诞生于日本列岛，是拥戴万世一系皇室的优秀的大家庭，日本民族的故乡就在日本列岛"。[39]

　　还有京都帝大和东北帝大的医学教授清野谦次、长谷部言人，他们从日本民族卫生学会成立之初就以评议员的身份加盟了日本民族卫生学会。特别是清野谦次，从 1920 年代开始，就日本民族起源问题给《优生学》撰稿，提倡"从优生学的角度选择配偶"。[40]清野谦次本来是一位病理学家，也是指挥 731 部队的石井四郎的老师。古畑种基在血型研究这个狭窄的范围内有一定的影响力，但是清野谦次和长谷部言人的研究成了日本战后人类学的定论，对单一民族神话的形成起到了重要作用。

　　与过去那种动不动就依据"记纪"神话的学说不同，清野谦次和长谷部言人非常重视形质测定的统计处理这种乍一看非常科学的方法。从大正末期开始，清野谦次就从古遗址出土的人骨出发，长谷部言人从现代日本列岛各地的身体测定数据出发，否定了过去将虾夷等民族认为是异民族的"记纪"解说。特别是清野谦次所借由的庞大统计数据，据说曾令当时的学术界大为震惊。用一句话来概括大正时期[1]的学说：日本列岛的石器时代人就是虾夷人，也就是阿伊努人。而清野谦次和长谷部言人认为石器时代人并非原住民族，而是日本民族直接的祖先，并没有征服民族所带来的民族的更替。[41] 这是对当时鸟居龙藏等人的学术定论的否定。

根据长谷部言人的观点，在日本列岛各县之间的平均身高上，高的县与低的县差别很大。这是在太古时代，高个子民族与矮个子民族两个民族混合的结果。当时，在大家的认知里，身高几乎完全由遗传来决定。长谷部言人根据有虾夷人的东北地区的人的身高不同于阿伊努人的身高这一点判断得出：虾夷并非阿伊努人，石器时代人不是阿伊努人而应该是"日本人"。

运用了大量统计数据的清野谦次的论文并不容易读懂，倒是他的主张相对比较单纯。如果说阿伊努人是原住民族，那么石器时代人的骨骼就应该与阿伊努人的特征相近。但是根据他的研究，石器时代人的骨骼既不与现代日本民族相似，也不与现代阿伊努人相似，所以，他得出：石器时代人不是阿伊努人而是现代日本民族直接的祖先。只是随着后来的进化以及和南北人种的混血，逐渐形成了现代的阿伊努人和现代日本民族两个分支。

日本民族卫生学会在成立的第二年推荐人类学的权威鸟居龙藏

---

[1] 1912—1926 年。

为理事，并让他在 1932 年召开的第二次大会上作特别演讲。在这次大会上，理事长永井潜作了演讲，正如前面所述在演讲中他批判了混血论，而鸟居龙藏则只是按照他的演讲题目"原始人的生活"进行了演讲，只字未提日本民族起源论，从那以后鸟居龙藏就再也没有在大会上出现过。在 1934 年的第三次大会上，清野谦次取代鸟居龙藏作了关于日本石器时代人的报告。[42] 我们已经无法得知当时的学者们究竟是如何评价清野谦次满是数字堆砌的学说，但是有一点可以肯定的是，他没有鸟居龙藏那么有名，也没有鸟居龙藏那么权威。作为鸟居龙藏学说的反对者，学会之所以让他代替鸟居龙藏作报告，只是因为他的学说比较符合学会的指导方针而已。

更加严密一点说，在这之前的清野谦次和长谷部言人的学说，虽然否定原住民族被征服一说，但并不否认日本民族的混合起源。否定日本民族的混合起源的确超出了当时人类学家们的常识范围。他们对日本民族混合起源的认同一直维持到了优生学系势力尚未对混血问题感到危险的 1930 年代前半期。尽管如此，他们两人的研究对支撑同化政策的过去的"混合民族论"是一大威胁。但是能够对他们大量测定并运用统计学进行的研究正面提出反对意见的学者并不多。

提出了最有力的反驳意见的是前面提到的京城帝大的上田常吉，他的学说曾经被朝鲜总督府的"内鲜一体论"所采用。上田常吉提出，中部朝鲜人和近畿地区的人在形质上很相似，他们之间的差异比日本列岛内部的地方差异还要小。他的学说是鸟居学说的延续，认为从朝鲜渡来近畿的民族征服了原住民族阿伊努人，北陆、关东、东北人的阿伊努血统比较浓，而日本的中国地区、近畿人的朝鲜血统更浓。这很明显地与清野谦次、长谷部言人的学说对立。

上田常吉本来是一位解剖学家。他熟悉人体测定，也是当时为数不多的懂统计学的人类学家，有能力与清野谦次、长谷部言人相抗衡。他提出清野谦次的统计处理有缺陷，并威胁清野谦次，如果不订正他就要将缺陷公之于众。[43] 根据上田常吉的观点，清野谦次所说的石器时代人骨与现代阿伊努人不一样，是因为现代阿伊努人是石器时代的阿伊努人与征服民族混血的结果。他对清野谦次的指责并非空穴来风，应该有所依据，清野谦次于 1934 年以学生的名义修改了论文。他们之所以承认日本民族的混合起源，也不得不说有上田常吉等反对者们的功劳。

"应当针对混血采取措施"

不过，在"皇民化"政策正式实施的 1938 年之后，清野谦次和长谷部言人两人的论调就发生了改变。在这两年前，当时有全国唯一的人类学研究室的东京帝大的主任教授猝死，在清野谦次的斡旋之下，长谷部言人成为东京帝大主任。长谷部言人对曾任日本民族卫生学会评议员的当时的校长长与又郎谏言，称按国家的形势有必要对亚洲各民族进行研究，推动长与又郎将人类学教室于 1939 年升格为学科，自己则成为全国第一个人类学学科的创始人。[44] 这一年年末，长谷部言人作了题为"太古的日本人"的广播演讲，他抛弃过去的观点，全面否定了民族混合。

根据这次为庆祝"纪元 2600 年"而始的演讲，他宣称土蜘蛛、熊袭、虾夷等事实上都是日本民族，是以"抵抗皇军的不良分子"为首的地方势力，只是因为被夸大了风俗的差异，而被后世的历史学家们误认为是异民族。毫无疑问，石器时代人不是阿伊努人，"异民族之间的混血"只是个别现象而已。而且，在石器时代已经有了稻作，石器时代的衣食住行和现代日本并没有什么太大的差别，文化上也具有连续性。同时他还批判那些认为"日本人是从大陆（朝鲜大陆）或者南方迁移而来的学说""没有任何根据，简直就是痴人说梦。自从有了人类，日本人就居住在这个日本列岛上，日本人除了发源之地日本之外没有其他乡土"。

根本不承认日本民族外来、日本民族混合的长谷部言人的主张，后来甚至被古代史学家们形容为"让人联想起纳粹的纯粹日耳曼优越人种论的学说"。尽管如此，"二战"失败以后，他还是一如既往地批判"混合民族论"没有依据，主张"像战时的日鲜同种论"是错误的，日本和朝鲜之间的差异非常显著。长谷部言人的学说对当时帝国公认的"日鲜同祖论"以及"混合民族论"进行了全面否定，也许正是出于估计会招致众人反对的担心，他只是将这份演讲稿刊载在一个不太起眼的专业杂志上，据说广播的时候还"省略"了否定日本民族外来的内容。[45]

但是，他在非公开的文章中比较明确地主张自己的学说。日美开战5个月以后，大东亚建设审议会提出要维持大和民族纯血的报告之前的1942年4月，他向企画院副部长提交了题为"一个人类学研究者对大东亚建设的意见"的意见书。[46] 开篇这样写道：

一、要进行大东亚建设，先要了解日本人自己

日本人从久远前的太古时代开始就居住在日本。高天原的所在之处虽然现在已经不得尽知，但是要说在日本以外之所，

那只不过是一种想象。日本在洪积世的末期气候就已经适合人类的居住，当时栖息了各种兽类，由此可见，日本人恐怕自此开始就占住在日本，只是还没有得到确认而已。

"日本人"自洪积世（更新世）就居住在日本，高天原并非在外国。他的依据仅仅只是因为洪积世时候的"日本"已经有了动物，"人迹"应该就是随后不久的事情。与其说这是一种学说，还不如说是一种信仰更加合适。所谓的洪积世，那还是日本列岛尚未从大陆分离的时代。第17章将会讲到，"二战"后长谷部言人从东大的人类学研究室里的人骨模型中找到了"人迹"，创立了有名的"明石原人说"。那是后话，这里姑且不谈，我们先继续看他的意见书。

长谷部言人主张，日本列岛的"石器时代人即日本人"，其文化从那时候开始就"极其特殊"，与"阿伊努人、婆罗洲[1]的达雅克人等"相比，他们更"优越"。

然而，过去尽是一些称阿伊努人、达雅克人等为原住民的学说。主张阿伊努人在日本留下了居住痕迹的学说，国史里所谓的虾夷就是阿伊努人的主张，无视日本固有的文化，尽学中国，与日汉同种说或者日韩同种说相呼应，称石器时代人不是日本人……阿伊努人、朝鲜人、桦太尼夫赫人、蒙古人、印度支那人、马来半岛人、东印度群岛人、南洋群岛以及其他太平洋群岛人等都与日本人相异，这是不争的事实。

---

[1] 马来群岛中的一个岛。

他非常执拗地全盘否定日鲜同祖论和原住民族说，强调日本人拥有和周边诸民族相异的特殊性。长谷部言人唯一承认的是中国人和日本人的相似性，因为中国大陆在日本列岛还没有与之分离的时候就已经开始有人渡来日本列岛了。这种观点成为他"二战"后学说的基础。他强调："自认为日本民族是混血民族这种谬论将给大东亚建设的方针带来恶劣影响"，宣称"日本人天生就具有大东亚尊贵显要的特殊性"。

第二项以"增加人口的同时增强领导力"为题，提出"增加人口不仅是皇国存立与兴隆的基础，而且是实现大东亚建设的根基"。根据长谷部言人的观点，新生人口分为"良质""凡质""恶质"三种，"凡质"者需要通过教育和指导去改良，"恶质"者需要"通过制定刑法、绝育法来除去他们"。第三项如下：

三、应该对混血儿采取措施

"日韩合并"以来，为了补给劳动力，迁移到日本内地的朝鲜人众多，已经生下了很多的混血儿。朝鲜人与日本人天性各异，这一点不言自明……与朝鲜人的混血儿的增加种种意义上就是"凡质"的增加，这是非常危险的。要慎重研究应对混血儿的方针对策，这是事关大东亚建设发展的一大重要问题。

这份意见书后面还有关于"日本人"的热带适应能力、日语的普及、根据人类学进行殖民地域调查的必要性等内容。看到这里我们已经足够了解其思想。作为人类学最高权威的东京帝大教授的"专业意见"可以说比企画院以及大东亚建设审议会的一问一答更加倾向于维持纯血。古屋芳雄成为日本学术振兴会干事委员的1939年，他组织的日本学术振兴会民族科学研究特别委员会（1943年发行的报告书中极力主张防止混血）中，长谷部言人是唯一的一位人类学专家委员。[47]

另一方面，在1938年长谷部言人、古畑种基以及古屋芳雄共著的《人类学・先史学讲座》一书收录的论文中，有如下的叙述：[48]

> 日本国第一次有人类渡来就产生了日本石器时代人……后来，虽然随着时代的发展，又有其他人种从南洋渡来，与其混血，但是日本石器时代人的体质并没有发生根本性的变化……

> 在此意义上，日本岛是人类栖息以来日本人的故乡。日本人组建了日本国。日本人绝不是占领了阿伊努人的家乡而居住在日本的民族。日本民族的老家、日本人的故乡在日本，有人类居住以来就在日本国。

长谷部言人虽然承认有过若干民族的混血，但是宣称没有因此发生大的体质变化。本来，他之前一直主张日本石器时代人与现代阿伊努人、现代日本民族都不一样，日本民族在石器时代之后由于进化以及与邻近国家的民族混血分化成为两个民族。他在1936年之前的论文都非常重视日本民族因为混血而发生的变化，称石器时代人算不上"日本人"。[49]但是，在这篇论文中，他通过微妙的表述手法的操作，降低了日本的混血程度，称"日本人"貌似从石器时代开始就居住在"日本国"。而且，在这篇论文中，他还宣称神武东征不是与异民族之间的"种族战争","皇室自神代开始就是日本的皇室"。

这一年，清野谦次因为史料收集癖去盗窃贵重的古文书而遭到逮捕，被京大辞退，之后靠写书度日。1941年，清野谦次受到国策团体太平洋协会的邀请，邀请他去南方视察。对于当时几乎被社会抛弃的清野谦次来说，这无异于一种拯救。于是，他称"很早以前就一直想调查日本人和其他人种之间的混血儿了"，欣然接受邀请，来到东京做了太平洋协会的特约顾问。这之后，他宣称"希望人类学对南方建设有帮助"，开始出版一系列鼓吹大东亚共荣圈建设的民族研究著作。[50]

在这一时期的著作中，清野谦次对当时的主流论调采取了妥协的态度，称"日本人多少带有一点南方人种的血统……我们不得不从某种程度上承认这一点"，所以"日本人的热带适应能力明显很强"。但是，他与长谷部言人一样否认古代异民族的存在，宣称"记纪"的异族"绝不是异民族，而是同一种族之间的不逞之徒"。根据清野谦次的观点，欧美学者通过美国的建国史臆造出日本与美国一样也是外来移民征服原住民族而建立的国家的说法，原住民族征服说不过是日本的学者接受了欧美人的学说而已。他对本书第1章中提到过的反对原住民族征服说的日本学者黑川真赖大加赞扬。[51]

清野谦次还主张："即便从政治以及优生学的立场来考虑，日本人也必须通过日本人自己的增加来领导大东亚共荣圈"，要避免混血，"不断地增加纯血的日本人有助于大东亚共荣圈的发展"。另外，当地出生的第二代日本人，"国家观念淡薄、忍耐力欠缺、思想不健全（轻浮而且带有浓厚的个人主义）"，因此要遣送他们回日本内地"接受作为皇国民应有的熏陶"。[52] 他的这种论调与厚生省研究所等机构的观点完全一致。

第二次世界大战期间，清野谦次写了一本晦涩难懂、读者甚少的叙说自己主张的启蒙书《日本民族生成论》。当初鹤见祐辅以"国难"当头，为了让国民"对民族的系谱有坚定的信念"为由强烈劝说清野谦次执笔书写启蒙书。清野谦次在此书中宣称，为了从"数学理论"力证"皇国之来之不易"和"日本民族独特的成长历程"，"为了能够增加大家作为一个日本国民的自觉"而写了这本书。《日本民族生成论》虽然是清野谦次在京大任职时期的成果的基础之上写作的，但是，关于混血的部分已经不同于之前的描写，并且越来越强调日本不存在原住民族以及"日本人的故乡是日本国"等观点。[53]

那么，对于长谷部言人和清野谦次的日本民族起源论，民众又是如何看待的呢？长谷部言人并没有在一般的媒体上发表自己的主张。而清野谦次写的东西没有专业方面的知识很难看懂，启蒙书《日本民族生成论》由于空袭等原因一直推迟到战后才出版。不过他还是有一些"粉丝"，这些人从他写作专业论文开始就拜读他的作品，人数虽然不多，但是不能否认其存在，本书第15章中将要叙述的和辻哲郎就是其中之一，意料之外的是他的"粉丝"当中竟然还有人在战后成为主流的马克思主义历史学家。

例如，1936年的《历史学研究》中，祢津正志就介绍了清野谦次的学说，[54] 甚至评价说"至今为止"的日本民族起源论"除了清野博士之外，所有的都不是基于骨骼人类学测量数据以及统计解析法的准确可靠的论证"，有科学依据的清野博士的学说之所以得不到普及是因为"学术界尚存应该消失但是又没有消失的封建意识"。

不过，祢津正志之所以赞赏清野谦次并不仅仅是因为他认为清野博士的学说具有"科学性"。他甚至形容清野谦次的学说"粉碎了过去那种声称绳文土器的使用者是阿伊努人，赶走阿伊努人的固有日本人（弥生式土器使用者以及古坟建造者）占领了日本国土的空想学说"。他称这种"空想学说"是"解释神武天皇东征事件以来的传统想法"。祢津正志认为清野谦次的学说打破了"记纪"神话的传统解释。

确实，清野谦次和长谷部言人提出的观点均相异于"记纪"神话的解释，但是他们在政治地位上得到的评价都不是很高。同年，在唯物论全书《民族论》中，早川二郎称"长谷部言人、清野谦次两人完成了尽可能达到有产者科学的科学性"的日本民族起源论。从这以后，马克思主义历史学内部也渐渐接受了清野谦次和长谷部言人提出的观点。[55]

在过去明治时期，否定"混合民族论"，在科学之名上会遭到嘲笑。但是此时已经开始发生了逆转。"二战"失败以后，帝国版图重新恢复到"明治时期的北海道和三府四十三县"，"日鲜同祖论"和"混合民族论"失势，清野谦次和长谷部言人这两位人类学家的日本起源论被大众广泛接受并逐渐发展成为定论。

第14章　"记纪"神话的重生

——白鸟库吉、津田左右吉

"日韩合并"之后，认为日本民族是单一纯粹血统的"单一民族论"几乎被排挤成社会舆论的支流。但是，"单一民族论"并没有完全销声匿迹。比人类学更早的、历史学上的"单一民族论"在大正时期就已经逐渐形成，其主要代表人物有白鸟库吉和津田左右吉两人。

白鸟库吉是与内藤湖南齐名的东洋史学研究的始祖，在语言学研究上很有造诣。而津田左右吉则是白鸟库吉的爱徒，他们均是通过研究"记纪"神话进行日本古代史研究的人物。津田左右吉还因为提出"记纪"神话描述的不是历史史实而是"编撰的故事"从而受到日本右翼群体的攻击并遭审判。因此，他后来成为大日本帝国时代受到迫害的有良知的历史学家的象征，得到战后历史学家们的高度评价，[1]也给战后的日本古代史研究带来很大影响。与此同时，津田左右吉与和辻哲郎近年来备受人们瞩目，他们的学说被认为在

[1] 日本史学家对津田左右吉推崇备至，尊奉他为日本现代历史学的巨匠。

思想上为战后日本向象征天皇制[1]演变做好了准备。[1]

但是，他们的日本民族论在大日本帝国时期并没有受到太多关注。换句话说，大日本帝国时期，"混合民族论"才是社会舆论的主流思想，他们的"单一民族论"是以反主流的形式存在的。他们的学说为战后日本"单一民族神话"的形成做出了重大贡献。

大陆的分裂、岛国的团结

较之井上哲次郎、穗积八束，白鸟库吉出生稍晚，毕业于帝大文科大学史学科，是日本近代历史学教育的先驱。25 岁毕业之后成为学习院大学的教授，后来留学欧洲，学成归国后成为帝大教授，讲授东洋史。

白鸟库吉在 1905 年的演讲中，提到了他研究东洋史的理由："要了解日本人的根源，就必须知道日本周边民族的根源。所以要研究朝鲜的历史、中国的历史。"（《白鸟库吉全集》，第 2 卷，第 350 页）身为亚洲发展中国家的明治大日本帝国，就算是接受过高端教育的精英人士，如果他们有志于钻研实学以外的学问，大多数都还是以研究本国的民族认同意识为目标，白鸟库吉也是如此。

白鸟库吉明确否定"混合民族论"始于他留学归国之后、1904年日俄战争爆发那年发表的《我国强盛的历史原因》一文。根据他的观点，与中国、俄国等大陆国家相比，岛国的民族更容易团结，特别是日本这个岛国，虽然有异民族阿伊努族，但是大部分都是大

---

[1]　"二战"后，虽然保留了天皇制，但是天皇被剥夺了政治权利，仅仅只是国家象征意义上的国家元首，作为日本国家民族文化高度统一的象征。

和民族，在语言、风俗习惯等方面没有大的差异，最有利于社会的团结（《白鸟库吉全集》，第9卷，第166页）。历史上，朝鲜和（中国的）辽东半岛、满洲都是日本北方的屏障，日本是为了防卫而发动日俄战争的。

在日俄战争中，提出日本民族因为民族构成非常单纯所以更容易团结这一说法的不只白鸟库吉。他区别于其他学者的地方在于，国体论学者们在"混合民族论"面前要么保持沉默要么无可奈何地转向，而他却积极地构建"单一民族论"，并努力将其发展成为一种学问。

三年之后，白鸟库吉发表《韩史概说》。在文中，他对于将熊袭解释为异民族、认为"天孙人种"是比原住民晚一个时代从海外渡来的观点提出反对。他认为不能将出云和熊袭看作异民族。当时大多数日本民族起源论依据"记纪"神话的皇纪认为天孙民族来到日本列岛是在2600年前，因为那时候镜和剑等金属文化已经很发达。但是，白鸟库吉却认为："存在这种口碑传说[1]的时代已经是很晚之后的后世了，远在这之前，我们的祖先就越过朝鲜半岛而来，在这个岛上居住。"（同上书，第209页）

他提到，神话产生于民族文化进步之后的后世。也就是说，日本民族的起源和"纪记"神话的成立并不是同时的，也不是一体的。这抓住了建国神话和日本民族密不可分这一观点（当时的普遍认识）的漏洞，这一点也是白鸟库吉和津田左右吉学说的最大特征。

在这篇论文中，白鸟库吉虽然赞同日本民族朝鲜半岛渡来说，

---

[1] "记纪"神话。

但是他提出"日本人和韩国人之间……有很大的差别",否定"日鲜同祖论"。他认为,日本民族和朝鲜民族因为"分属于不同种类",所以"其关系绝不比日本人与琉球人之间的关系"(同上书,第209页)。这与金泽庄三郎认为日语和朝鲜语的关系等同于日语和琉球语之间的关系的观点形成了鲜明对比。白鸟库吉在大约十年

白鸟库吉

前的论文中,也曾经主张日语和朝鲜语之间关系很相近,[2] 但通过留学欧洲以及日俄战争,他改变了原来的观点。白鸟库吉算得上是当时第一个明确否定"日鲜同祖论"的有实力的语言学家、历史学家。

白鸟库吉在语言学上的成就,至今仍然受到高度评价的是他两年之后,也就是"日韩合并"的前一年,即1909年发表的《关于日、韩、阿伊努三国语言的数词》一文。在这篇文章中,他提出日语的数词与阿伊努语、韩语的数词没有任何相似性,"这表明,至少在我日本民族祖先使用数词之前,日本民族与此两民族没有交流往来"(《白鸟库吉全集》,第2卷,第453页)。他的这种观点,后来遭到新村出的反对,新村出提出古代高句丽的数数方法与日语很相似。喜田贞吉也认同新村出的观点,将其作为"日鲜同祖论"的补充资料,此乃后话。[3] 但是,白鸟库吉本人则将他自己的这个观点作为"日本人的祖先"从太古时代开始就从大陆分离出来的证据,此后一直沿用。

在"日韩合并"的时候，白鸟库吉给《中央公论》等杂志写了一些评论。他提出，确保朝鲜作为日本的屏障对于"东洋的和平"很重要，他虽然支持"日韩合并"，但是认为须佐之男统治朝鲜半岛始终只是神话传说，而日本历史上并没有真正完全统治过朝鲜半岛。因为日本现在做的事情是日本过去从未体验过的事情，所以还是有点不放心、心情紧张。他特别强调，如果日本在朝鲜半岛败给来自北方的势力，那么就将被逐出大陆。这就是他从东洋历史中得到的所谓的"教训"。[4]当然，他这里的北方指的是俄国。

"日鲜同祖论"和"混合民族论"，大多是以不公开表达露骨的权力统治来实现同化目的而展开的。但是，白鸟库吉很早之前就提出"日本与朝鲜自古以来就不和，对于他们，要想从友情的角度以德服之完全没有可能"，主张用权力来统治他们（《白鸟库吉全集》，第9卷，第276页）。白鸟库吉主要是将朝鲜作为日本进攻大陆和进行防卫的据点，从地域意义上来考虑问题的，也就是说他将朝鲜半岛看作地势学上的土地，至于住在那片土地上的人会怎样则并没有论及，可见他对于这片土地上的人漠不关心。

"记纪"并非史实

"日韩合并"之前，白鸟库吉认同大和民族从朝鲜半岛渡来的观点，并不否认日语和朝鲜语同属乌拉尔－阿尔泰语系。但是，"日韩合并"三年后的1913年，他开始提出，"不用说亚细亚，其他任何大陆也都没有与日语相似的语言"，日本民族海外渡来其实发生在"几万年"前，事实上"大和民族就诞生在这个岛上"。[5]

根据他的观点，日本语并不属于乌拉尔－阿尔泰语系，"光知道汉语和英语的日本人在学习黏着语的朝鲜语的时候觉得其与日语很相似，这也在情理当中。这些日本人在学习土耳其语、蒙古语或者泰米尔语的时候恐怕也会有同样的感觉"（《白鸟库吉全集》，第3卷，第377页）。对于田口卯吉提出的日语和土耳其语类似的说法，白鸟库吉付之一笑，他认为这与"日鲜同祖论"如出一辙。

1915年，白鸟库吉发表《对日本人种论的批评》一文。在这篇文章中，他彻底反对高天原在国外的观点。他的日本民族论在这一时期已经基本成型，直至他1942年逝世都没有大的改变。

根据他的这篇论文，他认为北方的"吉利亚克人"（尼夫赫人）、通古斯人，南方的马来人、中南半岛以及朝鲜半岛的人等，都是"野蛮国"，充其量也不过是"既不比日本人差也不比日本人好"的民族，因此高天原不可能在那些地方。中国文化虽然很优秀，但是"记纪"神话中众神的名字、思想都是日本式的，认为"高天原在中国的观点也是完全不得要领"（《白鸟库吉全集》，第9卷，第191—192页）。最后他得出结论："日本民族诞生于此岛。"关于"记纪"神话中的异族他是这样解释的（同上书，第197页）：

> 大和、出云、熊袭在我国上代，表示的是政治领域，而不应该将其解释为三个民族的名称。在上代，居住在我国的民族除日本人之外只有阿伊努族，诸如出云、熊袭之类都是纯粹的日本人。因此，神典将此二国称作皇室的亲戚，而对于阿伊努人，不仅没有这样的传说，还将其比作日本人最讨厌的大蛇。我们的祖先是如何地疏远外民族，由此可见一斑。

在这里，白鸟库吉表达出来的历史观与喜田贞吉等人的历史观形成了鲜明的对比。混合民族论者认为天孙民族并没有像欧美那样歧视原住民的异民族，而是对他们一视同仁并将其同化。白鸟库吉虽然认为出云、熊袭与日本民族是同民族，但是彻底排斥异民族的阿伊努人。晚年的时候他甚至主张阿伊努族是后来侵入日本列岛的外来民族，"我们的原住民祖先"为了自我防卫而与其交战（同上书，第246页）。

此外，在这篇论文中，白鸟库吉还极力主张最有效的民族分类方法不是根据遗址或者发掘的人骨，而是语言（同上书，第246页）。在当时的人类学学界，"混合民族论"占压倒性地位，除了他的语言学观点以外，他的"单一民族论"根本没有立足之所。语言比形质更为重要的理由，他晚年的时候是这样论述的（同上书，第238—239页）：

> 为什么这样说呢？假设这儿有一个朝鲜人，他出生于朝鲜，渡来日本之后开始学习日语，很好地掌握并且运用了日语，穿日本服装，所有的行为举止完全与日本人一模一样，那么怎样才能分清他是朝鲜人呢？结论当然是完全无法分辨。……不得不说，要想通过骨骼来分辨其民族，前途渺茫。

他认为，一旦出现了一位语言和习惯都日本化了的朝鲜人，如果无法分辨出他到底是"日本人"还是朝鲜人，那么体质人类学也无法分辨清楚。对于皇民化政策下的理想的朝鲜人，我们必须要找到区分、辨别他们的方法。这与他之前提出的假定一个自学学会日语的朝鲜人，语言是区分其民族的重要依据的观点自相矛盾。白鸟库吉主张不管体质人类学如何解释，既然世界上根本没有与日语类似的语言，那么日本民族的故乡就在日本列岛。

不过，在这之前他必须解释清楚一件事情。如果说日本人从海外渡来发生在"几万年"前，那么宣称天孙民族2600年前降临的"记纪"神话岂不是胡说八道？如果日本民族是在"天孙降临"之前就已经从海外渡来，那也就意味着过去曾经存在没有天皇的日本民族。如果这一点解释不清楚，则有可能万劫不复。

白鸟库吉认为，称日本历史上曾经存在"天孙民族、大和民族、出云民族、熊袭民族"，高天原在国外，这些观点的前提条件是"记纪"神话的记载必须是历史史实，他宣称用"记纪"神话来研究日本民族起源完全是错误的（同上书，第197页）。关于"记纪"神话，他是这样阐述的（同上书，第192页）：

> 要说神典究竟是一本什么样的书，它是一本用美好如诗般的语言描绘我国上代关于信念、制度、政治、风俗、习惯等事实的一本故事书。

白鸟库吉称"记纪"神话记载的不是史实而是"故事"。这样一来，与他所主张的日本民族不是在2600年前，而是在更"久远之前"从海外渡来的观点就不矛盾了。不过话说回来，这就等同于他称"记纪"神话为神话故事，在当时的那个时代，这已经接近于一种冒犯和亵渎了。但是，这也是提倡"单一民族论"不可或缺的一种手段。进一步积极推进这一路线并且跨越了危险一线的是津田左右吉。

单一民族的"记纪"解释

1908年，白鸟库吉向从台湾总督府民生长官转任南满洲铁道株式会社总裁的后藤新平说明了研究满洲和朝鲜的必要性，并让他在其公司的东京分公司内设立满鲜历史地理调查部并开始进行研究。后藤新平是一位少见的怀疑"同化政策"的大政治家。事实上，优生学势力的先驱——台湾总督府的东乡实也是后藤新平的部下。邀请清野谦次执笔撰写日本民族论启蒙书的鹤见祐辅是后藤新平的女婿。而且，在满鲜历史地理调查部的研究员当中，就有白鸟库吉提拔的津田左右吉。

津田左右吉比白鸟库吉小8岁，出生于岐阜县的佐幕派士族家庭，在东京的专门学校毕业后在京都就职，从事教育工作。1895年，21岁的津田左右吉来到东京，得到白鸟库吉在学问、生活上的照顾。之后，他在关东附近的县中学担任历史教师，因为厌倦教员生活换了好几所学校。在这期间，白鸟库吉一直是他唯一可以吐露心声的对象。这种状况持续了一段时间之后，34岁的他成为满鲜历史地理调查部的研究员。津田左右吉负责调查朝鲜、满洲的历史，但他更关心的是通过解读"记纪"神话来研究古代日本。

前面第9章已经提到过，1902年津田左右吉编撰的历史教科书中还提到了"混合民族论"，夸赞日本民族的"民族同化力"。但是，与白鸟库吉一样，日俄战争和"日韩合并"之后，他转向"单一民族论"。

津田左右吉在1913年年初出版的著作《神代史的新研究》的

序文中，写到他听了白鸟库吉关于日本神代史是"编撰的故事"这一"记纪"观的演讲之后的第二天，开始撰写《神代史的新研究》这本书。在书中，他通过详细的文本分析，提出"记纪"不可能是历史史实而是"编撰的故事"。在著作的终章，他提出之所以产生天皇家族和日本臣民百姓是同一血亲的思想观念，是因

津田左右吉

为"事实上，我国国民人种相同，语言相通，风俗习惯一样，阅历也一样，所以是同一民族，皇室和一般氏族之间的亲情才得以维持"（《津田左右吉全集》，别卷1，第1、5、14、124页）。

毋庸置疑，这本《神代史的新研究》冷静地对大日本帝国神圣不可侵犯的"记纪"神话"开刀"，力证"记纪"神话是"编撰的故事"，时至今天，这本著作还受到很高的评价。他的这种论理方式与认为"记纪"不是历史史实从而主张"单一民族论"的白鸟库吉所运用的"战术"相同。

这一观点在他1919年出版的《古事记及日本书纪的新研究》一书中更加鲜明。在开篇绪论中，津田左右吉指出"过去，就连现在大家都认为我民族之故乡高天原在海外的某个地方……出于这种考虑甚至创造出了'天孙民族'这一名词，而且之后又出现了'出云民族'这一名词，以区别于'天孙民族'"，但是，"正文中一点都没有出现这样的内容，哪里都没有写到这样的内容"。他称高天

原在海外这种观点是因为缺乏对"记纪"严谨缜密的解读（同上书，第194页）。

津田左右吉在《关于人种的学术知识》一书中更加明确地指出，如果"记纪"证明了古代日本有异民族混合存在，那么我们可以通过"'记纪'中关于异人种、异民族的行动记录"来进行研究，但是单从语言这一项（只有一种语言）来看，就可以知道"事实上那是不可能的"（同上书，第202页）。其实，当时的"混合民族论"是基于"记纪"解释以及人类学二者的基础上提出来的，津田左右吉将"记纪"解释以及人类学分割开来，单从"记纪"解释的欠缺来否定"混合民族论"，这种理论论证方法与晚年的清野谦次和长谷部言人如出一辙。

这本书由对"记纪"神话内容进行分析的6章组成，其中第1章到第3章分别是"新罗征伐的传说""熊袭征讨的传说""关于东国以及虾夷的传说"，其中还包括"关于土蜘蛛"的章节，构成了他对"记纪"神话关于异民族的记载的总批判。这里我们省略了他文章中文本分析的详细内容，仅提其结论。他这本书的结论与前面提到过的他的《神代史的新研究》一书的结论一样，认为关于《神武天皇东征》《武尊征夷》《神功皇后的新罗征伐》等内容，"全部都是'空想的神话传说'"，而且须佐之男的新罗之行[1]是后世加上去的。包括传说中神功皇后的祖先新罗王子天日枪渡来日本列岛的内容，也"没有一个是事实"（同上书，第17、278—288页）。这样，自然而然地就否定了"日鲜同祖论"以及天皇家族中流入了朝鲜血统的说法。

---

[1]《日本书纪》中记载，须佐之男神和他的儿子五十猛神一起到过新罗国。

国定教科书等资料都有记载，神功皇后通过征服朝鲜半岛让日本列岛和朝鲜半岛之间得以密切交流，很多朝鲜半岛的人都因此来到了日本列岛。津田左右吉否定了这一点，他后来还写了一篇题为"关于蕃别家族的系谱"的论文，在论文中他指出《新撰姓氏录》中记载的渡来人"他们本来都是纯粹的日本人，但是他们的祖先却被认为是中国人或者朝鲜人"。在这篇论文中，他还指出，被认为是大量渡来人舶来证据的"古籍都不能当作历史事实"。他也指出坂上田村麿也不是渡来人的子孙（《津田左右吉全集》，第 3 卷，第 492、500 页 ）。

就这样，津田左右吉通过论证"记纪"中关于异民族的记载都是空想的、编造的故事，来瓦解"混合民族论"的论据。而且，他在《古事记和日本书纪的新研究》一书的结论部分阐述道："在'记纪'神话中，丝毫没有国家内部民族竞争的思想痕迹……这也可以认为是日本自古以来就是由单一民族组成（至少当时被看作一个民族）的一个证据。"而且"记纪"中根本没有异民族语言不同的记载，"丝毫没有强大的异民族与日本民族对抗的痕迹"（《津田左右吉全集》，别卷 1，第 495、496 页 ）。他唯一提到的异民族是虾夷，但认为虾夷是阿伊努族，不过他与白鸟库吉的观点一样，认为只要将阿伊努看作后来入侵的民族就没有问题了。

本书不论证他学说的正确与否，但是他认为"记纪"中没有日本民族与异民族对立的记述，这在当时是与众不同的，他的这种观点如果不认定"记纪"中关于异民族对抗的部分是"编造的故事"则很难成立。我们姑且承认津田的学说——由于天皇家族一视同仁使得同化平稳地进行，对立只是个别的、例外的现象，那么，关于喜田贞吉的见解又如何解释呢？即使"记纪"中没有异民族强烈对抗日本民族的记载，没有相关语言差异的记载，他的解释是否就成立呢？对于这些，津田左右吉是这样回答的（《津田左右吉全集》，别卷1，第497页）：

> 即便有一个民族的语言被另外一个民族的语言同化的情况，那也必须是这两个民族在文化上、政治上势力相差悬殊，而且这两个民族混居、相互通婚，劣等民族不得不使用优等民族的语言，日常生活也无法分离。不仅如此，还需要经过极其漫长的岁月。……要说曾经有过异民族的地方势力，单从这一点来看，也是不合理的。

他的观点是：民族的同化，只有在其中一方在政治力量上有绝对的优势时才可能发生，根本不可能有和平、平稳的同化。所以，如果有异民族，就一定会留下民族对立的历史。津田左右吉认为所谓的与异民族和平共存根本是不可能的，异民族之间只可能存在对立和权力统治，这一点与高山樗牛的观点相同。

以权力统治的中国

可以说，白鸟库吉与津田左右吉分别从东洋史、语言学以及"记纪"研究方面奠定了"单一民族论"的基础。至少从结果上来看如此。

津田左右吉是白鸟库吉忠实的粉丝吗？答案是否定的。白鸟库吉在给津田左右吉的《神代史的新研究》作的序文中写道，"两人的见解有不少不同之处"，不管两人如何讨论，"还是无法达成一致意见"(《津田左右吉全集》，别卷1，第3页）。现在已经无法明确究竟他这里的"不一致"具体所指，恐怕他们二人见解最大的差异在于中国观和日本民族观吧。

首先，我们来看白鸟库吉的观点。他的东洋史观与久米邦武等人的观点相同，他们在北方民族和南方民族的认识上观点一致。根据他的观点，北方的蒙古人和通古斯民族，文化上处于劣势，但在力量上有优势，经常想南下。南方民族的代表中国人"不擅长战争"，是一个"爱好和平，不管到哪儿都尊重文化的民族"。而日本民族则取二者之长，是一个文武双全的优秀民族（《津田左右吉全集》，第9卷，第211—212页）。他认为朝鲜半岛和满洲是日本的防御屏障。这就是他的东洋史观。他认为镰仓时代的蒙古来袭就是北方民族越过这个防御屏障进攻日本列岛。也正是这次事件使他产生了"不得不在大陆构筑防御据点来保护日本列岛的安全"这种观点（同上书，第264页）。

根据白鸟库吉的观点，"日本文明进步的一大特色在于取他人之长并将其同化"。日本首先是吸收中国的文化和思想（朝鲜仅仅只是媒介），引进印度的佛教，"集东洋文化之大成"。到了明治时期，东洋已经没有什么值得学习的地方了，于是开始吸收同化西洋文化，成为"东西文明的交汇之所"。而且因为没有吸收与国体不符的东西，所以一直保持着日本文化的独特性（同上书，第180—188页）。

吸收东西文明的精髓、学习各民族的长处，当然不是白鸟库吉的原创，而是当时社会上广泛流传的认知。可以说，尽管他提倡"单一民族论"，但是为了证明日本民族的优秀性，他还是吸收了

"混合民族论"的一些理论，提出了折中的论调。

但是，津田左右吉的中国观、日本民族观与白鸟库吉的观点有鲜明的区别。津田左右吉在《神代史的新研究》一书中强调，"皇室在国民内部，是民族团结的核心，是国民团结的核心，并不是从国民外部强加给国民们的，皇室与国民是由血缘关系维系的亲密的一家，他们之间的关系不是由权力统治而产生的压迫与服从的关系"。关于日本和中国，他是这样描述的（《津田左右吉全集》，别卷1，第123页）：

> 这和中国天子与人民之间如同"天"与"地"一样相互对立的思想观念完全不同。在中国，象征帝王权力的是"天"，帝王作为"天"的代理者，拥有至高无上的权力来统治地上之民，天子与国民之间是"上"与"下"的关系，上下相对，相隔悬殊，是统治者和被统治者的关系，外部力量使其不得不联结在一起。因此，民众任何时候都有可能将维系民众与天子之间的纽带切断。事实上，中国经常闹革命正是因为这一原因。因为这样的关系，中国人的政治思想，无论多么民主，帝王的权力都是极为专制的。"天"这一词本身就意味着"专制"的意思。而我们日本神代史的政治思想与这完全不同……皇室与国民，本来就是一体，不存在相距遥远、彼此对立的问题。他们之间的关系就像"核"与"肉"的关系，是内部关系，因此，是无法断绝也不应该切断的。所以才有"万世一系"。

在这里，津田左右吉将白鸟库吉心目中"尊重文化的民族"的中国，作为国民与统治者分离的专制社会的代表。在中国，统治者不过是支配者、权力者，要么实行专制，要么实现民主主义，二者选其一。于是就产生了革命思想。与此相对，单一民族的日本，国民和天皇一体，因此没有权力统治的必要，从而也根本没有革命思想的立足之地。这无疑是典型的再编之前的国体论的论调。

我们进一步从津田左右吉的《神代史的新研究》一书中来了解他的日本民族观（《津田左右吉全集》，别卷1，第144—145页）。

> ……因为日本的上代人就是与大陆隔绝的孤岛之民，是住在温暖风土中的农业之民，因为生活很容易，所以以极少与周围的异民族往来，故很少对外国发起国民运动（战争）。在国内，由于国民是同一民族，没有民族纷争，因此战争很少。在日常生活中，因为都是农民，没有像都市市民那样密集地生活在一起，所以也没有小规模的公共活动……像这样的国民，也没可能出现国民的传说和国民叙事诗。

津田左右吉所描绘的这一日本民族自画像，明显地与白鸟库吉和其他学者描绘的不同。白鸟库吉认为日本民族文武双全，勇猛善战。混合民族论者认为日本从太古开始就有统治异民族的丰富经验，赞美日本的对外扩张。但是，津田左右吉笔下的日本民族是毫无战争以及对外交流经验的农民，既没有公共活动的政治能力，也没有写国民叙事诗的文化能力。柳田国男也称日本民族是居住在岛国的单一民俗的农民，但是津田左右吉描绘得比他更加彻底。

本来，持这样观点的也绝不是津田左右吉一个人。如第8章所述，物集高见认为革命思想之类是以中国为首的多民族国家的产物，与日本这样的单一民族国家无缘。历史学家黑板胜美在《国体新论》一书中将日本民族的混合程度降低到了最低限度，称日本民族是不知道政治权力为何物的纯真的、"纯洁"的民族。[6]本来，论说中国因为国家混乱，暴君为粉饰政治权力而产生了儒家学说，而日本从太古开始就在天皇的统治下实现了和平，所以根本没有发展学问和文化的必要，这是本居宣长以来，国学家们为了掩盖日本在文化上对中国的劣等感而惯用的一种"技巧"。

粗暴一点形容的话，津田左右吉的思想夸大了国体论中认为天皇统治不是权力支配、与国民之间是自然亲情的结合这一思想，甚至将这一部分内容极致化。我们不能因此而判断津田左右吉是国体论者，或者受国体论的影响。毕竟人是时代之子，津田左右吉的思想确实是非主流，也许我们可以将其评价为平凡真理的一种表现。

很多国体论学者将天皇的统治不是权力支配而是家族的亲情这一理论不断延伸，套用到朝鲜和（中国）台湾，他们吸收"混合民族论"的一些观点，提出被日本统治的殖民地民族也与日本民族有血缘关系。但是，津田左右吉认为异民族之间根本不存在自然亲情的结合，只存在对立与权力统治关系。在他的世界观中，只存在在政治压迫和革命中"二选一"的多民族国家，或者君主和国民一体的和平的单一民族国家。

津田左右吉对其他学者从日韩历史的角度出发美化侵略一事反应冷淡，他宣称："'日韩合并'是……现代社会必须发生（当然，是日本必需的）的问题，与过去的历史没有任何关系。"（《津田左右吉全集》，第 27 卷，第 195 页）而且，通过对"记纪"的研究，古代日本对朝鲜半岛的统治远比传说中的规模小，而且因为涉及的只是政府间的权力统治，远没有达到国民水平，所以最终以失败告终（《津田左右吉全集》，别卷1，第145页）。当然，正如他所说，"日本必需的""日韩合并"最终成了既成事实。不过，如果海外扩张与国民无关，只是政府权力的行为，那么国民只需冷眼旁观就对了。比起君臣一体的和平的古代日本社会，海外扩张更符合权力与国民分离的中国的行为。所以，他坦然自若地否定"日鲜同祖论"。

津田左右吉在日记中蔑称中国人和朝鲜人，这一事实非常有名（《津田左右吉全集》，第26卷，第480、482页）。在他看来，即使他们是应该用权力战争来统治的强敌，也不是像喜田贞吉所描述的那样是需要同情和同化的对象。对津田左右吉而言，只要日本继续是一个多民族帝国，就不可能实现和平的、无权力统治的单一民族国家这一理想。因此，朝鲜和日本有源远流长的关系这一点，无论在历史还是现代都是一件麻烦的事情。津田左右吉与白鸟库吉不同，他对日本的安全保障和发扬国威毫不关心，不管是分离独立也好，其他怎样也罢，他希望朝鲜与日本没有任何牵连。

权力已故的天皇国家

喜田贞吉和亘理章三郎以古代日本有调停多民族争端的统合力为由，来证明天皇至高无上的权威。但是在津田左右吉眼里，统合多民族的国家权力正是他讨厌的对象，他认为天皇原来并不是这样的。

也就是说，津田左右吉是排斥国家主义的民族主义者。联想一下黑人民族主义与联合国的关系就会明白，在多民族国家中，国家主义和民族主义是矛盾的。海老名弹正等人是排斥民族主义的国家主义者，他们一心想要排除阻碍统合发展的日本民族主义和朝鲜民族主义。津田左右吉则认为日本是单一民族国家，因此民族和国民是同一概念，但是国家和民族有明确的区别。他说"记纪"记载的是国家和皇室的起源，无法通过它来探查民族的起源（《津田左右吉全集》，别卷1，第498页）。

"记纪"是国家的历史，但不是民族的历史。这其中包含两个含义。第一，日本民族的起源是从遥远的太古时代开始的。就算国家的历史从2600年前开始，民族也是在那很早之前就已经存在于日本列岛了。第二，补充强调日本列岛不存在异民族以及日本民族是和平的民族。也就是说，之所以在应该只有单一的和平民族的日本，存在"神武东征"等征服神话，是因为"记纪"是根据国家权力而加工创造编写的故事。而且，"记纪"的叙述，很明显地受到了中国思想的影响。

津田左右吉极度厌恶政府机关的高压态度、警察的粗暴行为等赤裸裸的国家权力。同时，他也是一位特别喜爱盆栽植物、有着温和性情的人物。他经常回忆养育过自己的农村，称其是一个平等的、和平自律的共同体。在那里，大家聚集一堂合议解决纠纷、共同开展公共事业，所有经济活动都是村民共同商议，一起出钱（《津田左右吉全集》，第24卷，第53—54页）。这样的农村或者"山村"，根本不存在无法解决的阶级分化问题或民族对立问题等，也就根本不需要调停阶级分化问题或民族对立问题的国家权力或革命。他描绘的太古时代的日本与此非常相似。于他而言，国家是权力，而理想的民族＝国民＝民众，是和平且自律的。

津田左右吉指出，现实中受专制统治支配的近代日本国民存在自律性和公共性不足的问题（《津田左右吉全集》，第27卷、第102-103页）。像沙粒一样原子化[1]、欠缺公共性的人群，只能依靠专制统治或者儒家道德来维持秩序。在他的世界观里，他这些都是中国的东西。即使在批判日本国内政治[2]的时候，他也称"桂内阁像中国人一样专横和阴险"，将警察的粗暴说成是"中华礼仪"（《津田左右吉全集》，第26卷，第479、480页）。

津田左右吉还认为朝鲜人是在儒家道德思想的陋习、形式制度下失去生命力从而导致民族灭亡的。他甚至称："所谓中华料理是作为游食阶级，也就是士大夫、有钱人的食物而发展起来的。"从他的这些描述来看，在津田左右吉看来，去掉中国元素的理想民族（民众）才是柳田国男心目中的"常民"，才是健康的生产者（《津田左右吉全集》，第27卷，第56、279页）。他想将这种富有自然生命力的民众自律的社会与权力统治以及形式道德约束下的社会置于对立的位置进行对比。

从反对国家权力这一点来说，津田左右吉是一位自由主义者。正因为这一点，他对马克思主义很冷漠。持这样思想的人，不可能会对产业国有化等观点产生共鸣。另外，他向同样持社会主义但是站在无政府主义立场的幸德秋水示好。7自由主义者和无政府主义者都是与马克思主义对立的，他们在主张将政府权力最小化这一方

---

[1] 由于人类社会最重要的社会联结机制——中间组织 (intermediate group) 的解体或缺失而产生的个体孤独、无序状态。最先提出这一概念的是德国社会学家齐美尔。
[2] 这里指桂太郎引发的大正政变。

面意见一致，他们惺惺相惜的事例在思想史上也不少见。

无政府主义者高群逸枝、石川三四郎之所以醉心于《古事记》和国体论等，也是因为国体论在某种程度上宣扬无权力性。而且津田左右吉与高群逸枝一样，厌恶儒教的形式道德、热爱自然、肯定自由恋爱以及反抗的热情等"生命的哲学"。当然，国体论是国家的思想体系，它所谓的一视同仁、日本是非权力的亲情结合等理论只不过是掩盖种族歧视和权力支配的显教。如果将显教的一部分无限放大，它终将成为对现实的批判。就像喜田贞吉将一视同仁最大化而批判种族歧视一样，如果将无权力性最大化，最终它也将脱离正统。

那么，对于讨厌权力的津田左右吉来说，所谓天皇又是怎样的存在呢？

津田左右吉称天皇和民族（国民＝民众）密不可分，从1916年开始，天皇就被认为是"国民精神的象征"（《津田左右吉全集》，别卷2，第9页）。接着，他在《神代史的新研究》一书中自始至终主张，天皇在政治上接触的是氏族而不是民众（《津田左右吉全集》，别卷1，第122页）。

也就是说，天皇的政治机能是协调各个氏族之间的关系，对一般民众的统治则由各个氏族的首领来进行，天皇与权力统治没有直接关系。因为各个氏族与天皇都是同一民族，自然的亲情将他们与天皇紧密联系在一起，所以不会产生战争。不得已需要使用武力时，也都是借助氏族的力量来进行，天皇的权威不在武力，而是最高文化的象征。因为国内是同一民族，不存在异文化，所以天皇代表文化的最高位置就成为了可能。

本来，津田左右吉就认为，古代日本是和平、自律的农村共同体的归集，大部分问题都在农村内部自治处理，需要协调的最多也不过是共同体之间的利害得失。而且，对外战争以及与异民族之间的外交已经降到了最低限度，因此越发没有政府权力的用武之地。

他所描绘的天皇，不是用武力征服异民族的强大的帝王，而是像被村民仰慕的村中长老一样的存在。据说在津田左右吉故乡的山村，各家各户的代表聚集一起举行集会，他的父亲和祖母担任的就是合议调停的职位。作为一个从小由祖母带大的孩子，他经常回忆起祖母侧耳倾听村民意见的样子，非常怀念那段岁月，他的天皇像与其非常接近。他感慨万千地写道，在他的故乡，现在成立了作为国家权力末端组织的乡公所，田园诗歌般的小世界也出现了官尊民卑的形式主义（《津田左右吉全集》，第24卷，第53、74页）。

天皇，作为自律的民族（民众）统合的"象征"，被放在与权力统治完全对立的位置上。在津田左右吉的世界观里，民族（民众）共同体的统合一旦崩溃，民众原子化[1]，社会失去公共秩序，那么就只能依靠权力统治和形式道德来形成中国式的秩序。所以，他才向无政府主义示好，原因是"政府不让皇室和国民亲和，将他们隔离，以彰显皇室的威严"。也就是说，政府阻隔了天皇和国民的联系，以借天皇之名行使权力。[8]

津田左右吉研究的目的在于证明他理想中的日本像在历史上的正当性。根据他的历史观，历史上天皇的理想状态是江户时代所代表的、将权力统治委任给武家、天皇不亲政的时期（武家道德因为

---

[1] 因为失去联结机制而产生的个体孤独。

是儒教的，所以他没有作评价），这占据了日本史上大部分时间。当时被认为是日本正确的理想状态的天皇亲政（直接统治）时代，例如建武新政、明治维新以后等都是例外。

津田左右吉在他耗尽毕生心血的大作《文学中体现的我国国民思想的研究》一书中提出，日本受中国文化影响仅限于一部分有权者和知识分子，国民并没有受到中国文化影响，他们具有独特的日本文化。他在此书中论证了辨别"日本国民文化"和"有权阶层文化"的可能性。有权阶层效仿中国建造了奈良、京都的寺院和佛像等，这些在国民眼里只不过是非常异质的、压抑的东西（《津田左右吉全集》，别卷2，第63—64页）。

在第16章我们将提到，津田左右吉在他的著作《中国思想和日本》一书中提出，汉字中孕育有中国思想，所以他主张废止汉字教育，"尽可能废除汉字"，全部用假名来表记（《津田左右吉全集》，第3卷，序二，第3页）。战争时期，津田左右吉应东亚研究所邀请写了《关于重建中国的指导精神》一文，在这篇论文中，他指出，因为日本与中国民族性完全不同，所以"强行要求中国人遵循日本人独特的风俗习惯是徒劳无益的"。"没有权力、权威，中国人绝不会服从。……对中国人，一定要让他们知道日本人强大的权威。"[9]

虽然津田左右吉如此讨厌中国文化，但他对于欧美文化的影响却完全宽宏大量。他认为日本不仅是受到中国文化影响的东洋的一部分，同时还是受到大量欧美文化影响的世界的一部分，欧美文化中和了日本的中国文化。因而他对欧美文化持欢迎态度。

津田左右吉这种关于中国、欧美的认识与当时大日本帝国的思想导向是正面对立冲突的。随着 15 年战争的发展，日本国内排斥欧美文化和欧美语言的情绪日益高涨，虽然中国也还是敌对国，但并没有出现排斥中国文化和汉字的声音。当时流行的主流思想是，大日本帝国为了解放亚洲向欧美白人势力宣战，同种同文的中国是日本的亚洲兄弟，中日战争是为了纠正兄弟国家错误的抗日思想而扬起的鞭子，因为这是原则性的问题。战争时期流传的"混合民族论"，归根结底是认为日本民族是亚洲各民族的混合，而欧美的白人完全是异人种的鬼畜。

可以说，津田左右吉的主张与"混合民族论"的观点是正面冲突的。"九一八事变"后，对于当时社会舆论中日本与中国东北、朝鲜同属通古斯血统，是乌拉尔－阿尔泰语系的兄弟，所以二者合体是理所当然的这一论调，白鸟库吉同样认为是"错误的观念"（《津田左右吉全集》，第 9 卷，第 237 页）。即使如此，白鸟库吉还是认为朝鲜、中国东北是日本的屏障，日本必须对其进行权力统治，日本民族武力强盛，尚能回避冲突。白鸟库吉既没有全盘否定中日文化的共通性，也没有认为神功皇后进攻朝鲜一事完全属于虚构。但是，津田左右吉将当时在日本国内备受称赞的丰田秀吉进攻朝鲜一事称为"没有理由地侵略外国"（《津田左右吉全集》，别卷 4，第 56 页）。津田左右吉和白鸟库吉都认为自己才是爱国者，他们肯定做梦也没有想到自己的主张是对天皇制度的批判。

津田左右吉称"记纪"为"编造的故事"，不仅仅是因为这是他主张"单一民族论"的需要，而且在他看来，这才是真正尊重"记纪"的方法。根据他的观点，认为"记纪"神话的记述是史实的寓言的新井白石和主张"记纪"原原本本地记述了日本神灵时代奇迹般的事实的本居宣长等人，受到了"不是事实就没有任何价值"的"浅薄的中国式合理主义"思想的侵袭（《津田左右吉全集》，别卷1，第195页）。对津田左右吉而言，他心目中的劲敌（论战的对手）久米邦武等人应该是新井白石的现代版吧。然而，对于久米邦武来说，像津田左右吉这样山村出身的人，才正是日本封闭性的元凶。

津田左右吉认为，用"中国式合理主义"来解释古代人写的美丽神话丝毫没有意义。他在著作《〈古事记〉以及〈日本书纪〉的新研究》的结论部分归纳总结自己的"根本思想"是："'记纪'中关于上代的故事传说与其说是历史，不如说是优美的诗歌。比起历史，诗歌描绘的更多的是国民的内部生活。"（同上书，第499页）正因为神话将人类浅薄的理性封印在另外一个地方，所以它才能够成为神圣的国民（民族）精神的象征。他并不是要将"记纪"从神圣的地位（神坛）拽下来，那和他的真实意图相去甚远。

但是，与他同时代的人没能理解他。后面我们将要论述他在大日本帝国下遭到言论镇压一事，但是不管是批判他的人还是赞扬他的人，都承认他的研究对"记纪"进行了合理的批判。他的"记纪"研究是缜密的、合理的，这是不可否认的事实。但是，他的目的是通过细致的"记纪"研究与对历史事实的合理解释，将"混合民族论"与"记纪"做切割，这样，理性的"记纪"神话才会重生。他的这种手法，大概是从白鸟库吉的中国古典研究那里继承而来的。中国的书籍本来就只能合理地解释人类的作为，而与此相对，日本神话在人类智慧看来是不合理的，也正因为如此，神的真理才寓于其中。这是本居宣长的主张。[10] 虽然津田左右吉也批判本居宣长，但是他通过严密的文本批判之后再将神话作为超越人类智慧的东西从而达到将其神圣化的目的，这种方法论与本居宣长一样。他的这一面被人们忽视了。

特别是战后的历史学家们，他们将津田左右吉作为天皇制思想体系的科学批判者，对他评价很高，认为津田左右吉分清了"国家历史"和"民族历史"，辨别了"国民的文化"和"有权阶层的文化"。他们将津田左右吉尊奉为日本民众史研究的始祖。他限制使用汉字的主张，使得战后民众得以使用更平易的表达方式，是一种启蒙的、民主的观点。津田左右吉不排斥欧美文化、对无政府主义者示好，这也是一种反权力的指向，虽然他受到了大日本帝国的言论压制，但是他所有的价值观都与进步的价值观相一致。另外，历史学者们虽然不认同津田左右吉对天皇的支持和反共姿态，但是他们对于津田左右吉关于"记纪"的研究是全面接受的。他们认为津田左右吉的研究才是对古代史正确的解释。

第15章　从"血"到"风土"

——和辻哲郎

　　"和辻老师经常说：'日本的国体，不就是指民族和国民两者高
度一致吗？'"

　　自学生时代起就师从和辻哲郎的一位伦理学家曾经这么说。[1]不
言而喻，所谓的民族和国民的一致，就是指"单一民族国家"。这位学
者是在 1967 年的时候以肯定的态度说这番话的，当时社会上还没有对
"单一民族神话"进行批判，他称和辻伦理学为"单一社会的伦理"。

　　和辻哲郎是日本伦理学界的一位巨匠，著有《风土》《古寺巡
礼》等作品，在日本文化论领域具有较大影响力。本章将讨论和辻
哲郎的日本民族论在当时日本民族论的整体脉络中究竟处于何种地
位。他和柳田国男、津田左右吉一样，对战后的日本文化论影响深
远。同时，他的日本民族论对如何理解后叙的象征天皇制的特征也
至关重要。

北种与南种的综合

　　和辻哲郎于 1889 年出生在姬路附近的一个农村医生家庭。他

在回忆录中描述的自己所在的村落几乎就是一个平等的、没有等级差别、心态平和的共同体，他的父亲谨慎率直，受到村民们的尊敬。

从姬路中学到东京第一高中，再到东京帝大，作为一个从山村里飞出的"金凤凰"，虽然和辻哲郎最初对东京的文化有一种自卑感，但是很快就开始与谷

和辻哲郎

崎润一郎等进行交流，并热衷于戏剧活动。和辻哲郎就读于哲学专业，师从井上哲次郎，但是，据说他的见解和井上老师极其相悖。1913 年，和辻哲郎 24 岁，出版了《尼采研究》，两年后又出版了《索伦·齐克果》等，成为欧洲哲学研究领域的新秀，备受瞩目。研究欧洲哲学的和辻哲郎加强对日本古代史和日本民族论的关注始于 1916 年，当时，他感慨于佛教和飞鸟、奈良朝的寺院文化。[2]

在和辻哲郎的日本民族论中，最初期的研究见于 1917 年发表的一篇题为"古代日本人的混血状态"的论文。这篇论文开篇如下（《和辻哲郎全集》，第 21 卷，第 192 页）：

> 古代日本的高度文明是混血民族的产物。我们现在所谓的"日本人"，并不意味着是直接创建了法隆寺的民族。对于这一事实，我本人也感到惊异万分，同时又深感兴趣，这是一个新发现。

在这篇论文中，和辻哲郎提出日本民族属于混血民族，而且，创建法隆寺的民族和"日本人"并没有直接联系，由此，他本人也受到了思想上的冲击。对"混合民族论"已经不需要过多地说明，这里大致解释一下当时社会舆论界关于法隆寺等日本寺院文化的几种说法。

推古朝时代的圣德太子引进了佛教，修建了法隆寺。关于这一点，在1903年第一期的国定历史教科书中有所描述。到了1920年，第三期国定历史教科书追加了如下内容，法隆寺的"主要建筑保存完好，是我国最古老的建筑"。[3] 法隆寺是大日本帝国民族文化认同的象征之一。

不过，提起法隆寺，存在两个问题。第一个问题：是否真的如国定教科书所说，当时的法隆寺的主要建筑基本上都保存了下来，抑或是重建了呢？这一问题被称作法隆寺重建之争，喜田贞吉是重建说的领军人物。

第二个问题：法隆寺到底是由谁修建的？法隆寺是在日本引进佛教之后修建的，这一点任何人都无法否认，也是不争的事实。问题是，即便是引进的文化，其中到底融入了多少日本的创新（原创）因素呢？而且，修建寺院的技术人员是外国人，还是"日本人"呢？前者，详见于先行研究。[4] 后者则是与日本民族论密切相关的问题。

这也是本书所提及的学者们争论的一个焦点。如第5章所述。大隈重信认为法隆寺的修建者是朝鲜血统的渡来人。而内藤湖南则曾经于1919年言辞犀利地批评法隆寺的金堂比"当时的中国式建筑的缩影"更加拙劣，称日本古代美术是将中国文化地方化并使其退化的产物。另外，清野谦次则形容奈良时代是外国人和外国文化入侵的时代。[5]更有如第 14 章所述者，津田左右吉认为奈良、京都的寺院等和普通的"国民"毫无关系，只不过是一种仅受贵族推崇的进口的"中国"文化。

和辻哲郎对古代寺院抱有绝对的憧憬。他虽然推崇津田左右吉的"记纪"研究，但是对于他的文化论，和辻哲郎说："对其中的任何一页，我都不得不说'NO'。"（《和辻哲郎全集》，第 21 卷，第 218 页）但是，和辻哲郎也并不是非理性地坚持认为古代寺院是在没有任何一个外国人参与的情况下修建的。在这个问题面前，和辻哲郎逐渐形成了与津田左右吉不同的"单一民族论"。

现在，让我们回到他 1917 年发表的《古代日本人的混血状态》一文。和辻哲郎在该论文中提到，"我的主张"是"古代日本民族的气质更接近于印度文化"，"由于与汉人种混合而得到激发"（同上书，第 192 页）。印度和中国，这两大东洋文化在日本相互融合。这一观点在当时被称为"亚洲一体"，较为常见。和辻哲郎想由此探究日本民族的起源。

该论文还提出，日本民族是"乘黑潮而来的"征服民族。"南种"征服了从大陆渡来的通古斯血统的"汉民族以及其他民族"的"北种"，并与其混血形成混合民族。此外，"天孙降临是漂流自南方而来的外来民族的传说"，"北种"分布在"出云和南朝鲜"一带（同上书，第 195—197 页）。南北种混合这一说法，经常出现在山路爱山和久米邦武等人提出的明治时期的日本民族论里。实际上，据说和辻哲郎为了学习古代史，最先看的就是久米邦武的《日本古代史》。[6]

不过，和辻哲郎的观点的特点是，无论是"南种"还是"北种"，都不包括汉族。当时大多数学者都认为，"北种"来自蒙古血统和通古斯血统，"南种"则来自中国。只有提倡"单一民族论"的白鸟库吉认为，日本民族是兼有"南种"（汉民族）的文化性和"北种"（蒙古族）的战斗性的优秀民族。当然，认为"南种"属于马来血统的学者也很多，和辻哲郎在该论文中并没有明确"南种"的起源。但是，他家保留下来的刊登这篇论文的剪报中有这样的注释："如果能够认同'南种'的故乡在印度这一说法，则更符合我的主张。"（旧《和辻哲郎全集》，第20卷，第311页）

"南种"的起源可追溯到印度，是久米邦武在《日本古代史》一书中提出来的。但是，久米邦武却提出日本的古遗址中发现有与古巴比伦相同的东西，甚至提出高加索血统的人也曾来到日本，逐渐演变成了奇谈怪论，所以，和辻哲郎发表该论文的那年，删除了"南种"起源于印度的内容。[7]也就是说，印度起源说在当时被认为是异端学说。那么，这种学说为什么"更符合和辻的主张"呢？这还得从他的"北种"观说起。

和辻哲郎在该论文的后半部分阐述了关于"汉民族"和"韩人"携带着佛教等先进文化来到日本列岛的内容。虽然他认同有大量的渡来人流入日本列岛，但是，因为当时已经是雄略天皇时代，这些来自异邦的人，与其说是"归化族"，不如说他们已经被认为是"混血的日本人"。另外，雄略天皇活用了"混血儿"一词，称他们是"极其质朴刚强、情感热烈的'自然儿'。……在此我们必须承认他们是古代文化的动力源泉"。由此，和辻哲郎提出，"北种"作为日本列岛的原住民族，虽然他们比较原始，但是非常质朴，富有"极其敏锐的直觉"（《和辻哲郎全集》，第21卷，第199、206—207页）。

和辻哲郎认为，日本民族消化吸收了汉民族的先进文化，是直觉的、感性的南北种的混合体，是"质朴刚强、情感热烈"的"自然儿"。此外，他在该论文中还提到，古代中国的北魏，就是通古斯血统的"北种"征服了汉民族，而后又积极地吸收了汉民族的先进文化，形成的相互融合的国家（《和辻哲郎全集》，第21卷，第200—201页）。

> 也就是说，该种族〔北种〕与汉民族相比，更加倾向于印度文化。看到了北魏的做法，不由得让我想起我国的推古朝，与之似有雷同之处。……同样是质朴刚强的民族与汉民族相互融合，向知性方面转化，同时又深受印度文化的影响，向感性方面发展。……总之，近乎狂热地接受了印度文化的某一方面（特别是美的一面），这应该是通古斯族的血统发挥了作用吧。在中国，佛教美术的华丽得以发展，主要也是源于这种血统的热血动力。

印度文化是"感性的""美的"，汉民族是"知性的"，缺乏"感性"和"美"，所以"北种"更倾向于印度文化。关于这一点，并没有经过任何论证，就得到了广泛认可。因此，无论是在修建了法隆寺的推古朝时代的日本，还是在中国，汉民族的知性固然是重要因素，但是，促使优秀的佛教美术开花结果的原动力，却是北方的通古斯民族的"热血"以及印度文化的"感性"。于是，印度血统的"南种"，和与印度文化紧密相连的质朴感性的"北种"相融合，形成了日本民族。日本民族充分消化吸收了渡来人（汉民族）的知性，从而演化出更加理想的佛教美术。

这种图式，后来在他的著作《风土》一书中变化了形式，并得到进一步发展。在此之前，让我们先来看看他处于中间时期的1920年的著作《日本古代文化》。

"自然儿"的世界

《日本古代文化》是和辻哲郎自己最喜欢的一部著作，曾经进行了三次修订，和辻哲郎不断完善该书的内容。单看这本书的注释，就可以了解到这本书广泛吸收了以鸟居龙藏、长谷部言人、津田左右吉、白鸟库吉为首的，当时的人类学、历史学的知识。

在这本书中，和辻哲郎首先肯定了日本民族是混合民族，关于这一点，"任何人都没有异议"。但是，他以长谷部言人的研究等作为论据，批判了以鸟居龙藏学说为代表的，认为阿伊努＝绳文土器＝原住民族、朝鲜血统的固有日本人＝弥生土器＝后来的征服者这一学说。他提倡"泛阿伊努人"（非现代阿伊努人）与朝鲜血统的混合说。[8]

和辻哲郎认为"泛阿伊努人种"的起源可追溯到印度，他们"与肤色稍暗的欧洲人种存在联系"。另外，朝鲜系属于南通古斯族。但是，这两个民族在同一时期在日本列岛上共存，并非原住民族和征服者的关系。而且，很明显地他参考了津田左右吉的学说，提出这种混合的时代与创造了"记纪"神话的时代相去甚远，到了"记纪"的历史时代，日本已经是具有"统一的日本语"的"统一的混合民族"，"没有证据表明当时存在以固有的语言与其他民族形成对峙的现象"（和辻哲郎，《日本古代文化》，第1—11页）。

言及于此，他的民族论的两个特征已经显而易见。首先，原来的印度血统和通古斯血统的混合，这一观点保持不变。但是，在这本书中，他借鉴了长谷部言人和津田左右吉的观点，批判了鸟居龙藏的观点，并且得出结论，没有外来民族征服原住民族一说，而是到了"记纪"神话时代，日本就已经形成了单一民族。

日本民族在艺术、信仰、性格、社会组织等方面都极其质朴，"记纪"神话描述的就是"自然儿的神化"。在古代日本，不孝顺父母、通奸等行为，虽然违反了儒教和佛教的道德观，但由于是发自人类的自然性的行为，因此也得到了肯定。和辻哲郎赞赏这种状态为"善与恶的彼岸"（同上书，第431页）。但是，在这个自然人的国度里，传入了"通过制度来约束这种自然的爱的中国风俗"，"自然人伟大的'孩子似的童真'"就逐渐走向了"没落"（同上书，第370、377页）。

和辻哲郎认为，直到现有的家庭制度确立为止，日本一直是男女同权的母系制度社会（同上书，第47页）。这一观点不免让人想起高群逸枝的古代观，据说和辻哲郎在学习古代史的时候，"通读了本居宣长的《古事记传》，被《古事记》的优美深深地打动，与此同时，也真切地体会到了我国真正的学者的伟大"。[9]和辻哲郎在1917年的时候，引用久米邦武的观点，批判了本居宣长，高度评价了藤真干认为神武天皇是吴太伯的子孙这一观点（《和辻哲郎全集》，第21卷，第214页）。但是，在《日本古代文化》一书中，他将本居宣长和儒学者的争论比作"'善与恶的彼岸'与'普世的道德'"的对立，又高度评价了本居宣长（第440页）。

大家普遍认为和辻哲郎的日本回归是从第一次世界大战前后开

始的，他 1919 年出版的著作《古寺巡礼》是其中重要的一环。在 1917 年到 1920 年间，和辻哲郎对于本居宣长的评价发生了逆转，也许这期间发生了什么，我们已经不得而知了。不过，受近代科学下人类自相残杀的第一次世界大战的冲击，在欧洲思想界，高呼西欧文明和近代理性已经走到尽头的社会风潮高涨，这也许是其中的原因之一。除此之外，我们能够推测到的另一个原因就是，1919 年前后，集中发生了美国排斥日系移民问题以及种族平等提案被否决的事件。柳田国男向和辻哲郎推荐了阿纳托尔·法朗士批判黄种人威胁论抬头的著作《白石之上》。[10] 受该书的影响，和辻哲郎认为"全世界只有日本能够与建立殖民地、统治有色人种的白人相对抗，日本必须本着种族平等的主张，拯救过半数的人类"（《和辻哲郎全集》，第 22 卷，第 193 页）。

虽然和辻哲郎受到了本居宣长的影响，但是这并不意味着他向当时的国家主义转向了。在关于"自然人"这种日本古代人观中，他多次提到了他为之倾倒的尼采的"善与恶的彼岸"的概念。这也是他对自己不喜欢的老师——井上哲次郎提出的从"记纪"讨论国民道德观点的一种对抗。因为如果把"记纪"看作"善与恶的彼岸"，那就不可能从中衍生出道德。[11] 而且，井上哲次郎不仅是西洋哲学，同时也是儒学的专家。由此可见，国学和儒学处于对抗关系。如果和辻哲郎主张在日本古代的时候，人为的、儒学的道德并没有渗透到日本，天皇和人民是由于自然的亲情而结合在一起的，那么由"记纪"开始的假儒学的忠君道德以及借这种道德思想压迫国民的行为等，就更应该受到批判了。

将本居宣长和儒学家的对立比作"善与恶的彼岸"与"普世的

道德"的对立的和辻哲郎同时还提出，津田左右吉寻求没有受到中国文明影响的日本，柳田国男在西洋近代的普遍主义面前感觉到了日本独自性的危机。他推测他们两人的出发点其实相同。对于形式道德和普遍主义，柳田国男和津田左右吉也都曾经赞赏共同体的土著文化以及自然的生命。只是柳田国男将普遍主义的象征投影于欧美（大陆），而津田左右吉将形式道德的象征投影到了中国。和辻哲郎则是既看到了欧美，又看到了中国。

不过和辻哲郎并不像本居宣长和高群逸枝那样，认为古代日本由于受到了中国的影响从而走向堕落。如果和辻哲郎也持与他们同样的观点，那么，在中国文化影响下修建的奈良、京都的佛教寺院就成为堕落的建筑群了。

和辻哲郎认为，即使作为"知性""道德"的佛教传入了日本，"日本的自然人"也并未失去其原来的孩子般的童真，反而实现了"佛教的特殊生长"（《日本古代文化》，第378页）。也就是说，"当时，特别感性的日本人和当时特别抽象的汉人互相接触，年轻的、新兴的活力完全战胜了已经纤弱无力的知性"。由此而产生的文化，"确实如果没有汉人的刺激就不会发生"，但却是"不同于汉人文化的、日本人独特的文化"（同上书，第117页）。

而且，"在奈良朝时期，归化人已经完完全全地成了日本人"（同上书，第143页）。进口文化已经被完全消化的代表例证就是"汉字的日语化成为当时的日本人的工作，这里的日本人既包括了归化人也包括了固有日本人"（同上书，第196页）。和辻哲郎在《古寺巡礼》一书中强调，古代寺院是"日本人"建造的，他认为希腊文明和印度文明对古寺的影响极大，从而最大限度地弱化了中国、朝鲜的影响，这一倾向已经在先行研究中有提到。[12]

另外，和辻哲郎否定了原住民族征服论，他称："日本人性格温和，完全不具有强烈的征服欲"，这一点不言自明。古代"日本人"并没有分化成个人，而是以"群众"的形式，凭借着自然的亲情紧密联结在一起，形成了小小的国家，根本没有存在人为的制度和自上而下的权力的必要。因为"平等的个人没有从外部强迫的必要，他们自然而然地联结在一起。同时也没有外部力量强制要求其实现超越自然的、更大的结合"（同上书，第 46 页）。此外，和辻哲郎对于这个小小国家的君主地位的描述不容忽视，这与他之后提出的象征天皇论有关系（同上书，第 46 页）。

> 群众自身的心代表着神的心，君主也好，国民也好，都只不过是其傀儡而已。也就是说，神的心就是团体的心，它以君主作为象征而表现出来。

这里所说的君主，并不是凭借强权压迫国民的专制君主，而是"神的心"，是群众意志的"象征"。在"善与恶的彼岸"的自然人的世界里，表与里、感情与道德、祭祀与政治、个人与整体，这些都还没有发生分裂，因此，也不需要把这些分裂强行再度结合于一起的权力。这种君主观与卢梭描写的自然人的世界一样，看起来与某种无政府主义、自由主义有些相似，不由得让人感觉它与国体论还是有某些共通之处。

和辻哲郎在 1919 年的论文中指出，日本历史上的权力压迫，是无视民意的将军、大臣等的行为，与天皇无关。而且，他举天照大神召集八百万神灵进行协商时，"并不发表自己的意见，而是根据众议的决定来执行"为例，指出"我国皇室历史上就是如此这般，一直遵循民本主义精神，贯彻始终。也正因为如此，才得以万世一系、永世流传"。和辻哲郎所谓的民本主义，指的是根据共同体的意志来治理国家，天皇是众意的象征。和辻哲郎从这一理论出发，批评国体论者以国体之名攻击民本主义是完全错误的（《和辻哲郎全集》，第22卷，第149、162页）。和辻哲郎的天皇观与津田左右吉的观点相同，强调国民一体性，同时，绝对不允许以天皇的名义实行强权统治。

综合以上内容，整理出如下的和辻哲郎的日本民族观和日本国家观。

首先，日本民族是由印度血统和通古斯血统混合而形成的。无论在感情上，还是在直觉上都是优秀的民族，并形成了具有自然人属性的日本民族的性格。最开始他认为两者是原住民族和征服民族的关系，但是到1920年的时候他修正了看法，认为日本在不断的和平融合之中形成了单一民族，形成了以国民象征的君主为首的、和平的团体。在这些处于"善与恶的彼岸"的自然人中，传入了来自中国的以佛教为首的知性文化，从而形成了自己独特的佛教文化。产生于中国的佛教美术，也是源于热情奔放、情感丰富的优秀的通古斯血统，而并非汉民族。而且，渡来人也已经完全同化成为"日本人"，正是这些日本人消化吸收了汉字和佛教。

和辻哲郎学习了尼采和黑格尔，把古代日本称为"善与恶的彼岸"，更将其作为知性（中国）和情感（印度和通古斯）的辩证结合的高级阶段给予了充分肯定。当时哲学界的风潮将情感和直觉置于普遍主义的知性之上，高呼西欧近代的知性已经走到尽头。这同时与对抗儒教的本居宣长的观点是共通的。原本内向、热情内敛、热爱戏剧和美术的青年和辻哲郎形容自己是"天生的叛逆者"。他膜拜反对基督教道德、歌颂希腊悲剧的尼采；与提倡说教式国民道德论的井上哲次郎意见相左，这些都是其叛逆的体现。

尼采提出，希腊悲剧最优秀的地方在于混沌的热情生命力之神——狄俄尼索斯[1]以及理性秩序之神——阿波罗[2]所代表的两大原理相互冲突、相互协调。此外，祭奠狄俄尼索斯的巴克斯祭也起源于与印度相邻的小亚细亚和巴比伦。而且，这种协调由于理性处于优势地位而逐步被瓦解。另外，在尼采的笔下，阿波罗同时也是"个体化原理"之神，古希腊社会里艺术祭典和政治共同体并未分离。[13] 这与和辻哲郎所描绘的个人和整体没有分离、君主象征着众议的共同体的意志这种古代日本的画像相符合。本来。和辻哲郎在1913年《尼采研究》一书中也曾经提到："自己身体里流着真正的日本人的血，相信这正是与尼采的共通之处。"（《和辻哲郎全集》，第 1 卷，第 9 页）

和辻哲郎笔下的这种古代日本的形象和天皇的形象与津田左右吉的主张十分相似。但是，津田左右吉认为，日本民族是既没有文化也不具备武力的边远地区的农民，古代寺院受到了"中国文化"

---

[1] 在尼采的笔下，狄俄尼索斯代表了野性，是男性和生殖力量的保护神。象征放纵的生活方式、饮酒、宗教狂喜、悖谬、情感、热情、生命力、直觉、非理性。在尼采眼里，狄俄尼索斯打破了所有由律法所划定的藩篱和界限，打破所有和谐。
[2] 尼采的笔下，阿波罗是艺术、诗歌、音乐和药物之神，是光明和秩序之神，总体上代表世界的和谐。

的毒害。和辻哲郎则认为，姑且不谈"日本人"的武力如何，但是，"日本人"拥有文化力这一点却是不可否认的。而且，如果将古代寺院作为印度文化、中国文化的升华，作为"知性"和"感性"冲突协调的产物而对其表示赞赏的话，我们就不能排除其复合性。即便说中国的影响发生在日本单一民族形成之后，可是，印度的影响也只能解释为民族的渡来和"血"的混合。

也就是说，和辻哲郎只能凭借依据薄弱的印度起源说这种民族的复合性来说明日本文化的复合性。由此可见，和辻哲郎与当时的混合民族论者们处于同样的水平。混合民族论者们也是将日本文化中的南方要素和北方要素直接用来证明古代日本曾经存在南方民族和北方民族的渡来。

可是，到了1920年代后半期，和辻哲郎抛出了另外一种观点。他撇开了民族的要素，从新的角度来解释日本文化的复合性，构建了战后"单一民族论"的主要支柱。这就是"风土"。

复合的单一风土

1927年，和辻哲郎作为文部省驻外研究员被派往欧洲。和柳田国男一样，和辻哲郎并不适应欧洲的生活，提前回国了。不过，和辻哲郎以这次旅行的体验为基础，写了一系列的论文，后来整理集结出版了《风土》一书。他将"风土"分为三种基本类型，代表印度的"季风型"；代表阿拉伯犹太教等的《旧约全书》的世界的"沙漠型"；还有代表古希腊和欧洲的"牧场型"。这部将世界文明类型化的古典著作对日本文化论产生了深远的影响。

和辻哲郎在1917年的《古代日本的混血状态》一文中指出，

民族的"血"是"精神文化"的主要因素(《和辻哲郎全集》，第21卷，第192页)。正因为如此，他才必须将日本文化中的印度元素（和辻的主张）与日本民族的印度起源说结合起来。但是，在《风土》一书中，他虽然论述了日本及世界各地的文化，却几乎没有涉及民族的起源问题。从此，"血"被"风土"取而代之，成为他用来解说日本的主要要素。

为了看明白《风土》一书中的日本论，这里先来大致说明一下上面提到的三种"风土"类型。

首先，"季风型"的特点是，人力所不能及的酷热和潮湿，人类在大自然的淫威面前无能为力。这也让那里的人类变得隐忍、顺从，意志力薄弱。此外，由于南方没有四季更替，所以也就变得单调，从而缺乏历史的厚重感。但是，印度与南洋诸岛不同，感受能力强而且感情横溢。印度的哲学与希腊不同，并没有将人类描写为对立的世界，而是赞扬了赋予生命的自然力。这种观点，在西洋看来也许是无秩序的，却也正表现出多样事物的兼容与统一。

"沙漠"是干燥而荒凉的世界。在沙漠中，人类不可能以个体的形式生存，集团中必须具备明确的组织和权力统治。据说为了争夺一口井，他们也会在各自首领的带领下相互战斗。服从与对抗即为他们之间最基本的人际关系。在沙漠中，由人类创造的事物才是生命的见证，大自然是毫无价值的，人工几何学即为美。具有"人格神"和严格戒律的犹太教会，以及根据权力和服从的理念创造出来的具有几何学的美的金字塔就是典型的代表。

"牧场"的气候特点是潮湿与干燥相结合。牧场型风土最大的特点是无须人类费功夫就能自然而然地生长出对人类有用的青草。

在这里自然是顺从的，而人类则成了主人。[1]人类从自然的束缚中解放出来，同时，与"沙漠型"风土等不同，在这里，人类个体之间的相互竞争与分化得到了认同。古希腊就是典型的例子——人类分化为作为主人的市民与牲畜一样的奴隶。后来美国等国家实行的奴隶制也只不过是效仿古希腊，是古希腊的翻版。一国之民分化成为奴隶与市民，市民不参与劳动，而是在一旁"观察"[2]，成为行使理性和知性的一方。罗马建立了多民族帝国，阻碍了各民族文化的独立发展，空洞的普遍性开始盛行于世。作为征服者的主人与被征服者的奴隶，双方分化，这也正是人力征服自然的反映。

要反驳这一学说，当然并不难。奴隶制在非洲、在中南美洲都曾经存在过，并不是古希腊时代或者现代地中海的产物。这一点近年来已经得到了证实。不过，这里值得一提的是，在这一学说中，和辻哲郎已经把他日本民族论中的印度文化的"情意"转化成了"季风"，中国的知性和通古斯的战斗性转化成了"沙漠"，"牧场型"的古希腊和欧洲则是他们二者的综合体。

那么，中国和日本是如何定位的呢？和辻哲郎在提出了这三种类型之后，将中国和日本作为"季风型"的特殊形态加以论述。下面将要讨论的日本论，转自他1931年发表的论文《国民道德论》的后半部分。大家都认为他的这篇论文从伦理学上充实了象征天皇制的内容。14 和辻哲郎于1929年完成了中国论的写作，之后经过

---

[1] 和辻哲郎认为"牧场型"的特征是风调雨顺，人们容易从风调雨顺的自然中找出规律，按其规律来对付自然，自然也就越发顺应人类。

[2] 和辻哲郎在《风土》一书中引用亚里士多德的话："观察"比所有其他感受都优越，它认识事物，分辨是非。技术是"观察"的深入和发展。

中日战争，又于 1943 年进行了修改。

　　首先，和辻哲郎称，扬子江流域广袤辽阔的风土给我们的感觉是"缺乏变化、广漠而单调"，在这种风土中代代繁衍的"中国人变得特别地无动于衷"。不过，因为黄河源自沙漠，也就是联系"沙漠"与"季风"之河。所以，"中国人"在忍耐的深处蕴藏着一股斗志。但是他们又不具备"沙漠型"绝对服从的特征，而是对强者表面上唯唯诺诺，露出一副唯命是从的样子，而内心绝不会轻易认输，只是"隐忍服从"。当然，这也是和辻哲郎对于中日战争中不屈从日本、长期抵抗的中国的认知。

　　只依赖自己和亲族、对盘算赚钱无动于衷的"中国人"是一个没有国家和公共观念的无秩序的民族。古代中国优秀的艺术作品都是北方的黄河文明的产物，现在的"中国"文化只剩下了感情平淡，虽然气势雄伟宏大、统领大局，但是又内容空疏、难以找到细致入微之处。中国文化这种空洞、巨大的特征更加鲜明地表现在中国不断出现的大帝国上。[1]此外，从先秦到汉唐宋的古代中国拥有的优秀文化精髓传入日本之后，被日本人细致化并将其融会吸收，而且被非常完好地保留了下来。

　　和辻哲郎一直主张中国的艺术并非汉民族创造。只不过，他用来解释这一观点的主要因素，由原来的北方通古斯的"血"，转变成了北方黄河的"风土"。在这里，就连中国的知性的位置也被"沙

---

[1]　和辻哲郎在《风土》一书中写道：中国自秦汉以来一个接一个地出现统一的大帝国，最后的大清帝国一直维持到最近。但是这种大帝国并不是将每一块土地都治理得井井有条，它外表上虽然是一个完整的大帝国，但是民众却生来不靠政府，国内的匪贼竟常有一两百万，这便是中国本来的面目。

漠型"剥夺，只剩下算计、无动于衷和无秩序了。

　　和辻哲郎在《国民道德论》的草稿中强烈谴责"以获取福利为最高目的、以道义为手段"的"市民的劣根性"，指出"必须打破功利主义性质的个人主义，重新树立集体的权威"（《和辻哲郎全集》，别卷 1，第 443 页）。在和辻哲郎看来，"中国人是完全不懂生活艺术的实际主义的国民，而日本人则是将生活过于艺术化的非实际主义的国民。就这一点来看，中国人比犹太人更加犹太，反之，日本人则比希腊人更加希腊。……如此这般，如果中国人取得了战争的胜利，那就等于是人性的一种退步"（《和辻哲郎全集》，第 4 卷，第 255 页）。

　　那么，日本又如何呢？和辻哲郎认为，日本位于潮湿的季风地带，具有丰富的自然资源，因此形成了包容的、善于忍耐的特性。不过，日本与南洋不同，得益于四季的变化。日本有台风，台风是"季节性、突发性的"，是具有"辩证法性格"的季候风。而且，与热带不同，日本也有降雪。也就是说，日本兼具"热带、寒带的双重性格"。在气质上则表现为，既非热带的那种单纯的感情洋溢，又非寒带的那种单调的感情持久不变，而是形成了一种于变化中保持宁静持久的性格。此外，"季风型"的忍从性与台风的突发性相互作用，形成了日本人虽然具有台风般猛烈的斗争性但是又容易潇洒地放弃、在突发的激昂之后又静藏着一种骤起的豁达这种双重性格。

　　他已经不再通过通古斯血统的"北种"以及印度血统的"南种"的混合来说明日本文化的复合性，而是从日本列岛单一且复合的"风土"的角度来对其进行解释。同时，这也符合日本不断消化吸收外来文化但同时又不丧失自身独特性这一理论。

"日本人"全部都具有由特殊的风土养育出来的"日本独特的"气质，这一说法当然只不过是杜撰。台风只光顾日本列岛的太平洋一侧和西南部，而大雪也只存在于日本海一侧和东北部。北海道没有台风，冲绳也没有降雪。如果像东西德国一样，日本也分为东西两个国家的话，大概也就不会存在这样的"风土论"了吧。即使假定日本列岛只存在单一的风土，我们也必须承认日本同时存在不同文化的民族，比如阿伊努人。但是，在和辻哲郎的风土论中，在风土相同的地域里，不可能存在特殊的居住者。而且，日本实际上是热带和寒带、南方和北方、隐忍服从和斗争性的混合体。

那么，同样是混合体，希腊和欧洲其他国家与日本到底有何不同呢？在日本，"既不征服自然，也不敌视自然"。但是，在"牧场型"文化中，就像文明征服自然一样，征服者的男人抢夺被征服者的女人然后组成家庭。因此，家的意义并不那么重大，祖先崇拜观念也比较淡薄。与此相反，日本的家庭特性则是"力求完全亲密无间的结合以及恬静的爱情"。于是，日本的家庭既恬静平和又充满激情，日本人为了家庭可以不惜牺牲生命。由此也就完全地实现了既恬静淡泊又斗志昂扬的"日本式家庭关系"。

"在日本，'家'即意味着家族全体。'家'以家长为代表，但是家长只是代表整体，绝对不可以恣意妄为。"与古代日本的君主一样，家长是整体性的象征，包括祖先在内的家族的整体性优先于家长个人。"家族的整体性自始至终都位于单个个体成员之先"，在家族这个"家"中，"个人的区别已经消失"。而且，古代日本通过宗教的祭祀把个人牢固地结合在一起，形成"与家庭共同体相同的，无须个人自觉基础上的感情融和的共同体"。

在1917年的《古代日本人的混血状态》一文中，和辻哲郎曾经阐述了征服者的男人和原住民族的女人相结合的观点（《和辻哲郎全集》，第21卷，第198页）。但是，和辻哲郎在这里却提出，日本的家庭关系与这种关系形成了鲜明的对比。关于日本古代的神的地位问题，和辻哲郎是这样阐述的：

> 我们的神话虽然显现了各种各样原始信仰的痕迹，但是却牢牢地统一在一种祭祀活动上。这一点与希腊和印度的神话相比显得最为特异。能与其相提并论的只有《旧约》神话。可是，在《旧约》神话中，神与人是截然分开的，而日本的众神与凡人之间的关系却极为亲密，甚至可以理解为血缘关系。前者的人类整体性以严厉的、带有坚强意志的威严凌驾于个人之上，而后者则绝对不会按照自己的意志发号施令，往往带着和蔼的、感性的慈爱降临人间。关于天照大神的描写也正体现了这一点。这简直就是最好的证据，即证明了作为宗教团体的人与人之间的关系是以"亲密无间的结合""深厚的情爱"为特性的。希腊众神亲近人类，这一点与日本相似，但是，希腊的神反映了一种理性的、具有共和政治性质的相互关系。这也表明了希腊的国民没能通过一种统一的祭祀活动团结在一起。

从《风土》一书中，我们可以看到作者的观点：印度（季风型）的自然性、《旧约》（沙漠型）的统一性、希腊（牧场型）的人性，日本综合了这三者的长处。而且，希腊未能通过"理性的、具有共和政治性质的相互关系"成功地协调好知性与感性、祭祀与政治共同体的关系。日本则不同，日本通过统一的祭祀活动成功地将人和人结合在了一起。

在日语中，"政"[1]这一词既用于政治意义又用于宗教意义，这也正显示了日本是一个政教不分离、政教合一的神圣国家。只是，和辻哲郎笔下描述的天照大神以及日本古代天皇都听从共同体的众议，并不是作为一个从整体中分离出来的个人去实行个人专制。国民自不用说，就连天皇都不是个人，只不过是共同体的"傀儡"。和辻哲郎反对主张天皇亲政的国家主义者提倡的政教合一论。在和辻哲郎看来，那是借着天皇的名义，为个人专制开辟道路，脱离了自古以来天皇原本应有的状态。

就这样，和辻哲郎从风土的复合性的角度来解释日本文化的复合性，也由此脱离了"混合民族论"。日本拥有单一且复合的文化，是一个和睦自然的共同体，这种日本民族的自画像，摆脱了"混合民族论"的制约，做好了问世的准备。

如前所述，和辻哲郎从欧洲回国之后，出版了著作《风土》，和辻哲郎比柳田国男更不适应欧洲的生活，他提前回国了，这是一段惨淡的经历。也许他这一著作中的欧洲观，正是这种经历的反映。

未超越国界的天皇制

1939年，和辻哲郎再版了《日本古代文化》一书，对其做了

---

[1] "政"（まつりごと）："祭り事"之意，即政教合一。

大幅修改。[15]

大幅修改后出版的《日本古代文化》开篇就引用了前一年清野博士刚刚出版的《人类学、先史学讲座》中整整两页文章，称："日本人绝对不是占领了阿伊努人的土地随后居住在日本列岛的。日本民族的发源地、日本人的故土就在这个自从有人类居住以来的日本国。"而且，"人类学的研究成果已经证明，日本从未发生过种族战争，这一点具有极其重大的意义。从这一点我们可以得出结论，日本民族的特殊性格在石器时代就已经开始形成了"。

在此之前，和辻哲郎以津田左右吉的学说为依据，主张没有发生过征服行为的、和平的、单一的日本民族形成于"记纪"神话时代。但是，在这里，他却借用了清野谦次的学说，将单一日本民族的起源追溯到了石器时代。在再版的《日本古代文化》一书中，他以白鸟库吉的语言研究为基础，强调日本语区别于周边地区各种语言的特殊性。

在和辻哲郎看来，"单一的日本民族"与欧洲不同，他们的饮食结构不以肉食为主，而是以鱼类、贝类、蔬菜、水果为主，因此形成了与众不同的体质，形成了"温和"且"恬静"，"意欲淡泊、刹那的激情、不凶暴"的性格。这些特征"与具有暴君般强烈征服欲，肉林酒池的、恶毒的、享乐欲极强的古代中国人，或者是尽情驰骋于荒凉原野的、凶暴的外蛮民族完全不同"。而且，在艺术美学方面，"石器类柔和的轮廓也与大陆人尖锐的、锋利无比的武器形成了鲜明的对比"。还有，"大陆人偏好精准的几何学的直线"，而日本人则以喜欢柔和的曲线美而著称。

和辻哲郎的单一民族论之所以能够在战后得以存续，主要是由于其中蕴含的某种和平性。但是，和辻哲郎并不是仅仅描述了日本民族是一个从未征服过异民族，也从未与异民族发生过融合的爱好和平的民族。下面，我们就从他1942年出版的著作《伦理学》的中卷开始，来看一看他的国家观。[16]

当时的和辻哲郎赞同黑格尔的理论，即国家是人伦的最高阶段，超越国家的人类共同体是不存在的。只是，和辻哲郎将民族形容为"在共同的'血'和'土'的基础上界定的文化共同体"，认为"民族的本质是拥有共同的文化，而不是血统的统一"。前面提到的他已经完成了从"血"到"风土"的理论上的转变，在这里派上了用场。

而且，在《风土》一书中，和辻哲郎以具有空虚的普遍性的罗马帝国为例，对多民族国家进行了批判。

> ……"亚历山大大帝"创建了一个多民族的统一帝国，将原来一个民族分裂成多个国家的状态，一跃转变为一个国家包含众多民族的状态。罗马帝国延续了这一状态。在这种状态下，国家的整体性和民族的整体性不一致，这也是理所当然的。亚历山大凭借武力创建了帝国。恺撒大帝也是如此。导致了国家权力缺乏神圣性。

和辻哲郎认为，理想的君主作为文化共同体的民族整体性的象征，成为国家的主权者。他在"国民道德论"构想笔记中写道，"如果国家和民族一致，那么，法律＝道德。就像希腊一样。在罗马，二者是分离的"（《和辻哲郎全集》，别卷一，第416页）。这里无须引康德为证，如何协调好普遍立法和个人道德之间的关系，是伦理学的中心课题之一，和辻哲郎打算以民族这个文化共同体为媒介，在国家和个人之间寻找突破口。

但是，在民族的整体性和国家的整体性并不一致的多民族国家，这一构想则难以成立。在多民族国家里，人为的权力支配整体，也就是说"只要统治体制固定下来，那么，不仅仅是异民族，相同民族也都处于被统治的范围。君主也已经不再是国家整体性的代表，而成为一个'个体'，国家权力也就被沦为这个个体专用"。

就这样，在君主制转化为个人专制统治的同时，人民通过革命夺取政权，成立民主国家。但是，人民中没有任何一个人能够代表国家的整体性，于是就虚拟一个"全体人民"，通过一定数量的投票，由"多数个体的总和"来掌握权力，也就形成了多数人的专制。这样一来，包括少数者在内的整体性就没有在国家中得到体现。

也就是说，专制和民主制二者选其一，"君主权和民主权不一致的问题，在失去了主权者神圣性的、单纯统治体制的国家里显现出来。反之，在保持了民族的绝对的、整体性的原生国家里则不存在这样的问题，而且将来也不会发生"。只有单一民族的国家才是"原生的国家"，在多民族国家中，"国家与民族分离"，"文化共同体与国家分裂"，国家堕落成为单纯的权力支配机构。

但是，单一民族国家不是应该会存在闭关自守的缺点吗？关于这一点，和辻哲郎是这样解释的：

> 自称站在人类的立场反对民族闭关自守的人们，通常是最具有民族利己主义的人。他们只看到自己民族的个性，而无视

其他民族的特殊性，想把全人类都强行同化到一个民族的特性中。这就是他们所谓的人类的立场。他们又或者是想把特殊的民族神强行推崇为全人类的神。或者是想把特殊民族的语言变成世界通用语言。名义上说是打破了民族的闭关自守，实际上则是建立了更加牢固的民族封闭性。因为这样的民族封闭性通过与异民族之间的竞争得到了锻炼，即便是本民族主动接纳了异民族，这种封闭性也非常坚韧牢固，不容易打破。反之，如果从尊重文化共同体的封闭性、尊重民族个性的立场出发，也许更加容易接近人类的共同理想。因为，从这种立场出发，不仅看到了自身民族的特性，同时所有民族的特殊性都得到了肯定，让所有民族各得其所。这样一来，就不是否定民族的个性，而是实现民族的个性，从而实现普遍的人类同胞的理想。

综上所述，和辻哲郎的"单一民族论"是一种国际多元主义，也就是世界各地的民族以各自的文化为基础建立单一民族的政治组织。如此一来，各民族的文化和独立得到尊重，统治众多民族的多民族帝国成为被批判的对象。而且，从和辻哲郎的"风土论"来看，具有相同风土的一定地域，只要是独立的，在那里就应该不存在具有不同文化的异民族，民族歧视和文化冲突的问题也就迎刃而解了。

基于这一理论，和辻哲郎必然反对同化政策。他从欧洲回国之后，立刻着手撰写《国民道德论》的构想笔记以及草稿，他提出："希腊人对待奴隶的态度，正是他们（白人）对待有色人种的态度。白人就是抱着这种态度进入东洋开拓他们的殖民地的"，"东洋人的解放以及东西洋文化的统一"是"日本的任务"(《和辻哲郎全集》，别卷 1，第 412、440 页)。和辻哲郎对于多民族国家的批判，就是对声称英法语是"世界语"、基督教是"全人类的神"、在世界各地建立殖民地的欧美的批判。同时，也是对他极为反感的、日本的超国家主义者的悄然反抗。和辻哲郎超越了欧美的普遍主义的近代思想，为了维护日本的独立性而形成了自己的思想理论。明治时期，一部分基督教知识分子的普遍主义逐渐演化成侵略论，和辻哲郎的思想理论与其恰恰相反，但它同时也是一把"双刃剑"。

如果尊重日本的独立性，那么就必须批判剥夺了民族独立性的同化政策。和辻哲郎支持太平洋战争，因为他认为这是一场脱离欧美的殖民地统治、解放亚洲各民族的战争。如前所述，让亚洲各民族"各得其所"正是"大东亚共荣圈"提出的口号。而实际情况却是，所谓的各亚洲"劣等"民族处于底层地位，日本民族作为指导者高高在上处于统治地位。所谓的"各得其所"只不过是将阶层秩序正当化。而和辻哲郎所谓的"各得其所"与之不同，他将其重点置于对民族个性的尊重。

和辻哲郎于 1942 年 4 月向企划院次长提交了意见书，主张"不干涉占领地区民族的宗教信仰、习俗等，尊重其传统"。在该意见书中他还指出，太平洋战争是为了清算欧美的殖民地统治，因此"东亚各民族必须为大东亚战争竭尽全力，进一步说，就是各民族必须为了大东亚战争不惜牺牲，就这一点来说，不必有任何的顾虑"。在次月海军省主办的演讲中，他断言："大东亚建设的第一动因是力量、是权力。"[17] 这与优生学势力的主张并不矛盾，也是和辻哲郎支持太平洋战争的极限。但是，反过来说，这也表明和辻哲郎已经清楚地意识到无实质统治权力的天皇只适用于日本民族内部，在与异民族的关系中，基于混合民族论的一视同仁、融合同化等方式并不适用。

因此，从另一个层面来看，抱有这种思想的和辻哲郎的象征天皇制构想也是对向多民族帝国扩张的日本的批判。和辻哲郎在1928年的时候就已经将朝鲜、（中国）台湾、日系移民等排除在国民性的考察对象之外（《和辻哲郎全集》，别卷1，第377页）。在"二战"刚刚结束的时候，他回忆说自己"在朝鲜和（中国）台湾都属于日本版图的时代，就曾经指责朝鲜人和（中国）台湾人不可能融入日本国民"。他说："天皇的神圣性是在日本国民共同体的地域产生并且发展起来的，不应该强求其他民族。"此外，他还批判说平田神道提出的天皇统治世界的理论是"非正义的"。平田神道提出"将其适用于现代世界，至于成为'大东亚共荣圈'的理论，作为一个日本人我实在是感到羞愧"（《和辻哲郎全集》，第14卷，第328、337页）。虽然这些都是他战后的言论，但是这些想法恐怕早在战争期间就已经产生了吧。

和辻哲郎的"单一民族论"从战前开始就具有和平性和文化性，这也是其战后仍然被民众所接受的基础。另外，当时的日本文化论认为日本文化的复合性来自外来民族的迁入，但是和辻哲郎的风土论将民族要素排除在外，从"风土"的角度解释了日本文化的复合性。他的理论可与柳田国男的岛国民俗学相媲美，对战后的日本民族自画像产生了深远的影响。同时，他还与津田左右吉并驾齐驱，成为象征天皇制最得力的支持者。

第 16 章　帝国的崩塌

——大川周明、津田审判等

从"九一八事变"、中日战争到太平洋战争前半期，"混合民族论"占据了社会舆论的主流。伪满洲国在成立之前就已经是一个五个民族和谐共处的区域，因此，与作为大日本帝国一部分的朝鲜、中国台湾等相比，日本国内关于日本民族吞并并同化伪满洲国的其他民族这种由"混合民族论"作为理论支撑的同化论的论调相对而言比较少。不过，正如前面章节已经论述过的，在朝鲜，"混合民族论"已经成为朝鲜总督府的御用之物。

战争时期的"混合民族论"

在这一时期，本书前面已经提到的"混合民族论"的学者就已经人数众多了。

不过，大家公认的、最具有代表性的人物恐怕还是非德富苏峰莫属了。德富苏峰在 1925 年出版的《国民小训》一书中指出，"现在的大和民族，未必是单一种族，而是所有种族的混合统一"，并称赞日本为"一种合金"。中日战争开始以后，德富苏峰于 1939 年出版了文部省推荐图书《昭和国民读本》,此后,几乎每年都出版一部赞美帝国扩张的启蒙书籍,如《皇道日本的世界化》《满洲建国读本》《宣战的大诏》等。在这一系列的书籍中,他一直都在大肆宣扬"混合民族论"所推崇的日本民族的同化力、日本民族既能适应热带又能适应寒带气候的适应性。他在战争期间的报纸上也发表了同样的言论,清野谦次曾经非常严厉地对此进行了批判。[1]

此外,著名的大亚细亚主义者大川周明出版了《日本二千六百年史》,该书在1939年就销售了50万部,成为当年最畅销的书籍。大川周明在该书中提出,阿伊努人是日本列岛的原住民族,大和民族来自南方。大川周明还提出,"无论是原住民族的子孙,还是归化人的子孙,都已经被以神武部族为中心的大和民族同化"。他还在1943年的"大东亚共荣圈"论中提出日本民族要活用当年大和民族同化阿伊努人的经验。大川周明和久米邦武一样,赞同南北种族战争的东洋史观。历任关东军参谋和参谋本部作战部长的石原莞尔也于1941年提出,日本民族由南北种族混合而来,并且兼具了两者的优点。橘朴作为一名大亚细亚主义者,曾为伪满洲国的发展做出过贡献,他也赞成"混合民族论",主张打破岛国根性,实行"八纮一宇"、一视同仁的民族政策。[2]

京都学派的哲学家西田几多郎也在他战争时期的论文中说:"纵观我国的建国史,并没有对异种、异民族的战争征服,而是在天孙民族下实现了统一融合。"他提出,从这种克服了个体对立矛盾的历史中,可以看到"我国国体有全世界绝无仅有的内部统一性",它可以指引我们实现"形成东亚世界秩序的原理"以及"八纮一宇"的理想。国立民族研究所所长、社会学家、经济学家高田

西田几多郎

大川周明

保马于1942年提出，日本民族中几乎融入了"东亚各民族的血"，因此，亚洲各地都是日本民族的"故乡"，并赞美日本侵略亚洲各地是"回归故里"。[3] 该研究所的总务部长冈正雄与研究员江上波夫在战后也都倡导"骑马民族渡来"说。

以民族起源论以及古代船只研究而闻名的人类学家、民俗学家西村真次于1941年提出，日本民族自古以来就是乘船出入海内外的海洋民族。他认为日本民族由亚洲七种民族和犹太人、罗马人混合而来，因此，亚洲各地都是日本民族的故乡。日本民族"除黄色人种、白色人种之外，甚至还混入了若干黑色人种的血液……并且将优良血统流传至今"，并由此得出"大和民族优秀论"。另外，他还指出，日本虽然是广泛实行婿婚制的"母性中心主义"社会，但是它与欧美的"女权主义"不同，是与父家长制相结合的"母性中心的父家长制"的家族国家。西村真次在1943年出版的面向儿童的启蒙书中也强调说，日本民族是混合民族，也正因为如此，所以非常优秀。[4]

　　同一时期，柳田国男和折口信夫等也就日本民族和南方的关系举行了演讲。柳田国男在1940年以"海上文化"为题的演讲中，宣传了他多年以来一直提倡的日本民族南方渡来说以及船舶在日本历史上的重要性。柳田国男过去一贯主张"日本人过去不擅长于乘船"，但是在大战初期，据说他又为日本进军南方而感到十分高兴，在1943年关于"大东亚民俗学建设"的座谈会上，他提出"虽然我本来是政治家出身，名利心颇重，但是大东亚民俗学不为大东亚共荣圈的统一贡献力量不行"，"只要多一些耐心，政治家们就会采用我们的［研究成果］，所以我觉得只要我们用正确传达事实的方式就可以了。我本人是政治家—— 一个并不成功的政治家，政治家的立场与学者的立场有时也让我感到困惑纠结"。折口信夫则在1943年的《古代日本文学中的南方要素》一文中宣扬日本民族的优秀性，他提出，日本民族和南方人同祖同宗，"在南方人中，现在仍有若干不思进取的精神力量，而在位于此东亚共荣圈北方的居首席地位的日本民族中，有用语言无法形容的高贵，而且拥有神圣的历史"。[5]

　　这一时期，关于日本民族论的讨论异常之多，但是其中涉及日本民族起源的并不多，即使提到起源论也基本上都是上述论调，且多到不胜枚举。仅就1939年以后的单行本而言，就有国体论学者永井亨、贵族院议员下村海南、杂种强势论学者谷口虎年、喜田贞吉的盟友历史学家内田银藏（死后出版）以及日本史方面的秋山谦藏、白柳秀湖等。不过，虽然人数众多，但是万变不离其宗，都是一片对"混合民族论"支撑下的同化政策、海外进军战略的赞美之词。[6]

要说其中应该引起我们注意的还是"单一民族"一词，这种说法在当时并不多见，正如本书开卷时所述，在这一时期，对于"单一民族"的说法，基本上都是以否定的形式出现的，例如，"日本民族本来就不是单一民族"，"大日本帝国既不是单一民族的国家，也不是民族主义的国家"，等等。[7] 这些引用源于文部省发行的书籍，从这一点也可以看出"单一民族"这一词汇在当时所处的地位。这里所谓的日本不是民族主义国家，是指朝鲜总督府所主张的，日本不是纳粹型的排外的民族主义国家，而是以天皇家为中心的民族同化主义国家。德富苏峰也在当时的报纸上发表了关于"皇室中心和民族中心"的报道，指出日本不是民族中心主义的国家。

纯血论的抬头

不过，与此同时，反对"混合民族论"的论调也在日本开始抬头。与优生学系势力的情况相同，随着"皇民化"政策的深入，日本国内对于混血、通婚的恐慌情绪增加是其重要原因之一。

例如，1938 年，学习院大学教授白鸟清在文部省教育局的日本诸学振兴委员会研究报告中指出，虽然现在处于非常时期，但是社会上关于日本民族的起源却众说纷纭。他还列举了一些应该予以谴责的学者，[8] 其中就提到了马来渡来说、通古斯血统说等各种各样的学说；另外，他对白鸟库吉的语言研究以及古畑种基的血型研究则大加赞赏。

"日本民族和朝鲜民族属于同一民族"的学说也被他列为应该予以谴责之列。该学说的领军人物、《日鲜同祖论》的作者金泽庄三郎也成了他谴责的对象。除此之外，他谴责的对象还有鸟居龙藏、井上哲次郎、田口卯吉、西村真次等。白鸟清认为，利用"混合民族论"贯彻执行侵略与同化政策的大日本帝国其实是在自掘坟墓。

这种矛盾不仅仅体现在白鸟清一人身上。1942 年 5 月，在海军省主持的非公开思想恳谈会中，参会的安倍能成、谷川彻三、和辻哲郎对于日本与南方民族通婚有所疑虑，认为不存在民族间成功通婚的情况，对此事必须慎重考虑：[9]

> 谷川氏：在目前的占领地，关于日本人与南方人同根同种的宣传将会成为一个严重的问题。
>
> 安倍氏：关于朝鲜人和日本人通婚，应该慎重考虑。即使日本人和南方人同种同祖，也不应该奖励两者之间的通婚，在朝鲜可能要禁止杂婚……
>
> 和辻氏：无论任何民族，与异族通婚从未成功过。
>
> 谷川氏：男人与土著女人结婚的话，他们的子孙就会融入土著人半裸的生存模式中。
>
> 学术振兴会的报告还指出，日本人和南方民族同种同根这一说法是荒谬的。

最后这句话，应该是前面提到的白鸟清说的。

不单是混血，对于征兵制他们也持反对态度。同样在 1942 年 5 月海军省主持的另一次政治研究会上，对于"认可日本人和南方优秀民族之间的混血……设置缓冲地带是否可行"的建议，他们表示反对，说："那样的话，日本有可能像'罗马帝国'一样走向灭亡，我们应该吸取'罗马帝国'的教训，日本向朝鲜人实行征兵，正是日本走向灭亡的第一步，'罗马帝国'的灭亡正是因为'罗马军队'的灭亡。"他们担心日本军队不久之后将不再是日本民族的军队，而将变成朝鲜人和中国台湾人的军队。

日本陆军规定战斗部队中朝鲜人的比例不得超过百分之二十，让朝鲜人士兵负责战俘收容所等。后一措施使得很多朝鲜人在战后以虐待战俘的罪名被列为 B 级、C 级战犯（日本政府至今仍然拒绝给他们赔偿）。即便如此，朝鲜人参加"皇军"依然让他们感觉到威胁。当时甚至有报纸报道说，阵亡的朝鲜士兵竟然也被供奉在神圣纯洁的靖国神社内，这一点被认为很不应该。[10]

"同祖论"和"混合民族论"有利于美化侵略、推进同化政策、实施征兵和动员。但是，这样一来就无法阻止与异民族之间的混血。可是如果为了防止混血而去否定"混合民族论"，那就无异于承认日本的侵略根本就不是所谓的亚洲各民族"血"的联结以及"情"的结合，而只是由于单纯的权力统治罢了。姑且不论"混合民族论"仍与以前一样，一直停留在抽象层次的讨论阶段，当时作为主要课题的混血问题也已经陷入了一种进退两难的矛盾之中。

双重束缚的状态

在此期间，津田左右吉以涉嫌亵渎皇家、违反出版法的罪名而受到追查，这也正是大日本帝国开始出现混乱的象征。该事件的起因是，在中日战争最激烈的 1938 年，津田左右吉出版了《中国思想和日本》（岩波新书）。该书阐述了他一直以来的主张：中国思想对于日本的影响仅仅限于表面而已。

津田左右吉在该书中指出，儒教思想作为中国权力阶层的道德在中国特别发达，但是它极其缺乏普遍性，"将普通民众视同禽兽"，结果就导致"中国的政治和社会得不到任何发展，中国的国民感受不到丝毫的幸福"。另外，中国思想对于日本的影响也仅限于一部分统治阶级。本居宣长和平田笃胤的日本中心主义欲从《古事记》发展神的道德等做法，都是受到了认为自己的国家就是世界的中心（中华）的"中国思想"以及通过书籍来宣传形式道德的中国的影响。而日本文化是日本民族独自发展的产物，与中国完全不同，所以，从来没有一个将日本和中国都包含在内的所谓"东洋"的存在。

当时正值中日战争，日本国内一片"中日亲善论"，强调中国与日本是同属东洋的同种同文的国家，同属于亚细亚血统的民族，对于中国的抵抗提倡日本采取怀柔政策。但是，在津田左右吉看来，中国自以为是东洋文化的鼻祖，因此，他们提倡文化的共通性"就是想让日本承认日本文化从属于中国文化，这样做，蔑视、侮辱日本人的作用更大"。这不仅与中国坚持抗日有关，"对于弱者，可以任意对待，也正是中国民族性中非常重要的一面"。

为了打破这种状态，日本必须借助西洋文化来提高日本文化，因此，日本非脱离汉字的障碍不可。从根本上讲，汉字这一"文字本身就蕴含着中国思想"，所以，"必须尽早取消"汉字课。他还指责"对于日本文化的独特性没有坚定的信念，对中国文化冠以东洋文化之名，实际上是宣传日本文化从属于中国文化"的现象。[11]

津田左右吉的东洋否定论彻底否定中国、强调日本的独特性。但是也许正因为如此，他遭到了日本右翼的批判。

批判津田左右吉的急先锋是歌颂"国体明征"、抨击反日学者言行的民间右翼团体——原理日本社的蓑田胸喜。但是，也正是这个蓑田胸喜，曾在 1939 年的时候给予津田左右吉高度的评价，那时候《中国思想和日本》一书刚刚被提出来讨论。蓑田胸喜赞赏津田左右吉对日本的独特性有坚强的信念，指责并警告说："此次事变的根本原因在于中国'抗日侮日'的思想行动，中国这种'抗日侮日'的思想行动与我国一直以来的一般学风思潮，即知识分子阶层的中国思想、对东洋文化以及西洋文化无批判性追随的学术错误有关。"[12]

但是之后，原理日本社的另一位成员开始批判津田左右吉。他在阅读了津田左右吉的《中国思想和日本》一书之后称，他的观点"与蓑田氏的见地略有不同"。他批判津田左右吉的言论是"东洋抹杀论"，实际上是反对以日本为中心的大东亚团结，而否定东洋文化就势必要肯定西洋文化。而且，"津田氏所谓的日本独特的文化等言论并不具备'世界的共通性'"。[13]蓑田等人从此以后转为对津田左右吉进行全面攻击。

从某种意义上来说，蓑田胸喜观点的转变正体现了大日本帝国的矛盾。他一方面称赞津田左右吉论证了日本的特殊性，但是后来认为津田左右吉的观点缺乏日本普遍性而予以抨击。在东京帝大授课时，津田左右吉被右翼学生们包围诘问，最后不得不和丸山真男躲进了西餐厅（而不是中餐厅，也确实是津田的作风），他不由得感叹道："如果这帮家伙横行于世的话，日本皇室处境危险啊！"[14]

蓑田胸喜等对津田左右吉展开了一系列的批判活动。在法庭上，津田左右吉面对他们提出的"'记纪'是虚构的故事"之说是"对天皇的亵渎"的攻击，做了如下申述：

> 天孙民族由海外乘船而来，征服了出云民族。如果这一历
> 史事件出现在神代史中，那么毫无疑问日本就是一个征服国
> 家。皇室通过武力征服了该国的民众，从而成立了国家。这种
> 理论认为，皇室和一般国民各有各的来历，只是通过武力和权
> 力使两者结合在了一起。按照这种理论，本人坚信日本的国体
> 精神由此受到了伤害。
>
> 实际上中国的帝王正是以这种形式存在的。这样一来，帝
> 王和民众之间就形成了强者和弱者的关系、征服者和被征服者
> 的关系。……这种理论与我国国体完全不符，在我国，皇室与
> 国民是一体的，也就是所谓的君民一体。

津田左右吉提出，因为将"记纪"神话看作历史史实，所以就
产生了天孙民族海外渡来说。"所谓神话，最开始的《古事记》的
故事、《日本书纪》的故事都流传了下来。如果把这些当作历史事
件的记录来看的话，就破坏、扼杀了《古事记》的记载"，"我认为
过去学者们的研究无异于扼杀古典"，通过将"记纪"神话解释为"杜
撰的故事"，"我并没有破坏、抹杀古典，相反地，我活用了古典，
使古典获得了新生"。[15]

对于津田左右吉的辩论，法官们是如何理解的我们不得而知，
但是以特别辩护人身份出庭的和辻哲郎，正确地把握了津田左右吉
的意图。他在法庭上做出了如下陈述：[16]

天孙民族如果是从海外渡来的话，那么也就没有任何神圣可言了。如果从海外渡来的天孙民族是我们皇室的祖先的话，就海外渡来这一现象来说，为什么一点都没有体现出"现人神"[1]是"神"这一点呢？

"记纪"神话令人对其严重曲解，觉得这好像是事实一般，这一点实在不好，津田先生主张的重点就在于此。

也许是和辻哲郎这样的辩护非常有效，津田左右吉的"记纪"研究虽然停止了出版，但是几乎所有的指控均告无罪，唯一的有罪指控也是缓期执行。津田左右吉不服，提出了冗长的上诉书，最后也就不了了之了。即便在这份上诉书中，津田左右吉仍然批判原住民族征服说，称"最近逐渐清晰明朗的考古学上的知识"也否定了原住民族征服一说。[17]这也许是因为从和辻哲郎那里得知了清野谦次学说的存在。另外，和辻哲郎也因为受到蓑田胸喜等人的攻击，于1944年停止了《日本古代文化》的再版。

1944年，大川周明以津田左右吉为例，对那些东洋否定论的学者进行谴责。在大川周明看来，日本既具有统一性又具有包容性，是来自印度和中国两大东洋文化的综合，是为了东洋的解放而奋斗的。但是，大川周明的《日本二千六百年史》也于1940年受到了蓑田胸喜的攻击，并在议会上遭到了批判，为此，他不得不更正了阿伊努人是列岛的原住民族这一说法。当然这也是大川周明自己的

---

[1] 所谓"神"指两种现象，一种现象是神灵附体获得神谕，另一种现象是施展妖术的神巫、神人等的神格化及其形象的投影。因此后世人们把天皇称作"现人神"。虽说这是误用，但也有其相符之处。

过激反应，蓑田胸喜和议会批判的主要是大川周明其他的历史观，并非攻击阿伊努人是原住民族这一部分内容。[18] 如果对此也要纠缠不休的话，那么必须禁止出版的作品就太多了。不过，实际上当时已经酿成了让大川周明进行更正这样的社会气氛，这也是事实。

津田左右吉遭到审判，正是因为"单一民族论"变成了"东洋否定论"，这对于美化侵略没有任何帮助，从而遭到了压制。大川周明对原著进行更改则反映了当时"混合民族论"仅仅因为他否定了纯血就对此加以抨击的社会氛围。至此，大日本帝国的民族论完全陷入了双重束缚的状态。无论说日本民族是单一民族，还是说日本民族是混合民族，都会遭到攻击。

双重束缚的结果就造成了大家对事实的沉默。战争时期，社会舆论中到处都是关于民族的言论，但是，纵观朝鲜总督府和厚生省研究所这些立场鲜明的机构，具体言及日本民族起源的内容，与"日韩合并"时期相比明显地少之又少了。即便触及这个话题，也是如前所述，同样是文部省的出版物，既收录了非"单一民族"的内容，也收录了否定混合民族论的内容，没有统一的方针。作为大体的方向，混合民族论并没有触及天孙民族和天皇家族从何而来的问题，纯血论也没有言及具体的起源，都只是一些纯粹抽象的叙述，并不去触碰双方互相抵触的部分，处于一种妥协的状态。

即便如此，直到战局对日本还颇为有利的 1942 年为止，当提到占领区的进军适应论或同化政策时，"混合民族论"还可以在主要杂志或者单行本中看到踪迹。本章前半部分所述的"混合民族论"，主要来自这一时期。但是，到了 1944 年的时候，战局开始逐渐失利，"混合民族论"在主要杂志中也基本上消失了。就连德富苏峰在 1944 年出版的《必胜国民读本》一书中也只是强调了国民为了艰苦的战争而团结在一起，对于一直以来的"合金论"只字未提。同年，德富苏峰在时论中提出，"美国是混合人种的国家"，战争持续时间越长，美国内部的人种对立矛盾就越危险，因此，持久战对具有民族统一性优势的日本非常有利。简而言之，德富苏峰在扩大占领区的时期，提倡"混合民族论"的进军力和同化力，但是当战局不利，战争转为防守状态时，他则强调民族的单一性，提倡团结。[19] 也许这正是当时学界整体潮流的一种反映，1944 年出版的第六期国定地理教科书中，关于帝国民族多样性的表述已经不见了。[20]

这么说来，是不是在战争后期"单一民族论"有所抬头呢？从主要杂志来看，却也未必如此。单一民族论学说并没有被普遍周知，随着战争局势的变化，战局越来越不利，在朝鲜、（中国）台湾的征兵和动员变成了强制行为，当然也就不能再否定"日鲜同祖论"和"内鲜一体论"了。结果，到了大战后期，"单一民族论"已经流于并不涉及日本民族起源的抽象口号，而后由于纸张供应不足，媒体也不再发表相关内容了。对于一般民众而言，恐怕只留下了高唱"民族"这一词汇的印象了。再有就只剩下合理的、实际上的沉默了。至少，关于民族论，在大日本帝国军事失败之前，就已经崩塌了。

第 17 章　神话的定型

——象征天皇制论、明石原人说等

第二次世界大战战败后，日本被赶出了殖民地。特别是失去了朝鲜、（中国）台湾以后，原本占大日本帝国三成人口的非日系人口的数量急剧减少。

由于战败，"同化论""家族国家论"等理论都已经不再适用，如此一来，日本的知识分子也就失去了讨论国内异民族的基础理论框架。他们中的大部分人本来也只不过是配合帝国的侵略扩张一直在调整自己的步调，并没有提出过任何切实可行的、与异民族共存的方针策略。

如今，那些迄今为止被视为真理的所有理论都不得不改头换面逐一进行重建。但是，日本国内却没有尝试过要把日本建设成为一个多民族国家的"新日本"。当时，日本国内的异民族人数已经非常少，现实问题堆积如山。反倒是战后有部分知识分子认为，原本国内的异民族就是因为帝国扩张而收编进来的，日本成为多民族帝国这件事情本来就是错误的。

对于滞留在日本国内的朝鲜人和（中国）台湾人，比起让他们留在日本国内和日本人共同生活，帮助他们早日回到自己的祖国才是众望所归。当然，这与把日本建设成为多民族国家的思想没有任何联系。至于阿伊努人，除了极少部分的关心以外，他们基本上被忽略了。

在这样的时代背景下，有一部分人主张建立单一民族的和平国家，以取代战前的军事化多民族帝国。不含异民族，并由此成为一个和平稳定的岛国，这样一幅日本的自画像对于已经疲于战争的民众来说，可谓深得人心。而这个和平的岛国统一的象征，正是天皇。

农民的世界

刚刚战败后的 1946 年，以自由主义论坛的复兴为目标的《世界》杂志创刊，该杂志向津田左右吉约稿。津田左右吉首先在同年的 3 月刊上发表了论文《日本历史研究的科学态度》，在该论文中，他批判了"天孙渡来说"。接着，津田左右吉给 4 月刊提交了一篇拥戴天皇的论文《建国诸事和万世一系的思想》。[1]

编辑部看了津田左右吉提交的文章后大为震惊，写了一封长信给津田左右吉，要求他再慎重考虑一下，然而津田左右吉并没有因此而改变观点，甚至在发表文章的同时将编辑部写给他的信也一并发表了出来，成为当时杂志出版的一个特例。一个长期受到帝国打压的历史学家会提交这样的一篇文稿，完全超出了编辑部的预想。

这篇论文首先提出了津田左右吉对日本古代史的"个人观点"，他认为战败后的日本需要脱离之前强行将"记纪"神话作为史实的皇国史观。这个"个人观点"无疑就是"单一民族史观"和"象征天皇制"。

由此而展开来的内容基本上都是津田左右吉战前主张的延续，并没有特别让人耳目一新的内容。津田左右吉主张"日本国是一个被称为日本民族的单一民族创建的国家，日本民族的周边并不存在任何与其有亲缘关系的民族"。而且"日本民族自古以来就是单一民族，而不是由多个民族混合形成的"。这个单一民族在与外界隔绝的孤岛上过着简单而和平的农业生活，没有和其他民族接触的经验，凭借同一个民族与生俱来的感情，团结在大和朝廷的周围。因此，同一民族之间的自然情感、没有和异民族的战争、天皇不执政而是以非武力的文化宗教权威统治臣民，这些都是这个民族的特征。日本民族在漫长的历史岁月中自然而然地产生了天皇与国民一体的这样一种"万世一系"的观念。

文章中增加了津田左右吉对战争的反省以及如何对应当时日益强烈的天皇的战争责任论的内容。津田左右吉认为明治维新后，藩阀政府运用"中国思想"和"欧洲思想"，"将天皇与国民对立起来，并依据其理论思想，认为要强化天皇统治国民的权力，并尽可能地削弱国民在政治上的地位，认为这才是巩固皇室地位的方法"。不仅如此，他们还学习普鲁士的官僚体制和军事体制，认为"国民于皇室无须抱有深厚的感情，只需要服从皇室的权力和威严即可"。如此一来，本来天皇原则上是不亲政的，但是实际执政的军部和官僚却将天皇塑造成为专制君主的形象，借天皇的名义行不义之事，这就是这次战争的实质。

津田左右吉的结论是，在单一民族国家的日本，"皇室存在的意义在于，它是国民统合的中心，是国民精神的象征"。如果民主主义是指国民成为国家的主人，那么作为日本民族，即日本国民象征的"我们的天皇"则理所当然地成了国家的象征。因此，"国民爱天皇，拥戴天皇才是彻底的民主主义的真实形态"。

国民统合的象征

与津田左右吉一样提倡拥护"象征天皇制"的还有和辻哲郎。1948年，和辻哲郎以自己战败后所写的论文为中心内容，出版了《国民统合的象征》一书。[2]

和辻哲郎在1945年年底发表过一篇短文，在这篇文章中，和辻哲郎提倡拥护天皇制，他提出，如果天皇是国民全体民意的体现，那么，"人民当家做主和天皇是主权者这两者便合二为一了"。为此，一些地方报纸发表了标题为"严重歪曲日本史、'神灵附体'理论的翻版、天皇制与和辻哲学"的文章，批判和辻哲郎的观点。他们提出"天皇一族是征服了众多原住民族的征服民族，而不是多数国民的祖先"。对此，和辻哲郎表示："这些观点太过幼稚，这对为了坚决批判'记纪'原典而不惜对簿公堂的、战斗不息的津田左右吉博士，实在是大不敬。""天孙民族是征服民族这一想法已经是明治中期的遗物，是将神话故事当作历史的一种想象而已，没有任何学术价值。"（《和辻哲郎全集》，第14卷，第329、332、333页）

在这本书里，和辻哲郎也基本上延续了自己战前的主张。他认为，"国民是拥有共同语言、习俗、历史、信念的文化共同体"，古代日本通过民众会议集中"全体国民的意志"，然后由天皇表达出来，这与单纯地表现个别人的意志有本质区别（同上书，第337—

338 页）。天皇的统治并不是通过武力而是通过宗教权威来实现的，"记纪"神话中描写的征服国家的内容只不过是因为受到了"中国文化"的影响（同上书，第 343 页）。和辻哲郎强调自古以来天皇原则上不亲政，天皇并不掌握政治实权，即便如此，民众依然认为天皇是众人全体性的象征。

和津田左右吉一样，和辻哲郎在书中增加了批判军部和战争责任论的相关内容。和辻哲郎首先批判了战争时期所谓遵从天皇的忠君论。

和辻哲郎认为，儒教的"忠"原本只是指封建君主及其家臣团体成员之间的、个别的忠诚关系的道德标准，和一般民众的全体性没有任何关系。本来，"封建君主就是通过武力对人民进行镇压和统治，丝毫没有象征人民的统一这种性质"。与此相对，日本自古以来"人们对天皇之心用'诚'一字来表达，体现的是清明之心、正直之心、忠明之诚等，而不是忠义、忠君"。和辻哲郎在 1930 年发表的《国民道德论》的构想笔记中，已经把这种对天皇的感情称为"尊皇"，以与儒教的"忠君"思想区别开来。1943 年出版的《尊皇思想及其传统》一书，更进一步地展开了相关内容的论述。战前的忠君论将儒教的"将君臣主从的关系强加给象征日本国民统合的天皇，把国民自觉统一的'尊皇'思想偷梁换柱，换成了封建的忠君思想"（同上书，第 322、367—368 页）。

这一时期，日本的帝国主义被认为是封建遗制的产物，"反封建"一词经常被提起。和辻哲郎恐怕也是赞同"反封建"的口号的。为什么这么说呢？因为对于和辻哲郎而言，封建是中国思想的产物，只有彻底铲除这种中国思想的产物，才能恢复作为国民统合象征的天皇的本来面目。在和辻哲郎看来，同时提倡反封建和打倒天皇制的风气，恰恰反映了民众将儒教的忠君道德与对天皇的感情混为一谈，犯了与战前的超国家主义者相同的错误。

和辻哲郎还认为，国家神道和侵略行为都和天皇没有必然的联系。神道教义的形成远在天皇出现之后，本应该接近精神崇拜的神道，之所以附上教义便摇身一变成为国家宗教，这都是为了对抗佛教，也是受到了"周易和儒教"的影响。提倡铲除中国思想的本居宣长以及平田神道，在日本国作为世界的中心这一点上，却延续了中国思想。本居宣长、平田神道的这种观点和津田左右吉的思想是相通的。所以，将神道适用于全世界是大错特错，这无异于将日本和天皇从本来应有的状态中脱离出来，结果给人们造成一种"帝国主义的侵略行为和天皇统治的传统有必然联系这种错误的印象"（同上书，第325—328页）。

进一步说，选举制度作为反映国民全体意志的一种手段，并不适合日本。日本历史上曾经出现过选举出来的政治家贪污渎职，最后屈从听命于军部的情况。还有就是直接投票选出总统或天皇的制度，如果日本采用总统制，估计其结果大概就和南美的独裁国家一样。当然，通过天皇来表现国民的整体性，与天皇执政、由天皇进行个人独裁是完全不同的两码事。因此和辻哲郎非常赞成在宪法中将天皇定义为"国民统合的象征"，"使每个国民都更加积极地参加'由天皇表现出来的'全体意志的决定"，也就是期望把作为象征的天皇和民主主义结合起来（同上书，第340、350、353页）。

近几年的研究指出，在宪法草案中将天皇定位为"象征"，不一定是美国单方面的意思，日本内部也存在提倡将天皇象征化的动向，这可能也对 GHQ[1] 的方针产生了影响，也正是在这样的背景下，日方接受了象征天皇制。众所周知，和辻哲郎的言论，对于文部大臣天野贞佑在 1951 年发表的《国民实践要领》中提出的文化国家论以及后面提到的三岛由纪夫、中曾根康弘等都产生了影响。在 1945 年到 1946 年期间，当时的宪法研究会、社会党、宪法恳谈会等团体拟出的宪法草案无一例外都采用了"天皇超政论"，提出了"国民协同体"（社会党）、"君民同治主义"（宪法恳谈会）等方案。津田左右吉与和辻哲郎的提议，在共通的土壤中得到了更广泛的探讨。姑且不论津田左右吉与和辻哲郎的观点对政治发展过程和社会舆论的形成产生了多大影响，但它们确实是战后象征天皇制理论浓缩的精华。

从某种意义上可以说，战前的日本作为多民族帝国，对于与"同化"相悖的国内的异文化和异民族，最终都使用了武力。但是，战后的日本丧失了武力手段。武力可以简单地打破民族间的壁垒，文化权威却不可以。因此，如果像津田左右吉与和辻哲郎描绘的那样，天皇凭借的不是武力，而是依靠文化和宗教权威来进行统治，那么日本就不会存在异民族了。津田左右吉与和辻哲郎的思想，产生于与将天皇塑造成多民族强大帝王的战前风潮对抗的过程中，或者说其结果最终导致了抵抗这一战前风潮。津田左右吉与和辻哲郎的思想包含了否定同化政策和帝国扩张的要素，是一种不允许在"国民"内部存在异质者的构想。

---

[1] 驻日盟军总司令部。

明石原人说

1948 年，津田左右吉与和辻哲郎提出了"象征天皇制"。同年，作为人类学最高权威的东京大学教授长谷部言人发表了"明石原人"说，提出日本列岛曾经有旧石器时代人类居住，从而结束了日本非科学的民族论横行的时代，进入新日本民族起源论兴起的时代。

长谷部言人用作论据的人骨化石，是 1931 年由另一位学者直良信夫发掘出来的，直良信夫还发表了文章说明这块人骨化石产生于旧石器时代。但是，当时的主流学说认为，日本列岛不存在旧石器时代，加上出土状态亦不明确，同一地层也从未发现过其他人骨，所以大家对这个论断一笑了之，直接否定了他的观点。这块人骨化石的实物在 1945 年的东京大空袭中被烧毁，只剩下石膏模型存留在东京大学，后来，长谷部言人留意到了这块放在研究室角落里将近二十年的模型，并对其重新进行研究。包括明石原人说在内的长谷部言人的日本起源论大都汇总在 1946 年发表的论文《日本民族的成立》中。[3]

在这篇论文中，长谷部言人依然坚持自己战争期间的主张，否定"日本人是混合民族或者混血民族"，指出阿伊努人不是日本列岛的原住民族，推出"日本人才是真正的日本原住民"一说。他认为，之前的混合民族论只不过是明治时期"随便接受外国人学说"的结果。他还强调以自然科学为依据的民族起源论的重要性，批判认为"虾夷"就是阿伊努人的"记纪"解释。

按照长谷部言人的观点，洪积世时期日本列岛就存在有明石原人，之后，石器时代人从中国南部大陆来到日本，那时候日本列岛还与中国大陆相连。石器时代日本人与现代日本民族形质之所以不同，并不是因为混血而是因为进化的原因。所以，即便"日本人"相貌性格各异，这也是源于石器时代人开始就存在的形质差异，只不过这种形质上的差异在进化过程中逐渐变得更为明显而已。

除了否定日本民族混血论之外，长谷部言人的论调还有两个特点。其一，彻底否定日本民族和朝鲜的关系，提出日本民族是亚洲文化中心——中国的直系。

他说，事实表明"日本民族中，相貌和阿伊努人相似或者和朝鲜人相似的人并不多见"，被认为最接近朝鲜人的近畿地区的日本人，实际上他们更像中国南方人。他还批判"日韩同祖论"以及对渡来人的"过度解读"，他指出，"贫穷边境的满洲和朝鲜与作为亚洲文化中心的中国不同……要日本居民心甘情愿地接受移居过来的满洲人、朝鲜人，恐怕也是不可能的"。他还提出，古代日本人的语言和文化都"继承自华南地区远祖，并且保持着那时候的风貌"，说日本文化从朝鲜传入日本简直无法想象。

虽然长谷部言人论调的第一个特征与津田左右吉嫌弃中国的论调形成了鲜明对比，但是，他论调的第二个特征却与津田左右吉以及和辻哲郎的观点相同。他们都把日本列岛描绘成与外界隔绝的、受到自然恩泽的和平区域。

长谷部言人首先批判了绳文时代人是被征服的阿伊努人的说法：

> 就算是一个拥有非常优秀文化的民族，他们来到生活着晚期绳文土器时代人的日本，也不可能立刻就战胜后者并掌握主权。我们不可忽视游击战、长期远征所伴随而来的衣物粮草补

给困难，关于这一点我们有过多次对外远征而积累的经验，不管是过去还是现在，这一点应该都不会改变。

曾经的"混合民族论"，用天孙民族征服并同化了原住民这一历史来说明现代日本民族发起侵略、同化异民族并非难事。在这里，长谷部言人的观点与之恰恰相反，他提出日本军队在大陆和南方遭到了当地民众游击战形式的反击并且战败，以此为论据，他推断日本不可能有外来的征服民族。

而且，长谷部言人还认为，石器时代中国大陆与日本列岛还连接在一起，石器时代人从中国南部迁移过来后，"不久，连接中国大陆的陆路就沉没到了海底，日本列岛与中国大陆的交通被切断，整个日本列岛处于隔离状态。如此一来，他们的子孙便在日本这块山海资源都非常丰富的、和平的土地上繁衍生息，直到现在。这就是现在的'日本人'"。不难想象，长谷部言人的这种说法，让当时刚刚从异国他乡的战场返回家乡、已经疲于战争、渴求和平的人们多么感动！多么容易让他们产生共鸣！

一方面，战后太平洋协会解散后，1948年，清野谦次就任霞之浦的厚生科学研究所所长，编写了大量关于日本起源论的学术书和启蒙书。他批判之前的日本民族起源论，称那些内容"全部都是推测，简直胡说八道"，强调自己的学说的科学性。清野谦次延续了他自己战争期间的主张，认为"这片国土自从有人类居住以来，在这里繁衍生息的就是日本人种，日本人种的故乡就是日本国"。他提出："皇室是从神代以来的日本皇室"，"日本民族文化的飞跃发展，通常都是以皇室为中心进行的"。[4]

另一方面，直良信夫又成功地发掘出了其他的旧石器时代的人骨化石。这也进一步增加了长谷部言人学说的可信度。此后，清野谦次和长谷部言人的学说成为人类学上日本民族起源论的两大定论。具有讽刺意义的是，最早接受这两大定论的，是那些在战前就已经开始接受清野谦次和长谷部言人观点的进步的历史学者们。

倾向于单一民族论的战后历史学

1946 年，长谷部言人尚未提出明石原人说之前，日本历史学会拉开了从战败的焦土中重振日本历史学的序幕。为了打破皇国史观，日本历史学会在其会刊《日本历史》的创刊号上，集中登载了一批古代史论文。其中，祢津正志和木代修一就介绍了他们认为最科学的最新学说——清野谦次的学说。[5]

木代修一在论文中指出，"过去一直认为日本民族不是单纯意义上的单一民族，日本民族是由各种不同来源的民族构成的"，"诸如单一民族之类的各种言论……并没有引起太多关注"。清野谦次的学说基于科学的分析，证明了"日本列岛自有人类栖息以来，就是日本人的故乡……并不是占领了阿伊努人的生息地然后将其据为己有"，"混血并没有强大到从根本上改变石器时代人的体质"。木代修一还进一步说，清野谦次的学说目前已经"直接或间接地得到了强有力的支持"。

即便我们相信清野谦次对发掘出来的人骨化石进行测量而得出的结论，这个结论也只是证明了石器时代人既不像现代的日本民族，也不像现代的阿伊努人。清野谦次由此提出，石器时代人通过与南北人种混血以及人种进化，最终变成了日本民族和阿伊努民族两支血脉。但是，也有可能像日鲜同祖论者上田所说的那样，石器时代人进化成为阿伊努人，而征服民族从别的地方迁移过来。也可能像长谷部言人所主张的一样，石器时代人直接进化成了日本民族。这其中谁对谁错，并没有人能够拿出足够的证据来证明。而且，清野谦次从战争时期开始，就在语言的表述上下了很多功夫，将混血的相关内容降到最低。木代修一在介绍清野谦次的学说时，强调混血并没有促使石器时代人发生本质变化，其实是被清野谦次的语言表述给迷惑了。

另外，祢津正志对于清野谦次学说的解释是，石器时代人通过混血，进化成了阿伊努民族和日本民族。祢津正志和津田左右吉、清野谦次一样不喜欢赞美天皇，认为"天皇不是神，是大地主，是军阀，是侵略者"。不过，他否定原住民族的存在，认为"天皇国家"是从"同民族的征服"开始的。天皇家族的历史远远不足2600年，只有1600年左右，而日本民族早在4000年前就居住在日本列岛，早在天皇出现以前，日本列岛就已经实现了"原始共产社会"。

在天皇出现以前，日本民族就居住在日本列岛。这样的历史观，在井上清同年发表的论文中也可以看到："把日本人的故乡神话化，称作高天原，把民族迁移说成是天孙降临。自津田博士的研究以来，有良心的学者们一致认为，这些都是牵强附会的说法。""早在天皇出现以前，距今至少四五千年甚至更久远以前，日本人就已经在这个岛上享受彻底的、和平自由的民主主义社会了。"[6]

过去的"混合民族论"中，日本民族和天皇是不可分割的。认为存在那么一股势力，他们既是日本民族的一部分，但是又忤逆天皇家族，这完全超出了"混合民族论"的构想。所以，"混合民族论"中，日本民族是天孙降临，是2600年前和天皇家族一起从高天原而来，所有抵抗天皇的异族都是异民族。津田左右吉的"单一民族论"打破了这一构想，主张日本民族的历史比日本国家的历史更悠久，"记纪"神话里的异族并非异民族。祢津正志和井上清的天皇观虽然和津田左右吉的观点不同，但他们也同样积极地主张，日本民族比日本天皇更早地自太古时代开始就居住在日本列岛上，并实现了和平的、原始的共产制社会。

津田左右吉曾经因为将"记纪"神话解释为"编撰的故事"而受到打压。但是，在当时的进步历史学家中，他却受到了一致好评。1946年，他甚至被大家评价为"津田博士的业绩是评价所有人学问精神的正确性的标杆"[7]。后来，津田左右吉又发表了大量拥护天皇和反共的时事评论，大家对他的评价又开始变得有些混乱，褒贬不一，但是，他战前关于"记纪"的研究作为一个独立的内容，一直受到大家的高度评价。

清野谦次的情况也一样。1948年，民主主义科学者协会发行的《历史评论》对清野谦次的启蒙书作了书评，书评中将本来很科学的人类学家对天皇的赞美形容为"匪夷所思"，称他"过去曾是一位从自然科学的角度巧妙地厘清日本原始时代史的作者，可是在讨论历史的时候，却始终贯彻这种保守反动的常识论，这不禁令人想起最近津田博士发表的一系列论文，真是遗憾之至"。对于清野谦次的学说，书评倒是区别开来，还是一如既往地给予了高度评价。[8]

根据津田左右吉和清野谦次的学说，学术界重新审视了皇国史观，并认定神武东征、熊袭征服、神功皇后进攻朝鲜等并非历史史实。从此，"日鲜同祖论"在学术界销声匿迹。越来越多的历史学家认为，《新撰姓氏录》也不可以作为历史史料来使用。"记纪"神话中所说的异族，也被认为是"即便相互之间绝不存在人种、血族差异的情况下……（仍）把异俗当成了异族"的结果。[9]

如此一来，"一旦问起日本究竟有没有原住民族……就会被反问，难道你还在纠结这个问题吗？现在几乎所有的学者都认为没有原住民族吧"（后藤守一，1946）。长谷部言人的明石原人说一问世，局势就更加明朗了。此后，诸如以下的观点便广泛传播开来："我们的祖先从远古时代开始就已经居住在日本列岛上。而且，现代考古学的成果也已经证明，日本列岛没有原住民族，这一点已经众所周知了。"（藤间生大，1951）"从人种来看，日本民族的祖先是新石器时代的原日本人，那之后便再也没有出现过明显的人种变化。虽然还是有一些人像鸟居龙藏氏一样，至今仍然坚持日本列岛曾经有过原住民，但那就是毫不讲理了。"（藤谷俊雄，1952）"我们日本民族，基本上是由单一人种构成的……这个单一的日本人种两千多年以来共同生活在同一个地域里。"（井上清，1957）[10]

当然，"混合民族论"并没有立刻消失。但是，在历史学界内部，大家都认为"混合民族论"已经跟不上时势了。毫无疑问，这种潮流对当时一般的社会舆论也产生了影响，支持战前"混合民族论"的学者基本上都失势了。最大众化的混合民族论者德富苏峰等，在1953年的时候，还在文章中写道："我们的祖先绝对不是单一的，而是复杂的人种。"他仍旧坚持天皇一视同仁地对待异民族并将其混合同化的说法，但这已经被当作旧势力的遗物，吸引不了大众的眼球了。[11]

没被接受的"骑马民族渡来说"

在各种学说百家争鸣的时候，1949年，冈正雄、八幡一郎、江上波夫、石田英一郎以座谈的形式发表了"骑马民族渡来说"，在本不平静的学术界又掀起了一股波澜。战前的"混合民族论"虽然一直主张民族的混合，但是，他们还是非常忌讳谈及天皇的故乡究竟在哪里这个话题。从某种意义上来说，"骑马民族渡来说"是"混合民族论"的延伸，不过，把天皇家的渡来放到明面上来说，这一点倒是新鲜。

但是，这种学说并没能在学术界中立足。理由大概有以下几点。

首先，这种学说是以座谈的形式发表出来的，一直到最后都没有形成正式的论文；而且它以"记纪"神话中的描述作为部分论据，而不是以科学的人骨计测结果为论据，这也许是它不被接受的原因之一。津田左右吉提出不能把"记纪"当作史料来使用，他的这种说法，在座谈会上，遭到江上波夫等人的批判。而且，柳田国男、长谷部言人等民俗学家和人类学家也都对这种学说持批判态度。

其次，"骑马民族渡来说"和当时已经被认为落伍的"混合民族论"太过相似。江上波夫赞赏喜田贞吉的"日鲜两民族同源论"，说"我思考的内容和喜田老师论述的内容大体上是一致的"。还说"我的研究，可以说是喜田贞吉学说的现代版"。估计江上波夫大概不知道喜田贞吉的"日鲜两民族同源论"当时所处的政治地位，他对"日鲜同祖论"的公开支持受到了历史学家们的批判。[12]

而且，当时马克思主义的"内发性发展阶段论"风头渐盛，这对"骑马民族渡来说"也是一个不利的因素。战前出现的原住民族奴隶化一说也因为高桥贞树与佐野学等经受不住打压而转向从而日渐式微，随着存在原住民族之说遭到人类学的否定最终逐渐消失了。

例如，前日本共产党中央委员志贺义雄在1949年出版的著作《国家论》中就提到，"国家是在氏族制的原始共产社会内部由于阶级分裂的发展而产生的，也有一些人否定这种内因是最根本的原因，他们把国家的成立认为是某个种族、民族、人种征服并统治其他种族的结果"。志贺义雄一面斥责他们的想法已经过时，一面指出"我们日本人从新石器时代开始就已经居住在这个岛国上"。进步的古代史学者藤间生大在1951年提出，生活的发展有"生产力的发展"和"靠征服进行榨取"两条路线，"当时（古代）的日本人应该用的是前一种方法，没有走后一条路线"。同样身为进步中世史学家的石母田正在进行"古代日本稻作成立的要素"研究的时候，也是更加注重日本列岛自发的主体性而不是外部的影响。他指出从绳文时代开始日本语就是日本固有的语言。[13]

民族斗争、互相征服从而产生国家这样的观点，以及伟人、武将的荣枯盛衰推动历史的改变，这些故事乍一听挺有意思，很容易被普通老百姓（外行人）接受并喜爱，但是也很容易被批判为不了解生产力的发展和阶级斗争这种历史的科学法则。藤间生大和长谷部言人、柳田国男一样，反对"骑马民族渡来说"。江上波夫他们也意识到了这一点，针对他们这种把列岛上"单一民族"的内在发展作为动因的"进化主义",提出了重视外部影响的"历史主义"。[14]
这样的定位,可以说是"骑马民族渡来说"与马克思主义历史学形成对抗关系的体现。

马克思主义历史学重视内因的这一倾向,不仅与"骑马民族渡来说"形成对立关系,由于它对日本史的外来因素熟视无睹,从而被指责太过片面。在很久之后的1975年,作家霜多正次写道:"对于诸如弥生文化是伴随着稻作生产一起传入的复合文化,以及创建古代国家的渡来人这些问题,马克思主义学者们从来都不屑一顾。其最大的原因应该是他们对历史内在的发展阶段论的理解是教条的。"研究渡来人的小说家金达寿也赞同霜多正次的观点。同年,德国文学家铃木武树在支持"骑马民族渡来说"的时候,这样回答日本共产党系的历史学家:"日本社会固有的发展法则以及克服矛盾的方法是问题的症结所在,天皇家的出处和历史无关。"[15]

这样的历史观也反映在教科书中。1948年,战后唯一的也是最后的国定社会科教科书中,在描述石器时代到金属时代然后到农耕时代生产力的发展轨迹的时候,删除了外来民族渡来以及征服的相关内容。[16]同时,战前国定教科书里面关于"记纪"神话中异族征服的相关记载在战后的历史教科书中也逐步消失了。

当时,多民族国家这样的说法未必像现在一样给人一种正面的形象。关于民族问题最好的解答,不是多民族共存而是民族自决。民族自决,顾名思义,很容易理解为最终形成一个单一民族国家。从这个观点出发,多民族国家就是未彻底遵循民族自决原则,统治民族压制被统治民族、不让被统治民族独立的一种状态。

例如前面提到过的藤间生大就在1951年的时候,将古代日本对朝鲜的入侵阐释为"从单个单个民族的国家转化为一个降服多个民族的世界帝国"。他在"多民族国家"与"世界帝国"之间画上等号。1952 年,同样身为进步历史学者的藤谷俊雄指出:"早先形成单一民族国家的英国、法国、意大利等国家通过占领其他民族领土的方式成为多民族国家、殖民国家,他们早已经不是民族国家了。……另一方面,日本的统治者占领(中国)台湾和朝鲜,又在中国获得租借地,使日本变成了一个多民族国家,同时也成为一个殖民地占有国,将日本发展成为一个民主的民族国家的道路给堵上了。"[17]这里,"多民族国家"和"殖民地占有国"是同义词,"单一民族国家"与"一个民族的国家"意义相差无几。

不管以前还是现在,美国是经常被提到的多民族国家。但是,当时的美国在日本的进步知识分子心里并不是一个印象很好的国家。在他们心目中,美国是挑起朝鲜战争、在日本各地建立军事基地、在自己国内歧视黑人的"美利坚帝国主义"。看到种族冲突最为激烈的 1950 年代的美国,应该没有人会憧憬自己的国家变成一个多民族国家。多民族国家这个说法在日本取得正面效应、美国成为正面的典范是在美国通过公民运动,国内的少数族群勉强取得了平等以后,那已经是 1970 年代之后的事情了。

当然,进步的历史学家们并非是在传播"单一民族论"或者"象征天皇制"。他们其实是一个反对日本政府反动行径、与包括津田左右吉在内的天皇拥护论相对抗的群体。但是,在当时那个时代,日本并不是一个如今日这般拥有世界力量的国家,战后的经济重建以及人民的温饱问题才是当时亟待解决的问题。那时候的日本,完全没有预料到会有外国劳动者的涌入。对于在日本的韩国人和朝鲜人，他们认为谢罪之后让他们回到他们自己的祖国才是最好的解决方案。比起这些问题来，防止日本再次走向军事化、防止日本再次走上向多民族帝国扩张的道路才是最大的课题。在这样一种时代背景下，没有人想到倡导"单一民族论"应该受到谴责。[18]

被忘却的混合民族论

至此，"单一民族论"在人类学上、历史学上都占据了绝对优势。战前的"混合民族论"消失后，阻碍"单一民族神话"定型的因素已经不复存在。日本从太古时代开始就只存在单一的民族，日本是一个与世隔绝的、和平的边境岛国。在岛上居住的是从未与异民族接触、不习惯战争、不善于外交的"自然儿"的农民。姑且不论到底是从一开始就拥戴作为象征的天皇，还是形成了民主的原始共产制社会，至少单一民族的自画像很适应战后日本国内在国际关系中丧失了自信的氛围。

战败之后，普遍认为日本最应该设定的理想目标是成为"东方的瑞士"。这是一个因为境内多山而与外界的纷争隔绝、永世中立、永保和平的边境农业国的形象。而瑞士的另一面——拥有多种通用语言的多民族国家完全被忽略掉了。

基于这样的时代背景、社会背景，原来一直被否定的"单一民族"的说法现在得到了肯定。就笔者所了解的范围，"单一民族论"在各种社会舆论中频繁出现、在人们的思想观念中根深蒂固是从1960 年代开始的。

"单一民族神话"的定型方式大致可分为两种。一种是保守型的，主张国家和天皇的一体性。

譬如，日本皇室东宫皇太子之太傅、一生极力拥戴象征天皇制的小泉信三在 1961 年的时候提出日本论。根据他的观点，日本列岛自太古时代以来就居住着"日本人"。比起由"数不胜数"的民族和语言构成的欧洲以及德国、俄罗斯、中国，"日本国民所幸与他们不同，都是单一的、同一性质的人，这使得国民全体可以凝聚成一股强大的力量"。[19]

石原慎太郎在 1968 年强调："几乎可以称得上是单一民族的国民，使用与其他国家完全不相通的语言，经过长时间的积累沉淀，形成完全属于自己国家的独特文化。可以说，全世界除了日本之外，再无第二个这样的国家。"[20]

三岛由纪夫 1968 年的"文化防卫论"，是保守的单一民族论的典型之一。他引用津田左右吉以及和辻哲郎的"文化共同体论"和"象征天皇论"，提出"日本是世界上稀有的单一民族、单一语言的国家，拥有共同语言和共同文化传统的我们的民族，从太古时代开始就完成了政治上的统一，我们文化上的连续性与民族、与国家紧密相连不可分割"。三岛由纪夫认为，"因为战败而被困于现有领土的日本，国内几乎已经不存在异民族的问题"，"在日朝鲜人的问题属于国际问题，属于难民问题，不是日本国民内部的问题"。他倡导"日本要觉醒，要重新认识到自己本来的样子，把民族目的和国家目的统一到文化概念中"，从而实现"代表文化整体性"的"文化概念上天皇的复活"。[21]

另一方面，日本批判论也使用单一民族论作为论据。他们认为，日本应该受批判的部分，特别是缺乏国际性这一点，就是因为日本是特殊的单一民族国家所导致的。

其中具有代表性的一个例子，应该是中根千枝1967年写的《纵向社会的人际关系》一书。中根千枝在这本书中提出："日本人"气质相同，与其他种族格格不入，"在任何方面都比较土气"，"缺乏国际性的事例数不胜数"。而且，"以现有的学术水平所能追溯到的历史来看，日本列岛由一个占绝大多数的主体民族占领，他们拥有共同的基础文化，这一点非常明显"。对于这种世界罕见的单一性所形成的日本独特的社会集团，中根千枝称之为"纵向社会"。她将这种"纵向社会"学说称为"单一社会的理论"。[22]

　　同样也在1967年，增田义郎出版了著作《纯粹文化的条件》，这本书也提出了类似的批判性观点，称日本"自史前时代以来，单一的民族守护着单一的文化。日本就是在这种极为特异的、极其单纯的环境条件"下成立的。"日本人是友好的、单纯的、唯心的"，"欧洲文化是由无数的血统和文化混合而成的圆滑的杂种文化。与之相反，日本文化是一个拥有单一血统的民族在没有与其他民族发生摩擦和纷争的环境下，从从容容地守护着自己单一的文化一路发展而来的，是典型的纯粹文化"。他进一步阐明："日本人不太会与异民族相处。"他认为丰田秀吉发起对朝鲜的进攻，以及太平洋战争都是因为日本缺乏与异民族接触的经验，因为"日本人不像西欧人或者俄罗斯人那样经历了太多摩擦和冲突，日本人没受过什么苦"。[23]

　　保守的单一民族论和批判的单一民族论，两种不同的主张有时候也毫不违和地被混合使用。1964年，日经连[1]专务理事前田一的论述就是其中一例。前田一一方面强调"不存在异民族的集合或

---

[1]　日本经营者团体联盟。

者异民族间混血关系的日本民族的统一性是天皇中心主义思想的根基所在"，另一方面又说日本经济是没见过风浪的"温室里盛开的花朵"，还说"日本人"身上具备在严苛的自然环境中养成的服从性、四季变化带来的感受性、山与海的福泽带来的勤勉性、岛国地形带来的排他独善性。其结果导致利用工人的勤勉性和服从性这两个优点来提高生产性，还为了"反省日本民族的骄傲自大，谦虚地培养实力"压低工人的薪水。[24]

虽然前田一的论文认为"岛国性的封锁经济朝世界性的开放经济转变"是一种危机，但是，从 1960 年代后期开始，日本经济在国际上的地位逐步提高。津田左右吉、和辻哲郎、柳田国男等老一辈日本文化论学者在这一时期也都相继去世。

进入 1970 年代，随着贸易摩擦的加深和美元升值，人们不得不去关注日本在国际经济中的地位。随着日本在国际社会上的存在感不断提高，"日本人"在世界上究竟是一个什么样的形象呢？这种自我意识在日本人中逐渐增强，日本又掀起了一股空前的日本人论风潮。[25] 以 1970 年伊扎亚·卞达森著的《日本人和犹太人》、1971 年土居健郎的《"娇宠"的构造》为首的大多数日本人论强调"日本人"不知道国际社会的严酷性，住在山珍海味丰足的岛国上便以为水和安全是唾手可得的东西，一直以来生活在国民同质的社会里产生了"娇宠"的心理。根据这些日本人论的说法，国际社会是个弱肉强食的世界，而屡屡被刻画成"日本人"反面形象的是美国人和犹太人。大多数日本人论，无论是称赞"日本人"身上具有勤勉性、团结性、自然性、朴素性的日本人论，还是批判"日本人"封闭自守、欠缺公共性的日本人论，有一点是相同的，那就是都强调

"日本人"的特殊性，强调"日本人"自古以来一脉相承。

政治学家神岛二郎在 1982 年出版的演讲文稿中这样说道：[26]

> 战前的日本，每个人都说大和民族是杂种民族、混合民族。在日本主义最盛行的时候也是如此。但是，非常离奇古怪的是，一到战后话锋急转，以进步的文化人为首，大家都纷纷开始转向，说日本是单一民族。这完全是无凭无据的臆造学说。

这一番言论是他经历了战前战后两种生活之后有感而发的。当然，对这番话，单一民族论者不屑一顾，就连在 1970 年代后半期之后发生的对"单一民族神话"的批判浪潮中，他的这番话也完全被无视了。

结　论

至此，从大日本帝国时代到战后这一时期的日本民族论的变迁已经非常清晰。在结论部分，我们将从社会学的角度，对战前的"混合民族论"与战后的"单一民族论"进行归纳与整理。关于"混合民族论"，简要汇总如下：

1. 大日本帝国吞并了朝鲜、中国台湾，将当地人收编为帝国臣民。将"日本人"限定为纯血统的日本民族这一观点成为日本海外扩张领土、将当地人编入大日本帝国的一种障碍。应该摒弃这种思想。

2. 日本早在太古时代就曾经大量同化异民族和渡来人，有丰富的经验。就连天皇家族也流淌着渡来人的血液。由此可见，日本民族擅长于统治异民族、同化异民族。日本应该活用这一经验，推行领土扩张政策和同化政策。

3. 日本民族是南北亚洲诸民族的混合，亚洲各民族与日本民族有血缘关系。因此，同化他们应该是一件很容易的事情。日本进军亚洲各地是回归故土，日本民族的体质既适合南方也适合北方。

4. 日本自古以来，一视同仁地对各个民族实行混合同化。所以，日本民族与种族歧视毫不沾边，在这一点上，日本民族比欧美要优秀。

5. 异民族被合并同化后，被定位为"养子"，这与日本是家族国家并不矛盾。

6. 太古时代，天皇家从朝鲜半岛渡来。因为天皇曾经是那里的王，所以，日本将朝鲜半岛再次纳入天皇家的领土范围也是理所当然众望所归的。

以上6项内容中，除了第6项内容属于禁忌话题之外，前面5项在战前的日本社会曾经广为流传。第二次世界大战之后，日本国内非日系的族群突然锐减，为数甚少，所谓的"单一民族神话"便盛行了起来。其观点大致可以整理如下：

1. 日本从太古时代开始就住着单一的日本民族，日本过去是一个没有异民族纷争的、和平的农业国家。

2. 天皇家族不是外来的征服者，是这个和平民族的文化共同体统合的象征。

3. 日本民族从太古时代以来就与周边岛国居住的异民族接触甚少，缺乏外交能力和战斗能力。

4. 由于日本是单一民族国家，所以无论历史上还是现在都是和平的。

"混合民族论"认为日本天皇是"征服原住异民族、统治现在多民族帝国的强大帝王",日本"自太古时代以来就统治、同化了众多的异民族,有丰富的经验"。"单一民族神话"的论调与战前"混合民族论"的天皇观、日本民族观截然不同,与之形成鲜明的对比。当然,这与战后的象征天皇制、战败后日本对国际关系丧失自信、人民对战争感到疲倦、"将大家卷入战争,请原谅"这种"一国和平主义"的心理是一致的。同时,这也带有为了保持日本国内和平与稳定、拒绝外来"麻烦"的性质。简单地说就是,柔弱的时候用"单一民族论"来保护自己,强大的时候用"混合民族论"来对外进行扩张和掠夺。

那么,从社会学的角度来思考,这两者该如何定位呢?

社会学中的同化主义和种族主义

在社会学中,族群关系研究的主题和研究方法大致分为以下五类:

1. 偏见、族群集团的再生产机构(社会心理学的、政治社会的、经济的说明等)。

2. 经济、阶级结构上族群集团的作用(世界系统论、国内殖民地论等)。

3. 近代化所产生的社会变动以及族群集团(与产业化、都市化、情报化、国际化的关系等)。

4. 集团之间接触的模式分析(征服、共存、支配等)。

5. 一国之内存在多个族群团体情况下的统合方式与理念的类型。

本书的研究大致取第 5 类，这一领域的代表人物之一美国社会学家米尔顿·戈登提出的类型如下：[1]

1. 种族主义（Racism）：没有赋予少数民族政治上的平等、市民权。

2. 同化主义（Assimilation）：赋予少数民族政治上的平等，文化上却要求同化，以消除所有的族群团体（少数民族）为目标。

3. 自由多元主义（Liberal pluralism）：在公开场合和法律制度上不承认民族的区别，但是在这个范围之外允许文化的多样性。

4. 统合多元主义（Corporate pluralism）：赋予各族群团体（少数民族）平等以及个别的法制地位。

当然，除戈登以外，提出这样类型的社会学家还有很多。例如，舍默霍恩（R.A.Scherlerhorn）提出"同化""文化多元主义""强制隔离""强制同化"四种类型。辛普森（George Simpson）和英格尔（John Milton Yinger）设立了 6 种主体民族对少数民族可能采取的政策类型："同化政策""多元社会政策""立法限制少数民族的政策""和平或者强制的迁移政策""持续镇压的政策""种族灭绝政策"。[2] 本书参考最简单的戈登提出的类型，从对"同化主义"的分析入手。

如果是日本史的研究者，可能会有人对上述这种将种族主义与同化主义分开进行讨论的分类方式感到意外。他们会说，同化政策不就是种族歧视吗？

这里提到的种族主义（种族歧视），本书中也屡次提及，例如纳粹的犹太人政策、南非共和国的种族隔离政策。在这种种族主义的体制下，异民族之间严禁通婚，异民族的居住区和学校也被隔离。被歧视者在所有的社会场所都遭到排斥，当然也包括军队在内的所有公职。简而言之，种族主义将少数民族与主体民族完全隔离，断绝两者之间的一切接触。

与此相比较，这里提到的同化主义与种族主义有明显区别。同化主义虽然不承认少数民族的独特性，但一切的权利和义务与主体民族是一样的。对他们开放公职，也赋予他们参政权，同时他们也必须与主体民族一样承担纳税和征兵义务。如果认为军队也是公职的一种，像近年来美国的女性、同性恋一样，他们也要求拥有加入军队的权利。这样的同化主义，在理念上是平等的，但是现实中，主体民族的语言成为通用语，少数民族必须遵守反映主体民族文化的法律，因此对于少数民族来说，容易变得很压抑。但是，即便如此，同化主义与种族主义的原理是不同的。

这里我们还可以参考法国社会学家塔吉耶夫（Pierre–Andre Taguieff）"种族歧视 I"与"种族歧视 II"的概念。"种族歧视 I"是以同化主义的方式实施种族歧视，将主体民族的法制和文化强加给少数民族，从个人——普遍主义的立场来否定少数民族的独特性。"种族歧视 II"是强调民族差异并实施种族隔离型的歧视。[3]在承认民族差异的基础上实施种族歧视时，少数民族还不如不学习主体民族的文化和语言更来得方便。也就是说，同样是歧视，前者否定民族的差异性，后者企图强调民族的差异性。

这样一来，就容易理解本书中前面章节所提到的大日本帝国的优生学系势力的主张了。优生学系势力的主张类似于"种族歧视Ⅱ",是根据种族主义而构建的体制。他们坚持日本民族的纯血,因为他们想强调朝鲜人和"日本人"的差异,所以反对同化政策。对强制连行政策、征兵制度也很消极,想全面赶走朝鲜、中国台湾的民众,即主张种族隔离政策。

问题在于日本的同化政策论。同化政策论是"种族歧视Ⅰ",也就是戈登等所谓的同化主义。但大日本帝国时期的同化政策内容又不完全等同于"种族歧视Ⅰ"。像喜田贞吉这样的主张消除歧视的有良心的同化论者,也许与其很接近。但是不管怎么看,大日本帝国时期的同化政策都不是个人——普遍主义,"皇民化"政策期间的朝鲜总督府,明确表态"内鲜一体"不是权利义务上的平等。所以,这又不完全是少数民族与主体民族权利义务同一化的同化主义。

那么,日本的这个同化政策论只是表面上的同化主义,"种族歧视Ⅱ"才是其真正面目吗?在大日本帝国时代日本存在种族间的歧视,这是不争的事实。但是日本执行的种族政策与纳粹的犹太人政策、南非的种族隔离政策又性质迥异。日本在朝鲜、中国台湾奖励日本民族与异民族通婚、强制实行"创氏改名",实行强制连行政策、征兵政策等。这一系列动作并非完全都是"表面文章"。

当然,不能因为日本实行的种族政策与纳粹不同,就认为大日本帝国的政策好一些。将两种现象按照不同种类的事物来分析,并不是要讨论哪一种更好。时至今日,还有一些保守派的学者、政治家大言不惭地讴歌大日本帝国与纳粹不同,大日本帝国解放了亚洲各民族,平等地对待亚洲各民族。对此,称大日本帝国本质上与纳粹相同,不同的地方仅仅在于"表面现象",这样去反驳他们也许是手段之一。不过，这些保守派的学者、政治家们在遭到反驳、被批判的时候虽然会暂时沉默下来，但是内心深处还是一直认为日本与纳粹德国不一样。对待他们，明确地阐明日本确实与纳粹不同，只不过日本犯下的是另一种恶行，这种解释方式应该更加有效。

原本，同化的意思是"使……变得相同"，歧视的意思是"区别对待"。"使……相同"的同时又要区别对待，这本身就自相矛盾，最终是不可并存的。那么，日本实行的同化政策的理念究竟是怎样的呢？

日本致力于研究这一问题的社会学家是山中速人。[4] 山中速人对大日本帝国时代日本与朝鲜相关媒体的论调进行了分析。将"同化"分为"文化次元"和"社会结构次元"，在文化上实行同化但是在社会层面又实施歧视这一"阶层化"类型出发，来解释日本战前的同化政策论（图1）。在这张图中，"同化"指的是戈登所说的"同化主义"，"分离"相当于种族主义。山中速人的这一类型分析，在把握日本同化政策论的性质方面有很大的参考价值。

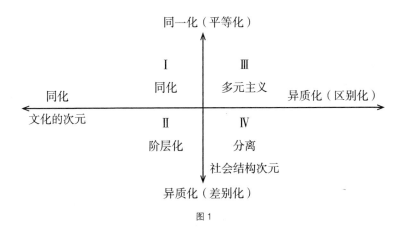

图1

但是，这种类型化有一个前提，那就是必须能够明确区分文化次元与社会结构次元。也就是说，日本的同化政策论不能是"使……相同的同时又歧视对待"，"使……相同"的次元与歧视的次元必须能够明确区分。但是，这两者能够真正加以明显区分吗？假设仅在文化次元上推进同化，而在社会结构次元上实行"区别对待"的"阶层化"，那么，避免主体民族与少数民族混住与通婚，往被隔离的少数民族居住区派送教师，强行注入日本文化恐怕更加理想吧。但是，大日本帝国并没有这样去做。在日本实行的同化政策中，强制日语教学和异民族之间的通婚，既是文化次元，同时也是社会结构次元。也就是说在两者的交界领域。

最后，就只剩下对日本同化政策的追求目标的疑问了。日本追求的理想究竟是想让朝鲜、中国台湾变成什么样的状态呢？大家可能会说，日本同化政策的终极目标是要使他们"成为日本人"。那么，这个"日本人"又是什么概念呢？我们必须对这一问题进行探讨。这么一来，"混合民族论"作为支撑"同化政策"的"日本人"的概念之一就变得非常重要了。

关于"日本人"的概念

前面序章中提到，福冈安则将"日本人"的类型用图2进行表示。

	1	2	3	4	5	6	7	8
血　统	+	+	+	－	+	－	－	－
文　化	+	+	－	+	－	+	－	－
国　籍	+	－	+	+	－	－	+	－

出自福冈安则《在日韩国、朝鲜人》

图2

每一种类型中，血统、文化、国籍是"日本"的用"＋"表示，血统、文化、国籍非"日本"的用"－"来表示。比如说类型1，血统、文化、国籍都是"日本"，是"纯粹的日本人"。类型8与其恰恰相反，是"纯粹的非日本人"。类型2的血统、文化是"日本"，只有国籍不同，归入"日系一世"。其他几种，类型3为归国子女等"海外成长的日本人"，类型4是"归化者"，类型5是"日系三世"或"中国残留孤儿"，类型6是"没有接受民族教育的在日韩国、朝鲜年轻人"，类型7是"阿伊努民族"。

　　根据福冈安则的学说，一般"日本人"的概念容易停留在类型1，血统、文化、国籍三要素中，很明显"血统"最为关键。[5]"日本人"的概念若扩展到血统以外，不同血统的人应该享受权利的观点本应该高涨，但"日本人"概念的狭隘性妨碍了这一点。如果说这个观念是正确的，压制少数族群的元凶是"日本人"，是由拥有单一纯粹起源的日本民族构成了这种"单一民族神话"，那么，打破日本民族的纯血意识即可。福冈安则举例说道，日本民族是亚洲各民族的混合、《新撰姓氏录》的渡来人等都是出于这种理由。

　　不过，战前的社会舆论中，"混合民族论"是占统治地位的主流思想。正如前面已经论述过的，它为同化政策打下了理论基础。那么，战前的"混合民族论"，超越了仅凭血统来限定"日本人"概念的这一"单一民族神话"了吗？

　　没有。"混合民族论"虽然在形式上与战后的"单一民族神话"不同，但是其功能上有共通性。当时，大日本帝国实际上已经成为多民族帝国，不允许"单一民族神话"的存在。在这种情况下，只有三条道路可选。

第一种可能：放弃异民族地域，将国家的实际状态维持在单一民族国家（如此设想）。战后日本，虽然非本身意愿，选择了这条道路。但是在战前，放弃殖民地领土的行动简直是不可思议的。

第二种可能：帝国内的异民族归根到底都与日本民族不同，将他们从"日本人"中排除。如此一来，大家有可能信奉日本民族的纯血，但是这样就将国内的非日系臣民定位为异民族并放任不管了。如果像战后日本一样，非日系人很少，可以放任、无视他们。虽然这对于非日系臣民占总人口三成的大日本帝国而言是一种反对性的言论，但也无非是让大家认识到日本国内存在与自己明确不同的"他人"这一事实而已。

承认与自己不同的"他人"的存在。有了这个认知之后就开始有两种选择：一种是歧视并排斥他们；另一种是超越两者的差异，寻求普遍的真理。这里姑且不谈普遍的真理是否存在。超越了民族的界限之后，人类平等和人权的理念自然而然就会产生了。

第三种可能：战前混合民族论不同于前面两种中间的任何一种。国内、殖民地域的民族，在太古时代就是构成日本民族要素的一部分，皆为日本民族的血缘。这里，福冈安则所说的"类型4"与戈登所说的"类型 I"几乎相差无几，"类型 7"与"类型 I"的差异也可以缩小到稍加矫正即可以忽略的范围。只要强制性地消除这个可以矫正的差异（比如说不会说日语等等）即可。这是一个使异民族丧失排他性，成为"准日本人"的圈套。

所有阐述过的社会学分析都不适用于日本同化政策论的理由也在于此。所有这些社会学的分析阐述的都是异民族之间的关系，不管是歧视也好平等也罢，分析的是双方都明确认识到对方是不同的民族存在这种前提之下的两者的关系。但是日本的同化政策论将对方视为与自己有血缘关系，不把对方当作明确的异民族来看待。

战前的"混合民族论"在国籍上并不否定血统。单一民族神话，具有"日本民族有单一纯粹的起源"以及"仅接受符合自古以来血统构成的人"这两种要素。大日本帝国合并了异民族，当这两种要素无法并存时，社会舆论就分化了。少数人选择了前者舍弃后者，他们站在纯血论的立场批判同化政策；更多的人则根据"混合民族论"舍前者取后者，提倡以通婚为首的同化政策。

以戈登为首的社会学的同化主义认为，同化主要是制度上的平等化，它在文化水平层面上进行，混血只不过是同化现象的结果或者同化现象的一部分。对此，首先通过混血来强制同化的这种大日本帝国的论调，不是国籍上的血统意识淡薄，恰恰完全相反，它意味着这种意识更加强烈，以至于选择了即使放弃大日本帝国的纯血也要优先日本民族对异民族的同化的观点。

"混合民族论"不是放弃"日本人"的血统意识，而是根据帝国的实际情况对其进行扩充。也许它只不过是一种为了美化帝国侵略扩张的思想体系。不过，就算思想理念不是社会、历史的原动力，但也有可能成为影响其方向的推手。纳粹的种族主义导致了他们大量屠杀异民族的犹太人，这单单以现实利益的得失是无法解释的。20世纪初，日本的同化政策花费了大量预算在异民族的教育以及其他方面却还是遭到异民族的反对。非常明显，这在成本上是非常不划算的。英法等大多数殖民地宗主国都放弃了同化政策。[6] 即使没有"混合民族论"，大日本帝国照样能进行扩张，但是如果没有"混合民族论"，大日本帝国会与国际形势背道而驰强制推行同化政策吗？这一点笔者感到怀疑。

另外，"混合民族论"让很多日本知识分子感觉不到帝国的统治是权力统治。虽然批判露骨的歧视以及权力统治的人不少，但是他们中的大多数都是根据"混合民族论"，认为推进同化政策的目的是消解歧视，同化政策在伦理上优越于欧美的种族主义。正因为如此，即使战后将"混合民族论"当作种族歧视的思想理论来进行批判，他们也没有觉醒。

"混合民族论"导致国籍从血统意识中分离，没能产生人权概念。从这一点来看，它与战后的"单一民族论"在功能上是一致的。从一开始就不承认与对方相互之间差异的关系中，不可能产生从血统分离出来的权利的概念。反言之，不让人权概念产生的正是"混合民族论"。

邻近地区、同人种内的接触

与国际情况相比较，日本的"混合民族论"有哪些特征呢？

将自己的国民视为众多民族的混合物，将其作为身份识别的象征来推进国内异民族的同化，这也不仅仅是大日本帝国独特的现象。众所周知的还有美利坚合众国的"熔炉论"。正如序章中提到的，戈登将美利坚合众国同化的类型分为"顺从盎格鲁""多民族大熔炉""文化多元主义"三种类型，其中，"顺从盎格鲁"类型是往盎格鲁－撒克逊文化一方同化，"多民族大熔炉"类型是多个民族混合后形成新的文化和民族。[7]

不过，美国的"多民族大熔炉"是将众多民族混合同化这种理想蓝图作为将来的未知的目标，而日本的"混合民族论"是以过去已经形成的日本民族现状作为理想蓝图。因此，日本是往既成的统治民族一方同化，从这个意义上来说，"混合民族论"是"顺从日本"型，而"顺从盎格鲁"型没有将盎格鲁－撒克逊民族当作混合民族来考虑。也就是说，"混合民族论"兼具了"顺从日本"和"多民族大熔炉"这两个特征。

这样的"混合民族论"之所以能够产生，其理由可以到大日本帝国的民族（族群）关系的特征中去找寻。

也许其最大的特征是日本接触的对象都是临近地域。朝鲜、中国台湾在"人种"上与日本民族接近，而且都在以中国为中心的广域文化圈之内，宗教、文化上也没有明确的认识差异。这与美国、英国、法国等欧美国家的殖民对象是亚洲、非洲的"异人种"，接触的是犹太教、伊斯兰教等有明确差异的宗教与文化，两者容易招致不同的结果。

大隈重信在"日韩合并"时曾经说过，与欧洲国家向"异人种、异民族、异宗教的国家"殖民扩张相反，日本是向"同人种、同民族"的地区扩张。这也表达出了那个时代人们的普遍认识。如果日本殖民统治的地域，像欧洲的殖民地一样那么遥远，那里的原住民一眼就能看出来与日本民族完全不同，而且混血生下来的孩子无论如何都看不出来是"日本人"，那么，还会不会产生那样的一种"混合民族论"呢？这就值得怀疑了。但是，因为日本殖民统治地区大部分区域都与日本"人种"相同，所以生物学上的种族主义、超越种族的普遍理念也就没能成为多数人的观点，"混合民族论"也就起到了填补这种暧昧差异之间的空白的作用。

当然，最终生物学上的"种族主义"没有占到多数并不意味日本不存在歧视。只是生物学上强调的是因"无法消除的差异"而实行"种族主义",大日本帝国是想去除"可能能够消除的差异"。另外,也并不是因为日本没有实行"种族主义",所以产生的歧视罪孽就轻一些。应该也没有人会认为部落歧视因为不是种族歧视所以罪行就轻。

大日本帝国的学者们,在不得不选择前述两种选择中的一种的时候,多数人放弃了纯血意识而选择了"混合民族论"。这一颇有意思的事实也多少可以证明这一点。他们面对的是外表上无法区分的人们(一旦面对外表差异很大的民族,就不会以混合民族的论点来进行同化了)。如果不是那样,回避混血的意识应该会更强烈一些,避免混血的可能性应该也会更高一些。实际上,太平洋战争爆发之后,日本一进入南洋地域,看到的差异比在朝鲜、中国台湾更加明显醒目,于是"回避混血论"的呼声也就更加高涨了。

"创氏改名"等同化政策的实施过程在朝鲜最为激烈,中国台湾稍微缓和一点,南洋群岛、太平洋战争的占领地域则更加缓和。在中国台湾的改名运动,不是强制要求而是实行许可制,若未通过日语或日本文化了解程度的审查,还不允许更名。[8] 这也许是因为朝鲜作为日本进攻大陆的基地必须实行"皇民化",而统治中国台湾初期,后藤新平等的非同化政策留下了影响等,各种各样的理由应该很多。但是不管怎么说,这与这些地区和日本民族在地缘上的相近度是一致的。与"日鲜同祖论"的隆盛相比,日本人与中国人之间的差异更大,关于这一点的人类学、语言学、历史学的解释在前面章节中都有叙述。

而且,即使他们认为抹杀了文化差异之后的朝鲜人可以成为

"日本人"，他们也不会认为能够改变南洋群岛居民的肤色。正如第9章中论述的一样，虽然有人主张让朝鲜人改用日本名，但是没有人提出让菲律宾人、印度人这些一眼看上去就不一样的异民族人改用日本名。大日本帝国没有必要让"白人""黑人"都变成"日本人"，"混合民族论"也没有这样的理论思想。亚洲诸民族是兄弟，"白人"是鬼畜。这只适用于他们侵略的亚洲地区。

换言之，"混合民族论"将差异模糊化了。当自他的差异尚未明确时，回避面对他者。其结果就是，既没有明确地排除他者，也没有将其平等以待，最终导致了日本一边实行同化一边实施歧视这种矛盾的行为。

原本，在统治爱尔兰、威尔士、苏格兰的英国[1]，统治民族的盎格鲁－撒克逊人同化了被统治民族的凯尔特人、条顿人。德国的犹太人政策在19世纪中叶的时候，比起排除，更加倾向通过改宗来实现同化。甚至到了1980年代，保加利亚还对国内看上去一样的伊斯兰系居民实行同化政策，强制他们将自己的名字改为斯拉夫式的名字。所以，并非大日本帝国特殊，也许将其看作统治临近地区民族的时候产生的一种形态也不为过。9

家族制度的反映

日本在与殖民地接触的时候与英法不同，日本的特征除了体现在以上方面之外，还体现在日本与同属东亚地区的中国和朝鲜进行

---

[1] 英国最早的原住民是凯尔特人，据说他们是从欧洲大陆过去的，是威尔士、苏格兰和爱尔兰人的祖先，他们不说英语。

比较的时候也明显存在差异。这就是家族制度。

中国和朝鲜的家族制度是基于父系血统的，而日本的家族制度则不同，但是这种不同却鲜为人知。在中国或朝鲜，标志着父系血统的"姓"将伴随人的一生，一辈子都不会改变。譬如说姓金的男性和姓姜的女性结婚后，妻子的"姓"依然是从她父亲那继承来的姜姓，所生的孩子则跟随父亲姓金。这是一个强调谁作为父亲把你生下来，也就是明确地意识到父系血统的制度。因此，中国和朝鲜都有同姓不婚、异姓不养的原则，即同一个"姓"的人不能通婚，不同"姓"的人不能做养子（实际上是原籍异同的问题）。[10]

但是在日本，作为"姓"（日文汉字为"名字"）的"氏"可以轻易改变。男女结婚后就改成与对方相同的"氏"，而且这种情况下并不一定都是统一改成男方的"氏"，像柳田国男这样成为女婿后改成女方的"氏"的，也大有人在。被收养的话，不论男女，名字前面都要冠上和收养家庭相同的"氏"。也就是说，"氏"和父系血统名称的"姓"不同，是所属家庭的名称，和血统（此语在接下来的内容中，均表示父系血统之意）没有直接关系。井上哲次郎在参与内地杂居论争的时候说自己一生改过三次"姓"（"氏"），要是在朝鲜，这几乎是不可能的。也正因为如此，"创氏改名"在朝鲜备受排斥。

日本的这种家族制度，确实有它的优点。江户时代的商家，通过将那些虽然没有血缘关系但有才能的人收为养子的方式，实现了人才选拔。因为没有通过父系血统来明确限定血缘范围，所以不同血缘的人也可以成为"亲戚"。这与欧美普遍的绩优制度不同，与封闭的家族制度也不同，是一个可以接受外部人员的开放性的组

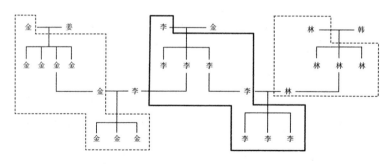

中国、朝鲜的家族制度（亲戚的范围和同姓的父系血统一致）

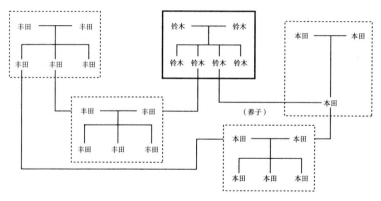

日本的家族制度

（氏为家集团的名称，个人的氏同化为家的氏，亲戚范围不明确）

织，甚至有人将其形容为"文明的家社会"。

　　但是，这种开放性同时又带有压抑的特征。为什么呢？因为日本的家族制度，原则上不管是谁成为养子，都被要求忘记自己的出身，改名换姓成为新的家族的成员，遵循新的家族的家风。

　　那么，这种家族制度是如何反映在国际关系上的呢？首先作为前提条件是，我们能真实感受到的关系，实际上只停留在日常人际关系这一层面上。国家和民族这种大集团的关系，我们并不能直接把握到，需要不断地把国际关系拟人化来加以认识了解。譬如，我们经常会在报纸上看到类似"美国生气了"这样的描述。但是实际上美国是一个拥有超过两亿人口的集团，其中既有生气的人也有哭泣的人，"美国生气了"这种表现方式本身是不成立的。但是，因为要认识这两亿人口中的每一个人是极为困难的事情，所以就把这两亿人口拟人化，想象成一个人，用"美国生气了"这种表达方式来表现。这个时候，就算论者本人没有意识到，他往往也会在他所积累的人际关系经验的范围内去摸索认识和解决问题的方法。也就是说，认识到美国和身边的朋友 A 的性格相似、俄罗斯和亲戚 B 的性格相似，于是，他就把能够有效解决家族关系矛盾的方法应用到国际关系的处理上。

伊曼努尔·托德用父母亲是"权威主义还是自由主义"、兄弟在继承遗产时是"平等还是不平等"这两条轴的组合将欧洲各个地域的家族制度分成四种类型，主张用适合这些家族制度的方式来开展政治交流。[11] 比如同样是社会主义，家族制度是自由主义—平等的北部法国就发展成为无政府主义，家族制度是权威主义—平等的俄罗斯则发展成为党领导下的共产主义，家族制度是自由主义—不平等的英格兰则发展成为稳健型的社会民主主义，家族制度是权威主义的、不平等的德国则发展成为以国家和组织为中心的社会民主主义。

至此，姑且不论在宿命论上家族制度是否决定了社会，至少以家族国家论的形式来论述的同化政策论反映了家族制度。例如，以喜田贞吉和亘理章三郎为首，他们把朝鲜、中国台湾这些家族国家和地区所处的地位用"养子"来形容，这是当时极为盛行的做法。对于从小受日本家族制度养育熏陶的人而言，"养子"忘却原来的出身，改名换姓，遵循养家的家风是理所当然的事情。反过来，日系移民在被东道主国同化的时候，都知道自己是"养子"这种身份。

但是，这绝对是坚持"异姓不养"原则的朝鲜人所无法理解的一种理论。按照朝鲜的家族制度，如果要将同姓之外的人收养为养子的话，必须满足对方是父母双亲不在而且年龄在 3 岁以下这两个条件，才可以形成收养关系，这种收养关系是扶养关系，是一种既非亲族关系也没有继承权的极为特殊的措施。

日本的家族制度，比起血统，他们更看重维持家族集团的持续繁荣。当没有血统上的继承人或者血统上的继承人无能，难以担当重任的情况下，与其让家族绝后或没落，家族更愿意放弃血统欢迎有才能的人成为其"养子"。而且在这种情况下，即使双方没有血统关系也可以共祖先。如第 8 章提到的，亘理章三郎主张日本的家族有血统上的祖先和制度上的祖先，即便是朝鲜人，只要成为日本这个家族国家的"养子"，除了他们原来血统上的祖先，他们制度上的祖先就变成了日本天皇。这种家族制度无限发展下去，就将世界上所有的民族都吸收包含到一个大家族的"八纮一宇"的旗帜之下了。

住在朝鲜的一位国体论者在 1925 年时这样写道：[12]

需要注意的是，家族是通过异姓结合（即夫妇）而形成的。因此，所谓的家族首先必须是始于无血缘关系的人或者远亲之相互融合结合。所谓的同血缘并非家族国家的真髓。必须先融入不同的人然后进行同化。家族这个词的内容莫如说是同化。……如果将其扩大，由近及远，便可收获四海同胞之果实。在彻底进行同化之时，正如同化的词条释义所说，不将世界普遍化誓不罢休。

毋庸置疑，妻不随夫"姓"、亲戚范围限定在父系血统之内的中国和朝鲜的家族制度无法衍生出这样的理论。

而且，根据对日本和中国的家族概念进行比较研究的夏冰的观点，在中国的家族制度下，如果说自己是皇帝的子孙，那就等于说自己是皇帝的亲戚或流落在外的私生子，是大不敬的行为。[13] 在大日本帝国，虽然大家公认国民的祖先是天皇，但没有人以此为由去向天皇家索求继承权。臣民们都理解这是一种虚拟的血缘关系。因为日本的家族制度在某种意义上是开放的，所以家族国家论可以延伸到国境之外。

大多数日本的学者都接受混合民族论，这或许与家族制度上血统的暧昧性不无关系。只要这个家族是连续的，血统都在其次。那些以族谱源远流长而著名的名门望族，家族中有"养子"加入并不是一件让族谱蒙羞的事件。比起血统，人们对祖先的评价标准更看重他对这个家族的贡献如何。纳粹德国严格禁止异民族血统的混杂，中国和朝鲜坚决维护父系血统的纯正，与他们相比，日本更看重的是如何使家族绵长地延续下去、怎样保持家族的长期繁荣。

高群逸枝提出，在古代日本的家族制度中女性的地位是很高的，女性地位变低是受儒教等中国思想的影响。与中国、朝鲜这些以父系血统为核心的家族制度相比，日本的家族中父系并非绝对性的，在没有合适的继承人的情况下，"养子"或者女儿成为一家之长是义不容辞的。田中智学在讨论古代日本男女平等的问题的时候，指出在生产养育后代的母亲面前，父亲的存在感相对很弱，但是也只有在为维持家族的繁荣做出贡献的这一方面，女性更优越于父亲的权威。

正如前面章节已经提到过的，从日本的这种家族制度衍生出来的家族国家论在一种自他未分化的状态中形成了一种秩序。既不将被统治者当作自己人平等对待，也不将对方当成"他人"加以明确区分，这就必须将对方设定为一个既不是"自己"又不是"他人"的概念。这就是"家族成员"。"家族成员"既不是"自己"也不是"他人"。而且在"家族成员"中，存在家长、兄弟等这些"自然"的上下秩序。

日本对朝鲜、中国等国家的歧视，即使在现在也不称为"种族歧视"，而称"民族歧视"。"种族歧视"和"民族歧视"究竟有什么不同，很难三言两语说清楚。可以这么说，"种族歧视"是专门用来强调生物学上的差异的一种概念，而"民族歧视"则并不局限于此。从生物学的角度来实施歧视化的种族主义，如果反过来说，在生物学上是同种的话就应该平等对待。从这个意味上来说，这种种族主义比较容易适用于那种在一定程度上存在相同种族内有平等意识的社会。这也是种族主义成为近代以后而且主要存在于中心各国的理由之一。在一个即便是同一种族内部也构成阶级秩序的世界观支配下的社会里，不一定需要种族主义这种方式来谋求歧视化。

美国等国家的种族主义思想家们在美化族群统治与种族隔离政策的时候，也曾尽力想证明被歧视者与自己所属的族群不是同一种族。如果被证明是同种族，那么要么对他们平等以待，要么只能将权力表面化，实行不被人权概念允许的专制统治。大日本帝国的人类学正好与之相反，主张被统治民族与主体民族是同文同种的兄弟。不过，英语中"brother"这个词本身并没有年长和年幼的区别，而"兄弟"一词则体现了一种上下的秩序。大日本帝国的人类学、语言学以及历史学通过证明被统治民族与日本民族是兄弟，来说明将天皇作为家长、将日本民族作为兄长的家族国家论。作为"养子"的"弟弟"，被强行要求接受养家的同化，更被固定在一个永远无法超越"兄长"的"弟弟"的地位。这种方式不但没有将权力表面化，而且还将两者套入"自然"秩序当中。

曾任朝鲜总督的南次郎曾经说过，对于朝鲜人，"在任意主张权利之前，必须成为一个拥有皇国臣民本质的忠良国民"，他如是说：[14]

大体上，皇国臣民的本质，和欧美国家那种"优先"主张权利的观点有着根本上的不同，一君万民，道义上是君臣，但感情上是父子关系。家族成员与家长的关系不是权利义务的关系，其基调是兄长作为兄长、弟弟作为弟弟自然而然地各自做好自己分内的事，使相亲相爱、和睦融洽的一家繁荣向上。

在一个家庭中，期待子女成长是父母的自然亲情。子女成长到该上学的年纪时，做好万全的准备保证子女顺利上学是父母的爱。孩子长大之后就提出"我已经7岁了，有入学的权利了"之类的，去向父母撒娇主张权利不是日本家庭的习惯。若无其事地去做那些非日本家庭的习惯之事，就不得不放弃其作为皇国臣民的资格。

这是以长子独自继承家业成为家长的家族制度为前提的。在这种家族制度里面，"弟弟"没有任何继承的权利。在兄弟平分继承家产的汉民族里，即便再怎么提倡"兄长作为兄长，弟弟作为弟弟，各自做好自己分内之事"之类的，日本的家族国家论也是行不通的吧。

高群逸枝将古代日本被统治者的地位形容为"作为家族成员的隶民"。意思就是被统治阶级既是家人也是隶民。用这个乍一看很矛盾的用语来形容大日本帝国里既被强制要求同化又遭受不平等对待的少数族群的地位再贴切不过了。

早在 1947 年，川岛武宜就提出，"'养子'作为奴隶制的一种形态"是"日本虚拟的亲子关系"的变种。[15] 他以艺伎和雇主、家仆和主人之间的关系为例，论述了在这个制度下，家仆为了报答主人"亲切关怀"的恩情而无偿奉献，"主从关系表现为一种本家和分家的关系"，它"把完全矛盾的两种原理即奴隶制的强制和家族主义的亲情毫无矛盾地统一在一起"。不用说，过去天皇家曾经被称为日本子民的总本家。但是，川岛武宜将其称为"日本封建制的亚洲特色"。用"封建"和"亚洲特色"来形容是否贴切还有待商榷。因为在中国和朝鲜的家族制度中，这样的"养子"概念并不成立。

丸山真男在 1951 年曾经对日本国体史观中说到的"和"做过这样一番评述："这个'和'不是平等的双方之间的'友爱'，这里的'和'是以不破坏纵向的权威关系为前提的。如果要挑战这个权威，或者被权威人士认定有挑战权威的意图，那么立马就会被冠以'忘恩负义'之名并遭到迫害。"因此，"统治者通常是'和'的精神的化身，在这个意义上，它不会成为'先天的'纷争的原因。纷争通常是服从者受到邪恶分子煽动的结果，因此过早地给予这些无智低级的人'权利'的话不知道他们会做出什么事来，不如，先对大众予以父母心的亲切关怀一步一步地养育他们，等到他们成长之后再慢慢赋予他们权利"。这是统治者的"伪善乃至自我欺骗"。

丸山真男还说，"日本的统治权力'欲行善却常作恶'"，并引用了南京大屠杀责任人之一、接受了东京审判的松井石根陆军大将的话。松井石根在法庭上否认了自己的罪状，说"日本和中国两国的战争其实就是'亚细亚一家'里两兄弟吵架……这就像一户人家里，当哥哥的实在无法忍受弟弟的粗暴无礼而打了他，这是因为太爱他，打他是促使他反省的手段，这是我多年来坚持的信念"。[16]

家族国家论的作用是将同化与歧视、服从与"和"、不显权的统治这些矛盾好好地掩盖住。以网络组织论和志愿者论著名的金子郁容将寻求超越"竞争原理"和"等级制度"矛盾的第三原理列为现代组织论的课题。[17] 如果人类一获得自由就陷入弱肉强食的无秩序状态的话，就不得不对自由竞争进行管制然后将财富进行再分配，设置有秩序的权力等级制度。自由与平等、解放与秩序相克是社会科学永恒不变的主题。村上泰亮、公文俊平、佐藤诚三郎等人的《作为文明的家族社会》一书中就把家族集团定义为一种在组织上克服这种矛盾（两种原理的矛盾）的形态。在家族集团中，集团构成人员的和睦关爱与组织的统治秩序毫不矛盾地统一在一起。[18] 穗积八束的家族国家论（第 3 章）认为，与欧美不同，服从和敬爱兼备是日本的特征。在这一点上，他们两人的主张本质上是相同的。

川岛武宜认为，他所说的"家族秩序"，是"一方手握权力而另一方单负义务的关系"，因此，并没有产生权利义务平等的观念。难怪在家族秩序中"没有专制统治，只有人们彼此相亲相爱"。但是，将自己的行为作为理论来"宣扬"却"意味着破坏这牧歌般美好的和平"，从而被视为禁忌，因为"一切尽在不言中……就连家长、父母都不得有自己个人的意识或行为"，所以"不可能产生个人责任这种意识"。[19] 这很容易让人想起和辻哲郎的天皇论："所有的'家长'，即便是天皇也只是从属于集团的存在，不是个人专制者，所以天皇对于战争没有责任。可以说只有专制君主才代表个人。"国体论所描绘的天皇是比之更早的产物。

这样的集团观，并不是设定先有个人，然后由个人集结成集团。而是首先有集团，然后出现异化现象从中分解出个人。因此，集团的主流总是无中心的"大家"，"个人意见"通常都是旁流。

以本书中前面章节中所谈论过的学者为例，在赞美大日本帝国的人中，基本上找不到一个代表帝国主流思想的人物。井上哲次郎与大川周明也受到了右翼的攻击并遭到镇压。蓑田胸喜只不过是一个被检察厅找麻烦的告发者，北一辉最终以一个孤独的阴谋家身份死去。喜田贞吉和高群逸枝他们不可能称得上主流。不仅仅是这些进行理论研究的学者们最终都沦为非主流，就连那些接受东京审判的被告们也异口同声地坚持自己是非主流的，声称他们个人本身其实是反对战争的，所以对战争没有责任。后世的人也就只能从这些非主流的空想家们的诸多言论中去探寻究竟了。

家族国家论里没有明确的"他人"和"自己"之分。前面所提到的社会学的族群研究以及其他种种研究都认为歧视是从自他的分离开始的。但是，从家族国家论衍生出来的日本同化政策论并不是以自他的明确分离为前提的。以战前的京都学派[1]为首的一部分学者认为日本存在克服西欧哲学的分裂与矛盾的可能，从而提出"东亚协同体"的主张。高群逸枝和宫泽贤治等人为了寻求解决自由和平等相互克制的办法而醉心于国体论，或许也是因为这个原因吧。但是那并不是解除矛盾的理论，而是一种通过弱化他人从而使人感觉不到矛盾的理论。

文化人类学家 R. 史密斯以日本的佛坛中祭拜的都是母方亲族、妻方亲族、"养子"亲族、爱人、恩人、老师等与父系血统毫无关系的人为例，指出日本的祖先崇拜与中国相比，不在门第出身，而在个人情感的领域。鲁思·本尼迪克特在《菊与刀》一书中提出日本的祖先崇拜仅限于三代以内，即限于相识的范围之内。她的这一观点与其说是认为日本没有祖先崇拜，倒不如说是指出了日本祖先意识的暧昧性更确切吧。[20] 因为祖先和亲戚的范围没有通过父系血统加以明确化，因此，比起血统来，自己直接见过面认识便成为他们祭拜的条件。更准确的解读是，将一起生活、一起工作的人同化成家人。当有"他人"进入的时候，先努力将其排除出去，如果排除不了，就不再主张血统的纯洁性以避免他人的存在显得太过突出，尽量忽略"他人"的特性而将他看成家族的一员。

---

[1] 研究哲学的京都学派指的是以京都帝国大学人文研究所为中心，西田几多郎和田边元为老师的一批哲学家，也称"世界史派"，其代表人物是高坂正显、高山岩男、西谷启治等，他们为日本帝国主义的侵略战争提供了理论根据，将日本的侵略行为美化为"世界史的正当行为"。

这其中，对新加入的成员没有血统的要求，但要求其同化。不过，脱离家族的人不管过去如何都已经不再是这个"家"的一员。新加入家族的成员要忘掉过去的出身并接受新家族的同化，这也就要求他过去的出身集团完全将他忘却，两者结合才能形成一套完整的体系。

有贺喜左卫门说日本的"家"与其说是血缘集团，还不如说是生活集团，"按照生活上的要求被吸收入集团内部的人，即便没有血缘关系也能成为其成员之一。因此，'家'内部出生的有血缘关系的人因为生活必要也会脱离原来的'家'而去外部"。他指出"家联合"[1]"是在近亲血缘关系上成立，还是在非血缘关系上成立，抑或是在两者混合的基础上成立，取决于影响作为中心的本家的经营状况的生活条件"。21 按照他的这个观点，是不是"家人"，是根据这个人对这个家而言是否实际有用而决定的。而柳田国男则提出，"家"本是"不需要薪金的劳动组织"，"孩子即劳动单位"，"父母负责统领全局并进行指挥"。父母子女是用来表示这个劳动组织内部上下关系的词语。22 这里说的子女，是放弃了薪金等诸多权利无偿为"家"服务从而获得庇护的人，如若破坏"家"的"和"，要求各种权利就成为"不良子女"。如此一来，动员朝鲜人的时候强调"日鲜一家"，战争结束之后立刻与他们划清界限称他们为"他人"，剥夺他们的日本国籍还无视他们战争补偿要求的做法并不违背家族国家论的逻辑理论。

---

[1] "家联合"这一概念是由有贺喜左卫门通过对日本农村同族团的研究而提出的。所谓"家联合"就是承担作为一个生活单位的家和其他的家，通过生活上的种种联系结合在一起的一个共同体。

《文明的家族社会》一书中，提出"超血缘性"是"家"集团的结构特征之一，"超血缘性"虽然模拟血缘关系，但实际上超出血缘关系。"养子"制度就是典型的例子——"一旦加入，所有成员没有任何差别，无条件无期限地归属于集团"。[23] 这应该是将日本公司的终身雇用制置于心头了吧，如果真是这样，那就是只要签订合同，谁都可以加入、待遇无差别、照顾终身的一种理想的组织。但是众所周知，日本的公司组织，强调同一职场内的人是一家人的同时，对待因工作调动或离职而离开职场的人却相当冷漠。对作为家族国家的"养子"被收编的朝鲜人和中国台湾人，是否真正做到了"完全无差别对待"，使他们"无期限归属集团"了呢？显然，这一点大家都心知肚明。

日本的"家"，如果经营状况恶化，就会停止以家族的形式与对方接触。可是经营状况良好的时候，会不断地分出"分家"、雇用"养子"来扩张整个同族组织，以期"家"可以永远发展下去。丸山真男用"纵轴（时间性）的延长即圆（空间性）的扩大"来形容日本的超国家主义理论。[24] 许烺光[1]指出大东亚共荣圈是以"家元"为范例的组织，再编后的家族国家论中的大日本帝国，就是以万世一系的"家长"为中心，吸收同化"大哥"和"小弟"以及"新进成员"，分别赋予他们"家"内部的"责任"和"场所"，同时将这一同心圆持续扩张的"家"的秩序。这一切通过语言来表达，那就是"世界是一家，全人类都是兄弟"。这些乍一看的确非常美好，

---

[1] 许烺光是中国旅美学者，著名人类学家，心理人类学的创始人之一。第62届（1977—1978）美国人类学会主席。

让人感觉不出有什么歧视差别。即便现实中存在再多不平等的情况，与美好的口号一点也不矛盾。

在家族国家论中，帝国内的异民族经常被比喻成"养子"或"媳妇"。上野千鹤子指出，在女性一旦出嫁就随夫姓的日本的家族制度里，妻子因为被切断了与自己娘家亲族的纽带关系及后援，所以很容易被丈夫左右命运。这是一种包含"（1）与自己娘家亲族完全脱离关系；（2）完全被丈夫的亲族集团同化"这两种要素的婚姻观。也就是说"在这种婚姻观中，丈夫对妻子拥有绝对支配权＝家父长制的完成"。[25] 这种情况在家族国家论中，不仅限于婚后女性，男性的"养子"、帝国内的异民族也都如此。

实际上，村上泰亮他们所说的"家"的"超血缘性"与父系血统意识是未分化混合在一起的。维持"家"的繁荣排在第一位，父系血统排在第二位。只是当第一原理和第二原理产生冲突的时候，优先考虑前者而已。家族名称的"氏"[1]和父系血统的"姓"一般都是不分的，这也旁证了两者并没有完全分化。这大概也是虽然法律上规定"家"的名称可以自由使用夫妻任一方的"氏"，但现实中多数以丈夫一方的"氏"作为"家"的名称并让孩子继承下去，这就与父系血统的"姓"系统整合到一起的原因吧。顺带说一下，日本的户籍法中统一使用的是"氏"，没有关于"姓"的任何记述。

从这两个原理来看，家族国家论中，与其放弃异民族地域使国

---

[1] "氏"是古代日本国家中的一种政治组织。每个氏都有自己的名称，叫作"氏名"。氏名是根据该氏族在朝廷中担任的职务或该氏族居住、管辖的地方命名的。例如，忌部氏是管理忌部的氏族，而出云氏、近江氏则是统治出云、近江地方的氏族。

家衰退，日本宁愿放弃血统，当然，在不影响繁荣的情况下，血统也是受重视的。只有在必要的时候不得已才收养"养子"，毕竟一旦状况发生改变，"养子"也是个麻烦。而且即使是收养"养子"，也尽可能找血统接近的比较好。从这个意义来考虑，认为被统治民族与日本民族同血缘的"混合民族论"在推进日本顺利统治朝鲜、中国台湾等亚洲国家和地区的过程中起到了一定作用。同化政策不适用于那些从外表上一看就与日本民族不同的民族。虽然一直都说天皇家族里融入了朝鲜血统，但那也仅仅局限于母亲一方，这也反映了日本不把母亲一方血统当回事的父系血统的意识。另外，假如日本的家族制度与中国、朝鲜一样，是否会采用这样的同化政策论就是个疑问了。

要说日本的血统意识很强或许也没有错，但这个"血统"的具体所指就不那么明确了。日本的所谓血统，是生物学上的纯血意识、中国以及朝鲜非常看重的父系血统、家族集团的系谱这三种的混合。前面说到，日本的"同化政策论"体现的不是"血统意识"的薄弱，而是"血统意识"的强烈。更确切一点说，应该是日本的"同化政策论"体现了日本"血统意识"的强烈与模糊暧昧。

一般认为，在多民族国家，一旦狭隘的共同体的世界观被打破，就会产生超越民族的妥当的理念。但是在大日本帝国，"混合民族论"和家族制度的疑似普遍性成为其代用理论。杰弗里·赫夫（Jeffrey Herf）从坚持不合理的"种族主义"的纳粹为何能驱使合理的现代科学这一问题入手，通过对德国保守思想的分析，提出了"反动的现代主义"这一概念。[26] 在被迫进行转向普遍的变革的时候，那个社会首先要在既存的文化框架之内创造出一个疑似普遍的东西来应对。

不过，说到底这还是世界观的问题，必须和现实社会的构成因素区别开来。中根千枝举日本的媳妇被要求完全服从夫家并和自己娘家亲族彻底切割关系为例，来说明日本公司的新员工就跟日本的媳妇一模一样。本节中所讲到的日本的家族理论与中根千枝所描述的日本纵式社会的特征也有一些共通之处。不过，中根千枝将这一些特征归因于日本历史上单一民族社会的同质性，而社会学家桥爪大三郎则认为，消除决定性的对立，既不产生主体也不产生客体（togetherness 的优越）是日本社会的根本法则，这个原理自古以来就支配着日本天皇制和日本列岛居民。但是这种见解是一种将"日本"看作从古代就定型了的日本特殊论，不大可能接近日本社会的本质。桥爪大三郎将日本列岛居民过去没有与异民族对立的经验、古代日本不是通过武力而是通过天皇的权威统一了古代日本的小国家群，以及天皇和幕府双重权力体制等作为自己的理论前提。[27] 但是，正如你在本书中所看到的一样，这也只不过是现代学者想要将日本描绘成没有绝对对立的温情社会，把他们的意识投影制作出来的历史像。

前面提到的伊曼努尔·托德是以五百年来家族制度没有变化为前提进行讨论的，但是至少从法律的立场来看，日本家族制度的确定并不是那么久远以前的事。夫妇统一"姓"氏是 1898 年的民法才规定的，在那之前夫妻双方各用不同的"姓"并不稀奇。[28]"养子"随养家"姓"虽然比夫妻统一"姓"氏要年代久远一些，但具体能追溯到什么时候就不得而知了。在民法将其统一化之前，家族制度因为地方以及阶层不同而相互各异，当然也就没有可以称得上"日本的家族制度"的东西了。那不是从太古时代开始就将人们束缚住的文化宿命或"日本的本质"，而是通过法律制度将其强化的。本节所述的日本的家族制度是最近才创立形成的东西，虽然还不至于说社会是通过家族制度来决定的，但是以家族制度为切入点来进行研究也许有助于我们理解同化政策论，因为同化政策论可以说是用家族国家论来粉饰的。

还有，这样的家族制度的特征在全世界也并非绝无仅有。比如，拉丁美洲的代父母制就是有经济能力、政治能力的人成为无血缘关系的孩子的代父母，通过这种方式将其亲生父母也纳入旗下的一种组织制度。代子及其亲生父母在经济、工作、红白喜事等方面均受到代父母的照拂，代子与代父母之间的关系逐渐接近于义子与义父母的关系，慢慢地，越有能力的人就成为越多数人的代父母。巴西的大庄园等，就是以庄园主成为农场劳动者的代父母的方式来维持庄园的正常劳作的。[29]

当然，日本的祖先意识、家族观念、家族国家论的特征等都是大家研究的重点领域，本书所展示出来的只是从同化论和民族论中得到的几点启示。[30] 但是，对于和"混合民族论"结合在一起的"家"的世界观的分析，告诉了我们什么是"八纮一宇"的含义。这也是中国和朝鲜完全无法理解的原因之一。"开放的共同体"向海外的输出，也正是由于对方无法理解最后无疾而终了。

保守系论者的单一民族论批判

战后定型下来的单一民族神话，其本质在于尽量撇清与在日异民族以及阿伊努人之间的关系，认为他们是"麻烦"之源。

福冈安则在分析战后日本对待在日外族人政策的时候，设定了"排除政策""同化政策""人权政策""压制政策"4 种类型。[31] 福冈安则的"排除政策"和"同化政策"分别与前面所说的社会学上的"种族主义"和"同化主义"相近。"压制政策"是适合战后日本处理在日外族人的政策类型，"排除政策"和"同化政策"只是附带类型。

1952 年《旧金山和约》生效之际，日本政府单方面剥夺了在日朝鲜人的日本国籍。这是"排除政策"之举，但是福冈安则认为，日本政府如果打算将"排除政策"进行到底的话，也就是如果希望在日朝鲜人早日消失的话，就应该给民族学校财政援助，让在日本出生的朝鲜人后代学会朝鲜语，促使他们尽早归国。另外，日本政府如果打算将"同化政策"进行到底的话，就不应该剥夺他们的日本国籍，不仅如此，还应该制定简易归化制度加速他们的归化。

福冈安则所说的"压制政策"类型被视为相当于辛普森和英格尔提出的"持续镇压的政策"。那是一种既不努力让你融入社会内部也不明确将你排除、直接把你固定在从属地位的政策。最具象征性的就是入读公立小学这件事情。在日本，儿童到了入学年龄，国家会发出就学通知，但是在 1991 年之前，日本一直都没有对在日定居的外国籍学龄儿童发放过就学通知。如果想要同化他们，就算强制也应该要求他们入读日本的学校。虽然如此，日本倒也没有采取将外国人从公立学校完全排除出去的政策，只是将他们当作"累赘"，对他们熟视无睹而已。

战前的同化政策不是这种熟视无睹的消极政策，那大概是因为帝国内的异民族人数多到无法置之不理吧。既不明确排除，也没有权利平等的同化，在这一点上，战前战后倒是共通的。只不过当对方人数少到可以无视的时候就将其当作"包袱"而与之撇清关系，人数多到无法忽略的时候就想办法将其包容进来而已。

正如前面所述，单一民族神话包含"日本民族拥有单一纯粹的起源"以及"只接受相同血统的人"这两大要素，其中前者处于从属地位。从对家族制度的进一步分析来看，虽然说是"相同的血统"，但并不一定代表具体的某个血统。本书序章中大胆地给单一民族神话下了一个狭义的定义，就是为了更缜密地把握这种特征。正如前面已经言明，纯血意识确实是单一民族神话的重要因素，但并不是其本质。如果非要说清楚的话，单一民族神话的本质就是"不想见到没被同化的'他人'"。

纯血意识的打破也许对战后象征天皇制的批判有所帮助。可是在那之后，会出现的是屡屡被理想化的平等的多民族国家，还是战前型的多民族帝国呢？这都是未知数。而且，战后的单一民族神话与象征天皇制协调一致、异口同声地高唱"一国和平主义"。现在的日本，不是津田左右吉与和辻哲郎构想的象征天皇制蓝图下的刚刚战败后的弱小国家。"国际化"一词之所以超越政治立场备受提倡，正是因为封闭性已经渐渐不再符合日本这个国家的国际地位了。

如上所述，从内地杂居论争到战后这段时间，日本一直在两种状态中摇摆、反复，国势比较弱小的时候就用单一民族论来自保，一旦变强大了，就用"混合民族论"来侵吞外部的东西。由此可以推测，随着日本这个经济大国国际地位的不断上升，恐怕纯血意识的"单一民族论"在今后会逐渐衰退，"混合民族论"有可能再次兴起。

事实上，保守派的学者们已经开始批判"单一民族论"并提倡"混合民族论"了。比如以《大东亚战争肯定论》而广为人知的林房雄、评论家加濑英明等人，他们从支持天皇制的立场出发提倡战前型的"混合民族论"，主张"能够统合多个异民族、建立统一的国家，不得不说这是天皇家创造出的奇迹"。还有神道家、保守派思想家苇津珍彦，他列举太古时代渡来人被同化的例子，提出"日本以与先进各国相同的比例，接收五百万人或一千万人左右的外国人移民毫无问题"。他还宣称："不可违背八纮一宇——世界大同的理想。"[32]

据金达寿所言，前自民党干事长桥本登美三郎曾说过，"说起日本的上古时代，我想构成日本古代史基础的，来自朝鲜半岛的渡来人占了百分之九十，剩下的百分之十则由原住民族构成"。金达寿还说："我还记得池田勇人氏还是谁曾经说过，日本和朝鲜的问题从须佐之男时代开始就一直悬而未决。"这也可以说是保守派政治家们残存有"混合民族论"和"日鲜同祖论"思想的佐证。[33]

在批判"单一民族论"的保守派中，还有一位值得关注的人物——梅原猛。梅原猛并没有打着天皇的旗号，未必一定称得上保守派学者。但是，他是中曾根康弘首相提出"确立日本文化身份"后设立的国际日本文化研究中心的第一任所长，换言之，他是受政府委托描绘日本自画像的人。在1979年"寻求民族起源"的研讨会上，他这么说：[34]

> 最近，我不再认为日本民族是单一民族。我想，日本民族
> 与其说是复合民族，不如说是创造了弥生文化的民族征服并统

治了原住民，与其混血之后而形成的混血民族。

　　我想这其中日本文化中的同一化原理起到了不小的作用。也就是说，日本文化的根基中，存在同化不同种族的人的非常厉害的窍门。

按照梅原猛的观点，绳文时代日本列岛的原住民是阿伊努人，征服民族在弥生时代从朝鲜半岛渡来，"日本人中，东北地区人接近于阿伊努人，近畿地方的人则更接近于朝鲜人"。因此，在梅原猛看来，正是阿伊努人将这种拥有"同一化原理"的古代日本的语言和文化保存了下来。他在 1982 年的访谈中说道：

　　西方人不相信语言的威力，全部用文字记录下来，所以，不得不建立很多文档。日本人大体上都是口头说"如何如何"，而且基本上都能做到言而有信，遵守承诺。不遵守口头承诺的人是非常糟糕恶劣的，大家都会把他排除出朋友圈，不会和他做朋友。所以语言的威力使日本社会得以形成，现在日本的经济之所以得到高速发展也是因为有语言威力的存在。这一点倒是与阿伊努文化有共通之处。我们不妨这样设想，现在的阿伊努民族是传承原日本文化的人。所以我认为，要解开日本文化的秘密，就必须研究把精神性极高的原日本文化原汁原味地保留下来的阿伊努文化。

梅原猛说日本人把"恶劣的人""排除出朋友圈"，将支撑"日本经济发展"的"原日本文化"原汁原味地保留下来的是阿伊努人。

他批判日本人对阿伊努人的歧视，认为日本人歧视阿伊努人的根源在于日本人将阿伊努人视为异民族，提倡阿伊努人和"日本人"在语言、种族上都属于同一体系。

江上波夫在1979年和梅原猛的对话中提到，日本有原住民的长头型农耕民族和征服者的短头型游牧民族两个系统，"他们这一伙人（游牧民族）一边做买卖一边打仗，最终夺取了国家政权。即使到了现在也还被称为经济动物，在全世界的经济战争中取得卓越的成绩"。江上波夫说这话的意图何在？"骑马民族渡来说"具有这样一种民族优越感。江上波夫在1991年获得天皇颁赠的最高文化奖"日本文化勋章"，也可以说是"骑马民族渡来说"得到国家认可的标志。这里画蛇添足一句，小泽一郎被他的支持者们形容为打破政界旧秩序的"骑马民族"。[35]

设立国际日本文化研究中心并让梅原猛担任第一任所长的中曾根首相又如何呢？他在1978年批判日本战前"军阀跋扈、超国家主义横行"时提出："我支持远离权力的象征天皇。"同时还引用"记纪"神话的记述说："我们的祖先，古代的日本人是……心胸开阔的自然之子。"这里可以看出他明显地受和辻哲郎思想的影响。关于日本民族的起源，他提倡南方渡来说。但是，等到他以日本首相的身份倡导日本国际化的1986年，他的说法有所改变："日本民族是住在日本列岛的原住民族在漫长的历史岁月中，与南方血统、北方血统或者大陆血统的诸民族混合一体化而形成的。"[36]从严格意义上来说，他并不是日本民族纯血论者。

石原慎太郎在1994年与马来西亚总统马哈蒂尔合著了《亚洲可以说不》一书，他在此书中提出："有人说日本是独特的单一民族国家，这种说法毫无道理……日本人是亚洲各民族混血而来的混合民族。"按照石原慎太郎的说法，他的父亲长得酷似印度人，母亲长得跟中国人一模一样，这说明亚洲各民族都是日本的兄弟。他还说："'大东亚共荣圈'没有欧美的弊病。"[37]正如前面所述，他在1986年的时候提出日本是世界上独一无二的"单一民族国家"。但是随着国际形势的变化，他后来开始转向，转而提倡"混合民族论"。

今后，不管是日本跨越国境提高国际影响力，或是吸纳世界各国劳动力成为多民族国家，想必大概都有可能吧。那个时候的关键问题是，日本要能够分辨哪些事情可以跨越国境，哪些事情又不可以跨越国境。日本必须要明确自己究竟要建成一个什么样的多民族国家。大日本帝国曾经跨越国境扩张过，"混合民族论"曾经一度占据了日本社会舆论的主流，日本也曾经是大米的进口国，曾经是一个多民族帝国。只要进行国际化，只要打破纯血意识，只要成为多民族国家就一定能消除天皇制和日本社会的缺点吗？这种想法源于对大日本帝国的误解，不仅仅是错误的，而且还很危险。

摆脱神话的禁锢

如果纯血意识的打破没能达成对"单一民族神话"的批判，那应该怎么办？为了思考这个问题，有必要好好地探讨一下自己的过去以及关于自己民族起源的神话——不仅仅是"单一民族神话"，也包括"混合民族论"——发生的原因。

还是回到刚才将国际关系拟人化的例子上，我们如果不把世界类型化就无法认识世界。彼得·伯格与托马斯·卢克曼在《现实的社会构建》一书中讲到，"不管什么样的事情，制度性秩序就开始于我们将自己和他人的行为类型化"。[38] 我们与他人相遇的时候会说声"早上好"，与对方打招呼，前提是我们知道对方也会以微笑来回应。在这里，他人对于自己行为的反应已经被"类型化"了，我们已经事先排除了跟对方打招呼却突然挨对方一顿揍的可能。

如果生活在一个没有这种制度性秩序的世界里，人们将会感觉到极大的负担。与异文化接触这种事情，的确很有可能是你说声"早上好"跟对方打招呼却被对方误以为是你对他的侮蔑，这种不安，人们是可以预测到的。当渐渐无法忍受这种不安的时候，人们会把拥有异文化的对方直接归类到自己心中的既定类型，这样比较容易恢复自己心中的秩序。一旦把"他们"固定在了某一类型，之后就省去了一个一个去面对"他"的麻烦，用同一种方式对待"他们"就可以了。这样，既然制度性秩序开始于将自身和他人的行为进行分类，那么，在将"他们"类型化的同时，我们也在将"我们"自身类型化。

将这种制度积累起来的是传统。传统，为人们提供良好的指针，使得人们不必为决定当前的行为而烦恼。但是，由于现在的人们没有体验过传统沉淀形成的过程，所以彼得·伯格与托马斯·卢克曼认为，因为人们"可以不加批判地获得这个沉淀物"，所以"沉淀物的实际来源已经变得不重要了"。传统只要提供现在行为的指针就可以了，至于实际的起源如何已经不是问题。

因此，"将某一事物正当化的图式是这样的，在那个集团沉淀下来的经验上不断赋予应时的各种新的含义，使得各种经验相互交替轮换"。也就是说，传统作为现在的指针可以根据情况随时修改。

当然，这是在某一集团的认知秩序处于危机状况，需要找寻可用的指针的情况下才比较容易发生。就算是这样形成的东西，"人类的重复行为，也可能全部是模仿神话中的原型而将其正当化"。这样的"神话"，是为了满足目前的需求而创造出来的东西，同时也将模仿它的现在的行为正当化。要说民族论的话，其实就是把自己想要采取的行为形态投影出来，创造民族历史，然后说我们的民族自古以来就是这么做的，通过这样的一种推理方式来给现行政策找到理论依据。

大部分情况下，探求民族身份的行为，都是遇到了不同民族的存在导致自己的认知秩序出现动荡的一种反应。这时候的民族历史，是作为民族一员的自己为了调取自己行动的方针而创造出来的知识宝库。关于民族的起源，和其他历史领域相比，确切的史料极少，不得不掺杂了许多推测的内容，所以正好成为创造的对象。

但是，这不一定是有意歪曲历史。举例说吧，就好像心理学上的墨渍测试那样。墨渍测试，在白纸上随意染上墨渍，然后要求被测试者回答所看到的图案是什么。被测试者有的人看到的是一把壶，有的人看到的是恶魔的脸，有的人看到的是跪伏在神面前的人，回答各异，当然这些只不过是被测试者心理的投影。但是，被测试者并不是故意想把墨渍看成恶魔的脸。他或者她，很自然地就看到那样的图像。即便再怎么诚实地、客观地看，那弯曲线条的角怎么看都像恶魔的下巴，上面凸起的地方怎么看都像恶魔的角一样，所以他（或她）更加确信所看到的是恶魔，仅此而已。

日本民族起源论中，没有决定性的定论。就像人把星星连在一起描绘出星座一样，日本民族起源论都是学者们自己将断片式的史料联系起来构建的自己的学说。但是，在本书中我们看到的是，每当日本在国际关系中与其他国家的关系发生变化的时候，作为民族自画像的日本民族论就会随之发生变化。大多数论者，虽然表面上谈论的是日本民族的历史，但实际上只是在讨论投影在历史中的自己的世界观以及潜意识。

对于人们来说，再没有比能够自由地讲述自己的过去更具吸引力的事情了。自己也许是纯血民族的一员，也有可能是征服了原住民族的威武的骑马民族的直系后代，也许是《圣经》中描绘的白种人的"私生子"的后代，也许是携带稻谷种子从南方小岛渡来的农民的后裔，也许是不被形式道德所束缚的"自然之子"的子孙，也许具有能够使异民族平静地接受同化的经验，也许曾经生活在男女平等的母系制社会中。日本民族起源论之所以从古至今人气不断，大概就是因为它是寄托美梦的最佳之地吧。

即使在现代，依然有不少人从民族的起源来讨论"日本人"的特征，并以此为基础来阐述现代问题。但是冷静地思考看看，现代的政治、社会和被认为是民族起源的数千、数万年前之间会有什么关系呢？将两者联系在一起就必须满足一个前提，即数千年前住在日本列岛上的人已经是"日本人"，可以集中地决定其特征，而且这个特征一成不变直至延续到现在。

现在的日本和其他国家相比，是均一性比较高的国家，最大的原因在于这一百多年来的国际条件：日本既没有被殖民地化或者被分割，但也不是可以建成世界性规模大帝国的先进国家。日本和第三世界的许多国家不同，日本没有被殖民统治过，没有被无视部族生活圈而划出的边境线；没有在分割统治过程中被施加扩大民族集团间差异的措施；没有把遥远地方的其他民族作为劳动力大量迁移的经验；也没能够像多数殖民地宗主国一样入侵遥远的他国；也没能像他们一样大量地移民到殖民地，并在那里建立长期统治，直至殖民地独立之后还对其有深远的影响。同样是岛国，像英国、马来西亚那样被视为多民族国家的例子很多。如果 19 世纪的时候日本被实行分割统治，那么现在近畿地区和东北地区的人就会被认为是说不同语言的不同民族，人类学上将他们定位为不同种族也就不足为奇了。

不但日本，大部分国民国家都在创造自己民族起源的神话。但是与多数神话的雄伟宏大相反，寻求神话的心理背景是对当前现实的一种逃避。仅仅因为自己是某某人就可以大肆骄傲自豪，仅仅因为对方是某某人就可以对其进行攻击，拥有一个将这一切变得合情合理的神话该是多么快乐啊！

将过去神话化的本质，是为了逃避面对他人的时候需要去揣摩如何应对他人时产生的烦躁以及恐慌，希望将现在适用到自己所知道的某种类型并以历史的形式投影出来。本书前面所提到的大部分学者的朝鲜、中国台湾、中国大陆、南洋诸岛、阿伊努、"欧美"以及"日本人"观是非常典型的，作为历史观被他们正当化了，这一点我们已经看得太多了，从中我们感受不到现实生活中活生生的一个个人的身影。人只要活着，都会在某种程度上被类型化。但是，怠于去直接面对面接触然后慢慢地一点一点地积累类型，稍微受到一点冲击便无法忍受并以形成神话的方式来进行逃避，想用一个神话就覆盖全世界的做法，其实是一种无视对方的强制性逃避。这种逃避，就是所有神话的起源。

本书的结论非常简单。对神话的对抗，并不是消灭一个神话然后用另一个神话来代替，比如，并不是为了批判"单一民族神话"就拿出"混合民族神话"。我们要寻求的是摆脱神话的禁锢。这需要假以时日的耕耘。每增长一定的年龄和经验，就增多一份知识积累，增加一份确信。同时在与对方一个一个诚实对应的时候，体力也将逐渐下降，在过于自信和疲劳的间隙，神话就会乘机而入。但是，我相信在这个时候，在被神话困住之前有意识地站稳脚跟这点定力应该是谁都有的。

与异己者共存，不需要神话。需要的是一点点强大与睿智。

注 释

序章

1　室伏高信《大东亚的重组》(《日本评论》1942年2月号) 第18页。文部省社会教育局《国民同化之道》(同化奉公会，1942年) 第15页。尹健次《民族幻想的挫折》(岩波书店，1994年) 提到了后者，暗示战前也并不是没有鼓吹单一民族论的学者。此外，后面文章中所引用的部分，原则上如果是原文段首开始引用则整段缩进一格，如果文章没有整段缩进一格的则是从段落中节选出来的一部分。

2　大沼保昭《超越单一民族社会的神话》(东信堂，1993年) 第340—341页。

3　福冈安则《在日的韩国、朝鲜人》(中公新书，1993年) 第2—16页。

4　网野善彦《说东道西的日本史》(出版社，1982年) 第11—21页。其他批判单一民族神话的历史学家的文章还有幼方直吉的《单一民族国家的思想和功能》(《思想》第656期，1979年)。吉野诚的《单一民族国家观与异民族支配》(历史教育者协议会编《新历史教育》第2卷，1993年) 探讨了喜田贞吉等人以日鲜同组论为中心的民族论以及异民族支配之间的关系。山室信一的《国民国家·日本的发现》(《人文学报》LXV Ⅱ,1990年) 描述了从明治20年代的民族主义论到国民国家论的发生。

5　Milton M.Gordon, *Assimilation in American Life*,New York,Oxford U.P.,1964.

6　见田宗介《现代日本的心情与论理》（筑摩书房，1971 年）。山中速人《朝鲜〈同化政策〉与社会学的同化》（关西学院大学《社会学部纪要》第 45、46 期，1982、1983 年）。

7　鹿野政直《"鸟岛"包含在内吗》（岩波书店，1988 年）。

8　不用说，"欧美""亚洲"只不过仅仅作为一种概念而存在。"欧洲"与"美国"之间相互对抗的时候不少，"欧洲"内部与"美国"内部同样也存在各式各样的思想。但是，在本书将要讨论的人们的思想意识当中，"欧美"这个概念是存在的，他们都是以这个为前提进行讨论并行动的。"欧美"就是作为这样一种概念而实际存在的。本书的正文部分也将沿用这个称呼。

第一部

第 1 章

1　以下，这一章中提到的欧美的人类学学说、江户时代的民族论、坪井正五郎等人的活动参见：寺田和男的《日本的人类学》（思索社，1975 年）第 5—43、72—73 页；工藤雅树的《研究史 – 日本人种论》（吉川弘文馆，1979 年）第 1—81 页。其他还有太田雄三的《E.S. 摩斯》（Libroboat 出版社，1988 年）、绫部恒夫编的《文化人类学群像》第 3 卷（Academia 出版社，1988 年）、吉冈郁夫的《开启日本人种论争的大幕》（共立出版，1987 年）、村上阳一郎的《日本人与现代科学》（新曜社，1980 年）等等。富山一郎的《国民的诞生与"日本人种"》（《思想》第 845 期，1994 年）通过初期的日本人类学的"阿伊努"观、"琉球人"观，探讨国民国家形成过程中人类学的作用。作为批判性地总结战前日本的人类学、考古学的成果，有都出比吕志的《日本考古学与社会》（《现代与考古学》，

岩波讲座 日本考古学第 7 卷，1986 年）。

2　儒勒·凡尔纳《八十天环游地球》（木村庄三郎译，旺文社文库，1973 年）第 204 页。布鲁诺·陶德《日本》（筱田英雄译，岩波书店，1975 年）1934 年 1 月 31 日，第 69 页。

3　《小野梓全集》（富山房，1936 年）下卷，第 211 页。横山的引用参见同书第 216 页转引部分。

4　黑川真赖《虾夷人种论》（黑川真道编《黑川真赖全集》第 4 卷，非卖品，1911 年）。引自第 225 页。其他的"穴居考""上代石器考"收录于第 5 卷。

5　内藤耻叟《国体发挥》（高须芳次郎编《水户学全集》第五编，日东书院，1933 年）。引自第 325、358 页。

6　《黑川真赖全集》第 6 卷收录。引自第 19 页。

7　《小野梓全集》下卷收录。

第 2 章

1　关于"内地杂居"的论战，除了井上清的《条约修订》（岩波书店，1955 年）一书有涉及之外，稻生典太郎的《条约修订论的历史性开展》（小峰书店，1976 年）完整地做了介绍。稻生编的《内地杂居论资料集成》（明治百年资料丛书，原书房，1992 年）共有 6 卷。山胁启造的《近代日本的外国人劳动者问题》（明治学院国际和平研究所，1993 年）也提到了关于内地杂居的论战，书中明确写道：朝鲜人已经被允许到日本内地杂居。还有鹈浦裕的《进化论与内地杂居论》（《北里大学教养部纪要》第 22 期，1988 年）指出：井上哲次郎与加藤弘之的杂居反对论中存在对于欧美人的劣等意识。从社会学的角度探讨这场论战的有滝田幸子的《"单一民族国家"的脱神话化》（梶田孝道编《国际社会学》，名古屋大学出版社，1992 年），这本书将井上哲次郎的杂居反对论定位为根据单一民族的神话歧视少数派、排斥外国人劳工等问题的渊源之一。而且，内地杂居的论战范围广而且多样，田口与井上只是其中一例而已。本章的目的只是说明后来的混合民族论与单一民族论的论争的原型在这一时期已经开始形成，并不是要评价这场论战的性质。

2 横山源之助《内地杂居后之日本》（《内地杂居后之日本 附一篇》第 16 页，岩波文库，1954 年）。

3 《鼎轩田口卯吉全集》（鼎轩田口卯吉全集刊行会，1927—1929 年）第 5 卷收录。引自第 80—83 页。以下，《条约修订论》，引自第 46—48 页；《居留地制度与内地杂居》，引自第 60—61、65、70、73 页。《应该迅速将居留地同化为内地》（引自第 437 页）也收录于同卷。

4 田口卯吉《论内地杂居（第二）》（《东京经济杂志》第 205 期第 306 页，1884 年）。

5 田口卯吉《内地杂居的杞人之忧》（《东京经济杂志》第 478 期第 38—39 页，1889 年）。

6 田口卯吉《岂可拒绝外国人买入土地》（《东京经济杂志》第 479 期第 72—73 页，1889 年）。

7 以下参见井上哲次郎《内地杂居论》（哲学书院，1889 年）。

8 井上哲次郎《内地杂居续论》（哲学书院，1891 年）。引自第 18—21、57 页。起源论的引用参见同书附录第 1、第 9—10 页。

9 《东京经济杂志》第 573 期登载，1891 年。引自第 707—709 页。虽然发表的时候没有署名，但是收录在田口全集的第 5 卷。

10 《国民之友》第 206 期登载。

第 3 章

1 井上哲次郎《敕语衍义》（敬业社、哲眼社，1891 年）序第 1—5 页。

2 井上哲次郎《增订 敕语衍义》（敬业社，1899 年）下卷第 165 页。

3　穂积重威编《穂积八束博士论文集》（有斐阁，1943 年）收录。引自第 223、225 页。国际关系观引自同书第 913 页。关于穂积和他的国体论，详见松本三之介《天皇制国家和政治思想》（未来社，1969 年）、长尾龙一《日本法思想史研究》（创文社，1981 年）等。

4　穂积八束《国民教育 爱国心》（八尾书店，有斐阁，1897 年）第 4—5、14、21—22 页。

5　《福泽谕吉全集》（岩波书店，1969—1971 年）第 15 卷，第 269、355 页。

6　论争的经过可参照关皋作编《井上博士和基督教徒》（哲学书院，1893 年。翻印版 misuzu 书房，1988 年），殖民地化的事例见正编第 99—101 页、收结编第 376—378 页。

7　《六合杂志》第 199 期，引自第 41—42 页。关于渡濑常吉，请参照韩晢曦《日本的朝鲜统治和宗教政策》（未来社，1988 年）、饭沼二郎《三·一事件和日本组合教会》（同志社人文科学研究所／基督教社会问题研究所编《日本的现代化和基督教》，新教出版社，1973 年）以及松尾尊兑《日本组合基督教会的朝鲜传教》（《思想》第 529 期，1968 年）等。

8　《六合杂志》第 201 期，引自第 47 页。这篇时论在当时并未署名，但是松本三之介编《明治思想集Ⅲ》（筑摩书房，1977 年）将其收录在大西的名下。铃木正幸《关于近代天皇制的统治原理之一试论》（《部落问题研究》第 68 辑，1981 年。之后《近代天皇制的统治秩序》，校仓书房，1986 年收录）、驹迁武《异民族统治之“教义”》（《岩波讲座 近代日本和殖民地》第 4 卷，1993 年）等对这场论争都有关注。

9　《改订注释樗牛全集》（博文馆，1925—1933 年）第 4 卷收录。引自第 363—373 页。桥川文三《高山樗牛》（朝日新闻社编《日本的思想家Ⅰ》，朝日新闻社，1962 年）给予了高度评价，称高山的这篇论述考察文章指出了日本主义的极致。

10　收录于《樗牛全集》第 5 卷。引自第 388 页。

11　《台湾岛传道》第 110 页。汤比武比古《关于日本主义创刊》第 23—24 页，以及《日本主义》第 1 期，1897 年。高山的言论引自《樗牛全集》第 4 卷，第 365 页。

12　高山樗牛《移民国民的日本人》，收录于《樗牛全集》第 4 卷。在此文章中，他主张：日本自古就有移民的传统，建速须佐之男命是从南方移民到出云的，应该在世界范围之内提倡移民。

13　《北一辉著作集》（misuzu 书房，1959 —1972 年），收录于第 1 卷。引自第 264—266 页。

14　加藤弘之《吾国体与基督教》（金港堂，1907 年）第 21、44、86 页。加藤的内地杂居论参照鹈浦的论文。加藤和海老名弹正、浮田和民之间的应答在吉田旷二的《加藤弘之的研究》（新生社，1976 年）、田畑忍的《加藤弘之》（吉川弘文馆，1959 年）等书中有言及。

15　《太阳》第 13 卷第 13 期（1907 年 10 月）登载。引自第 61—62 页。

16　浮田和民《国家与宗教》（《丁酉伦理会讲演集》第 67 期第 32 页，1908 年）。间宫国夫《大正民主主义者与人种问题》（《人文社会科学研究》第 30 卷，1990 年）登载了浮田的种族观，他关于日本民族的起源论还没有言及扩张。

17　《内村鉴三全集》（岩波书店，1980—1984 年）第 16 卷，第 44 页。《英雄论》在第 3 卷，第 256 页。

18　加藤弘之《基督教的毒害》（金港堂书籍，1911 年）第 96—98、277 页。

19　伊泽修二《关于设置台湾公学的意见》（《教育公报》第 195 期，1897 年）第 9 页。发言见吉野秀公《台湾教育史》（台湾日日新报社，1927 年）第 146 页。这些史料由陈培丰氏提供并得到了他的指点。

第4章

1　参照寺田前引书。

2　加藤弘之《殉国的节义》(《加藤弘之演讲集第二册》丸善书店，1900年)第158—159页。

3　加藤弘之《从进化学角度观察日俄的命运》(博文馆，1904年)第81页。

4　井上哲次郎《文明史上观日本战胜之原因》(《东洋学艺杂志》第282—285期，1905年)。引自第283期，第178—179页。

5　坪井正五郎《人类学知识的重要性日益显著》(《东京人类学杂志》第231—233期，1905年)后面的部分引自第232期，第439—440、442—443页。

6　办刊宗旨登载于《东京人类学杂志》第171期。关于坪井等人的阿伊努慈善活动，海保洋子的《近代北方史》(三一书房，1992年)第6章有介绍。但是海保探讨的1903年3月第五次内国劝业博览会上坪井企划的"展示"阿伊努、冲绳、台湾各地的人的人类馆事件本书没有触及。毫无疑问，坪井的这个企划是带有歧视性的。关于人类馆事件我想另写文章来讨论。坪井在博览会召开5个月之前的《人类学研究所之我国》(《东京人类学会杂志》第199期)上，强调：因为日本是多民族国家，所以"在人类学研究上，没有比我日本国更方便的了"。由此可见，在坪井看来，日本是多民族国家的认识以及他创设人类馆的企划是不矛盾的。

7　《东京人类学杂志》第245期登载，1906年。引自第432—433页。

8　小金井良精《人类学研究》(大冈山书店，1928年)第511、513页。

9　坪井正五郎《论人种》(《东京人类学杂志》第205期，1903年)第270页。

10　《内村鉴三全集》第3卷收录。引自第97、100、101页，插图引自第100页。

11 以下关于阿伊努士兵的描述引自小川正人《征兵·军队和阿伊努教育》(《历史学研究》第 649 期，1993 年)。

第 5 章

1 关于日鲜同祖论，上田正昭《古代史学与朝鲜》(《世界》第 330 期，1973 年)、《"日鲜同祖论" 的谱系》(《季刊三千里》第 14 期，1978 年)，旗田巍《日本人的朝鲜观》(劲草书房，1968 年)、《日本人和朝鲜人》(劲草书房，1983 年)，金一勉《天皇和朝鲜人的总督府》(田畑书店，1984 年)，中塚明《近代日本的朝鲜认识》(研文出版，1993 年) 等都有论述。但是，他们大体上都是停留在批判以喜田为代表性的学者的层面，并没有做系统的调查，对侵略和混合的双面性没有关注。本文选取了以久米、竹越、山路等人为首的一些日本历史学家来进行论述，参考了永原庆二、鹿野政直编著的《日本的历史学家》(日本评论社，1976 年) 一书。

2 江户时代的学说，以及星野恒、久米邦武的日本民族论，工藤前引的著作有比较详细的研究。但是，工藤没有关注到他们的学说的双面性。大久保利谦编著的《久米邦武的研究》(吉川弘文馆，1991 年) 一书对久米邦武学说的双面性有论及，但是没有提到他的日本民族论。

3 《史学会杂志》第 11 号登载。以下引自第 17—18、28、30、36、38、40—42 页。对星野的攻击，引自鹿野政直、今井修《日本近代思想史上的久米事件》(大久保编前引书) 第 267 页。

4 《史学会杂志》第 1—3 期登载。

5 吉田东武的关于日鲜同祖论的代表作是《日韩古史断》(富山房，1893 年)。他在序文中有关于请久米看过原稿的记述。

6 《国民之友》第 223—226 期登载。以下引自第 223 期第 15—19 页，第 224 期第 11、13 页，第 225 期第 12、17 页，第 226 期第 11、14—15 页。

7 以下内容出自久米邦武《日本古代史》(早稻田大学出版社，

1905 年）。

8　池田次郎、大野晋编《日本人种论 语言学》(《论集 日本文化的起源》第 5 卷，平凡社，1973 年)，参照大野晋的解说。

9　金泽庄三郎《日韩两国语言同系论》(三省堂书店，1910 年) 序言第 1—2 页。

10　以下引自竹越与三郎《二千五百年史》(警醒社，1896 年)。

11　竹越与三郎《南国记》(二茜社，1910 年)。

12　山路爱山《日本人史的第一页》(《信浓每日新闻》1901 年 11 月 3 日)。乌拉尔·阿尔泰人种的观点引白山路爱山《基督教评论·日本人民史》(岩波文库，1966 年) 第 301 页。关于山路爱山的日本民族论，除了坂本多加雄《山路爱山》(吉川弘文馆，1988 年) 一书有提及之外，工藤前引书有详细介绍。

13　山路爱山《日本人种论》(《独立评论》1910 年第 7 期第 15 页)。

14　《鸟居龙藏全集》(朝日新闻社，1975—1977 年) 第 1 卷，第 410—424 页。

15　德富苏峰《大日本膨胀论》(民友社，1894 年) 第 2 页。

16　大隈重信《对韩意见》(《太阳》第 12 卷第 5 期第 67—68、70—71 页，1906 年 4 月)。

17　《开国五十年史》(原书房，复刻版 1970 年) 上卷第 16、17 页。大隈重信《改订 国民读本》(1913 年，初版 1910 年，线装宣传册) 第 12 页。

第 6 章

1　关于日韩合并时报纸、杂志的报道，主要报纸和综合杂志的社论以及论文的总览参见姜东镇的《日本言论界和朝鲜 1910—1945》(法政大学出版局，1984 年)。其他的还有吉冈吉典的《"朝鲜合并"和日本舆论》

（《朝鲜研究》第 65、72 期）、《日本国内各阶级的思想状况》（渡部学编《朝鲜近代史》，1968 年），宇井启子的《围绕"合并"日本和外国的报纸论调》（井上秀雄编著《日朝关系史Ⅰ研修班》1969 年），吉冈增雄的《合并和基督教徒》（同上书收录），平田贤一的《"朝鲜合并"和日本舆论》（《史林》第 57 卷第 3 期，1974 年），杵渊信雄的《日韩交涉史》（彩流社，1992 年）等。但是这些都不是关注日本民族论的研究。而且，综合杂志的报道数量根据是否将一篇报道内的小谈话分开计数而不相同。

2　这个谈话内容重新登载在《内藤湖南全集》（筑摩书房，1969—1976 年）第 4 卷。此处引自《大阪朝日新闻》9 月 4 日增刊。

3　社论还有《东京每日新闻》9 月 22 日、《读卖新闻》8 月 31 日。新闻报道还有《东京日日新闻》8 月 28 日的《韩人与历史》等。

4　浮田和民《韩国合并的效果如何》（《太阳》第 16 卷第 13 期第 3 页，1910 年 10 月）。大隈重信《关于日本民族的膨胀》（《太阳》第 16 卷第 15 期第 6—7 页，1910 年 11 月临时增刊）。

5　竹越与三郎《南方经营和日本的使命》第 22 页，户水宽人《南方乎，北方乎》第 26 页，泽柳政太郎《作为移民的日本人性格论》第 113 页（都出自《太阳》杂志第 16 卷第 15 期）。

6　竹越与三郎《作为殖民的日清英法德诸国民的比较》（《太阳》第 16 卷第 15 期第 52 页）。

7　浮田和民《世界对日本的误解（其二）》（《太阳》第 16 卷第 16 期，1910 年 12 月第 2 页）。

8　海老名弹正《作为殖民的日本人性格论》（《太阳》第 16 卷第 15 期第 117、119、121、122 页）。

9　岛村抱月《殖民和日本文艺的未来》（《太阳》第 16 卷第 15 期第 131—134 页）。

10　井上哲次郎《关于日韩合并所感》（《东亚之光》第 5 卷第 10 期

第 1、6—7、8、12、13、16 页，1910 年 12 月）。

11 《万朝报》8 月 28 日，《东京朝日新闻》9 月 7 日的社论。新渡户稻造的演说参见田中慎一的《新渡户稻造和殖民地朝鲜》（《北大百年史编辑新闻》第 11 期，1980 年）。

第二部

第 7 章

1 关于喜田，参见强调他日鲜同祖论侧面的旗田前引书、工藤前引书等，还有虽然认为存在"漏洞"但是认为喜田是纯血论的批判者的上田正昭的《喜田贞吉》（日本民俗文化大系 5，讲谈社，1978 年）以及鹿野政直的《近代日本的民间学》（岩波新书，1983 年）等。笔者认为喜田是日鲜同祖论的一个典型代表，日鲜同祖论与纯血论是矛盾的。喜田的成长史参见上田前引书以及山田野理夫的《历史学家喜田贞吉》（宝文馆，1976 年）。

2 参照《民族与历史》第 5 卷第 2 期至第 4 期。引自第 2 期第 6、11—14 页，第 3 期第 5、13 页，第 4 期第 6、8—10 页。

3 山路《日本人民史》第 262 页。柳田国男《农业政策学》（《定本柳田国男集》筑摩书房，1962—1971 年）第 28 卷，第 318 页。

4 参照金静美《朝鲜独立・反歧视・反天皇制》（《思想》第 786 期，1989 年）。

5 喜田贞吉《关于皇族婚嫁之一新例》（《民族和历史》第 1 卷第 2 期第 52—54 页，1919 年）。

6 喜田贞吉《日本历史物语》（ARS 出版社，1928 年，复刻版株式会社名著普及会，1981 年）上卷第 5—9、130—131、190—191、220—223 页。

7 同上书，第 193 页。

8 《韩国的合并与国史》（三省堂，1910 年）第 7—19、38—39、

64—77页。

9　喜田贞吉《庚申鲜满旅行日志》(《民族与历史》第6卷第1期第12页，1921年)。演讲及听众反应参见第44—45页。

10　《喜田贞吉著作集》(平凡社，1979—1982年)第8卷第8、51、59页。

11　同上书，第17、19—20、37页。

12　同上书，第28—29页。

13　同上书，第75—76页。关于文部省颁发的奖金参见上田前引书，第114页。

14　新村出《是日本语还是阿伊努语》(《民族与历史》第4卷第6期，1920年)的末尾附记。

第8章

1　永井亨《日本国体论》(日本评论社，1928年)第283页。国体论的研究几乎都在明治时期，大正时期有关国体论的研究只限于铃木正幸《大正民主主义和国体问题》(《日本史研究》第281期，1986年)、森川辉纪《关于大正时期国民教育论之一考察》(《日本历史》第463期，1986年)等少数几篇。这两篇论文都是提倡再编国体论以图与大正民主主义相抗衡的，内容空洞，根本不足以列为研究的对象。森川的论文关注了井上哲次郎的《我国国体和国民道德》(宏文堂，1925年)由于右翼分子的检举揭发受到停止出版的处分一事，但是，由于此事件与日本民族论没有直接的联系，所以本书不作评论。两篇论文都没有谈及帝国内异民族以及日本民族论的再编问题。

2　加藤弘之《人性的自然和我邦之前途》(大日本学术协会，1915年)第127—128页。

3　笕克彦《神道》(内务省神社局，1926年)第6—7页。

4 物集高见《国体新论》（宏文库刊行会，1919 年）第 6—8、22—23 页。朝鲜论引自第 524、538 页。

5 亘理章三郎《国民道德本论》（中文馆书店，1928 年）第 46 页。

6 穗积八束《宪法提要》（有斐阁，1910 年）上卷，第 11 页。关于穗积对朝鲜教育令提出的建议参见小泽有作《同化教育的历史》（《朝鲜史研究》第 56 期，1966 年）。

7 分别引自上杉慎吉《国家新论》（敬文馆，1921 年）第 40—41 页，《国体论》（有斐阁，1925 年）第 720 页，《国体论》（有斐阁，1925 年）第 161 页。有关上杉的内容参见长尾前引《日本法思想史研究》。

8 井上哲次郎《国民道德概论》（三省堂，1912 年）第 62—73 页。

9 加藤玄智《我建国思想的本义》（目黑书店，1912 年）第 167—168 页。建部的演讲《帝国的国策和世界的战乱》收录于《日本社会学院年报》第二年，第三、四合册。关于蕃别的内容引自建部遁吾《世界列国之大势》（同文馆，1912 年）第 993 页。

10 田中智学《日本国体的研究》（天业民报社，1942 年版，初版 1920 年）第 42 页。

11 《东亚之光》第 13 卷第 6—7 期登载。引自第 6 期第 45 页，第 7 期第 10 页。

12 里见岸雄《对于国体之疑惑》（ARS 出版社，1930 年）第 70、113、119—120、133 页。

13 《东亚之光》第 13 卷第 3—4 期登载。言及部分引自第 4 期第 41—42 页。

14 里见前引书，第 113—119 页。

15 《东亚之光》第 13 卷第 4 期登载。引自第 14—15 页。不过，并不是大岛第一次用这个概念。据陈培丰氏的指点，台湾总督府财务局长中川友次郎在 1910 年的论文"国体与同化"（《台湾教育会杂志》第 103 期）

中已经将中国台湾居民比作"养子"以图整合家族国家论。

16 吉田熊次《我国体的社会基础》(《东亚之光》第13卷第8期第16页,1918年)和《国民道德与其教养》(弘道馆,1928年)第208—209页。

17 不过,亘理反对将日本民族定为混合民族。他认为,民族不是生物学概念,即便是人种混合只要完成了同化就不能称为混合了。亘理前引书,第65—66页。

18 亘理章三郎《建国的本义与国民道德》(文部省普通学务局编《国体演讲录》第一篇,宝文馆,1928年)第60、56页。演讲会的规划以及出版的宗旨参照同书序文。

19 清原贞雄《日本道德史》(中文馆书店,1930年)第41页。重要的是,在这里"单一民族"这个词是被国体论学者以否定形的形式使用的,并不是完全否定在这之前使用过这个词的可能。

第9章

1 关于"三·一独立运动"的一般言论,除了姜东镇前引书之外还有很多的研究成果,但是关于民族论的内容,在本人个人的学识范围之内没有找到。

2 姜德相编《现代史资料26 朝鲜(二)》(MISUZU书房,1967年)第34、54页。

3 小松绿《朝鲜统治的真相》(《中央公论》1916年8月刊第53页)。这篇论文在松尾尊兊的《大正民主主义》(岩波书店,1974年)以及姜东镇前引书中都有提到,引用部分并没有受到关注。

4 《鸟居龙藏全集》第12卷,第538—539页。关于鸟居龙藏,除了前引各书之外,在人类学的学术史上必定被提到的还有八幡一郎的《鸟居龙藏》(白鸟芳郎·八幡一郎《白鸟库吉/鸟居龙藏》日本民俗文化大系九,讲谈社,1975年)、末成通男的《鸟居龙藏》(绫部编前引书)、白鸟芳郎《鸟居龙藏》（江上波夫编《东洋学的源流》大修馆书店，1992年）、中薗英助《鸟居龙藏传》（岩波书店，1995年）等传记，但是，讨论日鲜同祖论的只有工藤前引书以及吉野前引论文等。另外，家坂和之的《日本人的种族观》（弘文堂，1980年，新版1986年）新版第38—39页以鸟居龙藏的发言作为种族差别的帝国主义的例子加以剖析。

5　《北一辉著作集》第二卷，第260—261页。安部博纯《日本法西斯研究序说》（未来社，1975年）第二章第三编提到了北一辉的民族论以及与在第十六章提到的高田保马和德富苏峰之间的相似性。另外，滝村隆一《北一辉》（劲草书房，1973年，新装版1987年）的新装版第五章第五节也提到了北一辉的民族论。

6　《日鲜的融合》（《东京日日新闻》1919年3月4日）。吞并苏台德地区的事例见上村英明《原住民族》（解放出版社，1992年）第105页。

7　《鸟居龙藏全集》第一卷收录。以下引自第212、189页。不过鸟居龙藏认为出云等是固有日本人，在天孙降临之前就已经有渡来人。可以说这种历史观已经开始逐渐深入人心。

8　鸟居龙藏《从民族上看鲜、支、西伯利》（《东方时论》1920年4月刊第106页，全集未收录）。

9　依波普猷《关于琉球人的祖先》（《依波普猷全集》平凡社，1974—1976年，第一卷收录）。

10　高桥贞树《被差别部落一千年史》（原题"特殊部落一千年史"，岩波文库，1992年）第42—43页。渡边义道《日本原始共产社会的生产以及生产力的发展》（《思想》第110期，1931年）第44页。佐野学《无产阶级日本历史》（白杨社，1933年）第21—25页。佐野学编《日本国民性的研究》（大铠阁，1922年）。

11　高桥前引《被差别部落一千年史》第45页。

12　同上书，第23页。佐野前引《无产阶级日本历史》第17页。

13 《喜田贞吉著作》第八卷，第43页。

14 《日本教科书大系》（讲谈社，1979年）第一卷。第一期引自第352、383、385页。第二期引自第394、415、417、418页。第三期引自第430、456、458、461、462页。第四期引自第489页。第五期引自第579页。插图引自第489页。

15 以下引自《日本教科书大系》第19、20卷。第一期引自第19卷第441—444、448、450、492页。其他引自第19卷第628、727页。1910年3月日韩合并前夕发行的《高等小学修身书》（新制第三学年用）上有如下记述："我国国民大部分有相同的祖先"（第1页），"我国国民极少混有其他民族，感觉全部国民都是同一民族，从外国移民而来的都不知不觉中被同化了"（第4页）。但是这些内容在1913年的版本中都被删除了。因为日韩合并之后，就不能说"其他民族""极少"了，但是这个教材又没有采用混合民族论。加上初中的教科书也是众说纷纭，所以，整体而言，混合民族论在中小学的教育上基本上得到了"公认"，但是也不是绝对的。

16 记载有日本民族混合起源内容的初中历史教科书的引用，依次引自野边渡雄《帝国小史》上级用（中文馆书店，1934年）第5页、芝葛盛《新制国史》（明治书院，1934年）上卷第2页、三省堂编辑所《日本历史教科书》上级用（三省堂，四订1926年版）第4—5页、齐藤斐章《中学国史》第三学年用（大日本图书株式会社，1933年）第11页。插图引自齐藤《中学国史》第10页。其他的还有木宫泰彦《新日本史》第三、四学年用（富山房，1933年），富山房编辑部《中等国史》上级用（富山房，1929年），有贺长雄《中等国史教科书》上级用（三省堂，1913年版），三省堂编辑所《新制日本史》上卷（三省堂，1934年）等，它们写到了日本民族的混合起源。

17 津田左右吉《国史教科书》（宝文馆，1902年）第3、7页。《津田左右吉全集》（岩波书店，1963—1966年）第二、三卷收录，字句有若干不同。

18　没有提到日本民族混合起源的初中历史教科书有清原贞雄《中学国史要》初级用（修文馆，1941 年）、鱼澄惣五郎《新修日本史》第一学年用（星野书店，1933 年）、栗田元次《新体中学综合国史》初级用（中文馆书店，1937 年）、大森金五郎《新体国史教科书》（三省堂，1933 年版）等。

19　关于美国排斥日系移民的问题参照若槻泰雄《排日的历史》（中公新书，1972 年）等。

20　引自涩川玄耳《日本害怕什么》（《中央公论》1924 年 7 月刊）第 33 页。除此之外，山县五十雄《从排斥米价到排斥米化》（《太阳》第 30 卷第 11 期，1924 年 9 月）也是同样的论调。

21　小林政助《美国和种族歧视的研究》（文川堂，1919 年）第 102、138 页。

22　《日本民族的个性及其使命》（《日本及日本人》1929 年 11 月 1 日刊第 11 页）。

23　中山哲《应该将朝鲜人的名字全部改成日本名字》（《日本及日本人》1924 年 9 月 15 日刊）。引自第 37、38、40、41 页。北一辉的引自《北一辉著作集》第二卷第 260 页。

第 10 章

1　《明治文化资料丛书》第六卷（风间书房，1961 年）收录。本章的先行研究有三村三郎论述了犹太起源说的历史的《从犹太问题反观日本历史》（八幡书店，1984 年）、多贺一史的《〈日本神国论〉的系谱》（《GS》第 7 期，1988 年）、竹内健《探源日本的疯狂》（《教养》第 12 期，1972 年）等。田口的人种论在工藤前引书以及井上章一《对法隆寺的精神史》（弘文堂，1994 年）有提及。除了松山岩《谣传的远近法》（青土社，1993 年）提到过小谷部之外，神岛二郎《近代日本的精神构造》（岩波书店，1961年）也有提及。本书所说的是这些起源论的背景不仅仅是日本人希望国家兴盛的愿望，还出于日本人对于欧美的自卑感。进一步请参照桥川文三《黄祸物语》（筑摩书房，1976年）。

2　这些欧美人的学说参见工藤前引书第38—42、78—79页。贝尔兹的学说参见寺田前引书第27页。

3　《田口卯吉全集》第2卷收录。引自第478、479、482页。被收录于《真善美日本人》的铃木卷太郎的《人种大势论》一文主张日本通过进军海外推进混血来扩大日本的势力。参照《明治文化全集》（日本评论社，1927—1928年）第23卷，第446—451页。

4　登载于《史学杂志》第139期，引自第18、26页。

5　新村出《读田口博士的言论有感》（《新村出全集》筑摩书房，1971—1983年）第一卷，第104、109页。森鸥外的反应见《森鸥外全集》（岩波书店，1971—1975年）第25卷，第530页。

6　《田口卯吉全集》第2卷收录。引自第500页。

7　同上书收录。引自第501、509、514页。

8　坪井前引《人类学智识的要点日益深奥》。引自《东京人类学会杂志》第231期，第391页。

9　木村鹰太郎《基于世界研究的日本太古史》（博文馆，1911年）。以下引自上卷，序文第8—9、14、22页。本书第178页的插图引自同书451页。

10　竹越前引《二千五百年史》第3—4页、久米前引《日本古代史》第15—18页。欧洲的反应参照约瑟夫·库拉伊那（Josef Kreiner）《欧洲思想史上的日本观》（《民博通信》第42期，1988年）。

11　提到母系制的内容参见石川三四郎《古事记神话的新研究》（白杨社，1924年版）第290—293页。高群氏观点参见河野信子《高群逸枝》

（riverport 出版社，1990 年）第 160 页。

12 田中前引《日本国体的研究》第 257—258、267—271、276—293 页。
《宫泽贤治全集》（筑摩书房，1973—1977 年）第 13 卷，第 195 页。田中
认为除了希腊、意大利之外，将国内作为候补。保阪嘉内拒绝了宫泽入会
国柱会的邀请并和他断绝了朋友关系，而宫泽还是仰慕并称其为他一生中
唯一的朋友。参照管原千惠子《宫泽贤治的青春》（宝岛社，1994 年）。大
家认为保阪大概是反对宫泽宣扬田中智学"日本是担负统一世界大业的优
秀民族"的教义，他本人应该是相信日本民族是从亚洲某个地方渡来的民
族的。

13 陈情的经过参见高仓新一郎《阿伊努政策史》（日本评论社，
1942 年）第 608—609 页。

14 金田一京助《从英雄不死传说的观点出发》（《金田一京助全集》
三省堂，1992—1993 年）第 12 卷，第 560—561、562 页。关于源义经入
北海道的传说除了这一篇论文之外，还参见菊池勇夫《义经"虾夷征伐"
物语的诞生与机能》（《史苑》第 42 卷第 1 期，1982 年）、松山前引书第
285—286 页。不过金田一京助写道：阿伊努人最开始对大和族人说阿伊努
拉克尔是"判官样"，但是再一深问，阿伊努人又回答说源义经本来就是
·阿伊努人。

15 小谷部全一郎《成吉思汗者源义经也》（富山房，1924 年）第 86
页。甘粕和大川的反应参见松山前引书第 294—295 页。

16 小谷部全一郎《日本及日本国民之起源》（厚生阁，1929 年）。以
下引自第 7、77、329 页。

17 《金田一京助全集》第 12 卷，第 447、448、449 页。不过金田一
京助认为阿伊努是东北地方的原住民但不是整个日本列岛的原住民。

18 同上书，第 570 页。

第11章

1　关于高群逸枝，秋山清、高良留美子、河野信子、村上信彦、石川纯子、西川祐子、寺田操、义江明子等人都有研究，其战争时期的言论主要参考加纳实纪代的《高群逸枝与皇国史观》（高群逸枝论集编辑委员会编《高群逸枝论集》，JCA出版社，1979年。后来被收录于《妇女们的"后方"》筑摩书房，1987年）和鹿野政直、堀场清子《高群逸枝》（朝日新闻社，1977年）等。鹿野将高群的母系制研究定位为"新国学"。栗原弘的《高群逸枝的婚姻女性史像的研究》（高科书店，1994年）称高群的婚姻史研究图表先行有目的地操纵史料。依己之管见，最初强调高群的母系制研究论及了异民族之间通婚的是山下悦子的《高群逸枝论》（河出书房新社，1988年），她称："如果高群没有意识到则另当别论，但是她的理论最终得出的结论是：日本不是单一民族国家而是多民族通过血的融合最终完成统合的征服国家"（第181页），并提出两点：一是高群的母系制研究沿袭了当时的共同论调，认为古代日本通过多民族同化从而完成国家的统合；二是高群从国学那里受到了中国思想观的影响。本书中提到的战争时期的内容收录于前引书《高群逸枝论集》中。以下关于《祝贺二千六百年》引自同书第221页，《神道与自由恋爱》引自第192—193页，《关于日本精神》引自第206—208页，《军事与女性》引自第240页，《神功皇后》引自第224—226页，《婀娜女子》引自第262页。

2　《高群逸枝论集》（理论社，1965—1967年）第10卷第247页。高群逸枝《日本精神与女性研究》（《女性展望》1938年5月刊），引自《高群逸枝论集》第215页。高群逸枝《女性二千六百年》（厚生阁，1940年）第151页。关于"塞姆族"的内容参见鹿野政直、堀场清子前引书第181页。

3　高群逸枝《大日本女性史》（厚生阁，1938年）。

4　高群逸枝《女性二千六百年》第262页。震灾时候的感想参见《高群逸枝全集》第10卷第204页。

5　高群逸枝《上代系谱中的氏族以及作为家属的隶民》(《历史公论》第 8 卷第 1 期，1939 年）第 74 页。

6　鹿野政直、堀场清子前引书第 247 页。

第三部

第 12 章

1　对于柳田国男的研究极多，1946—1975 年的研究集中于后藤总一郎编《柳田国男研究资料集成》(日本图书中心，1986—1988 年）全 20 卷，1977 年以前的主要研究在色川大吉《柳田国男》(日本民俗学大系，讲谈社，1978 年）的卷末目录中有归纳总结。单是近年的单行本以及编著，就有后藤总一郎、岩本由辉、神岛二郎、冈谷公二、宫崎修二郎、庄司和晃、大藤时彦、和歌森太郎、宫田登、佐藤健二、伊藤干治、樱井德太郎、鹤见和子、村上信彦、吉田和明、赤坂宪雄、船木裕、山下矿一郎、松本三喜夫、福田アジオ（Fukuta Ajio）、长浜功、内田隆三、吉本隆明、谷川健一、铃木满男、千叶德尔、梶木刚、牧田茂等人的作品。本书提出了三点：①山人论是根据当时的日本民族起源论的定论；②转换为南岛论一部分原因在于西方的冲击；③南岛论以后的柳田民俗学具有日本的国民统合论的性质。关于③的论点参见川田稔《柳田国男的思想史的研究》(未来社，1985 年）。与本章有相近的观点的有橘川俊忠《柳田国男的民族主义的问题》(《神奈川法学》第 19 卷第 1 期，1983 年），但是都没有重视柳田的民族论。田中克彦《作为语言学的柳田学》(《从语言角度看到的民族和国家》岩波书店，1978 年收录）将重点放在了柳田的语言重视方面。村井纪《南岛意识形态的发生》(福武书店，1992 年，增补改订版 1995 年）提到了柳田和殖民地的关系。卷号和页码的引用引自《通行本 柳田国男集》(筑摩书房，1962—1971 年）。

2　色川前引书第 32 页，中村哲《新版 柳田国男的思想》(法政大学出版局，1985 年，初版 1974 年）第 25 页等。给《人类学杂志》的投稿《阿伊努的家的形状》收录于通行本第 31 卷。柳田批判久米的经过详见佐伯有清《柳田国男与古代史》（吉川弘文馆，1988 年）。岩本由辉在《柳田国男》（柏书房，1982 年）第 215 页暗示了坪井、小金井对山人论的影响，在第 216—217 页指出"岛的山人"这种描写在柳田学生时代的诗里出现过。橘川前引论文指出混合民族论在战前的人类学中就已经存在，暗示柳田可能是以此为基础的。

3 《穗积八束博士论文集》第 224 页。关于塔西佗的内容参见田中秀央、泉井久之助翻译的《日耳曼尼亚志》（岩波文库，1953 年）。关于海涅和阿纳托尔·法朗士的影响参照中村哲前引书第 13—14 页、岩本由辉《另一个远野物语》（刀水书房，1983 年，改订版 1994 年）第 167—172 页、小泽俊夫《海涅笔下的古代众神》（《现代思想》第 3 卷第 4 期，1975 年）。

4 聚焦于柳田在日内瓦的经历的研究有家坂前引书第 5 章、岩本由辉《续柳田国男》（柏书房，1982 年）第 1 章、《论争柳田国男》（御茶之水书房，1985 年）Ⅲ等，同时还提到了一部分对于南岛论的影响。

5 关于柳田的台湾之旅，详见岩本由辉的《重读柳田国男》（世界思想社，1990 年）。《没有准备的外交》，参见千叶德尔《读柳田国男》（广济堂，1991 年）。克里孟梭的发言参见迈克尔·布雷克著、池井优译《事先疏通 疏通 事后疏通》（Simul 出版社，1976 年）序第 2 页。

6 引自《江上波夫著作集》（平凡社，1985 年）第 7 卷，第 40 页。只是柳田在 1903 年的《农业政策学》一文中写道"日本人的祖先主要来自南方"（定本第 28 卷，第 318 页），好像从那个时候他开始主张南方说。

7 在那之后，柳田在他 1924 年的《国际劳动问题的一面》中也提到了日本对朝鲜人的歧视（第 29 卷，第 125 页）。柳田的朝鲜观参见梁永厚的《柳田国男与朝鲜民俗学》（《季刊三千里》第 21 期，1980 年）等。另外，岩本由辉的《殖民地政策与柳田国男》(《国文学》第 38 卷第 8 期,1993 年)也有提及。

8　这份报告书 "The welfare and development of the natives in mandated territories" 由岩本由辉翻译并收录于《另一个远野物语》的附录,岩本也在同书第 184—185 页以及《续柳田国男》第 79—80 页论及庶民的定义。

9　《日本文化的传统》(《近代文学》第 12 卷第 1—2 期,1957 年)。《日本人的想法》的发言参见《日本历史闲谈》(《改造》第 30 卷第 6 期,1949 年。收录于《柳田国男对谈集》(筑摩书房,1964 年)第 186 页。梶木刚在《柳田国男的思想》(劲草书房,1989 年)第 IV 章中说道:庶民是日本与"欧洲的普遍主义"对抗的立足点,是"一个民族的自然的规定"。

10　百川敬仁《异界·国学·天皇制》(《GS》第 7 期,1988 年)认为这一节显示了柳田对"日本的国家一体性"的关心,与柳田在《海南小记》中将山人论形容为浅薄涉猎的兴趣爱好相结合,他认为这是由"在欧美旅居的经历"所导致的"民族主义的觉醒"。

11　参见岩本《另一个远野物语》附录,第 227—228 页。新渡户与内村的逸事参见太田雄三《英语与日本人》(TBS—Britannica,1981 年)第 2 章。

12　柳田在 1949 年与家永三郎的会谈记录《日本历史闲谈》一文中说到,现代化不是单纯的事物,日本在与西洋有交流之前就已经发生了自己独自的变化。他的观点可以说是一种内在的、自发的发展论。

13　神岛二郎在与桥川文三的会谈记录《猛烈的精神》(《现代思想》第 3 卷第四期,1975 年)一文中,提出柳田针对欧美民族学对原住民的态度的批判意识是分离的理由。

14　参照岩本《另一个远野物语》附录第 227 页。在这份报告书中,对于实际的南洋诸岛即便是同一个岛屿内部也还存在不同的民族意识,柳田感到非常吃惊。这也强化了他形成统一的民族意识的欠缺是导致南洋诸岛团结力不足的原因这一认识。另外，在1926年的演讲中，他批判日本对阿伊努的同化政策，断定日本开拓北海道是模仿欧洲人对有色人种的政策。参照《眼前的异人种问题》，《财团法人启明会第十八次演讲集》（河野本道选《阿伊努史料集 第5卷 语言、风俗编（二）》）第7册，北海道出版企划中心，1980年。

15　柳田反对金泽庄三郎的日琉、日鲜同组论的论据（冲绳方言 inishi=北方说）（《柳田国男全集》别卷3，第416页）。另外，在他的《比较民俗学的问题》的手稿中，他说到："我不赞成从半岛的老派作风来追忆万叶人的生活等等，换言之，我甚至不认为诗是学问的开端。"（《柳田国男全集》第30卷，第70页）有意思的是在这里他将诗和学问进行了对照。

16　柳田在1929年的美人论中说："很明显地，构成日本人的种族至少有两个以上。"（《柳田国男全集》第3卷，第338页）在"二战"后也还批评认为"日本民族是唯一的"的学说（《柳田国男全集》别卷3，第417页）。从他的日本民族观来看，虽然单一民族论的特性很强，但是这也反映了他的山人论的过去，可以说他后来的日本民族观带有中立性。

第13章

1　小熊英二《差别即平等——法国种族社会学对日本殖民地统治思想的影响》（《历史学研究》第662期，1994年）。关于东乡的内容，参照同论文。

2　海野幸德《关于朝鲜人种与日本人种的杂婚》（《太阳》第16卷第16期，1910年12月）。引自第101、103页。

3　以下引自《河上肇全集》（岩波书店，1982年）第8卷，第47、50、51、534页。

4　东乡实《殖民政策与民族心理》（岩波书店，1925年）第236、269—271页。

5　其他还有日本优生运动协会的《优生运动》（1926 年创刊）、日本优生结婚普及会的《优生》（1936 年创刊）等，这里只列举了有代表性的两个。

6　关于推进日鲜婚姻以及其统计数据，参见铃木裕子《从军慰安妇·日鲜结婚》（未来社，1992 年）第 76—87、101—114 页。

7　《古代的日鲜关系》（朝鲜总督府学务局社会教育课，1937 年）第 19—20 页。以下除了鸟居龙藏和南次郎之外，与朝鲜总督府有关系的文书以及古谷荣一的传单都收藏于日本国会图书馆宪政资料室大野绿一郎文书中。关于"皇民化"政策期间的内鲜一体意识形态的研究虽然很少，但是相关的有宫田节子的《朝鲜民众与"皇民化"政策》（未来社，1985 年）、高崎宗司的《朝鲜的亲日派》（岩波讲座《近代日本与殖民地》第 6 卷，1993 年）等。后述的古谷请愿运动在宫田节子、金英达、梁泰昊合著的《创氏改名》（明石书店，1992 年）一书中虽有言及，但是没有提到与纯血论之间的对立。

8　《内鲜一体的理念及其具体实施方略要点》（国民总力朝鲜联盟防卫指导部，1941 年）第 3、4 页。

9　同上书，第 6 页。

10　《内鲜一体的具体实施》（国民总力朝鲜联盟防卫指导部，1941 年）第 29、31 页。

11　尾高朝雄《国体的本义与日鲜一体》（国民总力朝鲜联盟防卫指导部，1941 年）第 48、50、61—63 页。

12　津田刚《世界的大势与日鲜一体》（国民总力朝鲜联盟防卫指导部，1941 年）第 34、35、49 页。上田的学说参见上田常吉《朝鲜人与日本人的体质比较》（东京人类学会编《日本民族》，岩波书店，1935 年）。小浜基次也提出与上田几乎相同的见解。鸟居龙藏《我所看到的朝鲜》（《朝鲜》第 284 期，1939 年）第 38 页。

13 仓岛至《前进的朝鲜》（朝鲜总督府情报课，1942年）第12页。

14 南次郎《时局与日鲜一体》（国民总力朝鲜联盟，1942年）第13—14页。

15 《保田与重郎全集》（讲谈社，1985—1989年）第16卷，第42、47页。只是保田与重郎在他1942年的论文中批判日本民族的海外渡来说（《保田与重郎全集》第16卷，第374页）。朴春日《近代日本文学中的朝鲜像》（未来社，1969年）批判了保田的纪行文，但是没有提及引用部分。李光洙的发言参见《新体制下的艺术方向》（《三千里》1941年1月刊）。金一勉前引书有提到李的论文，称这种论调在皇民化政策期之前是要被判为不敬罪的。

16 古谷荣一《不能容许朝鲜同胞滥用日本自古以来的名字》1939年。

17 宫田前引书，第166页。

18 《"请愿书"中出现的谬误》，《关于创氏改名法案的问与答》第37页（都是朝鲜总督府法务局内部文书，前者没有页码记载）。

19 武田寿夫《论说文例改姓名读本》（南方堂，1943年）的引用部分转引自上杉允彦《台湾皇民化政策的开展》（《高千穗论丛》1987年度）第122页。《民族协和的满洲国》（满洲帝国协和会中央本部，1939年）第41页。

20 喜多章明《关于旧土人保护事业》（《北海道社会事业》第49期，1936年）第80页。下村的发言参见樋口雄一编《协和会关系资料集》（绿阴书房，1991年）第2卷第81页。关于喜多，详见高木博史《法西斯主义期，阿伊努民族的同化论》（赤泽史朗、北河贤三编《文化和法西斯主义》，日本经济评论社，1993年）。

21 永井潜《卷首语》（《民族卫生》第5卷第1、2期合刊，1936年）。关于日本民族卫生学会，参见铃木善次《日本的优生学》（三共出版，1983年）第143—164页。铃木主要关注的是绝育立法，没有言及混血问题以及古屋的活动。创立时候的职员在《民族卫生》第一卷第一期有登载。不过，评议员"吉田茂"不是战后任首相的吉田茂，应该是曾经担任过内务官的米内阁时候的厚生大臣的"吉田茂"，没有确认。

22 永井潜《关于民族的混血》（《民族卫生》第 2 卷第 4 期，1933 年）。引自第 56 页。

23 古屋的经历参见大藏省《职员录》，活动过程参见古屋芳雄《民族政策论丛》（日本广播出版协会，1942 年）序文。

24 古屋芳雄《民族国策诸问题》（《优生学》第 189—190 期，1939 年）。引自第 189 期第 13 页，第 190 期第 2、5 页。

25 古屋芳雄《国土·人口·血液》（朝日新闻社，1941 年）第 175—183 页。

26 大会内容参见《民族卫生》第 9 卷第 1 期，第 10 卷第 3、5 期，第 12 卷第 1 期。厚生省系机构包括公众卫生院、人口问题研究所等。引自石原房雄、佐藤一二三的《日中混血儿童的医学调查》（《民族卫生》第 9 卷第 3 期，1941 年）第 164 页。

27 与厚生省相关的内容很多的有《优生学》第 209 期（1941 年 7 月）等。介绍与朝鲜人的混血研究参见水岛治夫《日本民族的构成与混血问题》（《优生学》第 220—221 期，1942 年）。不过水岛是站在中立的立场上的。古谷荣一《根据姓氏的国体明微运动》（《优生学》第 193—194 期，1940 年）第 193 期第 9 页。古谷过去的撰稿《作为一个氏族国家的日本》（《优生学》1927 年 12 月，1928 年第 2、3、5 月刊）。

28 《民族人口政策研究资料》（文生书院，1981 年）。全八卷的报告书中，最初的两卷《对战争人口的影响》于 1942 年 12 月出版，剩下的六卷完成于 1943 年 7 月，题为"将大和民族视为核心之世界政策的探讨"。John W.Dower, *War Without Mercy*, New York, Pantheon Books,1986.（J.W. Dower，猿谷要监修，齐藤元译《种族偏见》，TBS—Britannica，1987 年）

曾经讨论了这个问题，但是没有关注与"皇民化"的矛盾问题。厚生省研究所人口民族部，在大藏省《职员录》中，人口政策研究部长馆稔在日本民族卫生协会第11次大会，最高技术官青木延春和西野陆夫、研究官横田年等人在第10次大会、第11次大会上作了报告。关于人口问题研究所，参照高泽淳夫《战时日本人口问题研究会与人口问题研究所》（战时日本研究会编《战时下的日本》行路社，1992年）。

29　《将大和民族视为核心之世界政策的探讨》第304—307，第2364页。

30　同上书，第328—330页。不过铃木裕子在书中举国家奖励内鲜结婚，日本方面的父母同意女儿与朝鲜男性结婚的情况为例。而且，关于混血问题，这份文书的第303—368页，与小山荣三《南方建设与民族人口政策》（大日本出版，1944年）第571—645页的内容酷似，几乎像照抄一样。这份文书制定之前的小山的《民族与人口的理论》（羽田书店，1941年）第23—28页的内容也很相似。小山是立教大学的教授，1942年兼任人口问题研究所研究官与企画院调查官，后来成为文部省民族研究所第一部长兼第四部长。1942年到1943年期间，人口问题研究所改组为厚生省研究所人口民族部，这一部分很有可能就是小山所写。不过，在公开媒体的单行本中，所有批判"皇民化"的部分全部删除了。

31　金子マーティン《德国与日本的外国劳工政策》（《劳工市场》第7期，1994年）。

32　《将大和民族视为核心之世界政策的探讨》第2360—2362页。第五项还提出了"在内地参政权的问题"。关于这个问题，将另行讨论。

33　关于帝国陆军的朝鲜人军官，参照山本七平的《洪思翊中将的处刑》（文艺春秋，1986年）。

34　《将大和民族视为核心之世界政策的探讨》第2360页。

35　起源论的篇章同上书，第2200—2293页。引自第310—312页。

36 《国家总动员史》资料编第四，第1300页。关于"大东亚建设审议会的纯血政策"，参照石井均的《太平洋战争下的对南方教育政策》（《国立教育研究所纪要》第121集，1992年）。企画院研究会的出版物是《大东亚建设下的基本方针》（同盟通信社，1943年）。

37 亲日派的引用部分参见上田龙雄的《朝鲜的问题及其解决》（京城正学研究所，1942年）第4—5页。朝鲜总督府内部的内鲜结婚反对论参见宫田前引书，第168页。优生学内部的杂种强势论参见谷口虎年的《混血问题》（《优生学》第229期，1943年）等。

38 古川竹二《血型与精神现象》（《民族卫生》第1卷第3期，1931年）等。关于古川、古畑等的血型研究详见松田薰《"血型与性格"的社会史》（河出书房新社，改订第二版1994年）。

39 古畑种基《从血型看日本人》（前引东京人类学会编《日本民族》）第101页。

40 引自清野谦次《年龄的病理学考察》（《优生学》三年第5期，1926年）第23页。起源论的撰稿参见《有人类居住在日本开始就出现了日本人》（《优生学》六年第8期1929年）。与石井四郎的关系参见松田前引书，第145页。

41 他们在大正时期之前的学说参照长谷部言人《先史学研究》（大冈山书店，1927年）以及清野谦次、宫本博人的《津云石器时代人是阿伊努人》和《再论津云贝石器时代人是阿伊努人之理由》（《考古学杂志》第十六卷第8期以及第9期，1926年）。清野和长谷二人在人类学的学术史上是必提的，但是提及他们学术以外的研究、战争时期言论的只有坂野彻的《清野谦次的日本人种说》（《科学史、科学哲学》第11期，1993年），坂野没有提到与优生学系势力之间的关系、战后的影响等。

42 鸟居龙藏《原始人的生活》（《民族卫生》第2卷第4期,1933年）。清野谦次《关于日本古住民的体质之幻灯》（《民族卫生》第3卷第6期，

1934 年）。

43　威胁的经过参见寺田前引书，第 202 页。

44　其中经过同上书，第 243—246 页。

45　长谷部言人《太古的日本人》（《人类学杂志》第 55 卷第 1 期，1940 年）第 28、30、34 页。战后部分引自其《人类的进化与日本人的显现》（《民族学研究》第 13 卷第 3 期，1949 年）第 6 页。形容引自水野祐《日本民族的源流》（雄山阁，1960 年）第 341 页。

46　收录于土井章监修《昭和社会经济史料集成》（大东文化大东洋研究所，1991 年）第 16 卷。引自第 33—35 页。

47　古屋芳雄编《民族科学研究第一辑》（朝仓书店，1943 年）。第 2 页序登载了"委员一览"。

48　引自清野谦次《古坟时代日本人的人类学研究》（《人类学·先史学讲座》第 2 卷，雄山阁，1938 年）第 24 页。清野谦次《日本人种论变迁史》（小山书店，1944 年）第 158 页，及其《日本民族生成论》（日本评论社，1946 年）第 443 页也有相同内容。

49　参照清野谦次《日本民族》（《岩波讲座 东洋思潮》岩波书店，1936 年）第 44 页。

50　这段经过与引用参照《随笔遗稿》（清野谦次先生纪念论文集刊行会，1956 年）第 244、296 页。清野谦次《苏门答腊研究》（太平洋协会编，河出书房，1944 年）序第 2 页。

51　清野前引《苏门答腊研究》第 557 页。平野义太郎、清野谦次《太平洋的民族＝政治学》（日本评论社，1942 年）第 296 页。清野前引《日本人种论变迁史》第 27、52 页。

52　清野前引《苏门答腊研究》第 575、569 页。同《日本人种论变迁史》第 169 页。

53　引用自前引《日本民族生成论》序第 1 页，第 3、441 页。

54　祢津正志《原始日本的人类及其系谱》(《历史学研究》第 37 期第 80、81、89—90 页，1936 年）。

55　早川二郎《日本民族的形成过程》(历史科学大系第 15 卷《民族的问题》校仓书房，1976 年）再刊。引自第 20 页。

第 14 章

1　关于白鸟库吉，参见白鸟芳郎《白鸟库吉》(前引《白鸟库吉、鸟居龙藏》)、五井直弘《近代日本与东洋史学》(青木书店，1976 年）等。关于津田，参见家永三郎《津田左右吉的思想史的研究》(岩波书店，1972 年）、上田正昭编《人与思想　津田左右吉》(三一书房，1974 年）、大室干雄《精神颂》(新曜社，1983 年）等。除此以外，近年有小关素明、今井修等关于津田的研究，至 1985 年的研究成果由今井修汇总于《第二次全集月报》。此外江上波夫编《东洋学的源流》一书中对白鸟、津田各有一章内容进行论述。关注津田、和辻等人象征天皇制的研究的还有赤坂宪雄《象征天皇的物语》(筑摩书房，1990 年）等。着眼于二人的日本民族起源论的研究仅有工藤前引书，工藤评价了白鸟、津田二人对“日鲜同祖论”的否定，但是没有关注他们的“单一民族论”。《白鸟库吉全集》第 10 卷第 534 页中，石田干之介 1942 年发表的《白鸟库吉小传》记载，白鸟的日本民族起源论以及“记纪”神话观是津田的日本民族起源论以及“记纪”神话观的原型。此外，Stefan Tanaka, *Japan's Orient*, Berkeley,Univ. of California Press,1993, 以白鸟为中心，讨论了日本东洋学的东洋观和民族论，但没有充分掌握其与混合民族论的对抗关系。川村凑的《津田左右吉》(《季刊文艺》第 26 卷第 3 期，1987 年），把重点放在津田的中国思想批判上。法哲学家井上达夫在《向共生的冒险》(每日新闻社，1992 年）一书中将津田作为参加民主主义以及与天皇相结合的思想案例对其进行论述。此外，佐伯有清的《九米邦武与日本古代史》(大久保编前引书）也有言及白鸟的"记纪"观对津田的影响以及津田对久米的批判。以下，关于白鸟的内容引自《白鸟库吉全集》（岩波书店，1969—1971年），关于津田的内容引自《津田左右吉全集》（岩波书店，1963—1966年，再版第二次1986—1989年）。另外，关于津田左右吉的内容，笔者还得到了黑须忠清氏的指教。

2 白鸟库吉《〈日本书纪〉中看到的韩语的解释》，白鸟全集第4卷，1897年。他在这本书中对井上哲次郎的南方渡来说提出反驳。

3 喜田贞吉《〈日本民族〉与语言》（《民族与历史》第1卷第2期，1919年）。

4 《论我国上古时代的朝鲜半岛的势力》（《白鸟库吉全集》第9卷，第341页）。以笔者之管见，白鸟关于朝鲜人政策的讨论，在日韩合并时发表了一篇《日本究竟是否应该同化朝鲜》（《教育时论》第915期，1910年9月15日）。这篇文章没有收录在全集中。在这篇文章中，他虽然也提倡同化朝鲜人，但是他认为古代日本对朝鲜半岛的统治仅仅只是部分统治，"我国国民同化其他国民是前所未有的新体验"（第10页），从而与混合民族论者划清界限。在这个时候，他还没有明确舍弃日本民族的朝鲜渡来说，没有否认日本语属于乌拉尔—阿尔泰语系，之后他一直致力于"单一民族论"，没有怎么谈论日本的朝鲜人政策。应该是他对"混合民族论"对同化政策大肆赞美的反对，以及后来与后藤新平等人的接触，加上日韩合并之后对统治现状的见闻，使他逐渐对同化政策产生了怀疑。

5 白鸟库吉《从东洋史观日本国》（《白鸟库吉全集》第9卷，第178—179页）。

6 黑板胜美《国体新论》（博文堂，1925年）第153页。

7 家永前引书，第185页。但是不明确津田对幸德思想的理解究竟达到何种程度而对其示好。

8 《津田左右吉全集》（第一版）第12卷，《月报》第3页。

9　《津田左右吉全集》（第二版）补卷第 2、316—317 页。同卷收录的《陈言套语》一文否定了"日鲜同祖论"。不过，他在战后的著作中写道："日本与欧洲各国的殖民地国家统治的策略不同，例如，比起其他任何事情来，日本最先是普及教育，日本在中国台湾以及韩国等殖民地地区设立文化设施，这一点必须要高度评价。"姑且不论强制推行日本文化，普及教育这一点还是值得肯定的。《津田左右吉全集》第 20 卷，第 503 页。

10　关于白鸟的影响参照家永前引书，第 246 页。本居的主张参照《玉胜间》第 14 卷。

第 15 章

1　参见胜部真长《和辻哲郎与〈伦理学〉》（《中央公论》1967 年 10 月刊）第 389 页。关于和辻哲郎的思想的研究，除了汤浅泰雄、胜部真长、坂部惠、吉泽伝三郎、生松敬三、R.N. 贝尔等人之外，尤其聚焦于他的天皇观研究的有赤坂前引书、钉贯和则的《和辻哲学与天皇制思想体系》（《文化评论》302 期，1986 年）、酒井直树《回归西洋／回归东洋》（《思想》797 期，1990 年）、港道隆《和辻哲郎——回归的轨迹》（《思想》798 期，1990 年）、汤浅泰雄《和辻哲郎》（Minerva 书房，1981 年，1995 年筑摩学艺文库再版）的第八章、山田洸《和辻哲郎论》（花伝社，1987 年）、赖住光子《和辻伦理学与天皇制》（《淳心学报》6 期，1989 年）、兼子盾夫《和辻哲郎与天皇制》（《湘南工科大学纪要》第 25 卷第 1 期，1991 年）、米谷匡史以下的一系列研究等等。《风土》的中国观在酒井直树的《文化差异的分析论与日本的内部性》（《情况》1992 年 12 月刊）一文中有论述。参照了汤浅泰雄编《人与思想 和辻哲郎》（三一书房，1973 年）收录的诸论文。依笔者管见，目前为止还没有和辻哲郎的单一民族论的相关研究。以下引自《和辻哲郎全集》（岩波书店，第三次，1989—1992 年）的内容在本文中标记其卷号和页码。和辻哲郎的成长经历参见汤浅前引书。与谷崎的交流以及演剧活动详见胜部真长《青春的和辻哲郎》(中央新书，1987 年，1995 年 PHP 文库增补再版)。笔者关于和辻哲郎的研究得到了米谷匡史的指点以及他提供的史料。在本书校对完毕之际，刘部直《光的领国 和辻哲郎》(创文社，1995)一书出版。

2　和辻哲郎《日本古代文化》(岩波书店，1920 年)序文第 1 页。

3　《日本教科书大系》第 19 卷，第 446、629 页。

4　井上章一前引书。

5　《内藤湖南全集》第 6 卷，第 298 页。清野前引《日本人种论变迁史》第 165 页。

6　和辻哲郎《日本古代文化》改稿版(岩波书店，1939 年)序文第 1 页。

7　参照久米邦武《日本民族的故乡》(《历史地理》第 8 卷第 11 期，1906 年)、井上章一前引书，第 120—121 页。

8　追溯到印度的泛阿伊努人种群的概念，是当时的人类学家松本彦七郎提出来的。松本主张，从朝鲜渡来的民族征服了这个原住民族并与其混合、日本民族是亚洲血统与欧洲血统的混合，具备消化融合东西文明的能力。参照松本彦七郎《日本先史人类论》(《历史与地理》第 3 卷第 2 期，1919 年)。

9　和辻哲郎《日本古代文化》改稿版，序文第 2 页。

10　《柳田国男对谈集》第 28 页。关于其影响，米谷匡史《和辻伦理学与十五年战争期的日本》(《情况》1992 年 9 月刊)一文有提及。

11　米谷匡史《和辻哲郎与天皇制的新神话化》(《国文学》第 39 卷第 6 期第 108 页，1994 年)。《古代日本史》改稿版里面的天皇制观的变化详见此论文。

12　参照太田哲男《大正运动的思想暗流》(同时代社，1987 年)第 8 章、《和辻伦理学上的〈古寺巡礼〉的位置》。

13　尼采的古希腊悲剧观参照秋山英夫译《悲剧的诞生》(岩波文库，

1965 年）以及三岛宪一《尼采》（岩波新书，1987 年）第 60—88 页。

14　米谷匡史《象征天皇制的思想史的考察》（《情况》1990 年 12 月刊第 48 页）。以下，全集以外的引自《风土》一书的部分，中国论的部分引自 1944 年版第 203、206、214—222 页；日本论的部分引自 1935 年版（初版）第 224—229、234—240、249—250 页。都是岩波书店出版。

15　以下，参见和辻哲郎《日本古代文化》改稿版第 2—3、7、11—12、13 页。

16　以下，围绕《国民道德论》构想笔记的内容引自和辻哲郎《伦理学 中卷》（岩波书店，1942 年）第 440—442、481—483、485 页。桥本满《民族——统合日本近代之力》（前引《战时下的日本》）论述了这本书中提到的民族论。

17　《昭和社会经济史料集成》第 16 卷，第 17、287 页。

第 16 章

1　德富苏峰《国民小训》（民友社，1925 年）第 47 页、《皇道日本的世界化》（民友社，1938 年）第 2 页、《昭和国民读本》（东京日日新闻社，1939 年）第 71—75 页、《满洲建国读本》（日本电报通讯社，1940 年）第 2—6 页、《宣战的大诏》（东京日日新闻社，1942 年）第 19—24 页。报纸的报道《皇室中心与民族中心》（东京日日新闻社，1942 年 4 月 1 日）。清野的反驳参见《日本人种变迁史》第 164 页。

2　《大川周明全集》（岩崎书店，1961—1974 年）第 1 卷，第 503—504、506 页，第 2 卷第 908 页。石原莞尔《最终战争论·战争史大观》（中公文库，1993 年）第 75—79 页。《橘朴著作集》（劲草书房，1966 年）第 3 卷，第 322—352 页。关于大川的日本民族观、阿伊努人观，松本健一《大川周明》（作品社，1986 年）以及大塚健洋《大川周明与近代日本》（木铎社，1990 年）都有言及。大川独特的民族观、竹越的影响（松本）以及定位不是当时的一般言论，忽略其同化论的一面。

3　《西田几多郎全集》（岩波书店，1965—1966年）第12卷，第416—419页。高田保马《民族耐乏》（甲鸟书院，1942年）第237—250页。

4　西村真次《日本文化论考》（厚生阁，1941年）第7—14、31、44—48页。同《日本人做了些什么？》（改订日本小国民文库，新潮社，1943年）序文第4—5、7—9页。

5　《海上文化》收录于《定本柳田国男集》第一卷。乘船部分的发言参见第29卷，第506页。座谈会部分的内容引自柳田国男、桥浦泰雄、冈田谦、中村哲、金关丈夫《围绕柳田国男氏——大东亚民俗学的建设与〈民俗台湾〉的使命》（《民俗台湾》第3卷第12期，1943年）第7、11页。折口的相关内容引自《折口信夫全集》（中央公论社，1965年）第8卷，第68页。

6　永井亨《新国体论》（有斐阁，1939年）第133—136页。下村海南《日本应该来》（第一书房，1941年）第149—167页。谷口虎年《东洋民族与体质》（山雅房，1942年）第90—106页。内田银藏《日本国民生活的发达》（创元社，1941年）第48—71页。白柳秀湖《东洋民族论》（千仓书房，1940年）第148页。秋山谦藏《日本历史的内省》（岩波书店，1943年）第1—28页。另外还讨论了企画院书记官村山道雄《大东亚建设论》（第一书房，1943年）一书中的混合论、酒井直树《〈东洋〉的自立与大东亚共荣圈》（《情况》1994年12月刊）。

7　不过，日本大学教授河合弘道在《皇道主义殖民政策》（人口问题研究会编《人口·民族·国土》，刀江书院，1941年）第134页中写道：日本通过诸民族的混合，"创造了单一民族"。这与当时普遍把纯血论说成是单一民族并加以否定的说法不同。以笔者之管见，这样的用法也仅此一例，同书第139页，后续演讲者外务省特约顾问野田良治提出："正如河合先生对于日本民族的见解一样，日本民族未必是严格意义上的单一民族。"

8　白鸟清《日本民族的起源》(《日本诸学振兴委员会研究报告 第4编》文部省教育局，1938年)。

9　《昭和社会经济史料集成》第16卷，第269—270页。政治研究会的内容引自第302页。关于征兵制的发言者"矢部"应该就是东京帝大教授近卫文麿的智囊、政治学家矢部贞治。

10　比例标准参见内海爱子《朝鲜人〈皇军〉士兵们的战争》(岩波书店，1991年)第50页。朝鲜人阵亡士兵供奉在靖国神社的报道参见《东京日日新闻》1942年5月10日社论《朝鲜同胞的荣誉》等。

11　津田左右吉《中国思想和日本》(岩波新书，1938年)序第5—12、16、71—74页。

12　蓑田胸喜《知识阶级再教育论》(《原理日本》1939年1月刊)第62页。

13　松田福松《津田左右吉氏的东洋抹杀论批判(上)》(《原理日本》1939年3月刊)第24、28页。

14　丸山真男《某一天的津田博士和我》(上田编前引书)第109页。

15　《现代史资料42 思想统制》(MISUZU书房，1965年)第505、535、903页。

16　《和辻哲郎全集》别卷2，第433页。

17　《津田左右吉全集》第24卷，第364页。

18　《大川周明全集》第2卷，第979、985页。蓑田胸喜《呼吁大川周明氏的学术良心》(《原理日本》1940年3月刊)。大塚前引书，第242—246页。

19　德富苏峰《必胜国民读本》(每日新闻社，1944年)和《时局问答》(《改造》第26卷第4期，1944年4月)第7页。

20　《日本教科书大系》第17卷。

第 17 章

1　以下引用参见津田左右吉《建国的情况与万世一系的思想》(《世界》第 4 期第 30、31、50、51、53、54 页，1946 年)。《津田左右吉全集》第 3 卷，第 440、441、467、468、471、473 页的内容也大致相同。《日本历史研究上的科学态度》一文中对天孙民族渡来说的批判参见同一论文第 19—20 页。

2　收录于《和辻哲郎全集》第 14 卷。关于津田、和辻对象征天皇制的分析以及影响在赤坂前引书、米谷前引《象征天皇制的思想史上的考察》一文中都有论述，但是他们关注到，"单一民族论"是其前提。另外，米谷匡史的《和辻哲郎与王权神话的再解释》(《国语与国文学》1994 年 11 月刊)通过对《尊皇思想与其传统》一书的探讨分析了和辻的天皇观。

3　收录于《新日本史讲座》(中央公论社，1949 年)。引自第 16、23、56、60、72 页。

4　清野谦次《日本历史的极光》(潮流社，1947 年)。引自序二及第 238、242 页。

5　木代修一《日本民族的构成》第 18、21 页。祢津正志《日本民族与天皇国家的起源》第 32、33 页。同时还登载在《日本历史》创刊号，1946 年。

6　井上清《历史家如何看天皇制》(久野收、神岛二郎编《"天皇制"论集》，三一书房，1974 年)第 75、76 页。

7　林基《日本古代史学的传统》(《历史评论》第 1 卷第 3 期，1946 年)。

8　《日本历史的极光》书评(《历史评论》第 3 卷第 4 期，1948 年)。

9　樋口清之《神武天皇传说中的异族》(《日本历史》第 2 卷第 4 期第 32 页，1947 年)。

10　后藤守一《"日本人"的"悠久历史"》(《日本历史》第 4 期第 43

页，1946年）。历史学研究会编《历史上的民族问题》（岩波书店，1951年）第2页。藤谷俊雄《民族、民族文化为何物》（《日本史研究》第16期第41页，1952年）。井上清《马克思主义的民族理论》（岩波讲座《现代思想》第3卷，1957年）第74页。

11 德富苏峰《从国史观皇室》（藤卷老师喜寿祝贺会，1953年）第4页。

12 石田英一郎编《日本国家的起源》（角川书店，1966年）第15页。江上的批判参见西川宏《日本帝国主义下朝鲜考古学的形成》（《朝鲜史研究会论集》第7期，1970年）等。

13 志贺论考收录于吉本隆明编《国家的思想》（战后日本思想大系五，筑摩书房，1969年）。引自第146、147页。藤间生大《日本民族的形成》（岩波书店，1951年）第35页。《石母田正著作集》（岩波书店，1988—1990年）第12卷，第260页。

14 石田英一郎、江上波夫、冈正雄、八幡一郎《日本民族的起源》（平凡社，1958年）第229页。

15 霜多正次《日本文化的传统与朝鲜》（《季刊三千里》第3期，1975年）第12页。金达寿、久野收《为了达到相互理解的提案》（《季刊三千里》第4期，1975年）第26页。铃木武树、佐佐木守《天皇族的出身与现代》（《现代之眼》，1975年12月刊）第165页。

16 《日本教科书大系》第17卷。

17 《历史上的民族问题》第5页。藤间前引书，第209页。藤谷前引论文，第37、39页。

18 这些案例参见藤岛宇内、丸山邦男、村上兵卫《在日朝鲜人60万人的现实》（《中央公论》1958年12月刊）等。关于日本共产党对于在日朝鲜人的对策参见玉城素《民族责任的思想》（御茶之水书房，1967年）的第五章《日本共产单搞得在日朝鲜人指导》。

19　小泉信三《日本与日本人》(《小泉信三全集》文艺春秋社。1967—1972 年）第 17 卷，第 540 页。

20　石原慎太郎《关于祖国》(吉本编前引《国家的思想》) 第 365 页。

21　三岛由纪夫《文化防御论》(《中央公论》1968 年 7 月刊）第 108、109、117 页。

22　中根千枝《纵向社会的人际关系》(讲谈社，1967 年)。引自第 53—54、187—188 页。

23　增田义郎《纯粹文化的条件》(讲谈社，1967 年)。引自第 44、142 页。

24　前田一《安定成长的第一年度的认识》(《经营者》1964 年 2 月刊）第 14、16、17 页。

25　在野村综合研究所编《日本人论 为国际协调时代做好准备》(同研究所，1978 年) 所载的《战后日本人论年表》中，1971—1978 年的日本人论的著作数量是 1961—1970 年年平均数量的 3 倍。

26　神岛二郎《磁场的政治学》(岩波书店，1982 年) 序文第 17—18 页。神岛在《日本文明论的认识框架》(《比较文明》第 2 期，1986 年) 一文中暗示，由于战前有同化殖民地异民族的课题，所以大家纷纷倡导"混血、杂种民族"论。

结论

1　Milton M.Gordon, "Toward a General Theory of Racial and Ethnic Group Relations",in Nathan Glazer & Daniel Moynihan ed. *Ethnicity*,Cambridge,Harvad U.P.,1975.

2　R.A.Schermerhorn, *Comparative Ethnic Relations*, New York, Random House, 1970. George Simpson & Milton Yinger, *Racial and Cultural Minorities*, New York, Harper & Brothers, 1953.

3　Pierre–André Taguieff,La force du préjugé Paris,Gallimard,1987.

4　山中前引论文。本书的图 1 见《社会学部纪要》第 45 期第 291 页。相同内容在山中《近代日本民族观》(中野秀一郎、今津孝一郎编《民族的社会学》，世界思想社，1993 年)也提出过。山中的结论是："同化"和"阶层化"这"两种'同化主义观'"在大日本帝国曾经存在过，其特征是"接受和排除的双重束缚"。笔者同意后者的见解。

5　福冈前引书，第 14 页。本书的图 2 参见该书的第 5 页。

6　参照小熊前引《差别即平等》一书。

7　Milton M.Gordon, *Assimilation American Life*.

8　宫田·金·梁前引书，第 162 页。

9　关于英国的内容参见 Richard C.Harper,*The Course of the Melting Pot*,NewYork,Arno Press,1980.,p.31.关于 19 世纪德国犹太人问题的争论参照植树邦彦《同化和解放》(平凡社，1993 年)。关于保加利亚的内容参照宫田·金·梁前引书，第 175 页。

10　关于朝鲜的家族制度，参见宫田·金·梁前引书，第 46—50 页。关于日本以及东亚国家的家族制度以及户籍制度，得到了坂元真一氏很多指点。

11　Emmanuel Todd.L'Invention de L'Europe, Editions du Seuil, 1990 (石崎晴己、东松秀雄译《新欧洲大全Ⅰ·Ⅱ》，藤原书店，1992 年)。关于日系移民的养子身份，参见前山隆《移民的日本回归运动》(日本放送出版协会，1982 年)第 46—47 页。关于朝鲜的养子制度，参见《习惯调查报告书》(朝鲜总督府，1913 年)第 324—325 页。

12　佐佐木四方志《从人生论观日本国体论》(武田芳进堂，1925 年)第 314—315 页。

13　夏冰《日本式社会秩序的特质》(东京大学教养学部综合文化研究科相关社会科学专业硕士论文，未出版，1993 年)第 36 页。

14　南前引书，第20—21页。汉族因为其家族制度的不同不可能接受日本的家族国家观，这一点在驹込前引论文提到过。

15　川岛武宜《日本社会的家族结构》（日本评论社，1950年）第45—47页。

16　丸山真男《增补版 现代政治的思想与行动》（未来社，1964年）第144—145、97、99页。

17　金子郁容《"弱之强"的可能性》（《世界》第593期，1994年）。

18　村上泰亮、公文俊平、佐藤诚三郎《作为文明的家族社会》（中央公论社，1979年）第242页以下。

19　川岛前引书，第10、15、17页。

20　Robert J.Smith, *Ancestor Worship in Contemporary Japan*,Stanford U.P.,1974（前山隆译《现代日本的祖先崇拜》，御茶之水书房，上卷1981年，下卷1983年），下卷第285—331页。Ruth Benedict, *The Chrysanthe—mum and the sword*, Houghton Mifflin Co.,1967（长谷川松治译《菊与刀》社会思想社，1973年）第62页。

21　有贺喜左卫门《日本的家》（日本人类学会编《日本民族》第156、168页，岩波书店，1952年）。

22　《定本柳田国男集》第15卷，第343页；第16卷，第321页。

23　村上、公文、佐藤前引书，第229页。

24　丸山前引书，第28页。Francis L.K. Hsu, "Japanese Kinship and Iemoto",1970（收录于作田启一、浜口惠俊译《比较文明社会论》，培风馆，1971年）第331页。

25　上野千鹤子《近代家族的成立与终止》（岩波书店，1994年）第247页。

26　Jeffi Herf, *Reactionary Modernism*, Cambridge U. P.,1984（中村干雄、谷口健治、姬丘とし子（Himeoka Toshiko）译《保守革命与现代主义》岩

波书店，1991年）。

27　中根前引书，第44—45页。桥爪大三郎《日本：记号的王国论》（《佛教的言论战略》劲草书房，1986年）。

28　参照久武绫子《氏与户籍的女性史》（世界思想社，1988年）。

29　参照三田千代子、奥山恭子编《拉丁美洲 家族与社会》（新评社，1992年）第四章。

30　有很多关于家族国家论的研究。石田雄《民治政治思想史研究》（未来社，1945年）的社会有机体论与儒教家族主义的结合这种观点是历史学上有代表性的见解。笔者对于日本的家族主义是否可以说是"儒教家族主义"存在疑问。另外还有鹿野政直《战前"家"的思想》（创文社，1982年），从人类学角度进行研究的有中根千枝《家族的构造》（东京大学东洋文化研究所，1970年），以及伊藤干治《家族国家观的人类学》（Minerva书房，1982年）。另外，人类学上的研究动向参照清水昭俊《日本之家》（《民族学研究》第50卷第1期，1985年）、玉叶井利子《欧美国家对于"家"的理解》（《民族学研究》第50卷第1期，1986年）。

31　福冈前引书，第38—50页。

32　林房雄《天皇的起源》（株式会社浪曼，1974年）第31页。引自加濑英明《神秘的天皇》（日本教文社，1985年）第50页，苇津珍彦《天皇》（神社新报社，1989年）第151、157页。

33　金·久野前引《为了相互理解的提案》第26页。

34　《梅原猛著作集》第20卷（集英社，1982年）第365页。《考虑古代日本》（《梅原猛全对话》第2卷，集英社，1984年）第419、416—417页。

35　江上的发言参见前引《考虑古代日本》第262页。形容小泽的内容参见蒲生辉《小泽一郎 真实的叫喊》（三心堂出版，1994年）第142页。

36　中曾根的日本论，参见文化评论编辑部编《总特集 问天皇制》（新日本出版社，1986 年）第 442、446 页。混合发言引自 1986 年 11 月 4 日第 107 国会众议院预算委员会答辩。

37　石原慎太郎、马哈蒂尔《亚洲可以说不》（光文社，1994 年）第 205、236 页。

38　Peter L.Berger and Thomas Luckmann, *The Social Construction of Reality*, New York, Doubleday & Company, 1966（山口节郎译《日常世界的构成》新曜社，1977 年）。引自译本第 119、123 页。

后　记

应该写清楚的内容在正文部分已经写完，接下来要说明的是笔者的立场。

本书以"单一民族神话的起源"为题，叙述了从明治中期到"二战"以后这段时期内日本民族论的变迁。简而言之，就是所谓的"单一民族神话"并不是那个包含了中国台湾、朝鲜等地区和国家在内的多民族帝国时代的社会舆论的主流，"单一民族神话"是在"二战"后日本失去了这些殖民地之后才逐渐定型下来的。正如序章中所提到的那样，本书既是一部讲述柳田国男、和辻哲郎、津田左右吉、高群逸枝等众多人物的思想史，同时也是以民族论为题材的社会学的民族主义、族群研究乃至国际关系研究中的一环。

写到这里，想必大家对这本书的定位已经非常清楚了。当然，我也是依照这样的定位进行写作的。不过，从自我意识上来说，这本书还包含了我的其他一些想法。

读完这本书的读者或许会发现，与其说这本书讨论的是"日本民族论"，还不如说是"以日本民族论的形式，记录日本人在与外界发生碰撞时所做出的反应"。本书讨论了站在各种立场上的"日本人"以及他们的观点，其中包括以举世无双的天皇为傲的国体论者、提倡自由放任主义以及市场开放的经济自由主义者、热衷于慈善活动（以原住民为受众）的学者以及志愿者、怀疑优胜劣汰法则的社会进化论者、既是爱国主义者同时又想成为世界主义者的基督教徒、为被歧视对待的部落民呼吁平等的良心学者、追求自由和解放的女性无政府主义者、批判种族歧视并热爱日本民众文化的民俗学者、受优生学影响的人们、在农村自治的氛围中长大的历史学家、一位过去曾为戏剧青年而如今苦苦追寻欧洲思想与日本思想结合点的思想家。各式各样的人在与欧美、亚洲等其他不同地区的思想文化发生碰撞时是如何反应的，产生了怎样的理想，又是怎样描绘自画像的？这些是本书探讨的深层次的主题。

我无意轻视本书在历史学和思想史上的作用，只不过，如若您不是历史学或思想史专业出身的话，在阅读过程中大可不必执着于各个出场人物的姓名。我曾将此书的书稿给一位从韩国来的留学生过目，她在日本思想史方面的储备知识可以说少之又少，出场人物当中仅对柳田国男有些许的了解，然而即便如此，她告诉我她兴致勃勃地读完了此书。这也说明，大日本帝国时候的日本人曾经面临的课题并不仅仅是日本人需要解决的问题。如何与近邻共处，在共处的过程中如何塑造自己的民族形象、国民形象等，这在全世界都是一个普遍的问题。更有诸如在现代化的浪潮来临之际应如何保持自己的个性等课题，在当今现代社会，比起日本来，也许第三世界国家的人们更加迫在眉睫。

虽然具体问题具体分析，我们不能忽视具体情况而一味公式化地套用某种做法。但是，事物还是有一般规律可循的。例如柳田国男曾经在标准语和地方方言上遇到的问题，现在正是非洲各国不得不面对的问题。在他们的国家，受欧洲语言教育的精英阶层与使用自己部落土著语言的众多部落民众发生了分化。内村鉴三所称赞的原住民教育，用现在的眼光看来多少带些压迫性，然而，"在进行现代教育的过程中，能否避免对原住民族文化的破坏"这一问题至今仍是以南美洲热带雨林地区为首的一些地方争论的焦点。将女性歧视的起因归咎于外来思想、寄希望于传统伦理思想道德的复兴最终招致失败的高群逸枝的经历，对于现在那些正在因为传统文化的性别歧视、民族认同而烦恼着的美国少数女性来说，未尝没有可借鉴之处。而在依据传统思想倡议扶贫济困的这一方面，提倡"一君万民主义"的里见岸雄等人的主张与伊斯兰教的教义之间未尝没有共通之处。站在赞美自由竞争的立场上，冷静而透彻地宣扬"内地杂居赞成论"的田口卯吉的态度，与得到有实力企业家支持却遭到农民阶层反对的欧盟的一些做法在某些方面也有一些相似。

我在本书中议论了一众人等，虽然我把握了一定的尺度，但自己毕竟还处于一个不断摸索的过程中。因此，我不能带着蔑视的眼光，片面地去指责与批评他们。当然，这并不是说他们所犯下的错误可以被原谅，在反省战争责任这个意义上，也许他们应该得到更为强烈的批判。然而，我并不认为审判他人就是自己的反省。

作为一个经历了战后 50 年、在日本经济高度增长期成长的一代，我和我身边的大部分"日本人"都感觉大日本帝国很遥远。大东亚战争肯定论在当今社会并没有绝迹，这也是事实。现在，听到大日本帝国的那段过往能感到伤心难过的人比起刚刚战败后的那段时间应该少得多了吧。岂止如此，现在还有一些政治家们倡议往海外派遣自卫队，他们认为大日本帝国当初就是因为没有与欧美合作所以才落得战败的下场，经过反省，日本应该（派遣自卫队赴海外）做出国际贡献。当初决定战后日本未来应该遵循的前进方向的时候，其指标之一是不能再重蹈大日本帝国的覆辙。然而，我总觉得不知不觉当中，就像战争期间有人将敌人描写得十恶不赦、现代人总喜欢将中世纪描写成黑暗一片来美化自己一样，现在有一些人欲将大日本帝国描写成积极正面的形象以图将其树立为自己前进的方向。

从我个人来说，我本来是抱着今后日本必须向多民族国家的方向发展、大日本帝国时代的"单一民族神话"肯定不是占统治地位的主流思想这种想法而着手研究的。没想到结果却远远偏离了我的预想，因此，在找到自己的准确定位之前我不得不进行比想象中更为广泛的调查研究。

在这个过程中，我认识到过去的自己关于平等、歧视、解放、自然、和平、权力等的想法是多么的浅薄。如果时光可以倒流，倘若自己站在本书中提及的那个时代、那个人物的立场，或者现代社会中出现了相似的状况而自己不得不面对时，我丝毫没有自信经历这一系列研究之前的自己不会犯下与他们相同的错误。与其说我在批判这些学者，还不如说我想尽我所能地去体验他们走过的道路，这样才能更好地接受历史的经验教训以解决现代面临的问题，而不是仅仅将其看作早已结束的过去。当然，读者如何去读一本著作是其个人的自由，但是我想，既然难得读了我的著作，还是希望读者能够拥有一段与我相同的心路历程。

本书是我 1994 年提交的硕士论文，完成这篇论文得到了多位老师和同学的指教。由于我是工作了 6 年之后才进入研究生院学习的，因此写作这篇论文的时候，我还得到了不少我上班时期的领导以及同事的指点和鼓励。另外，我还从很多专业人士以及关心我的朋友们那里获得了大量知识，从他们那里得到启发。他们中间有本书注释中提到的给我提供史料的专家，也有邀请我参加研讨会的同人，还有为我作介绍并提供各种方便的朋友们，还有在百忙之中对我的论文以及本书的书稿提出宝贵意见的学者们。本来我想在这里向他们一一表示感谢，但是由于著作不仅仅是作者个人之物，同时还是一个耗费编辑、校对、装帧、销售、印刷装订等一众人等劳力和资源的公共场所，所以我尽量控制表达与读者无关的我个人的谢意的篇幅。仅以一句话来记录我的心声：没有他们的深情厚谊就没有本书的面世。

小熊英二
1995 年 5 月